本书出版获得资助情况：

本书获湖南师范大学中国近现代史学科出版资助

本书获湖南师范大学博士出版基金资助

中国慈善研究丛书

# 民国北京政府时期
# 湖南慈善救济事业研究

向常水　著

人民出版社

# 目　　录

# 自　序

　　研究历史是为了更好地认识自己。历史研究的重点和方法是与时代紧密相连的。史学是中国最古老的学科,所取得的大量成果是中华文化重要的组成部分。在过往很长时间,我国历史研究重点在政治军事史、阶级斗争史等方面。改革开放以后,随着国内外学术交流越来越频繁,国外多样的史学思想传入我国,再加上我国社会越来越开放,学术研究环境越来越宽松,更何况,当前我国社会正处在社会转型的重要时期,很多问题需要借鉴历史经验教训加以解决,这些变化都促使我国史学研究面貌发生深刻变革,其中表现形式之一就是社会文化史研究方兴未艾,这是整体史观的一种应用,也是史学研究深入推进的例证和以人为本理念的具体体现。

　　作为社会史分支之一的慈善史,自 20 世纪 80 年代以来,逐渐成为学术界的研究热点,并且已取得许多研究成果。为什么慈善史会越来越受到史学界的重视呢? 首先,慈善史研究总体上还处于起步阶段,急待加强。例如,从理论方法上看,国内还没有出版专门的《慈善学》教程,对慈善的概念内涵、功能作用、社会定位等问题都还没有达成基本共识;从史料整理来看,出版的慈善史料集还很不多见。其次,当前中国慈善史的研究又显得非常迫切和重要。新中国成立 60 多年来,因受到时代的影响和意识形态的规制,长期以来,社会并没有给予慈善应有的价值认同,更多时候鄙视其为"伪善"。只是在改革开放以来,随着思想观念的解放,人们才逐渐理性地对待历史上的慈善家、慈善组织和慈善行为。更重要的是,社会主义市场经济体制实行 20 多年来,我国经济实力大幅增强,社会变迁快速行进,公共事业在不断成长,人们关注慈善、参与慈善的热情日益高涨,从而使我国慈善事业迎来了快速发展的好时机。中国特色社会主义慈善事业到底该如何发展,正是我们必须认真研究探索的问题。但最基本也是最保险的做法之一就是借鉴历史上慈善发展的经验。而且,把中国慈善史研究好,这本身就是当前我国慈善事业发展的应有之义。研究慈善历史,挖掘慈善资源,宣扬慈善文化,是发展我国慈善事业必须做好的工作。

在做慈善史研究时,必须先得对"慈善"有个认知、予以界定。就我的理解,首先,慈善行为不是义务,而是完全自愿的;其次,慈善主体是民间力量,政府主办的赈济救护属职责行为;再次,慈善的目的是为了增进他人自我发展能力,而不是培养社会懒汉。最后,慈善与公益是既有联系又有区别的两个概念。慈善的受益者为特定困难人群,公益的受益者为所有民众。早在民国时期,就有学者指出,"慈善者,有恻隐之心者是也"。[1]"简单说来,凡是牺牲自己的金钱、精神、气力去帮助别人都是慈善行为"。[2]可见,慈善是发自内心的大爱,是不图回报地帮助他人,是社会运转不可或缺的存在。

目前,我国学界慈善史研究较为活跃,成果不断涌现。从研究对象看,已经由过去只注重江南经济发达地区转为关注全国更多

有代表性的地域;从研究内容看,呈现多样化面貌,只不过主体依然集中在慈善组织研究、灾难救济研究等;从成果的形式看,也是多种多样,专著也陆续出版。更令人欣喜的是,综合性研究已逐渐多起来了。2011 年,全国哲学社会科学规划办公室就把"中国慈善通史"列入国家社科基金重大招标课题给予大力资助,这是我国慈善史研究进入新阶段的标志之一。但是,绝不能就此认为个案研究已没有必要了。恰恰相反,由于我国慈善史研究起步晚,该领域的综合研究更需要大量的个案研究作基础,所以说,大量的个案实证研究依然是当前我国慈善史研究的重要任务,只不过在研究过程中应更加注重理论视域的拓展和高度的提升。

正是基于上述的现状和考虑,前些年我在攻读博士学位期间,就选定"民国北京政府时期湖南慈善救济事业"作为自己毕业论文的选题,本书正是在博士论文基础上修改而成的。我在选定这个论题时,以下几点理由说服了自己。

第一,区域社会史是深化社会史研究的重要途径。慈善救济作为社会调控机制的重要内容,对于保持社会有序平稳发展具有重大意义;它也是日常生活史研究关涉的内容。与社会史研究整体状况一样,我国慈善史的研究也必然经历一个宏观——微观——宏观、整体——局部——整体的过程。区域社会史研究,对于推进和丰富中国史研究大有裨益。

第二,目前关于民国时期慈善救济的研究尚属薄弱。民国社会史在这些年取得了许多有份量的成果,但论题主要集中在阶层和群体、社团、风俗、博彩、人力车等方面,慈善救济方面的比较少。我国学界对慈善救济的关注点主要放在民国之前特别是明清时期。赵清说:"从目前状况来看,中国近现代社会史的研究,特别是辛亥革命后的社会史研究还是薄弱环节,民国时期社会史的许多重大问题没有进行研究。"[3] 实际上,民国北京政府时期灾乱频仍、国家无暇顾及民生,但社会秩序没有最终崩溃,这是与民间力量主导的慈善事业积极贡献分不开的。因此,更有必要对北京政府时期慈善救济事业进行研究,这有助于深化民国史研究。

第三,学界在区域慈善史研究方面对湖南、贵州等中西部地区较少关注。实际上,民国北京政府时期湖南是一个地方文化特色鲜明、政治生活特殊、相对自成体系的区域,在中西部地区具有一定的代表性。当时湖南灾荒不断、政局动荡、军阀角逐,人民生活非常困苦,这为慈善救济事业的发展提供了时代条件,再加上湖南地方经济落后,绅权发达,就使得湖南慈善救济更具地方特色。从一个侧面来看,加强湖南慈善救济事业研究有助于深化湖南地方史研究。

第四,民国北京政府时期湖南慈善救济事业还没有人做系统研究。由于这一时期我国政局混乱,中央控制力衰微,湖南地方的自主特色比较鲜明(湖南当时的地方自治运动名闻全国);同时,灾乱叠至迫使慈善救济任务异常繁重,各地办理慈善救济的地方性特色鲜明。1928 年后,随着南京国民政府完成形式上全国的统一,特别是 1929 年国民政府下令各省设立由政府控制的救济院以及各类政府掌控的临时救灾机构之后,慈善救济的地方特色也就越来越少了。所以,选取民国北京政府时期湖南慈善救济事业研究,有助于展现我国慈善事业多样化发展的特质。

时光飞逝,本人博士毕业已经快 7 年了,在这期间,书稿只是静静地平躺在书架上,但我心里总想着待有时间了,再收集些资料修改完善后找机会出版。周边的同事朋友则建议,如有出版机会,早点出版还是必要的,至少可以供同行批评之用。我觉得言之在理,但苦于经济拮据,出版的冲动依然难付诸行动。好在 2014 年

3月我从长沙理工大学调至湖南师范大学后,湖南师范大学中国近现代史国家重点学科非常支持我们教师的学术发展,爽快答应资助本书的出版。同时,湖南师范大学博士出版基金也给予了大力支持。正因为多方的支持帮助,才使本书得以出版。在此,我要特别感谢湖南师范大学历史文化学院周秋光教授、李育民教授、曾桂林教授以及人民出版社张秀平编审的倾力帮助。

## 注 释

1 黄良铭:《劝慈善》,《扬善半月刊》1935 年第 45 期,第 7 页。

2 张挨让:《慈善事业》,《复旦》1920 年第 8 期,第 64—66 页。

3 赵清:《切近现实 重视近现代社会史》,《中国社会史研究笔谈》,见《历史研究》编辑部编:《〈历史研究〉五十年论文选》(社会史),北京:社会科学文献出版社 2005 年版,第 94 页。

# 第 一 章
## 民初社会与湖南的慈善救济

近代湖南自甲午战后面貌剧变,思想维新,工商经济变得活跃,民主政治呼声增强。民国肇始,湖南因特殊的地理位置和政治土壤,在日后纷扰的时局中处于"磨心"的位置,再加上各种灾荒接踵而至,导致社会对慈善救济的需求突增。但湘省政府忙于军政事务,根本无暇注目社会民生。张敬尧在致北京中央政府的电文中明言他"才干重任,整理军事,民事实已时虞陨越,断无余力兼任荒政"[1],这使得慈善救济的重任落在民间力量的身上。可是,由于湖南工商经济无法与江浙等省区媲美,公共空间很不发达。当然并不能说全无,毕竟湖南因湘军勃兴造就了大批绅士,绅权很大,深刻影响了社会公共生活。可以说,北京政府时期湖南动荡的时政格局、严重的兵灾匪患、绵延不绝的自然灾害以及脆弱的近代经济等多种因素叠加,共同决定了必须有新型的慈善救济机制来适应社会需求,同时型塑了北京政府时期湖南慈善救济的诸多特点。为更好地了解北京政府时期湖南慈善救济事业的生态,很有必要先探讨当时湖南的社会面貌。

## 第一节　动荡的时政格局

北京政府时期湖南政局中有三个突出现象值得注意,即政局极度不稳、绅权势力很大、地方自治运动跌宕起伏。它们彼此交错作用共同造成了北京政府时期湖南迷幻的政局,这种结果对慈善救济的影响很大。

### 一、变动不居的政局

辛亥革命后,孙中山被推为中华民国临时大总统,1912 年 1 月 1 日在南京宣誓就职,宣告中华民国成立,革命党人实际上控制了政权。但临时政府成立后遭到封建势力和帝国主义力量的抵制,革命党内部汪精卫、胡汉民等人提议孙中山向袁世凯妥协,于是开始了"南北议和"。2 月 9 日,确定了对清室的"优待条件"8条,逼清宫退位。2 月 15 日,南京参议院选举袁世凯为第二任临时大总统。3 月 10 日,袁世凯在北京就任临时大总统。4 月 1 日孙中山正式解职。1913 年 4 月,国民党发动"二次革命",但不到三个月时间,就被袁世凯的北洋军队击败,是年 11 月,袁下令取缔国民党、解散国会、撤销各省议会;1914 年 2 月,修改"临时约法",实行专制。1915 年 12 月 12 日宣布称帝,改为洪宪。滇、黔、粤、桂、川、湘、浙等省反对,先后宣布独立,开始了护国运动,讨伐北洋政权。1916 年 6 月 6 日,袁世凯亡故,复辟丑剧结束,但很快开始了所谓的"府院之争",全国陷入了漫长的军阀混战之中。孙中山等革命力量依然在为理想不断抗争,但依靠一派军阀打另一派军阀的结局是悲惨的,最后得出的结论是"吾国之大患,莫大于武人之争雄。南与北如一丘之貉"[2]。直到 1928 年张学良"东北易帜"，中国才在形式上完成了统一。

民初全国混乱的政局在湖南同样得到充分反映。湖南地处要冲，为南北军阀必争之地，政局动荡不宁。1911 年 10 月 22 日，长沙新军起义，宣告湖南"光复"，但不到 10 天时间，枪声再次响起，时任都督、副都督焦达峰、陈作新惨遭杀害，原立宪派首领、参议院议长谭延闿夺取都督宝座。谭在任期间，推行所谓"开明专政"统治，发展资本主义的政经文化，革除陋习，惩治不法官吏。谭的这些举动给湖南带来了新风气。但"开明专政"是贤人加强者的政治，谭是贤者，但非强者，所以他必须仰赖革命派的支持。"二次革命"后，在革命派的逼迫下，谭延闿宣布湖南独立，不久，革命失败，谭也只得"戴罪晋京"，"开明专政"也随之结束。接下来是汤芗铭在湖南长达 3 年的黑暗执政。1913 年 10 月上旬，汤芗铭以"湖南查办使"名义进驻长沙，18 日，被袁世凯正式任命为湖南都督兼民政长。汤芗铭在湘期间，残酷镇压革命力量，搜刮民脂民膏，摧残经济和文教，博得了"汤屠夫"、"袁世凯手下的头号刽子手"等称号。1916 年 6 月 30 日，程潜发布"护国军湖南总司令程潜布告汤芗铭罪状"指出："汤芗铭窃踞湘政迄今三年，罪恶满盈，全湘痛憾。"文中细数了汤芗铭的十大罪状"一曰吞没巨款，紊乱财政"；"二曰惨杀无辜，力长元恶"；"三曰畜植游探，流毒社会"；"四曰纵恣北军，蹂躏人民"；"五曰摧残教育，毒戮士林"；"六曰酷用毒刑，灭绝人道"；"七曰滥用私人，秽乱吏治"；"八曰盗卖矿产，次第卷逃"；"九曰出入警跸，阻绝交通"；"十曰援结败类，败坏风俗"。[3]黄一欧后来也回忆说："汤芗铭祸湘三年，密探广布，家家不安，人人自危。"[4]护国运动和各地反袁独立斗争深入发展使汤芗铭在湖南的统治终结了。7 月 5 日，汤电请刘人熙及参议会议长陶思曾（陶澍曾孙）入都督府，宣布交出军民两政职权，随即仓促出城,逃离湖南。

7月19日,北京政府任命刘人熙暂时代理湖南督军兼省长。8月4日,正式发布命令,特任谭延闿为湖南省长兼署督军。1917年7月张勋复辟的消息传来,湖南一度宣布戒严。段祺瑞利用张勋的丑陋表演巩固自己权位,派傅良佐督军湖南。谭延闿反对北洋军阀入踞湖南,并安排刘建藩、林修梅掌控驻湘南的湘军。此后,刘、林二人率军在衡阳、永州闹独立,对抗北洋势力;同时,谭浩明的桂系军队进入湖南,使军事斗争局面更加复杂。到1918年6月,北洋军队获得了战争中的主动权。

1918年8月,皖系军阀张敬尧出任湖南督军,但他与驻湘直系吴佩孚之间俨同敌国,对其他北洋军队无权过问,自身的兵力局限在岳州、长沙、宝庆一带。张敬尧在湖南的统治地位是靠武力争来的,缺乏合法性依据,为了巩固地盘,采用各种残暴手段。张敬尧在湘3年所犯下的罪恶绝不亚于汤芗铭。其残暴统治主要体现在:其一,纵兵扰民。驻省城长沙的军队在张敬尧纵容下,采取压卖强赊、侵伤商人、强占商肆、强索赔偿等多种手段,诈取民财。其二,植党营私,拉拢省内某些社团。其三,摧残教育。张下令军队入驻长沙各中小学,挪减教育经费。其四,大肆搜刮。借口整顿金融,开办裕湘银行;强制推销"惠民"彩券;盗卖湖田;滥发纸币,以纸币折银洋攫取赈灾款。张敬尧在统治湖南期间,总计搜括民财多达2000余万元。[5]漫长的南北军阀拉锯战几乎蔓延湖南全省,以致遍地疮痍、民生疾苦,其中尤以醴陵、宝庆、株洲、岳阳等地为最。

1920年上半年,湖南各界发起了大规模的"驱张运动",张敬尧狼狈离开湖南,随之谭延闿第三度督湘,并在当时自治思潮的影响下,开展"地方自治运动"。其间,湘军内部出现内讧,赵恒惕在斗争中胜出,在湖南开始了军阀混战中难得的长达6年的执政权。

但其统治依然是靠庞大军队支撑起来的。赵统治湖南期间,每月军政费用高达100余万元,而全省财政每月收入不过40万元,省库奇绌。而且,在赵统治期间,出现了国共两党合作及随后的北伐战争,湘军内部也出现了分裂,唐生智在广东革命军政府的支持下取得了与赵恒惕较量的胜利,将赵逐出湖南,自己晋省掌控大权。[6]

　　从此可见,民初湖南政局表现出如下几个方面的特点:"第一,尽管辛亥革命以失败告终,湖南人民仍坚持不懈地进行反帝反封建(包括反军阀势力)的斗争,并在全国处于重要地位;第二,如果说全国政权为北洋军阀(姑不论其各派系)所控制,那么,湖南则形成南北军阀交替统治的政治格局;第三,由于人民斗争的发展和南北军阀的激烈争夺,湖南政局较其他各省更形动乱,政权频频易手。"[7]下面的表格(表1—1,1—2)能充分说明民初湖南政局动荡不安的程度。其实,湖南政局频繁变更自清末就显露出来了,这与湖湘文化政治色彩浓厚的性格有关。自1895年开始维新变法运动到1911年辛亥革命为止16年间,湘省巡抚共九易其人,这在民主缺乏的时代,对普通百姓来说是祸不是福。

**民国早期湖南都督(督军、省长)更易表[8]　表1—1**

| 姓　名 | 职务名称 | 任职时间 |
| --- | --- | --- |
| 谭延闿 | 都督 | 1911年10月—1913年10月 |
| 汤芗铭 | 都督—将军 | 1913年10月—1916年7月 |
| 曾继梧 | 代理都督 | 1916年7月5日—7日 |
| 刘人熙 | 代督军兼代省长 | 1916年7月—1916年8月 |
| 谭延闿 | 省长兼都督(督军) | 1916年8月—1917年8月 |
| 傅良佐 | 督军 | 1917年8月—1917年11月 |

| 姓　名 | 职务名称 | 任职时间 |
|---|---|---|
| 谭浩明 | 湘粤桂联军总司令 | 1917 年 11 月—1918 年 3 月 |
| 张敬尧 | 督军兼省长 | 1918 年 8 月—1920 年 6 月 |
| 谭延闿 | 督军兼省长 | 1920 年 6 月—1920 年 11 月 |
| 赵恒惕 | 省长 | 1920 年 11 月—1926 年 3 月 |
| 唐生智 | 代省主席、省主席 | 1926 年 3 月—1927 年 11 月 |

**1895—1911 年间湖南巡抚变更情况表[9]　表 1—2**

| 姓名 | 任期 |
|---|---|
| 陈宝箴 | 光绪二十一年七月二十四日——二十四年 8 月二十一日（1895—1898） |
| 俞廉三 | 光绪二十四年八月二十一日——二十八年十二月二十四日（1898—1902） |
| 赵尔巽 | 光绪二十八年十二月二十四日——三十年四月十一日（1902—1904） |
| 陆元鼎 端方 | 光绪三十年四月十一日——三十年十一月七日（1904） 光绪三十年十一月七日——三十一年六月十二日（1904—1905） |
| 庞鸿书 | 光绪三十一年六月十二日——三十二年七月十六日（1905—1906） |
| 岑春萱 | 光绪三十二年七月十六日——宣统二年三月八日（1906—1910） |
| 杨文鼎 余诚格 | 宣统二年三月八日——三年闰六月十四日（1910—1911） 宣统三年闰六月十四日——三年九月一日（1911） |

## 二、不容小觑的绅权

在北洋时局混乱、灾情严重的非常时期，由绅商为主组成的各类社团发挥了关键作用。此时的绅士不再像晚清科举制废除之前那样以独立完整形态出现,而是在通过不同方式转型后继续发挥自己的特殊影响力,其方式之一就是参与地方慈善救济活动。

在传统四民社会,皇帝为巩固一人治国的皇权体制,必须依赖地方绅士的协助,尽管绅权与皇权存在某些内在的张力。绅士是有特定内涵和界限的群体,按阳信生的解释,绅士"是具有秀才以上功名或一定职衔,介于官僚与平民之间,不同于官、又区别于民的封建统治阶级内部的一个在野的特权阶层"[10]。王先明则认为"绅士以身份为纽带,以功名为凭借,以特定社区为范围,以官、民之间的社会空间为运动场所,形成一种具有权势地方社会控制力量"。[11]也就是说,绅士是官民沟通中有特殊身份(曾经的官员或功名)、有特殊权利(如赋税徭役的优免权和法律特别的保障权)、有特定地域(主要是地方社会)、对社会生活有重大影响的群体。"在传统社会结构中,绅士是封建社会的主干力量,尤其在地方社会中,绅士阶层居于不可动摇的统治中心"[12],"在皇帝是世界的中枢并支配一切的表象之下,有许多权力分到了地方绅士精英手中"。[13]他们利用相对远离皇权控制的条件,在地方事务中施加自己的影响力,这些领域包括赈济、防务、文教、城建甚至司法。他们的行为对维持皇权是必需的,因为在传统社会官方的基层组织只设置到县一级,县级以下的广阔空间是绅士施展影响力的舞台,他们把这个公共空间作为社会政治活动的重要基地,甚至将部分属于国家权力的内容(如司法)也转移到自己的手里。"凡地方之公事,大都由绅士处理,地方官有所兴举,必与绅士协议。绅士之可否,即为地方事业的兴废"。[14]

在1905年废除科举制之前,可以有多个途径产生绅士,包括考中科举、罢官或辞官还乡、金钱捐纳以及建立军功,其中最主要的是科举一途。但科举制的被取消,切断了求学与为官之间既定的接续过程,绅士阶层出现了分化,其中主要流向教育界和自由职业领域。

如要分析绅士在近代社会的影响和地位,湖南是比较有代表性的。"进入近代后,绅士可以说在地方政治、经济、文教、社会公益事业各个方面,都发挥着举足轻重的作用"。[15] "湖南是近代中国绅权势力最重的省份"。[16] 这种局面是在湘军现象产生后才出现的。湖南自从湘军兴起之后,绅权快速膨胀,地方公共事务几乎出现离开绅士无法作为的状况。"近代湖南绅士数量是全国增长速度最快、增加人数最多的省份之一"。[17] 湘军曾有数十万人,在镇压太平天国后快速被解散裁撤,很多将士怀揣巨额俸禄和饷银回乡置产,他们有参与地方事务的热情并有相应经济实力,在地方社会发挥着左右局面的作用。而后来,部分绅士完成了城市化,很多人还陆续参加了洋务运动、戊戌变法、清末立宪运动和辛亥革命,跟随历史的变迁,不断完成自己历史角色的转换。这些角色调整行为有的是在原有封建体制内进行的,也有的是通过参加辛亥革命完成对原有政治体制的背弃以换取自我影响力的持续。

戊戌变法时期湖南绅士积极利用南学会和湖南保卫局这两个新型组织就地方政治发言,产生了深刻的社会历史影响。南学会成立于1898年2月,是一个近代地方性的政治性团体。它的成员由议事会友、讲论会友、通讯会友三部分组成。南学会旨在开绅智、争绅权,是绅士以言论政的舞台,并非纯粹的学堂,当时南学会的讲论会友皮锡瑞对此有明确说明,言"予以为诸公意,盖不在讲学,实是议院,而不便明言,姑以讲堂为名"[18]。湖南保卫局成立于1898年7月,它是仿效西方政制而创设的地方政权机构,旨在以绅权限制官权,"意在官民合作,使诸绅议事,而官为行事"[19]。这样做起到了打破官权垄断的作用,"分官权于民,培养绅民的自治能力"[20]。戊戌变法期间,湖南一改过去闭塞保守形象,开风气之先,在政治体制方面大胆探索,增加社会精英的发言权。南学会和湖南保卫局随着变法失败而不复存在,但以绅士为代表的社会精英参与公共事务的意识得到强化,在清末立宪过程中,借着1909年清政府提出地方自治的契机,积极利用各级地方自治机构,从事自治事业,其中就有城镇乡的善举一项。

进入民国后,湖南立宪派绅士很快掌控了民主革命成果,并广泛参与讨论社会相关事务,有的还利用自己的知名度和资源组织社团直接参与社会。自科举制废止后,"士绅阶层的分化、蜕变所带来的最直接的影响,是士绅们不再像过去那样只是作为封建政治的附属物和补充,而是自觉地以国家成员一分子的姿态投入各种社会活动,着眼于社会文明与国家富强"[21]。北京政府时期湖南成立的多个慈善救济机构其成员主要由著名绅士、商人和某些官员组成,由此可见一斑。

所以说,作为在传统社会发挥重大影响力的绅士,尽管历经辛亥革命作为一个完整阶层不复存在,但他们作为有文化知识和一定经济基础的优秀个体并没有随着政权的易手而停止参与社会,这对北京政府时期湖南慈善救济是件好事情。可见,民国之后绅士的影响力依然不容小觑。

### 三、虎头蛇尾的自治运动

民初湖南的政局除地方首长更换频繁、政策缺乏连续性、绅权强大之外,还有一个特点,就是经历了长达6年的地方自治运动,这是由自清末以来地方自治主义思想流布和地处南北要冲的特殊地理环境所决定的。这次的地方自治运动始于1920年谭延闿发布"祃电",终于 1926 年唐生智接掌省长职正式废止,其间制定并实施了中国历史上第一部宪法。省宪自治运动对湖南慈善救济最大的影响是强化了各地的地域意识和权利意识,这在救灾物资分配,特别是围绕以工代赈修筑省路的先后顺序和对米盐公股支配权的争夺中表现得特别突出。

自古以来,地方和中央始终存在权力的争夺和博弈,"每逢中央势力稍加式微时,地方政治便又回复了它的封建割据情况"[22],因此,美国学者弗朗兹·迈克尔认为:"'地方主义'一直是中华帝国历史上一个最重要的现象。"[23]而且传统社会皇权统治的实现必须倚重数量庞大的地方政府,这样的政制设计助长了地方当政者权力膨胀,再加上地形的阻隔和交通欠发达,许多地方实际上自治的成分较多,尽管在制度层面上强调中央权力的统一,这正如有识者所言,"……假若说一个政府,它管得最少便是最好的话,那么中国自早就有这样一个政府存在着。……虽然在中国,个人的自由几乎微不足道,而常把个人归属于一个家族等群体,……但是由于大山、广漠和河流的阻隔,缺乏工具而不便捷的交通,以及不易维持一支庞大的军队去执行中央的命令和法律等关系,以至于使这个国家的各个地区,无论在政治上和军事上,几乎都成为完全的自治状态。……中国的地方行政单位是县、是府、是道、是省,这些地方行政首长虽是由中央派命,但是这些首长在实际上却是自治的……每一个行省都可说是一个半独立式的,只要向中央缴纳税收,不闹出问题,朝廷中央是不会干涉它的。由于交通的不便,中央政府的存在,实际上是个象征,人民爱国的情绪,只达于他们的本乡和省区,而绝少有伸展到全国层面上去的"[24]。

在晚清,随着工商经济发展,地方意识增强和各省督抚权力增大,地方自治的声音不时出现。新兴工商界领袖有宽裕的经济实力参与地方公共事务和慈善事业,地方督抚们要想维持社会稳定,就必须获得工商界的支持,从而使他们俨然成了"政府之外的另一领导层"。[25]随着清政府中央控制力减弱、地方督抚权力上升,结果"一方面使地方首长可以绝对控制一省,自成气候;同时也得以一省之地方势力为后盾,进而干预中央政治,终而造成日后中国政治内轻外重地方主义流行,地方武力者不但控制地方,而且也以地方武力为依托,进而干涉中央之局面"[26]。

湖南在戊戌维新时是改革力度最大的省份之一,它学习西方,大胆探索,很多知识人呼吁实行宪政,以设立代议制政府和责任内阁为旨归。梁启超更是在给陈宝箴的呈书中提出,湖南应该自立自保以自强,通过与邻省联合,实现强国保天下的目的。1903 年,杨毓麟在《新湖南》中更是鼓吹湖南应该独立于中央,要湖南父老"建天心阁为独立之厅;辟湖南巡抚衙门为独立之政府,开独立之议政院,选独立之国会员,制定独立之宪法,组织独立之机关,扩张独立之主权,规划独立之地方自治,生计、武备、教育、警察诸事以次备举"。[27]所以,自清末以来湖南自治呼声就一直较高,这也是辛亥革命时期湖南率先响应的政治思想渊源之一。从"二次革命"到洪宪帝制结束,中国的政治由地方分权走向中央集权,又因为袁世凯过于集权,惹起地方主义者的反动。国人在痛定思痛之余,不免又重拾地方分权论,使地方主义在 1915 年以后再度高涨。[28]可见,湘人对地方自治主义的宣传鼓吹甚至认同,是着眼于维持国家利益、实现国家强盛的长远目标。

湖南在军阀混战中被南北双方拉锯式蹂躏也是其大呼地方联省自治的重要原因。护法战争失败后,段祺瑞提出了"武力统一全国"的政策,这遭到以孙中山为首的民主派和西南各省地方军阀的反对,南北对峙局面形成。1920 年经过直皖战争和粤桂战争之后,南北双方内讧严重,更加无力吃掉对方完成统一。在此情况下,各地联省自治的思潮传播开来。所谓联省自治,它的基本主张是"先由各省自制省宪法,依法自组政府,实行省自治,然后在此基础上,互派代表开联省会议,制定联省宪法,组织中央政府,完成国家统一"[29]。熊希龄就多次表达他对地方自治的支持,他在1918年给谭延闿的电文中表明其意,说"弟意仍以联邦主义,为目前及将来解决之方法"[30]。实行联省自治可以起到一石三鸟的作用,即各地军阀可以保有自己的地盘,普通百姓则免遭战火之苦,也有可能最终实现民主完成国家统一。

1920年张敬尧被赶出湖南,湘人过去的惨痛经历却无法忘怀,"湘人治湘"呼声高涨。1920年7月22日,谭延闿以湘军总司令兼湖南督军的身份发表通电(即祃电),正式提出实行省宪。谭延闿在通电中说"盖民国之实际,纯在民治之实行,民治之实际尤在各省人民组织地方政府,实行地方自治,而后权分事举,和平进步,治安乃有可期"。"爰本湘民公意,决定参加国会讨论之地方制度,采用民选省长及参事制,分别制定暂行条例,公布实行"[31]。此后,社会各界积极跟进,熊希龄还拟定了《湖南省自治根本法》和《省自治大纲》。9月13日,湖南省第一次自治会议在湘军总司令部召开,由谭延闿以私人身份召集,参加者30多人。商议由省政府指定10人、省议会推派11人组成湖南省制起草委员会或湖南省自治法起草委员会。但这样的安排,普遍被社会舆论认为是官绅包办自治,遭到反对。此后围绕省宪归谁起草的问题争论不休。正当谭延闿和各方筹划制定省宪的时候,湖南内部却发生了军事政变,谭氏被逐出湖南,由赵恒惕出任总司令。赵在1920年12月11日宣告继续推行湘省自治,同日由省署成立"湖南制定省自治根本法筹备处"。为解决此前各方关于制宪权纷争不已的难题,这次采取简单易操作的方式,就是由省府聘请具有专门学识的学者,拟出草案交由各县推出的宪法审查员审查并提出修改意见,最后交由全省公民直接投票公决。[32]省宪草案拟好后,面临的关键问题是审查通过。在审查时,各路间的分歧难以弥合,甚者还有扩大。1921年8月,赵恒惕"援鄂自治"失败,因受吴佩孚之威劫、省内人民裁兵示威以及谭派军人之逼迫,急欲公布一个正式省宪法和依此获得"民选省长"资格以自固,于是仓促地将该年4月份公布的宪草经过形式上的审查便付诸所谓全省公民投票,并得以通过。"湖南省宪之得以通过审查,可以说是受湘军援鄂失败之赐,否则派系间各就利害争论到何时尚难预料"。[33]1922年1月1日,《湖南省宪法》正式公布,它"非但是联省自治运动中第一个制定成功而被实行的省宪,也是我国破天荒出现的第一部被使用的宪法"。[34]它也成为全国人民息战罢兵、各保其境的希望所在,接着四川、湖北、福建等多个省份纷纷效仿,这对指望以武力统一全国的南北军阀无疑造成了极大压力。

赵恒惕自1920年逼走谭延闿后,利用自治的招牌在湘获得两年的稳定统治,但谭系人马仍然潜伏湘军内部,随着"援鄂自治"运动失败,吴佩孚势力伸入岳州,赵恒惕不得不依靠吴来反对孙中山的广州政府。而谭延闿则为了壮大自己势力,选择与孙中山的革命政权合作,并放弃曾经自己提倡的湖南省宪主张,取而代之的是孙中山的三民主义。1923年赵、谭之间的冲突从8月持续到11月,赵恒惕的所谓"护宪军"打退了谭的部队。但赵恒惕在吴佩孚不断要求其取消湖南自治的压力下,为变通起见,做起修改省宪而不废止的盘算。但实际上,这次的修改是直系吴佩孚为消灭各省"自治"状态完成南北统一的一种手段。经过此次修改,省宪与原来的版本相比有三点不同:承认国政府(指北京政府)的权威,较多地削弱了省的自治地位;将虚位省长制改为省长独裁制;进一步削弱了人民行使民主权利的机会,如将省、县议员的选举由直选改为间接选举。[35]经此修改,实际上省宪已趋没落。1926年3月12日,赵恒惕辞职离湘。唐生智于7月14日到达长沙,当天就宣布废除湖南省宪法,解散省议会,正式结束了湖南自治格局。[36]

1920到1926年的联省自治运动对湖南慈善救济的影响很大,主要从四个方面得以体现。

第一,地方和中央政府关系疏远使得北京政府有托词拒绝或减少给湖南的赈灾款。"盖自援鄂以来,湘省地位不仅北政府见疑,即沪汉各中外慈善团体亦见疑也"。[37]北京政府视湖南为化外之地,不同意列为灾区给予赈款。1922年7月,在分配海关附税时,北京的内务部以湘、黔是独立省份没有均匀拨给。1924年6月,湖南水灾发生时,"北京政府以湖南为自治区域,对于水灾不甚注意"[38],后经多方陈请,才同意将湖南列为一等灾区。8月,省议会派代表晋京告灾,但"均以无省长负责之报告为推诿"[39];在要求把湖南列为特等灾区时,"每以未得湘政府报告为言"[40]。而湖南则以"由省长出面有所不便,未能办到"[41],不向京中部院提供灾情的官厅公文。总之,正如熊希龄所感叹的,"北部院对于湘灾,甚为漠视"[42]。但从当时湖南的处境看,又不得不三番五次向北京请款。这样一来,地方自治使得湖南办赈人士向北京争款过程非常艰难。

第二,使得地方意识增强,省域各路之间、各县之间对救灾款项和物资的争夺激烈。"湖南素来有西路、南路和中路的地域界限"。[43]自从清末开办三路师范学堂之后,湖南就有了所谓三路界限之分,民国以后,这一态势有增无减,尤其是在省宪自治思潮的影响下,上层人士的地域概念和权利意识增强。在湖南急赈会、华洋筹赈会分配赈粮赈款时,各路议员往往以自治和省宪第十九条规定的"人民有请求救恤灾难之权"为由要求政府蠲免田赋、给予救助和调整分配方案等。浏阳救灾会在向省署提出放赈和蠲免田赋等要求时,理由就是"湘人治湘……极端提倡民治"[44],政府有责任给予救助。1922 年,在省议会决定将米盐公股等款项悉数用于修筑省路之后,来自湘南、湘西的省议员不满于先修潭宝路,要求芷黔、衡永与潭宝路同修。他们打出的理由也是省宪自治,认为"吾湘厉行自治,欲求美满之结果,不能不首重交通。况西南两路,僻处边隅,水陆舟车异常迟滞,总筹全局,尤应从不交通之地方谋交通,始能发展平均,以免知识不一,贫富各异"[45]。这样一来,使得救灾物资的分配难以突出重点救济那些非救不能生的人。

第三,使得地理相邻的多个县份彼此联合协调展开自我救助,以整体为单位向外求助争款。1919 年春,湘西辰沅道属各县绅民的联合代表彭施涤、余树本先后两次向湖南义赈会请求赈济。1925 年湘西大旱灾,乾城、凤凰、永绥、古丈、保靖、龙山、麻阳 7 县的代表在保靖县设立联合救灾会,这 7 县的慈善团体也联合办理。

第四,它是湖南华洋筹赈会成立的重要原因。1921 年 6 月,考虑到湖南是独立省份,为筹款办赈的需要,才仿照北京国际统一救灾会的办法,由各团体推举一二人,华洋联合组成湖南华洋筹赈会。华洋筹赈会成立后成为 20 年代湖南慈善救济的中坚力量。

## 第二节　严重的兵灾匪患

民国初期,中国战事不断,"据不完全统计,从 1916 年至 1930 年,大大小小的军阀战争从无休止,战区波及共计有 145 个省次,其中 1916 年至 1924 年年均 7 省之多,1925 年至 1930 年则猛增至

14 省左右"[46]。湖南地处要冲,北南军阀都想拥有此地。所以,南北军队时常驻扎在湖南。1919 年上半年,南北两军在湖南屯兵达三十余万。这些军队的存在和彼此交战对地方社会产生的影响是多重又负面的,所造成的严重兵灾,使老百姓生活水深火热。同时,"缘兵灾而至者,厥惟匪祸"[47],那些脱离队伍、被打散的溃兵成了土匪,横行乡里鱼肉人民,严重的匪患成为救灾的主要障碍。

## 一、残酷的兵灾

民国初期湖南政局的每次变动总是伴随着军事冲突。动荡的军政局势是湖南慈善救济的大环境。

第一,持续的军事冲突造成社会深重灾难。从 1912 年到 1927 年,湖南经历的重大战事不断,如辛亥革命、"二次革命"、反袁驱汤、护法战争、驱张运动、谭赵战争、援鄂之役、唐叶之战、北伐战争等。每次战事都必然出现程度不等的兵燹灾乱。1915 年护国战争在湖南的战场主要分布在湘西地区,"边黔一带现罹兵祸,颠沛流离,情形极惨"[48]。1917 到 1920 年护法战争,南北方交战的主要战场在湖南。"当时占领湖南的北军有直军、奉军、苏军、鲁军、皖军,此外还有不属于以上范围的张敬尧第七师和冯玉祥的第十六混成旅,军队番号之庞杂,把湖南变成了北军的一所博物馆,而仅一省之地就驻了南北各军十多万人,在'遍地皆兵,而兵即是匪'的情况下,湖南省人民所受到的苦痛也就较他省更多了"[49]。

1918 年,南北军阀在株洲激烈搏杀,以致"株、醴一带,焚杀最惨,数十里无人烟"[50],战争的惨烈从以下时人亲历亲闻的记载中可见一斑。"是役也,醴陵全县先后被北军……屠杀无辜百姓数万人;株洲地区较小,仅湘潭县属一、三都及长沙县属嵩山镇一隅之地,纵横不过四十方里,六日之间……亦被北军惨杀株洲无辜百姓竟达一千二百余人之众"。"北兵凶恶无赖,借端诈索,常持小瓶故意撞人于街而碎之,向人勒赔。竟更有公然借端恐吓向百姓要'花姑娘'者"。"驻军又多于夜间在大码头杀人,尸即抛于江内任其流去,湘潭皆不忍堂捞尸会在鹞子崖深潭内连续捞获杀害之尸身三十余具,皆北兵所为"。一凌姓男子因其兄外出三日未归,担心凶多吉少,于是到山坡上去寻找尸首,"群尸中,有身首异处者,有枪毙者,有乱刀刺死者,有砍去头颅半边者,有肢解者,有开膛破肚者,有割去阳物而插入尸口中者,备极人间屠戮之惨状"。"沿途避难者如蚂蚁出洞"。于是有人发出感慨:"自辛亥革命后,吾湘实为军阀角逐之场,……当日民歌有云:'湖南好似一碾槽,碾来碾去粉胡椒。'"[51]

醴陵在这次战争中的损失也非常大。遵道会德慕登牧师告诉准备前往醴陵赈灾的任福黎、袁明翼说:"吾新从醴陵来,城中仅饿犬数头,城外四十里内无人烟,子虽携钱米前往,又安所济哉?"[52]《黄国英报告湘省筹赈状况》中写道:"……醴陵城内目前所余者,仅文庙、节孝祠、姚玉堂、善园,其他口宗祠两三处与南门小店所在之背街而已。……醴陵东西南北四乡均土匪充斥、道途梗阻、民匪难分,招抚不受,剿办无从,避难四乡者……衣物无有,室如悬声。"[53]据时人所辑《醴陵兵燹纪略》载:1918 年 4 月 27 日,北兵在醴陵"纵兵大掠,城中财货劫索一空",又放火烧街,"繁盛之区,一烧而尽"。5 月 7 日,北兵由株洲复至醴陵,"凭河(指渌江)轰击,死于枪、死于水者不知凡几"。[54]5 月 19 日,任福黎抵达醴陵县城,只见"一片焦土,全城房屋仅存十分之二"[55]。据不完全统计,在这次南北军阀混战中,醴陵受灾 47901 户,被杀 21542 人,焚烧房屋 14752 栋,荒田 10490 户,损失财产 19410281 元。[56]

岳州由于地理位置特殊,自湖南反袁独立运动失败以后,一直为北军占据。1918年南北军交战,北军退往湖北,在岳州期间屠城纵火,蹂躏百姓。当时被省财政厅委任为岳州厘征局长的龙文蔚回忆他的岳阳之行:"大约是二十八日(指1918年1月——引者注)清晨,……目击岳阳城外滨湖一带,男女尸体枕藉。上岸时,只能由尸体上踩过。行约里许,见岳阳南关外已被烧成一片废墟,被毁的达一千数百户。……入城后,瞥见街旁一土地庙内,有两女尸僵卧血泊中;神座旁有一具裸体男尸,腹部被直刺,刀口长达尺许。街上不见行人,盖已逃走一空;仅遇见几个匍匐而行,系被北兵抓住时因挣逃而击伤的。……所有的店铺住户都被抢掠一空,较大的铺子内面,到处堆着泥土。""闻北军沿途以搜索残敌为名,到处奸淫掳掠,拉丁宰牲,许多妇女因被凌辱而自尽。有些地方几乎搞得鸡犬不留,人烟灭绝。"[57]

同样,新化在南北军阀混战中也惨遭蹂躏。1918年2月中旬,在岳州溃败的南军从益阳、安化进入新化境内,"他们全无纪律约束,除部分士兵经县署供给餐宿、发足津贴川资往宝庆归队外,余皆三五成群、周历城乡、专事打劫"。在败退向半山市(在洋溪西南二十里)的过程中,南军士兵"沿途劫掠,仓猝间人民四散,分窜于两旁岩谷间,坠岩溺水死者不少,被打伤打死的亦有数人。半山市民闻讯纷纷外逃,逃走不及者,北军指为南匪,就地枪毙数人;被押送县衙勒令以烟土赎人的二十余人,该市所有财物,掳掠一空"。北军第七师混成第五团(团长张继忠,乃张敬尧的义子,土匪出身)在新化更是无恶不作,该县128村遭其蹂躏者达一大半。"城乡房舍,经其驻扎或路过者,不是付之一炬,就是拆毁劈做柴薪,幸存者无几;群众被杀害、妇女被奸淫,财物被劫掠的,尤不可胜计"。新化人称该团为"烂五团",并写了《张继忠祸新十款公启》,昭告天下,其十宗罪包括:蹂躏居民、惨戮无辜、抢掠绅商、劫杀行旅、强奸妇女、威逼官绅、专制行政、搜刮公款、霸占矿业、槛杀平民。[58]北军随处强拉民夫，而"民夫行走稍迟即遭枪打，不胜挑运或生急病哀求释放的，均立予枪毙，逃归者不到十分之一，死于北军之故意杀害者不可胜数，仅在三溪桥一地，就枪毙四十余人"[59]。

1921年赵恒惕"援鄂自治"战争被打败后，大量溃兵在湘中一带肆意妄为，为害乡里，"即以岳阳、湘阴、平江一带及省垣四境而论，则所经之处，人无贫富，室无大小，招待者劫其物，趋避者火其居，倒箧倾箱，搜金取粟，男妇老幼，逃窜一空。鸡犬牛羊，割烹俱尽。此来彼往，一夕数惊。负母携儿，穴居野处备极流离之惨"[60]。长沙"纵横数百里，沿途住户，皆已劫抢无遗。……洪杨之祸毒，扬州之惨，无此之奇"。[61]平江"乃自八月二十九号起，南军过境，搜刮六七日之久，而地方愈不堪问矣"。"而此次搜刮，则无论贫富，洗劫一空"、"实为近数十百年未有之奇劫"[62]。平江县救荒会会长李先恕、副会长钟昌俊在致长沙《大公报》的公函中说，溃兵到处肆虐的行为"清初吴汝义之屠掠，无此蔓延。前年张敬尧之搜牢，无此净尽。有县以来，惨痛为极"[63]。当时军阀的将士本来就纪律松弛，如"驻沅守备队四营官兵骄横贪残，蹂躏沅民，惨无天日，殴辱官绅，习为故常"[64]。1925年，川军十多万人盘踞湘西达两个月之久，派兵到处搜括，稍不遂意，则焚屋杀人，惨不忍言，如保靖之葫芦寨、渡口寨，凤凰之得胜营、永顺之王村市、会同之洪江皆因搜括粮食不得而被焚毁。更何况脱离队伍、自行游离的溃兵，其对地方的破坏更是自不待言。

军事冲突对社会造成的直接伤害表现在人员非正常死亡、财产巨大损失、百姓生活失范，更主要的是社会民众人人自危心理的形成和强化。

　　第二,名目繁多、数额巨大的军费摊派和军事招待重任让地方
政府和广大商民不堪重负。兵灾不仅仅表现在赤裸裸的烧杀抢
掠,还包括让地方社会背负沉重的经济负担,这间接导致了民间社
会抗灾能力下降。湖南多个县市在报灾过程中详细罗列了地方社
会所受经济负担情况。如在靖县,1921 年"联军援桂,纷至沓来,
募军债洋三万元,杨总指挥提田赋二千元,李部长借军饷三千元,
食用常年、筹备两仓谷三千七百石,供养油盐、柴菜、酒肉、器皿二
万有奇,均有收据。城乡派夫之费,约五万串,以挈夫为名,索钱约
共万串,搜罗磬尽,痛苦莫名"[65]。平江驻省救灾会在致华洋筹赈
会的公函中提到了沈鸿英军在平江强行索取的情况。据 1921 年
12 月 11 日的报告,"沈军入城,已逾六千,每日勒令地方供给五六
百元,军米约百石,军衣六千套,袜六千只,又商绅士借谷三千石,
向盐商借盐一票"[66]。1922 年的军事冲突,使湘南多个县不堪重
负。农历六月,多路军队进出零陵城,共向当地正式派借五万元;
祁阳军事招待所主任在致电省议会的电文中列举了一次军队过境
县邑所造成的损失,"上月二十四日,罗旅长军队过境,提拨军饷
三千元。二十七日,陈军窜入,勒取军饷三千三百五十元,军米二
千石,油盐各五千斤,草鞋二万双,并器具等项共计一万三千
元"[67]。"近数年来,洪江为川滇湘各军所必争,你来捐钱十万,我
去又借钱十万,总共三年来,约捐四百万,平均每年约捐百三十万。
正供尚不在内"[68]。慈利县在 1924 年 10 月军事冲突后,被迫组织
军事维持会,总计开销在 5 万元以上。1926 年,湘鄂军队在浏阳
交战,双方军队达数万人,他们驻扎期间,"计前后借各团款项具
有收据者共洋三千二百另一元八角,又索去高坪团本票光洋一千
五百元;其开拔仓皇,人心震慑,未取得收据者共洋一千四百六十
元,又如各处招待,任意征发,将备荒之积谷,变作军粮。……计耗

各团备荒仓谷七百四十五石二斗,估值洋四千一百七十三元一角二分,其他供张如酒肉、油盐、柴煤及赔偿被絮什物等类,共洋三千三百另四元。又如捉人供役,……计拉各处民夫前后约四五百名,由团商雇工递送者亦达一千三百四十余名,共需工资约在四千元以上"[69]。

第三,巨额的军费开支使得省财政空虚,民政救济经费奇缺,挤占挪用赈灾款问题突出。在 1894 年前,湖南财政收支两抵是有盈余的。自 1901 年庚子赔款后,湖南开始负债。1903 年以后,每年竟有赤字 50 余万两。[70]进入民国后,军费开支所占比例最高达到总支出的 50% 以上,实际上可能还不止,而农业、交通等关系经济民生的项目则被忽视。军费所占比例过大对其他项目经费的挤占挪用并屡屡中断给慈善机构的拨款。1917 年,在金融混乱的环境中,财政厅决定截留一半原本预算的办学经费和慈善经费。1921 年,省城保节堂每月约九千元的盐斤附加费被停发,造成近

湖南省民初支出预算[71]　表1—3

| 年别项目 | 1912 | % | 1913 | % | 1914 | % | 1915 | % | 1916 | % |
|---|---|---|---|---|---|---|---|---|---|---|
| 外交费 | – | | 5,000 | 0.1 | 2,000 | 0.04 | | | 6,000 | 0.1 |
| 内务费 | 74,303 | 1.6 | 1,614,012 | 30.1 | 1,217,323 | 22.7 | – | | 1,573,075 | 25.5 |
| 财政费 | 2,181,258 | 46.3 | 473,494 | 8.81 | 531,814 | 9.9 | | | 542,970 | 8.8 |
| 教育费 | 240,712 | 5.1 | 70,034 | 1.3 | 100,000 | 1.9 | | | 542,956 | 8.8 |
| 陆军费 | 1,283,826 | 27.3 | 2,148,207 | 40.0 | 3,154,431 | 58.9 | | | 3,147,955 | 50.9 |
| 海军费 | 281,000 | 6.0 | – | | | | | | – | |
| 司法费 | 282,417 | 6.0 | 1,053,555 | 19.7 | 350,000 | 6.6 | | | 349,993 | 5.7 |
| 农商费 | 276,988 | 5.8 | – | | – | | | | 14,776 | 0.2 |
| 交通费 | 88,463 | 1.9 | – | | – | | | | – | |
| 共　计 | 4,708,967 | 100 | 5,364,302 | 100 | 5,355,568 | 100 | | | 6,177,726 | 100 |

两千嫠妇孤幼生活无着。赵恒惕主湘期间,财政困难更是省政府的一大要害。由于兵匪灾荒频仍,战事不断,商务萧条,税源枯竭,财政入不敷出越发明显。财政收入每月不到 40 万元,而省长公署每月军费、政费支出高达 100 多万元,[72] 在湖南省 1921 年安排的各项开支中"军费高达一千另四百万,政费达三百万,对于救荒填仓,竟不列经费,不顾灾民死活"[73]。省政府于是采取"预征田赋、提收田赋附加、指派特捐和抽收房租捐等办法剥夺民财。1924 年已提征至1930 年的田赋。田赋附加有的地方多于原额五倍以上,有的田赋附加竟预征到 1929 年。在城市对私人房屋每月征收全部佃金 3 倍的税款,在战时一连征收三个月。同时派销印花,每店少至 5 元,多至500 元"[74]。即令如此"广开财源",也仍然无法缓解省库日益枯竭的状况。到 1926 年,省财政积欠为数多达 2000—3000 万元之巨。[75]

　　第四,驻扎军队就地强摊、采购军米以及部分将士包运谷米出境都使得仓储严重不足,加剧米荒。新化"去年招待军队,由常平而储济而储备,几于颗粒无存"[76]。攸县的积谷、义谷因招待军队而罄尽。1921 年,沈鸿英军在进入平江城后勒令地方供给军米约百石,并向绅士借谷三千石。1924 年,溆浦被迫为驻扎在县境内的军队提供军米五千石,供给油盐。[77] 祁阳境内防军 1922 年 9 月27 日向当地勒取军米两千石,食盐和油各五千斤。[78] 因此,绅商要求驻湘军队到外地自办军米。1919 年春,省储已罄,碓户十之六七无米应市,万难分粜军人,于是省城慈善总公所、湖南义赈会和长沙总商会联名致函督军,要求谷米"官民分办,各自接济"[79]。1924 年 10 月慈利发生军事冲突,短短数月,被提征 1926 到 1928年 3 年田赋,合正供、附加共 24 万之多。

　　各派军队除强行要求驻在地民众解决军需外,还擅自包庇护送不法商贩运米出境,从中牟取好处,这对米禁工作是个沉重打击。

其中对湖南米禁破坏最严重的要数驻扎岳阳的吴佩孚军和驻在醴陵的赣军。1921 年，湘省旱灾奇重，省议会决定严禁谷米出口，但"驻岳北军屡有运米出境情事"[80]，他们征收米捐，以充军用。华容所属的梅田湖从来就是偷运谷米出口的主要地方，"一日驻防军队放船一百九十九只，得款约万元"[81]。岳阳近邻湖北，各关卡与驻扎军队相互勾结，"每米一石抽钱六百文，每谷一石抽钱三百文，即可包运出口"[82]。醴陵与江西接壤，赣军对湘省查禁火车载米出境加以干涉，并自由出入境采办军米，对湘省米禁构成了巨大威胁。醴陵知事李崇纯在阻禁出口谷米时反遭到赣军带营答责。看来，灾歉年米禁之难，首在军队包运和军米就地采办。为严防军队包运谷米出境，受省议会所托负责米禁事务的华洋筹赈会提议严惩军方违规运米出境行为，建议"查出各处驻防军队如有包运谷米出省者，直接长官，须撤差查办，包运兵士，须按照军法从严处分"。[83]针对各军队在驻扎地筹办军米情况，华洋筹赈会函请湘军司令部"转饬各驻军所有应需食米，须向产米有余区域购买，不得于灾区就地购办，以维民食而重荒政"；[84]同时针对赣军破坏米禁的行为，华洋筹赈会请湘军司令部与赣军的方镇守使交涉，要求赣军不得在湘采买军米，不得干涉湘省米禁。[85]但这种呼吁的效果微乎其微。

## 二、猖獗的匪患

"土匪是指旧中国那些一贯用杀人、放火、抢劫、绑票、勒捐等暴力恐怖手段，劫掠他人财物以满足个人私欲，从而危害社会、破坏生产、阻碍历史前进的个人与集团"。"因此，土匪是旧中国社会肌体内产生的一颗毒瘤"[86]，自古以来就是中国社会普遍的现象，它从一个角度折射出特定时期的社会状况。"到民国成立后，军阀间连年不断的战争，政客们争权夺利的角逐以及经济的混乱状况，终于使土匪活动发展成为这个时代的重要标志之一"。[87]北京政府时期湖南就是匪患的重灾区,尤其是湘西地区,它"地接川黔,向称匪薮,迩来该处军权不一,匪徒尤易滋生其间"[88],"似此匪势猖獗,环顾湘西,几无宁地"[89],1916年护国运动期间,湘西二十余县先后独立,各地土匪也趁着局势混乱,大肆活动,"现常德以上十六县,匪踪遍地"[90]。袁世凯死后,北洋军阀混战更加激烈,湖南的匪患也更惨烈,"此次军兴以来,全湘七十五州县,乃无不有匪,而匪无不炽"[91]。

土匪每到一处对地方社会造成非常大的破坏,"湘西各县地方痞匪,乘机占据城池,假托义勇军名义,树帜独立,收括民财,勒捐富户,虽未公然抢劫,实与强盗无异"[92]。"芷匪抢劫吊索,小股尤多,遍地皆是"。[93]"芷江匪炽无兵,民困极迫,各乡啸聚数千,戕团抢械,势成燎原,人民危急万状"。[94]醴陵兵匪足迹,"综计全邑,几无完土",湘阴"自战争发生,匪风尤炽,凭山泽以居者,无虑数十起",常德"由是匪盗蜂起,乡曲有财物全夺者,有庐舍被焚者,有掳人勒赎者,予取予携,无法防御,人民脂膏,剥削殆尽","桃源匪氛,愈演愈烈,以县之西、南、北三乡为最"[95]。宝庆"军事相持数月,土匪则杀人焚掠"[96]。这些匪徒往往假借各种名目搜刮勒索,强取豪夺,"他们不仅抢官府、绑富户;而且为湖南省的土匪在全国创出了一个暴戾凶残的名声。虽然其他地方的土匪或许不会绑架妇女和儿童,但在湖南,这种行为是司空见惯的,而且'肉票'的境遇一般都惨不忍睹"。[97]

北京政府时期,造成匪患的原因是多重的,其中最根本的是近代中国半封建半殖民地的社会地位。具体说来,"中国落后的自然经济、近代中国道德的沦丧,武侠之风的盛行及其错综复杂的民族矛盾和宗族冲突,都对近代中国匪患产生了极其重要的影响"。[98]另外,社会无序、政局的动荡、统治者的土匪政策、流民大量存在、秘密社会猖獗等都与土匪的大量涌现有着程度不等的关系。[99]

具体到湖南近代的匪氛炽烈的原因，我完全认同《湘灾纪略》在第三篇"匪祸"中所做的分析："丧乱频年，民多失业，饥寒所迫，乃生盗心，一也；南北两军，互有败挫，枪弹遗弃，为数实多，无业游民，归田退卒，拾其一二，足以横行，加以战争既久，士苦行军，一有溃亡，不思归伍，合从缔交，遂成草窃，二也；张氏督湘，暴兵弗戢，视我乡民，有如非类，黠者因人心之怨愤，乘时会之纠纷，假护法靖国之名，行'头会箕敛'之实，三也；北军残暴，所过为墟，人民畏兵，甚于畏匪，虽为匪扰，不敢以闻，用是猖狂，益无忌惮，四也。"[100]这其中最重要的原因是贫困和溃兵。美国研究中国近代土匪史的学者菲尔·比林斯利也主张"贫穷永远是持久不断的土匪现象的潜在因素，饥饿则为为非作歹提供了有力的藉词"[101]。"人说湘西匪多，实在是生活压迫成的"[102]溃兵四散，名兵实匪，与各路暴徒狼狈勾结，使得兵匪无异，"大庸一带土匪，多为王镇守使旧部退伍之兵"[103]，"有貌为兵而实匪，有形似匪而实兵，果孰兵而孰匪也，顾亦未遑深辨"[104]。

匪患是灾赈的主要障碍，"使匪患不清，则救急善后均难着手"[105]。在1916年湘西兵灾救助中，就因匪患严重，许多救助的活动无法顺利展开，"永属匪势猖獗，无从着手，委员已折回抵辰"[106]。"因乡下危险，处处兵匪阻斥"[107]，慈善救济机构的灾情调查、谷米运输等工作不得不延迟或取消。"沅江上游及资江流域几满坑满谷尽是土匪，以致放赈调查均困难万状"。因匪患严重，赈灾人员携带的款物必须请士兵保护，这徒增了救灾成本。[108]同时，匪患的猖獗也使许多商人望而生畏，正常经贸活动被打断，灾区市面供销售的粮食减少，这间接增加了救济机构购运谷米的压力和难度。例如，麻阳1922年春荒的原因之一是麻阳与辰溪交界处股匪麕集，拦河劫抢，船只不敢上驶，外来米断绝。此外，土匪肆无忌惮的拦路抢劫、绑架等，使救灾物资屡屡在运输途中被劫走，对慈善救济机构更是最直接的损失。最后，匪徒及其组织趁灾乱期间破坏社会秩序也给救灾增加了难度。

所以，匪患在北京政府时期给湖南灾荒的急赈制造了太多麻烦。匪患恰恰也是社会混乱失范的风向标，要从源头上治理匪患，必须结束半殖民地半封建社会的地位。

## 第三节　绵延的自然灾害

中国历来自然灾害频发，呈现范围广、灾害类型全、多灾并发的共性。灾害的不断发生使中国人累积了许多防灾备荒的思想，历朝政府也建构了基本的荒政体系。灾荒的破坏力是与社会秩序和准备状况有着密不可分的关系，同样规模、烈度的灾荒对康乾盛世和军阀混战时期的社会破坏力是不同的。

### 一、民初湖南严重的自然灾害

湖南历年自然灾害情况以及湖南灾情与其他省份灾情的对比情况可以从以下几个表格窥见概貌。

从统计来看，民国时期湖南的水灾是全国受灾县数最多的，累计达到772个，比排名第二的河北省多出20个县；而且灾害的种类也全部囊括其中。横向与兄弟省份比，湖南灾患名列前茅；从灾荒发生的年份看，无论是古代还是近现代，湖南几乎是无年不灾，无地不灾，而且很多年份是多灾并至。自然灾害的频密普遍发生以及与兵匪患的交织，使灾害救济的形势异常繁重，传统救灾系统面临巨大挑战，这也直接催生了湖南原有救荒体系的近代转型，并导致全新救济慈善模式的产生。要深刻理解严重自然灾害对湖南慈善救济事业的深远影响，仅靠宏观统计数据远远不够，还必须依据史实材料对当时灾害的严重程度、特点、原因和社会辐射作用做较详细考察。

**1912 年—1948 年全国主要省区受灾县数统计[109]　表 1—4**

| 省份 | 水灾 | 旱灾 | 虫灾 | 风灾 | 雹灾 | 冷害 | 地震 | 疫灾 | 其他 |
|---|---|---|---|---|---|---|---|---|---|
| 河北 | 752 | 350 | 338 | 10 | 118 | 21 | 14 | 22 | 29 |
| 山东 | 462 | 341 | 125 | 12 | 46 | 11 | 48 | 14 | 1 |
| 河南 | 681 | 858 | 226 | 101 | 142 | 55 | 3 | 80 | 1 |
| 山西 | 355 | 444 | 68 | 7 | 84 | 35 | 6 | 55 | 3 |
| 陕西 | 346 | 569 | 162 | 216 | 333 | 284 | 31 | 99 | 14 |
| 甘肃 | 81 | 311 | 22 | 13 | 170 | 23 | 161 | 24 | 12 |
| 江苏 | 272 | 142 | 167 | 30 | 10 | | 8 | 79 | 2 |
| 浙江 | 394 | 129 | 63 | 53 | 5 | | | 69 | |
| 安徽 | 430 | 350 | 168 | 21 | 16 | | 2 | 29 | |
| 江西 | 464 | 229 | 119 | 11 | | | 1 | 44 | |
| 湖北 | 454 | 442 | 101 | 41 | 3 | 2 | 3 | 45 | 21 |
| 湖南 | 772 | 417 | 121 | 18 | 9 | 9 | 2 | 29 | 15 |
| 四川 | 502 | 834 | 6 | 4 | 34 | 1 | 73 | 35 | 1 |
| 贵州 | 112 | 154 | 1 | 1 | 29 | | 7 | 1 | 33 |
| 云南 | 131 | 51 | 1 | 1 | 7 | 47 | 83 | 2 | 12 |
| 广西 | 249 | 174 | | 8 | 1 | 1 | 1 | 9 | |
| 广东 | 459 | 36 | 21 | 65 | 5 | 1 | 10 | 16 | 4 |
| 福建 | 176 | 60 | 1 | 34 | | | 28 | 86 | |
| 东北 | 316 | 44 | 9 | | 21 | 1 | 5 | 29 | |
| 总计 | 7408 | 5935 | 1719 | 646 | 1032 | 491 | 486 | 767 | 148 |

## 湖南历年灾害[110]    表1—5

| 年份 | 灾区州县数 | 灾别 | 年份 | 灾区州县数 | 灾别 | 年份 | 灾区州县数 | 灾别 |
|---|---|---|---|---|---|---|---|---|
| 1691 | 3 | 水 | 1836 | 9 | 水旱 | 1884 | 15 | 水 |
| 1703 | 3 | 旱 | 1837 | 9 | 水 | 1885 | 7 | 水雹虫 |
| 1727 | 10 | 水 | 1838 | 8 | 水 | 1887 | 17 | 水雹 |
| 1729 | 1 | 水 | 1839 | 9 | 水 | 1888 | 5 | 水 |
| 1746 | 5 | 水 | 1841 | 9 | 水 | 1890 | 11 | 水 |
| 1747 | 11 | 水 | 1842 | 9 | 水 | 1891 | 11 | 水 |
| 1749 | 8 | 水 | 1843 | 5 | 水 | 1892 | 10 | 水 |
| 1752 | 3 | 旱 | 1844 | 10 | 水 | 1893 | 11 | 水 |
| 1764 | 5 | 水 | 1845 | 6 | 水 | 1894 | 13 | 水 |
| 1769 | 4 | 水 | 1846 | 8 | 水旱 | 1895 | 12 | 旱 |
| 1786 | 5 | 水 | 1847 | 8 | 水 | 1896 | 12 | 水 |
| 1788 | 5 | 水 | 1849 | 12 | 水 | 1897 | 12 | 水 |
| 1789 | 3 | 水 | 1851 | 1 | 水 | 1898 | 13 | 水旱 |
| 1805 | 1 | 水 | 1852 | 9 | 水旱 | 1899 | 11 | 水旱 |
| 1806 | 2 | 水 | 1855 | 11 | 旱兵 | 1900 | 15 | 水 |
| 1809 | 7 | 水 | 1857 | 10 | 水 | 1903 | 10 | 水 |
| 1823 | 5 | 水 | 1858 | 13 | 水 | 1907 | 17 | 水旱 |
| 1831 | 7 | 水 | 1860 | 11 | 水 | 1908 | 9 | 水 |
| 1832 | 7 | 水 | 1870 | 1 | 兵 | 1909 | 13 | 水 |
| 1834 | 14 | 水旱 | 1873 | 15 | 水 | 1910 | 15 | 水旱 |

**1912—1948 年间湖南省历年受灾县数统计表[111]　表 1—6**

| 年份 | 灾区州县数 | 灾别 | 年份 | 灾区州县数 | 灾别 |
|---|---|---|---|---|---|
| 1912 | 5 | 水 | 1931 | 66 | 水 |
| 1913 | 8 | 水 | 1932 | 21 | 水、雹、疫 |
| 1914 | 20 | 水虫风 | 1933 | 68 | 水旱虫风雹及其他 |
| 1915 | 18 | 水 | 1934 | 62 | 水旱疫 |
| 1916 | 1 | 旱 | 1935 | 37 | 水、地震 |
| 1917 | 30 | 水 | 1936 | 17 | 水、地震 |
| 1918 | 18 | 水 | 1937 | 33 | 水 |
| 1919 | 4 | 水 | 1938 | 18 | 水旱虫风 |
| 1920 | 14 | 水疫 | 1939 | 10 | 水虫 |
| 1921 | 71 | 水旱 | 1940 | 28 | 水旱虫风雹 |
| 1922 | 49 | 水旱虫雹 | 1941 | 3 | 旱 |
| 1923 | 7 | 水旱虫 | 1942 | 23 | 水风 |
| 1924 | 70 | 水 | 1943 | 57 | 水旱虫 |
| 1925 | 58 | 水旱雹 | 1944 | 1 | 水 |
| 1926 | 35 | 水旱虫 | 1945 | 68 | 水旱疫 |
| 1927 | 8 | 水旱虫雹及其他 | 1946 | 25 | 水旱虫 |
| 1928 | 51 | 水旱虫风疫 | 1947 | 18 | 水虫疫及其他 |
| 1929 | 76 | 水、旱、虫、风、冷害、疫及其他 | 1948 | 48 | 水风 |
| 1930 | 53 | 水、风、雹、冷害 | | | |

北京政府时期 1921 年的旱灾和 1924 年的水灾比较有代表性。根据华洋筹赈会统计,1921 年全省 75 个县有 72 个县报灾,受灾人数不等,有的占全县人口的六成(如平江),大部分在 10 万以上(溆浦的灾民达 80 万人)(见表 1—7),真可谓"今年旱灾,为百年所未有"[112]。赈务处派驻华洋筹赈会代表饶本仁、朱德全写给北京的调查报告将湖南各灾县受灾程度分为三大类,其中绝大部分县受灾在五成以上(见表 1—8)。1922 年 1 月 12 日,湖南义赈会干事任福黎致电熊希龄指出,1921 年湖南在元气凋丧之后,"旱魃为虐,风虫助之,赤地千里,同归于尽。……重灾之区已达二三十县,其稍轻者亦三四十县。除滨湖数县收获尚稔,然仍有水旱偏灾,几于全省无一县无灾,无一人不被灾。目下无食者已达六七百万人,流亡在外者十数万,道殣饿毙者数万人"[113]。因这年刚发生春荒,接踵而来旱灾,各地仓储严重不足,导致粮价腾贵,如晃县米价"每斗需钱五六串,为数千年未有奇闻"[114],芷江升米卖价铜元 40 枚,这是常年价值的 7 倍[115],凤凰米价由灾前每斗 300 多文暴涨到 5000 多文[116],衡阳"一般劳动家甚有工作数日,尤不敷一日之食者"[117]。很多灾民无奈地选择以野菜、树皮等临时充饥,如新化能吃上谷米的不足 2/10,其他的依靠蕨根、蔬菜果腹;麻阳的饥民多以树叶、草根、岩粉为食,他们吃的多是棕树心、红蛇叶、石粉和枇杷树叶。甚者吃人,像古丈就出现"烹食已死小孩,偷割正法匪身"[118]的情况。

粮食短缺让灾民为活命甘于冒险,他们要不冲击政府请求救济,或者聚众吃大户,如攸县饥民冲击县署,武冈饥民暴动,湘潭荒民大闹平粜;新化、常德、麻阳等县灾民远走他乡行乞。麻阳逃亡常德的灾民三四千人,每天都有数十人死去;浏阳、平江等地方圆数十里寂无人烟,逃徙一空。在巨灾面前,很多匪夷所思的惨况竟然伴随灾民左右，一些无法抵御饥饿折磨、投生无路的灾民，"有食观音土者，有食树根者，有卖妻鬻子求活者，有投河服毒自尽者，有投子女于河者，或则悬死梁间，或则饥倒路上，种种惨状，目不忍见，耳不忍闻"[119]。在新化青石街一带，"从四乡奔来悬标卖女的甚多，十二三岁的仅卖米一斗；或论个数，大的约为八十文"[120]；在晃县，小孩售价一元，女孩售价四元。可见，严重的灾荒使秩序和人伦极易被颠覆。

### 湖南各县旱灾情况统计表[121]　表1—7

| 地点 | 灾民数 | 备注 |
| --- | --- | --- |
| 沅陵 | 60余万 | |
| 芷江 | 约20余万 | 死亡及逃荒者未计算在内 |
| 溆浦 | 80万 | |
| 会同 | 20余万 | |
| 桑植 | 全县人口十之八九 | |
| 临澧 | 13万余人 | |
| 石门 | 21万 | |
| 常德 | | 未提及具体人数，但从"赤地数百里，秋收绝望"描述中可见之 |
| 凤凰 | 灾民达万数 | |
| 沅江 | 20余万 | 出外逃荒者数千人未计算在内 |
| 黔阳 | 30余万 | 请照逃荒者数万 |
| 汉寿 | 18万余人 | |
| 桃源 | 25万 | |
| 保靖 | | 未提及具体人数。 |

| 地点 | 灾民数 | 备注 |
|------|--------|------|
| 南县 | 15 万余人 | |
| 泸溪 | 20 余万 | 出外逃荒者约 7 万余人 |
| 永绥 | 20 余万 | |
| 永顺 | 15 万余人 | |
| 慈利 | 8 万多人 | |
| 麻阳 | 20 万 | |
| 乾城 | 30 余万 | |
| 晃县 | 14 万 | 出外逃荒者未计算在内 |
| 辰溪 | 10 万左右 | |
| 通道 | 数万人 | |
| 古丈 | 18 万余人 | |
| 靖县 | 40 余万 | 逃往他省者数万 |
| 澧县 | 19 万 6 千余人 | |
| 安乡 | 5 万 | 其中不能举火者 2 万 |
| 嘉禾 | 10 万 | |
| 永兴 | 15 万 | |
| 安仁 | 3 万人 | |
| 汝城 | 5 万人 | |
| 郴县 | 10 万 | |
| 常宁 | 8 万 | |
| 衡山 | 20 万 | |
| 鄢县 | 7 万 | |

续表

| 地点 | 灾民数 | 备注 |
| --- | --- | --- |
| 宜章 | 近 2 万 | |
| 资兴 | 6 万 | |
| 耒阳 | 20 余万 | |
| 临武 | 8 万 | |
| 桂东 | 5 万 | |
| 宁远 | 6 万 | |
| 祁阳 | 10 万 | |
| 道县 | 8 万 | |
| 永明 | 8 万 | |
| 新田 | 8 万 | |
| 江华 | 6 万 | |
| 东安 | 8 万 | |
| 益阳 | 10 余万 | |
| 宁乡 | 10 余万 | |
| 醴陵 | 10 余万 | |
| 长沙 | | 灾民尚未调查 |
| 浏阳 | | 灾民因荒出境者 2 万人 |
| 湘潭 | | 灾民尚未调查 |
| 湘乡 | 15 万余人 | |
| 湘阴 | | 灾民逃荒者 2 万—3 万人 |
| 新宁 | 30 万—40 万以上 | 外出逃荒者 4 万余人 |
| 宝庆 | 30 万以上 | |

| 地点 | 灾民数 | 备注 |
|------|--------|------|
| 城步 |  | 灾民尚未调查 |
| 岳阳 | 20万以上 |  |
| 临湘 | 20万以上 |  |
| 安化 | 30万以上 |  |
| 茶陵 | 10万以上 |  |
| 攸县 | 10万以上 |  |
| 华容 | 7万—8万 |  |
| 平江 | 10余万（受灾6成） | 平江自认灾民有40万,受灾7成 |

### 饶本仁、朱德全调查湖南各县灾情表[122]　　表1—8

| 受灾各县名称 | 相关说明 |
|------|------|
| 新化、安化、临湘、永兴、凤凰、泸溪、沅陵、芷江、溆浦、麻阳、晃县、乾城、辰溪、古丈、龙山、嘉禾、岳阳、平江、桂东、桑植、通道、靖县、大庸、蓝山、武冈等县 | 受灾均在七八成以上,灾民多则20—30至40万,少亦七八万或10余万。 |
| 醴陵、益阳、湘乡、宝庆、新宁、茶陵、攸县、宜章、耒阳、资兴、江华、新田、郴县、常宁、临武、澧县、桃源、保靖、临澧、石门、黔阳、永绥、会同、慈利、绥宁、湘阴、零陵、鄞县、道县、永明 | 受灾在五六成以上,灾民多或二三十万,少亦数万人。目下谷米虽形不足,尚有杂粮,稍资补救。 |
| 浏阳、衡阳、城步、祁阳、华容、安乡、沅江、南县、湘潭、宁远、汉寿、长沙等县 | 受灾亦均有三四成或二成,灾民多亦10余万,少或数万。 |

1924年夏,湖南大水灾,"被灾境域达六十九县之多,灾区之广,损失之巨,为亘古所未有,且水灾之后继以虫旱两灾"[123],全省受灾人口达300万以上[124],严重程度超过1906年。1906年春夏间湖南的水灾"为湘省二百余年所未有"[125]。中国华洋义赈救灾总会湖南分会在请赈通电中特别强调了1924年水灾的严重程度,"考湘省历次水灾,以前清光绪丙午年(即1906年——引者注)为最重,然水势之猛,淹留之久,范围之广,实以今年为仅见"[126],就全国来说,"今年水灾,虽蔓延数省,然范围之广,水势之猛,实以湖南为最惨"[127]。宁乡水灾"为数百年未所仅见",沿河产米区"所有民间仓储谷米及各团积社仓米,均荡然无存"[128];新化遭受"空前一大惨劫,较甲寅年大水,更高丈余,损失以千万计"[129];益阳溃70余垸,灾民达20万;沅江溃100余垸,灾民达15万[130];湘潭灾民共23万,财产损失达八九百万之多[131];靖县受灾3793户,损失财物价值约371759元;衡山灾民约12万,被损房屋四万栋[132];沅江共溃136垸,灾户18825户,灾民88956人[133]。此次水灾是湘、资、沅三水域同时出现,因上游降雨过猛,下游出现河水倒灌,使灾区浸泡时间过长,不便及时灾后恢复;而且降雨持续时间长,很多区县反复受灾,如宁乡、湘潭等县皆反复四五次,更使灾民束手无策,心里也极尽煎熬之痛。

## 二、北京政府时期湖南自然灾害的特点及其原因

北京政府时期湖南自然灾害的特征有:灾荒发生的范围广、频度高,无地不灾、无时不灾;灾害发生的种类齐全,尤以水旱灾为最多;灾害烈度大,破坏重。这符合邓云特提出的"灾荒积累性"特征,他认为"我国灾荒之周期极短,一年一度之巨灾,已为2000年间之常例。但每次巨灾之后,从未有补救之良术,不独致病之弱点

未除,且反因每一度巨创之后,元气愈伤,防灾之设备愈废,危机日益增剧。在此情形之下,周期之轮环愈速,以前期无数次累积所存之已有之'病灶'为基础,再度表演,其规模遂更加扩大。此扩大再演之事实,即灾荒发展累积性之具体特征。"[134]

从"1912—1948 年间湖南省历年受灾县数统计表"(表 1—6)可以看出,北京政府时期每年都有灾患,只是范围和烈度不同罢了,灾害又以水旱虫雹灾最多,特别是水灾。从受灾县数看,最严重的主要年份是 1917(30 个县)、1921(71)、1924(70)、1925(58)、1926(35)、1928(51);自然灾害最少的是 1916 年(1 个县受灾)。灾害的大范围频密发生使得既有的荒政机制功能不堪重负,民众的互救能力丧失殆尽。水旱灾发生后的救助因条件所限通常是消极的临时性急赈,灾荒预防能力无法恢复,所以大灾后次年春季往往出现粮荒。1921 年醴陵出现严重春荒,其原因除了 1918 年兵灾的严重后遗症以及各项军差派费、提征田赋等沉重负担打击外,1920 年多灾并至(共计四次兵灾,两次水灾,两次虫灾)收成歉薄也是重要内容之一。1921 年辛酉大旱灾导致次年上春全省严重米荒,引发庞大的饥民潮和人道灾难。新化县赤贫的饥民 40 余万,"占该县人口之半"[135],而且因饥致死者数量庞大,城区饿死者"每日计数人或十数人不等,现施棺所有木工十余人,工作非常忙迫。死亡众多,可以想见"[136]。1924 年大水灾造成的次年春荒同样触目惊心。常德"所存陈谷,难供一月之需","沅陵市上,米贵如金"[137];衡阳出现闹荒风潮,5 月 17 日晚饥民共捣毁礱坊共计 93家;长沙县麓山镇出现"有钱无粜,终日不能举火者"[138];新宁县因学校缺粮,决定提前于 5 月 31 日提前放假[139]。1925 年春荒尚未赈救完竣,旱灾又不约而至,尤以湘西 20 余县最严重,因春荒时谷粮种子食尽,或人口多逃亡,多半农田没有播种,导致该区域的平均收成"不过二三成"[140]。湘东各县情况也非常严峻,茶陵"秋收极歉,秋收无望",祁阳"县属秋收十无一二",澧县"收成绝无希望"[141]。湘中地区同样大旱,东安尤甚,收成不及 1/10;新化收成不及三成。综计全省来看,"本年正杂各粮,收获平均不及十之二三"[142]。1926 年,全省依然遭受春荒折磨。沅陵"城内之断炊者已十有三四,乡间之粒食者更有百无一二"[143];永绥发生杀人相食的惨状,"对河马皇溪名宋三印者竟将其子烹食"[144],而且这种情况绝非个案;湘西湘南及岳阳一带"草叶树根,一时都尽,……举室自尽者,不可胜数"[145]。不难看出,北京政府时期尤其 1921 年以后几年,湖南水旱交织无间隙出现,这在战火延烧和官民储谷穷尽的情况下,对社会的破坏和民众的心理冲击是难以想象的。

　　湖南自古是个灾荒多发区,其个中原因有客观和主观两方面。杨鹏程对清朝前期湖南灾荒频仍的原因做了分析,认为当时人口增长迅速,对山地和洞庭湖的过度围垦降低了洞庭湖对洪水的调蓄作用,吏治腐败、清初的战乱及奸商囤积居奇、操纵粮价等是其主要原因[146]。那么,民国初年湖南灾荒频发的原因何在呢? 客观来看,长江流域生态系统异常和洞庭湖遭随意垦湖造田以致水域面积锐减及泥沙淤积使得自然的缓冲机制遭到破坏;湘省植被因过度垦荒而减少使得森林"储水"能力减弱;湖南雨量充沛且多集中在农历四到七月,水利设施年久失修且数量不足;省内四大流域多次同发大水。这些情况的综合作用使得灾荒本身就来势很猛。不过,这些灾荒若发生在经济繁荣政治清明社会安定的时期,由于有相应的预防意识、机制和备灾物资,所产生的破坏力可以减弱许多。何炳棣在研究明代以来人口问题时充分考虑了自然灾害在和平或战乱时期的不同影响,指出"天灾是一自然现象,但是发生在康雍盛世,对人口成长的打击必定比大规模战乱期间的影响要小得多"[147]。但在北京政府时期，水旱灾给湖南造成严重损失的主要原因还是在社会领域，至少包括：军阀混战使官民各仓颗粒无存，各种摊派征缴让民众自救能力荡然无存，政府无暇顾及民政情事乃至屡屡挤占少得可怜的救济款物，庞大荒民饥民群体恐慌性无序流动使灾后重建难以组织，湖南现代经济基础薄弱和社会公共组织少而无力，社会恐慌心理没得到有效舒缓甚至非理性地在民众间传染等。总的来看，民初如历史上很多时期一样，灾荒本身确实很严峻；又加上恰好赶上社会失范、经济贫弱、政治无序、战火蹂躏的时期，社会防灾减灾的不当作为乃至缺失使得灾荒的破坏力以失控的态势广泛且迅速在社会各界传播开来。

## 三、严重自然灾害对湖南慈善救济事业的影响

　　民初湖南自然灾害的状况对慈善救济的深刻影响主要体现为五个方面：

　　第一，社会粮食储备严重不足，抵御灾害能力几乎丧失殆尽。中国自古以来历朝政府都比较重视仓储在预防灾荒中不可替代的作用，所谓"民为邦本，食乃民天。管子牧民，首实仓廪。汉宋备荒，尤重贮粜。伊古以来，凡注意荒政者，莫不设仓贮谷，以备缓急之需"[148]。湖南自有清以来，也对仓储给予应有重视，有义仓、社仓、常平仓、乡村积谷等项仓储的完备组织。有了这些准备，偶遇饥馑，居民无需流离。但民元以后，"湘省频年灾歉，户鲜盖藏"[149]。

　　第二，灾荒全域性发生，使省内互救困难重重。湖南在向近代化转型中远远落后于京津、江浙、岭南区域，外面洋务运动如火如荼展开，湖南却无任何举措，显得异常寂静，近代工商经济自然无可称道。湘省脆弱的经济基面又遭际频仍的全域性严重水旱兵灾的叠加交织，使得救济机构在省内的筹款极其艰难。这使得湖南

救济突发性灾荒的款项主要来自北京政府的专项拨款和各类赈灾附捐,以及熊希龄等湘籍名贤在京沪等地的募捐所得。同时,荒歉之年省府依然放米出口,灾情披露和宣传不及时,省内商界等捐款能力不足等因素的叠加,以及同期其他省份也遭遇程度不等范围不同的灾荒,使得越往后湖南在外省的筹款渠道越窄。

第三,灾荒的持续严重地存在,使传统救助体系不堪重负,现实的客观需要催生和加速了近代救济机构和机制的诞生。中国传统社会的灾荒救助是由政府主导的,辅以家族、寺庙、善堂的配合,分工较为明确。当然,官方因对灾荒的认知有限、荒政官员的渎职贪腐以及灾荒自身的严重性难以掌控,所以对其救灾的最终效果不宜估计过高。但是民元以来,时局动荡和灾荒频仍侵袭,使传统的灾赈机制遭到破坏,功能难以正常发挥。但遍地灾患必须救助,在这种情况下,就呼唤一种新的救助体系和机制出现。这些新的机构以湖南义赈会、湖南华洋筹赈会、中国义赈救灾总会湖南分会、湖南急赈会等为代表,它们诞生后承担了救助突发灾荒的主要任务,其运行机制更多体现官民协作、以民为主。当然,传统的救助机构也依然存在,只是退居边缘位置,主要从事年米寒衣发放、孤幼嫠妇救助,偶尔也参与临时灾荒救助。

第四,灾荒叠加使得救济机构疲于应付,慈善救济多以消极的临时救济为主。灾荒救济一般分为急赈和善后两个阶段。北京政府时期湖南大部分年份有全域性巨灾,这使得救济机构几乎没有机会从事善后,只能忙于急赈。而且,当时主要慈善人士的基本共识是救急不救贫。这也决定了当时急赈的方式基本相同,无外乎筹款、购运、勘灾和放赈几个环节,而且放赈以小额的米粮和现金为主,这往往只能急一时之需,无法助其灾后恢复,更何况赈款赈粮在发放过程中还存在不少弊病。因此,湖南当时的慈善救济以消极的为主,属于积极慈善的只有以工代赈修筑潭宝公路和贷赈等,但这两项都因资金不足而使其救灾善后功效大打折扣。

　　第五,水旱等重灾的轮番蹂躏使得民众面应对灾荒的心理几近崩溃。灾荒的救助应该分生理和心理两个方面,中国从古至今的灾荒救助只重生理,所谓移粟移民,而很少认为灾民的心理也需要疗治。大灾面前,民众的心理承受是有一定限度的,超出了度就容易产生非正常的不利于救灾的心理病变,"其表现为在遭受灾荒巨大打击、生存环境极其恶劣的情况下,灾民们孤立无助痛苦不堪,或祈天祷灵,或悲观绝望,自我弱化的心理倾向普遍存在"[150]。这样的心理病征不利于饥民遣返、灾后复耕、治安维护和信心重建等。大灾致贫也使得许多青壮年铤而走险、落草为寇沦为匪徒,如不设法接济,"饥民尽成土匪"[151],使匪患更严重。

## 第四节　脆弱的经济态势

　　总的来看,灾害发生时粮荒的产生及其蔓延,一是社会总产能不够,二是社会财富分配机制不合理,剥夺部分人获取财富的机会。建构高质量的灾荒防治机制必须以经济的合理布局和充分发展为前提。从北京政府时期湖南经济态势与慈善救济关系的视角来看,就会发现,当时湖南慈善救济的很多状况和特点多是由内在根本性因素决定的,如民间互救能力弱、工商界慈善筹款能力差、湘西湘南农村饥民大量产生,等等。

　　北京政府时期湖南经济态势总体上是脆弱的,这表现在近代工商经济发展历史的短暂性和产业结构的极不合理性。湖南的近代工商经济是从甲午战后开始的,比沿海省份晚了30年,少量的工业经济也是以矿产和航运为主。整个北京政府时期乃至民国时期,湖南经济依然是农业经济为主导,"在民国五年的都市人口只有3.5%,到了民国二十五年提高至5.3%"[152],而且此时的农村社会活力已丧失殆尽,农业经济非常脆弱。

## 一、北京政府时期萧条的农业

湖南的地理环境决定了粮食产区过于集中,风险性强。湖南是个多丘陵山区和水域的地方,所谓"三山六水一分田",西部南部多山区或丘陵,交通极不发达,适合粮食耕种的土地面积少且主要分布在洞庭盆地和湘江中下游一带。农业的结构以种植双季稻为主。湖南的气候属于典型的亚热带气候,春夏时节降水量大且集中。而水利设施因常年的军政纷争疏于维修加固。这样的地形、农业结构和气候特点决定了农业受灾难性气候影响非常大。"湖南的灾害多为水患,而各地的水患又以洞庭湖四周州县为最严重。"[153]这使全省的粮食主产区时常遭水患侵蚀。

农村的耕地大量被地主占有,佃农所占比重过大。湖南到清朝统治百年之后,围绕土地的农村阶级关系持续紧张,"田之归于富者十之五六"[154],相对于全国来说,佃农与非佃农的比例是很高的。1917年,"全国的佃农、半佃农平均不过50%,而湖南竟达80%,实为骇人听闻"[155]。"湘潭、长沙一带,佃农占十分之六,雇农占十分之二,至于自耕农在湘中要算最少的了,大约说起来,只能占十分之二"。[156]佃农没有土地,为活命不得不付出高额成本租种土地,"在乡村经济破产的中国社会里,他们的气力拍卖在为每餐的粮食里"[157]。佃农辛苦劳作换来的是自己得到不到一半的劳动果实(见表1—9),而且在社会生活中地位低下,尊严受到打击。"地主对于佃农,十分苛待。每除付应缴田租外,尚须送鸡鸭等物,每年需为佃东做工数次,约一月,地主可随时增加佃金。"[159]秋后佃农将大部分收成交给地主,手中的余粮无多,只好靠借贷度日。"据吴承禧的统计,湖南50%的农民皆不免借贷"。[160]遇到大灾之年,农民更是难以对付,苦不堪言,"收获的粮食用以还债之后,所剩无几,次年的口粮难以为继,势必再次借贷。如此恶性循环,佃农永远无法清偿债务,只有永远承受高利贷的煎熬"[161]。

佃租额(1927)[158]　　表1—9

| 地区 | 每亩产额 | 每亩租额 | % | 规银 |
|---|---|---|---|---|
| 衡阳 | 3.5(石) | 1.8(石) | 51.4 | 5—7元 |
| 衡山 | 1.5 | 1.3 | 86.7 | 4—8元 |
| 株萍路 | 3.5 | 2 | 57.1 | 5—6元 |
| 临湘 | 4.13 | 2.63 | 63.6 | 不明 |
| 永明 | 1.5 | 1.2 | 80 | 不明 |
| 湘中 | 1.8 | 1.8 | 54.5 | 不明 |

　　农民除了无奈接受地主的苛刻盘剥外,还得背负政府各种名目的杂捐杂税和临时的军饷摊派,这无疑雪上加霜。这些捐税名目繁多,如火炉捐、月捐、募捐、人丁税、"绅七商三"(指军队摊派的责任分配)、花捐、娱乐捐、火铺捐、筵席捐、特税、所得税、印花税、屠宰税、百货厘金、烟酒税、契税、房屋税等。[162]从湖南各类县志中有据可查的捐税达300余种,大致分为五类,即政府用法律形式规定下来每年正税附加和其他杂税;地方政府公开制定的杂课;乡镇保甲的临时捐摊;各种头衔的指令募捐;军饷摊派。[163]各种田赋附加特别多,且提前多年征缴,让民间财力劫掠得所剩无几。"田赋附加,竟有多于原额五倍以上,预征至民国十八年,农民困苦,真不堪言"。[164]

　　再加上岳州1899被迫开埠后,帝国主义列强强制性地在农村进行经济渗透,促使湖南原有封建经济的分解,许多农业和小手工业者纷纷破产,农民更加贫困。以纺织业为例,日、英两国洋纱在湘倾销,很快挤垮了土纱市场,使得当时岳州"欲求一匹真土纱都布,几如披沙拣金,或先行一面订明,庶可照办"[165]。岳阳城陵矶原来只是一个寂静小镇,受开埠的直接影响,"自近年设立洋船税关,生意顿盛。洋纱一宗,尤为畅销。业此者现仅四五家,而每日所获,综计不下三四百金。惟本地所产之棉花,其价日贱,且无有问津者"[166]。

军队拉锯式轮番蹂躏和肆意强拉民夫,使农业发展缺少必需的安定环境和青壮劳动力。"湘西湘南连年兵灾,农民多半入伍当兵,或竟流而为匪,坐此田畴荒废,产额又因之减少,辰州以上每有赤地百余里无人耕种者"。[167]"湖南战事发生的主要战场在岳州、湘潭、长沙一带。军队来之后就广拉农夫,使得农业错失耕种时机"。[168]

另外,鸦片种植也挤占了大量的耕地。在近代中国,军阀割据政权与鸦片交易的长期共存,是近代中国社会的奇特现象,烟税、武装和地盘成为了中国军阀割据的三大法宝。[169]清朝时湖南禁烟办理得较有成效,"湘省烟禁甚严,已将禁绝"[170],民国后谭延闿督湘期间,为此专门颁布命令:"凡各州县及乡镇遍设禁烟分局,编查户口,施放戒烟丸药,禁止苗种,限以民国元年底烟尽绝。过期有犯,辄枪毙"[171],因严厉的禁烟措施基本得到落实使得当时烟毒几将销尽。但张敬尧来湘后情况大变,"禁令大弛,军兴两灾,遗毒未除,变本加厉,贩运包庇,时有所闻"[172],竟然还下令种植鸦片,规定"每田四百亩,种烟四十亩,每亩抽税二十元。长沙一县,发烟种四万包"[173]。赵恒惕上任后,政府也多次发文要求禁鸦片,但因烟土税的巨大诱惑,各地的官员阳奉阴违,禁烟流于形式,"鸦片流毒深入农村,许多生产谷米的田地,变而生产鸦片,成为民食缺乏的原因"[174]。

这些因素叠加性的综合作用,使农业人口占90%左右的湖南农业经济非常脆弱,面对大灾荒,农民只能束手无策。英国历史学家陶内在 1932 年写道,中国"在许多地区,乡村人民的处境,就像一个人永远站在齐颈深的水里,一个小浪就足以把他淹死"[175]。湖南农民的情况正是如此。

## 二、北京政府时期脆弱的工商业

民国时期湖南工业经济所占比重很低。从全国来看,洋务运动是近代工业化的开端,但就湖南而言则不然,它在这场激荡的洪流中缺席。湖南的经济近代化起步于甲午战败后。湖南近代工业经济的发展大致分三个阶段:陈宝箴巡抚湘省期间开始起步,岳阳、长沙,开埠后获得初步发展,第一次世界大战期间出现畸形繁荣,随后迅速衰退。

陈宝箴抚湘时期,积极推进经济近代化,在工业发展中采取的第一项措施是 1896 年 2 月成立湖南矿务总局;1897 年成立鄂湘善后轮船局,实为湖南近代交通的开始;机电和轻工业方面则创办了和丰火柴公司、宝善成机器公司、化学制造公司等。这些近代企业无论是官办、官督商办、官助民办,在起步初期都因封建保守思想、外国经济势力侵略和自身技术的落后等举步维艰,但这毕竟开启了一扇通向近代化的窗户。

催促湖南经济加速近代化的重要背景是岳州、长沙相继被迫开埠,客观上为近代经济的发展创造了条件;为了与帝国主义国家争利,在实业救国思想的激励下,民族资本企业有所发展。1899年 11 月,岳州被迫开埠,海关设城陵矶,美国人哈利斯充任海关税务司,从此湖南的经济被卷入帝国主义经济循环体系中。随后帝国主义国家进一步逼迫湖南开放,1904 年 7 月长沙也正式开埠,1905 年 5 月,湘潭、常德又开辟为寄港地。岳、长等处大门洞开后,英日等列强加大对湖南的商品输出和路矿权益的掠夺。这从开埠后进出口贸易额的变化(见表1—10)、清政府向美国借款修筑粤汉铁路、日本强行开辟湖南内河航线和列强违规在湘开矿和进行恶性的矿价操控等方面得以体现。这一时期,湖南近代工业的发展以矿业和与之配套的冶炼业为主,官办商办矿山遍布全省各地,而冶炼业中最著名的是由梁焕奎兄弟1908年创办的华昌公司,此外醴陵瓷业制造公司、湖南电灯公司也引人注目。不过,总体来讲,这些近代企业还非常稚嫩,资本量不大、管理水平不高,手工业在工业中仍然占绝对优势。但就近代湖南手工业的社会存量

**1900年—1911年岳长关进出口总值统计表[176]（单位：关平两）表1—10**

| 年次 | 进口 | | | 出口 | | | 进出口贸易净数 |
|---|---|---|---|---|---|---|---|
| | 长沙 | 岳州 | 合计 | 长沙 | 岳州 | 合计 | |
| 1900 | | 136704 | 136704 | | 7123 | 7123 | 143827 |
| 1901 | | 377376 | 377376 | | 23133 | 23133 | 400509 |
| 1902 | | 899359 | 899359 | | 330856 | 330856 | 1230215 |
| 1903 | | 2116660 | 2116660 | | 1356581 | 1356581 | 3473241 |
| 1904 | 2203119 | 1263737 | 3466856 | 614395 | 898816 | 1513211 | 4980067 |
| 1905 | 4273956 | 173102 | 4447058 | 1621874 | 316956 | 1938830 | 6385888 |
| 1906 | 3994974 | 404133 | 4402107 | 1293835 | 342955 | 1636790 | 6038897 |
| 1907 | 5003269 | 536261 | 5539530 | 2288864 | 817894 | 3106758 | 8646288 |
| 1908 | 5306007 | 547431 | 5853438 | 3934285 | 2396486 | 6330771 | 12184209 |
| 1909 | 5667406 | 1306561 | 6973967 | 4890387 | 1709352 | 6599739 | 13573706 |
| 1910 | 6973920 | 1135899 | 8109819 | 6116110 | 805970 | 6922080 | 15031899 |
| 1911 | 8119620 | 1999645 | 10119265 | 9570735 | 1456325 | 11027060 | 21146325 |

看在全国也是靠后的。表 1—11 是 1913 年全国各省手工业对比情况表,从中可察出湖南所处位置。

各省工业(艺)局所比较表[177]　　表 1—11

| 省份 | 工业各局 | 工业各种传习所 | 劝工厂 | 公私建设各工场 |
| --- | --- | --- | --- | --- |
| 直隶 | 165 | 3 | | 45 |
| 奉天 | 5 | 12 | | 5 |
| 吉林 | 1 | 6 | 2 | 1 |
| 黑龙江 | 1 | 7 | | 1 |
| 江苏 | 2 | 8 | | 21 |
| 安徽 | 1 | 1 | | |
| 山东 | | 116 | 1 | 14 |
| 山西 | 1 | | 1 | 8 |
| 河南 | 1 | | 1 | 12 |
| 陕西 | 14 | 12 | | 12 |
| 甘肃 | 6 | 49 | | 6 |
| 新疆 | | 5 | 1 | |
| 浙江 | 19 | 20 | | 12 |
| 江西 | 7 | 76 | | 10 |
| 湖北 | 1 | 7 | | 26 |
| 湖南 | 1 | 2 | 4 | 2 |
| 广东 | 2 | 21 | | 41 |
| 广西 | 1 | 14 | | 2 |
| 云南 | | 83 | 1 | 10 |
| 贵州 | | | | 2 |
| 福建 | | 8 | | 10 |
| 四川 | | 73 | | 7 |

　　湖南近代工业以矿业为主的特殊结构使矿业发展对商品出口额有着关键影响。人们常说湖南矿产之富甲于全国,但因受到帝国主义经济侵略、矿业人才缺乏、社会风气保守、办矿资金少且分

散等多方制约,使得矿业长时间处于不发达状态。不过随着帝国主义国家加紧备战,湖南矿砂外销量不断提高,这大大刺激了地主官僚和商人纷纷投资采矿业。根据湖南矿业杂志社《湖南矿业之调查》不完全统计,1916 年全省各县新设大小矿场至少在 8000 家以上。湖南各种矿产尤其是锑矿在国际市场的价格不断上涨,其在整个湖南出口商品中的比例自然很大,例如,1916 年矿产出口总价值 1054 万多关平两,占全省出口总价值的 58.1%。兹录1912 年—1919 年湖南出口商品总额及矿产品出口额变化情况,从中可以看出当时矿产业在湖南整个经济和外贸中的特殊位置(见表 1—12)。但因矿砂销售过于依赖国际市场,随着"一战"结束后国际市场对矿砂需求锐减,湖南矿产外贸数量也随之突减,价格惨跌。以纯锑为例,1918 年上半年长沙纯锑每吨市价尚能售至 900元;到 1919 年春间,长沙纯锑每吨突降到 90 元内外,甚且无人问津。[179] 矿砂的滞销和其他工业稚嫩弱小,再加上战火不断延烧和灾

**1912 年至 1919 年湖南矿产出口情况表(单位:关平两)[178]　表 1—12**

| 年别 | 全省出口总价值 | 矿产出口总价值 | 百分比 |
|------|------|------|------|
| 1912 年 | 12,861,355 | 428,922 | 3.3 |
| 1913 年 | 12,354,575 | 1,487,241 | 12 |
| 1914 年 | 11,887,046 | 2,106,818 | 18.2 |
| 1915 年 | 14,813,927 | 6,495,981 | 43.9 |
| 1916 年 | 18,147,296 | 10,543,445 | 58.1 |
| 1917 年 | 17,461,826 | 7,023,055 | 40.2 |
| 1918 年 | 16,350,861 | 4,583,465 | 28 |
| 1919 年 | 13,942,067 | 1,475,314 | 10.6 |

荒轮番侵袭,使得湖南的工业迅速衰退。"湖南境内全部在手工业时代,……无他较大的矿业可指"[180],很多矿厂停办倒闭,就是存留下来的也多是资金薄弱的小矿,无力提高生产能力。据1923年《中国年鉴》所列,湖南36家矿商的资本总共121万余两,30万两以上资本者仅1家。[181]作为湖南唯一近代机器棉纺企业的湖南第一纱厂也因经费困难在1924年停办。只有少数部门如交通、邮电、电气、印刷等在时兴时辍中略有进展。[182]

既然湖南当时的经济依然是农业为主体,工业发展缓慢又畸形,再加上主要依赖水路交通,这势必使商业发展受到严重制约。商业相对活跃的区域集中在长沙、岳阳、常德、湘潭、衡阳等地。但因军阀混战的持续进行,其间时常戒严,时而闭市,商旅畏缩不前,百业萧条。大小军阀对商民又设法巧取豪夺。各地商会常年受过往军阀支差派款的困扰。1918年,吴佩孚进驻衡阳,即要求商会筹借饷银3万元,在遭到会董们拒绝时,即命令"捉拿大户店主为质"。最后,经人调节,借给银洋27000元赎回"人质"。[183]1924年12月1日,川军进驻常德,找总商会派款20万银元,限3天交出,否则市场受扰概不负责。对此,商会会长曾春轩前往要求减少派额,非但不允,反被扣押为人质,无奈,总商会只好紧急会议,向多个行业强行摊派,如期交足,才赎出会长。[184]一句话,近代工业弱小使商业发展缺乏必要的前提,局势混乱和杂捐杂税使商业运转缺乏合适环境。

由此看来,北京政府时期湖南的经济与传统社会相比基本格局没有变,帝国主义势力的进入和民族工业经济的出现都难以打破超强的封建经济的主导地位。这关键是因为湖南经济的近代化不是在轻纺工业和手工业基础上产生的,不是资本主义经济发展的必然结果,而是依靠政治强力自上而下启动的后发型区域性演进模式[185],是因为外在主客观因素推动下的被动前行,其发展动力和历次高潮"不是社会经济条件成熟的自然产物,而主要是一些非经济的因素促成所致"[186],经济活动承载了太重的政治使命。投资集中在矿冶、交通等资金密集型领域,延缓了资金的周转速度,降低了资金利用效率;加之专业人才培养的不足,前述因素的综合作用使湖南经济近代化严重滞后。

湘省绅权的强大和他们不愿投资现代产业的心理趋向也是近代产业发展滞后的重要因素。湘军被分批裁撤后,"部分湘军首领衣锦还乡,长沙新增'宫保第'十三家,湘乡一县二品以上军功的官僚绅士将近二千家。他们占地不纳粮,杀人不问罪,地方官对他们唯唯听命,这反映了湖南反革命绅权有了进一步的伸张"[187]。他们掌握着大量资金,但传统观念、思维方式和知识结构决定了其只会本能性选择传统理财方法,就是购地置产、佃耕收租。正如张朋园所说,"湖南在清末民初,百分之八十以上的人民都是贫穷的农民阶级。而绅士阶级则大多数仍然是重农轻商的,投资以购买土地为主,工商活动极其少数"[188],这就使"当时湖南的工商资本极为微弱,地主经济占着主要地位,迫使该行(指湖南实业银行——引者注)的大部分资金投放在城市房地产和农村田亩上面"。[189]

### 三、脆弱经济生态对湖南慈善救济事业的影响

北京政府时期湖南这种经济状态对慈善救济事业的影响是多方面的,主要包括:

第一,赈灾的重点以农民、农村为主,范围广,任务重。湖南经济以农业为主导,且因水利设施低效乃至残缺使农业抵御风险能力严重不足。如果工商经济所占比重大的话,社会受自然因素的直接影响会相对减弱,这可延缓灾荒造成的民众恐慌心理发生,有利于灾赈工作。社会经济类型的同质性越高,彼此间互补救助就

越困难,所以当灾害降临后,就会迅速产生大量灾民,他们自救能力差,基本上等待外面的救助,这势必增大了慈善救济机构的工作量。而且湖南产粮区过于集中且易受水旱灾侵袭。同时,广大农村地处偏远,交通不便,慈善救济工作困难重重。所以说,湖南的经济结构和地理环境决定了灾赈工作的方向和重点。

第二,工业基础的薄弱使以工代赈救灾方法产生的成效有限,商界实力不足使其在慈善捐助中时常显得有心无力。如果条件允许,以工代赈无疑是慈善救济中最可取的积极救助方式,可因为湖南轻工业基础薄弱,社会覆盖面狭窄,使得举办贫民工厂以工代赈的效果有限。另外,不同于上海等沿海工商经济发达区域商界是赈款的主要捐献者,湖南商业本来就不发达,加以军政势力层层加码摊派和掠夺,使商界不堪重负,以致每有借款筹款任务,商界各行业都非常厌倦。也就是说,湖南工商界并非不热心慈善,而是实力有限、负担过重,在慈善捐款时往往显得力不从心。

第三,省内工商业欠发达,使得湘省的慈善救济款主要来自中央政府拨款和省外相关机构人士的捐助。国内外历史经验表明民间社会是慈善事业的主要承担者,其中最活跃的当属绅商人士。无论是款项筹集还是慈善机构组织及活动开展,由工商巨子号召更具效果,但因湖南工商经济欠发达,北京政府时期湖南主要慈善机构中,工商界人士的数量不多。

所以,经济发展与慈善救济事业有密切关系,强大的生产力是提高慈善救济水平的重要前提条件。

**注　释**

1　《张督军赈恤湘西之电文》,长沙《大公报》1919 年 3 月 29 日。

2　孙中山:《辞大元帅职通电》(1918 年 5 月 4 日),见中国社科院近代史所等编:《孙中山全集》(第四卷),北京:中华书局1985年版,第471页。

3　《护国军湖南总司令程潜布告汤芗铭罪状》,见杨世骥著:《辛亥革命前后湖南史事》,长沙:湖南人民出版社1982年版,第279—284页。

4　《关于汤芗铭在湘暴行的回忆》(座谈访问记录),见《湖南文史资料选辑》(修订合编本)第4集,长沙:湖南人民出版社1982年版,第43页。

5　47　88　91　95　100　104　参见湖南善后协会编纂:《湘灾纪略》,北京:中华书局2007年版,第137—161、118、130—131、118、124—132、118—119、119页。

6　以上关于民国早期湖南政局发展历史的简要介绍主要参考了由刘泱泱、宋斐夫主编的《湖南通史》近代卷(第六章之第四节、第五节,第七章之一至三节)和现代卷(第一章中的第三节、第六节,第二章中的第三节)。在此深表感谢。

7　15　54　参见刘泱泱主编:《湖南通史》(近代卷),长沙:湖南出版社1994年版,第726、276、771页。

8　郑自军:《民国前期湖南灾荒社会原因研究》,《船山学刊》2002年第2期。

9　70　71　110　152　153　154　155　188　张朋园著:《湖南现代化的早期进展》(1860—1916),长沙:岳麓书社2002年版,第141页,注释1、248、261—262、171、409、33、80、83、231—232页。

10　17　阳信生:《湖南近代绅权研究》(湖南师范大学2003届博士学位论文),第8、47页。

11　12　王先明著:《近代绅士——一个封建阶层的历史命运》,天津:天津人民出版社1997年版,第287、245页。

13　[美]陈锦江著:《清末现代企业与官商关系》(中国近代史研究译丛,王庆成主编),北京:中国社会科学出版社1997年版,第7页。

14　攻法子:《警告我乡人》,《浙江潮》第二期。转引自刘泱泱主编:《湖南通史》(近代卷),长沙:湖南出版社1994年版,第284页。

16　刘泱泱著:《近代湖南社会变迁》,长沙:湖南人民出版社1998年版,第257页。

18　皮锡瑞:《师伏堂未刊日记(1897—1898)》(戊戌正月廿五日记),《湖南历史资料》1958年第4期,第92页。

19　《枭辕批示》,《湘报》第3号,光绪二十四年二月二十七日。

20　蔡开松:《湖南保卫局述论》,《近代史研究》1990年第1期。

21　汪林茂:《江浙士绅与辛亥革命》,《近代史研究》1990年第5期。

22　25　26　33　34　49　胡春惠著:《民初的地方主义与联省自治》,北京:中国社会科学出版社2001年版,第8、7、4、191、201、162页。

23　迈克尔:《19世纪中国的地方主义》,《国外中国近代史研究》第11辑,北京:中国社会科学出版社1988年版,第32页。转引自刘伟著:《晚清督抚政治——中央与地方关系研究》,武汉:湖北教育出版社2003年版,第380页。

24　Will Durant, The Story of Civilization, Part I, Our Oriental Heritage: The Far East, 1935, pp. 796—797. 1970年,台北,金山公司影印版。转引自胡春惠著:《民初的地方主义与联省自治》,北京:中国社会科学出版社2001年版,第8页。

27　饶怀民编:《杨毓麟集》,长沙:岳麓书社2001年版,第62—63页。

28　参见傅典煌:《地方制度意见书》,《东方杂志》1916年11月第十三卷第11号。转引自胡春惠著:《民初的地方主义与联省自治》,北京:中国社会科学出版社2001年版,第99页。

29　74　81　82　宋斐夫主编:《湖南通史》(现代卷),长沙:湖南出版社,第63、120、13、15页。

30　《致上海谭组安电》(民国七年三月十一日),见熊希龄著:《熊希龄先生遗稿》(第三卷),上海:上海书店出版社1998年版,第2863—2864页。

31　《长沙大公报十周年纪念特刊》,1924年版,藏湖南图书馆。

32　参见湖南省志编纂委员会编:《湖南近百年大事纪述》(修订本),长沙:湖南人民出版社1962年版,第426页。

35　参见宋斐夫主编:《湖南通史》(现代卷),长沙:湖南出版社1994年版,第77页。

36　关于湖南联省自治运动过程的部分,主要参考了《民初的地方主义与联省自治》(胡春惠著,北京:中国社会科学出版社2001年版)相关章节,特此说明,并致谢意。

37　《华洋筹赈会之经过及其内容》,长沙《大公报》1922年6月30日。

38　《省议会赴京请赈代表回省》,长沙《大公报》1924年8月8日。

39　《省议会代表报告北京筹赈情形》,长沙《大公报》1924年8月2日。

40　《马临翼致省长函》,见《关于筹赈之重要文电》,长沙《大公报》1924年8月14日。

41　《华洋会又电京请赈》,长沙《大公报》1921年7月26日。

42　《省议会代表报告在京领取公股证券情形》,长沙《大公报》1924年8月10日。

43　周震麟:《北洋军阀时期国会概述》,《中华文史资料文库》(第一卷),北京:中国文史出版社 1996 年版,第 663 页。

44　《浏阳救灾会呈省署文》,长沙《大公报》1921 年 12 月 20 日。

45　《省路垫款之另一提案》,长沙《大公报》1923 年 7 月 20 日。

46　夏明方著:《民国时期自然灾害与乡村社会》,北京:中华书局 2000 年版,第
　　333 页。

48　《救济西路难民募捐公启》,长沙《大公报》1916 年 3 月 2 日。

50　《义赈会致北京熊督办电》,见《湖南义赈会往来要电》,长沙《大公报》1918 年 10
　　月 18 日。

51　以上这段文字引自叶镜吾:《戊午株洲兵祸记》,《株洲文史资料》第 2 辑,1982
　　年版。

52　《湖南义赈报告书》,长沙《大公报》1918 年 10 月 14 日至 26 日。

53　《黄国英报告湘省筹赈状况》,长沙《大公报》1918 年 8 月 13 日。

55　《电一》,见《补志任福黎等报告湘赈电》,长沙《大公报》1918 年 6 月 18 日。

56　参见《醴陵灾户调查总表》(1918 年 12 月编造),《湖南历史资料》1959 年第 3 期。

57　龙文蔚:《岳阳兵祸目击记》,见《湖南文史资料选辑》(修订合编本)第 4 集,长沙:
　　湖南人民出版社 1982 年版,第 167 页。

58　《新化人民宣布张继忠祸新十款公启》,《湖南》第一卷第二号。见湖南省哲学社会
　　科学研究所现代史研究室编:《五四时期湖南人民革命斗争史料选编》,长沙:湖南
　　人民出版社 1979 年版,第 216—221 页。

59　这段引文引自陈立群:《南北混战时期新化的兵祸》,《新化文史》第 3 辑,1989
　　年版。

60　《湘中善后协会呈请拯济兵灾》,长沙《大公报》1921 年 9 月 11 日。

61　《长沙县议会呈报兵灾文》,长沙《大公报》1921 年 9 月 8 日。

62　《平江西乡请知事呈报兵灾文》,长沙《大公报》1921 年 9 月 19 日。

63　《平江县奇灾之写真》,长沙《大公报》1921 年 11 月 30 日。

64　《沅州公益机关来电》(民国二年六月十日到),见熊希龄著:《熊希龄先生遗稿》
　　(第二卷),上海:上海书店出版社 1998 年版,第 1070 页。

65　《靖县请拨款施赈》,长沙《大公报》1921 年 9 月 28 日。

66　《平江救灾会请求救济》,长沙《大公报》1921 年 12 月 17 日。

67　《湘南各县之呼吁》,长沙《大公报》1922 年 8 月 28 日。

68　《湘西旱灾之惨象》，长沙《大公报》1925 年 9 月 3 日。

69　《浏阳东六团请发急赈之呼吁》，长沙《大公报》1926 年 3 月 29 日。

72　参见郑自军：《民国前期湖南灾荒社会原因研究》，《船山学刊》2002 年第 2 期。

73　湖南省志编纂委员会编：《湖南近百年大事纪述》（修订本），长沙：湖南人民出版社
　　1962 年版，第 426 页。

75　参见欧阳志高：《湖南财政史》，长沙：中南工业大学出版社 1988 年版，第 80—
　　81 页。

76　《提议赈济新化兵灾意见书》，长沙《大公报》1919 年 6 月 29 日。

77　参见《溆浦公民之哀告》，长沙《大公报》1924 年 1 月 25 日。

78　参见《湘南两县之呼吁》，长沙《大公报》1922 年 10 月 7 日。

79　《绅商呈请筹办军米民食办法》，长沙《大公报》1919 年 4 月 28 日。

80　《致省公署函》，见《筹赈会关于北军运米之公函》，长沙《大公报》1921 年 12 月
　　22 日。

81　《米禁委员报告困难情形》，长沙《大公报》1921 年 12 月 22 日。

82　《省议会关于米禁之公文》，长沙《大公报》1921 年 12 月 2 日。

83　《筹赈会对于米禁建议案》，见《筹赈会请卸米禁责任》，长沙《大公报》1922 年 1 月
　　22 日。

84　《筹赈会函请各驻军不得就地购米》，长沙《大公报》1922 年 2 月 27 日。

85　参见《昨日各公团之会议》，长沙《大公报》1922 年 1 月 17 日。

86　98　谭属春：《近代中国的匪患问题初探》，《求索》1994 年第 4 期。

87　97　101　［美］菲尔·比林斯利著：《民国时期的土匪》，北京：中国青年出版社
　　1991 年版，第 52—53、71—72、39 页。

89　《凤凰田镇守使来电》（民国五年三月二十七日到），见熊希龄著：《熊希龄先生遗
　　稿》（第二卷），上海：上海书店出版社 1998 年版，第 1740—1741 页。

90　《复统率办事处电》（民国五年三月二十三日），见熊希龄著：《熊希龄先生遗稿》
　　（第二卷），上海：上海书店出版社 1998 年版，第 1731 页。

92　《凤凰田镇守使来电》（民国五年五月十九日到），见熊希龄著：《熊希龄先生遗稿》
　　（第二卷），上海：上海书店出版社 1998 年版，第 1843 页。

93　《沅州张容川来电》（民国六年八月十四日到），见熊希龄著：《熊希龄先生遗稿》
　　（第三卷），上海：上海书店出版社 1998 年版，第 2202 页。

94　《致凤凰厅田镇守使辰州张道尹电》(民国六年十月二十一日),见熊希龄著:《熊希龄先生遗稿》(第三卷),上海:上海书店出版社1998年版,第2271页。

96　《宝庆请救灾荒之呼吁》,长沙《大公报》1926年9月23日。

99　参见汪远忠、池子华:《中国近代土匪史研究述评》,《学术界》1998年第2期。

102　《湘西旱灾之惨象》,长沙《大公报》1925年9月3日。

103　《复北京统率办事处电》(民国五年四月五日),见熊希龄著:《熊希龄先生遗稿》(第二卷),上海:上海书店出版社1998年版,第1763页。

105　《熊、赵关于湘西善后之往来电》,长沙《大公报》1921年10月7日。

106　《常德抚绥处来电》(民国五年十二月二十三日到),见熊希龄著:《熊希龄先生遗稿》(第三卷),上海:上海书店出版社1998年版,第2088—2089页。

107　《义赈会复醴陵知事函》,见《醴陵灾民恳补发赈款》,长沙《大公报》1918年11月12日。

108　参见《湘省灾民之生死问题》,长沙《大公报》1922年1月5日。

109　此表根据夏明方著:《民国时期自然灾害与乡村社会》"附录"中的"附表Ⅰ:1912年—1948年间各省区历年受灾县数统计"制作而成。

111　根据夏明方著:《民国时期自然灾害与乡村社会》"附录"中的"附表Ⅰ:1912年—1948年间各省区历年受灾县数统计"制作而成。

112　《省长覆北京救灾会电》,长沙《大公报》1921年10月8日。

113　《任福黎替灾民请命之恳切》,长沙《大公报》1922年1月13日。

114　《晃县旱灾之呼吁》,长沙《大公报》1921年9月3日。

115　杨蕴川:《芷江饥荒计》,长沙《大公报》1921年10月22日、23日。

116　金远声:《1921年的凤凰旱情》,《凤凰文史资料》第1辑,1988年版。

117　《衡阳米价飞腾之可虞》,长沙,《大公报》1922年2月24日。

118　《永顺灾情之惨恶》,长沙《大公报》1922年3月15日。

119　《湖南各县灾情之真相》,长沙《大公报》1922年1月9日。

120　唐乐山:《新化历年主要灾情纪述(公元808年——1988年)》,《新化文史》第3辑,1989年版。

121　此表根据"湖南各县旱灾概况"(长沙大公报1921年10月10日)、"湖南各县旱灾详情"(长沙大公报1921年10月12日、14日)"平江报告灾情"(1921年11月16日)制作而成。

122　此表根据《湖南各县灾情之真相》(长沙《大公报》1922 年 1 月 9 日)制作而成。

123　《北京勘灾委员电报灾荒》,长沙《大公报》1924 年 9 月 28 日。

124　127　《义赈会给义赈总会电》,见《义赈会痛陈湘省灾况电》,长沙《大公报》1924
　　　年 7 月 25 日。

125　《新民丛报》第十年第四号,转引自湖南省志编纂委员会编:《湖南近百年大事纪
　　　述》(修订本),长沙:湖南人民出版社 1962 年版,第 221 页。

126　《义赈会又通电请赈》,长沙《大公报》1924 年 7 月 18 日。

128　《宁乡县议会致华洋筹赈会电》,见《宁乡大水灾详志》,长沙《大公报》1924 年 6
　　　月 20 日。

129　《又有人详述新化水灾》,长沙《大公报》1924 年 7 月 23 日。

130　《义赈会痛陈湘省灾况电》,长沙《大公报》1924 年 7 月 25 日。

131　132　《各县特约通信》,长沙《大公报》1924 年 8 月 9 日、9 月 10 日。

133　《(沅江)灾户及灾民详数》,长沙《大公报》1924 年 9 月 23 日。

134　邓云特著:《中国救荒史》,上海:上海书店出版社 1984 年版,第 61 页。

135　《新化生机几绝》,长沙《大公报》1922 年 5 月 4 日。

136　《新化归客荒情谈》,长沙《大公报》1922 年 4 月 28 日。

137　《纪不胜纪之春荒状况》,长沙《大公报》1925 年 5 月 18 日。

138　《万分紧急之各县春荒》,长沙《大公报》1925 年 5 月 20 日。

139　《新宁学校竟因缺食放假》,长沙《大公报》1925 年 5 月 27 日。

140　《义赈会电告湘灾实况》,长沙《大公报》1925 年 8 月 28 日。

141　《各县呈报秋收无望》,长沙《大公报》1925 年 9 月 3 日。

142　《省长电告成立湖南赈务协会》,长沙《大公报》1925 年 11 月 8 日。

143　《沅陵电告荒象之迫切》,长沙《大公报》1926 年 2 月 20 日。

144　《永绥饥民杀人相食之惨闻》,长沙《大公报》1926 年 3 月 7 日。

145　《唐省长向各方面乞赈之通电》,长沙《大公报》1926 年 4 月 7 日。

146　参见杨鹏程:《清朝前期湖南灾荒频仍的原因探析》,《云梦学刊》2007 年第 2 期。

147　何炳棣著:《明初以降人口及相关问题(1368—1953)》,北京:生活·读书·新知
　　　三联书店 2000 年版,第 301 页。

148　《内务司筹备填仓通令》,长沙《大公报》1923 年 2 月 2 日。

149　《筹备积谷之通令》,长沙《大公报》1922 年 9 月 16 日。

150　欧阳铁光：《民国时期湖南灾民的生存状况及其心理倾向》，《邵阳学院学报（社会科学版）》，2007 年第 1 期。

151　《常德廖筠唐来电》（民国五年五月三日到），见熊希龄著：《熊希龄先生遗稿》（第二卷），上海：上海书店出版社 1998 年版，第 1817 页。

156　冯和法主编：《中国农村经济资料续编》，上海：黎明书局 1935 年版，第 121 页。

157　林瑾怀：《故乡：仁让村》，《国风》半月刊，第二卷第十期（1933 年 5 月 15 日）。转引自张朋园著：《湖南现代化的早期进展（1860—1916）》，长沙：岳麓书社 2002 年版，第 91 页。

158　严中平编：《中国近代经济史统计资料选辑》，北京：科学出版社 1955 年版，第304 页。

159　《中国社会主义青年团湖南区委给团中央的报告》，《湖南历史资料》（1979 年第 1辑），长沙：湖南人民出版社 1980 年版，第 85 页。

160　吴承禧：《中国各地的农民借贷》，见千家驹编：《中国农村经济论文集》，上海：中华书局 1936 年版，第 167—169 页。

161　168　陈仲明：《湘中农民状况调查》，《东方杂志》，第 24 卷第 16 号，第 81 页，1927 年 8 月。

162　谢祖濂：《民国时期的苛捐杂税》，《黔阳文史资料》第 2 辑，1988 年版。

163　参见刘冰冰：《民国时期湘潭的杂捐杂税》，《湘潭县文史》第 11 辑，2000 年版。

164　《一九二三年至一九二四年湖南的经济情况》，见《湖南历史资料》（1979 年第 1辑），长沙：湖南人民出版社 1980 年版，第 83 页。

165　《光绪二十九年岳州口华洋贸易情形论略》，见《湖南历史资料》（1979 年第 1辑），长沙：湖南人民出版社 1980 年版，第 196 页。

166　《湖南官报》第四〇九号，光绪癸卯年五月二十六日（1903 年 6 月 20 日）。

167　天津《大公报》1925 年 6 月 2 日。

169　参见周积明、宋德金主编：《中国社会史论》（下卷），武汉：湖北教育出版社 2000年版，第 681 页。

170　章伯锋主编：《北洋军阀》（1912—1928）（第三卷），武汉：武汉出版社 1990 年版，第 395 页。

171　粟戡时等著：《湖南反正追记》，长沙：湖南人民出版社 1981 年版，第 23 页。

172　《总部又有严禁庇运烟土之文章》，长沙《大公报》1922 年 3 月 26 日。

173 上海《民国日报》1920 年 1 月 19 日。

174 《湖南省第一次农民代表大会决议案》,1926 年 12 月。转引自《第一次国内革命战争时期的农民运动》,北京:人民出版社 1953 年版,第 371 页。

175 R. Tawney,Chinese Land and Labour, London, 1932, p. 77. 转引自侯建新著:《社会转型时期的西欧与中国》,济南:济南出版社 2001 年版,第 350 页。

176 据长沙、岳州海关造册处历年《海关报告册》,见杨世骥著:《辛亥革命前后湖南史事》,长沙:湖南人民出版社 1982 年版,第 15、16、23 页。

177 《世界年鉴》(1913 年),第 917—918 页。见彭泽益编:《中国近代手工业史资料》(1840—1949)(第二卷),北京:中华书局 1962 年版,第 576 页。

178 见《矿业杂志》第 12 期,转引自湖南省志编纂委员会编:《湖南近百年大事纪述》(修订本),长沙:湖南人民出版社 1962 年版,第 312 页。

179 187 参见杨世骥著:《辛亥革命前后湖南史事》,长沙:湖南人民出版社 1982 年版,第 57、8 页。

180 《1923 年前的湖南工矿业》,《前锋》第一期,1923 年出版。见湖南省社会科学研究所现代史研究室编:《五四时期湖南人民革命斗争史料选编》(湖南革命史料选辑),长沙:湖南人民出版社 1979 年版,第 15 页。

183 参见衡阳市民建、工商联文史组:《衡阳商会》,《衡阳文史资料》第 2 辑,1984 年版。

184 参见《常德商务总会的建立——常德县商会的结束》,《常德文史资料》第 2 辑,1986 年版。

185 参阅洪认清:《陈宝箴与湖南经济近代化的启动》,《郧阳师范高等专科学校学报》2001 年第 5 期。

186 傅志明:《湖南近代经济模式反思》,《湖南社会科学》1989 年第 3 期。

189 金贡安:《我所了解的湖南实业银行》,《湖南文史资料》(修订合编本)第 4 集,长沙:湖南人民出版社 1982 年版,第 306 页。

# 第 二 章

# 慈善救济机构的嬗变

北京政府时期,湖南兵水旱灾接二连三,波及范围甚广,现代经济严重滞后,社会财富不足。为防止社会失范和人道灾难的无限蔓延,官方为保住自身政权,政府和民间在救助社会弱势和赈济灾患方面从目标上来说基本一致,从理论上也应是合作的。具体的慈善救济机构大致分为三类:一是传统慈善组织,依然在日常性慈善活动中发挥作用,只是做了某些适应性调整;二是新型官赈组织,往往利用政府拨款从事临时性赈济;三是义赈组织,在灾赈工作中发挥了关键性作用。要了解这些组织具体的运作状况及各自特点,首先有必要梳理它们的演变轨迹。

## 第一节 传统慈善救济机构的历史演进
### (1915 年前)

清初,湖南尚未独立建制,隶属于湖广总督和湖广布政使管辖。1664 年,分湖广右布政使驻长沙,此为湖南建省之始。1723年改湖广右布政使为湖南布政使司。第二年,改偏沅巡抚为湖南巡抚。[1]所以,对湖南传统慈善救济机构发展历史的考察从清代开始是合乎逻辑的。在近代社会,湖南和全国其他地方一样,慈善救济机构主要集中在城镇。这是因为在传统的农业社会,"凡民之无告者得托庇于地主,地主也以救助农民责无旁贷,故救贫无专司,富有者均随时境救助之"[2];而在城市,随着工商经济发展、社会流动加速、政局动荡和灾荒频发,"民之无告者,失所常依,不能不赖公共社会之特殊慈善机关以为生"[3]。同时,城市又是社会资源分布最集中的地方,在乡村社会发生特大灾荒时也求助于城镇社会,"湖南乡村慈善组织之发展常后于都会,非无故也"[4]。因此,重点考察城镇慈善救济机构的发展具有一定代表性,其中长沙当之无愧是考察湖南传统慈善救济机构状况的标本。本节拟重点介绍省城长沙的主要慈善机构演变情况,以此窥见湖南传统慈善救济机构的概貌。

清代以来,湖南慈善救济机构按创办者主体不同分为官立、公立和民立三类,并依据其开展活动的侧重点不同,主要分为慈幼、恤孤、敬老、助残等类型。"湖南是清代慈善事业较为突出的省份之一,不仅慈善机构种类较多,数量可观,而且经营管理特色显明,富有成效"。[5]

## 一、慈幼敬老类慈善组织

在中国传统社会,历来就存在重男轻女的传统,"溺婴风气,以福建为盛,湖南情况或仅次之。历来士绅与政府有加以防范者。因此,全省育婴堂甚为普遍"[6]。据说这种风气从汉代就已经开始了,湖南受此风气影响至迟不晚于宋朝。[7]为什么会存在严重的溺女婴现象呢? 张朋园分析说:"一因贫穷无力抚养,一因富家不愿女长负担嫁奁"[8]《衡阳育婴堂记》记载:"贫民生女,力不能举者弃之。"[9]《郴州志》记述道:"贫家育女,多从溺没。"[10]这种普遍的溺婴现象产生了严重的人道灾难,也造成了湖南人口中男女比例的不协调,"根据廿世纪初的几种人口统计,湖南全省之男女比例为125 比 100"[11]。为应对这个问题,清代以来各地设立了许多官办育婴堂,这也成为旧时慈幼机构的典型代表。

湖南最早的育婴堂成立于清康熙年间,它是 1662 年武冈知州从谦在州城黑池岸南建立的湖南第一所育婴堂。[12]但是在所有育婴堂中,影响力最大的要数省城育婴堂。清雍正二年(1724 年)清廷下诏,要求全国的通都大邑遍设育婴堂。湖南布政使朱纲响应号召,捐俸 600 两置买登隆巷几间房屋,但未改建即离任。雍正八年(1730 年)布政使张灿接续开办,任命陈俊炜等轮月管理。乾隆十一年(1746 年),巡抚杨锡绂饬长沙府专主其事,规模为之宏大。后经多任巡抚改章整理,省城育婴堂得以不断发展。同治六年(1866 年),巡抚刘琨委盐法道刘达善与绅士李概为专员,加筹经费,更立新章。后经过绅士李概和唐荫云等大事捐募,经费连年余积,公款充足。[13]民国肇兴,由地方士绅接办,主事者为绅士黄锡光、陈中学。1915 年,省城慈善总公所成立,省城育婴堂即隶属之,设主任一员,管理堂务,推举地方公正人士担任,三年一易,至1924 年增为二员。[14]

清朝政府 1724 年的诏令促进了湖南慈幼事业的大发展。社会各界都纷纷行动起来,组设各种育婴机构。"湖南各州县普遍设有育婴堂,某些州县因弃婴风气太甚,不得不多设数所"[15],如湘潭县育婴堂达 5 所之多[16]。据统计,1724 年至 1849 年的 125 年间,湖南有 68 个县先后兴办了慈幼事业。[17]到同治年间,湖南省有育婴堂 74 所。清代慈幼机构的设置状况可从表 2—1 中窥见一斑。

### 湖南育婴堂情况一览表[18]　表2—1

| 府名 | 县名 | 善堂名称 | 创建年份 | 创建人身份 |
|------|------|----------|----------|------------|
| 宝庆 | 武冈州 | 育婴堂 | 1662 | 官 |
| 郴州 | 汝城 | 育婴堂 | 1696 | 官 |
| 宝庆 | 新化 | 育婴堂 | 1705 | 官 |
| 沅州 | 芷江 | 育婴堂 | 1716 | 官 |
| 长沙 | 长沙 | 育婴堂 | 1727 | 官 |
| 衡州 | 耒阳 | 育婴堂 | 1730 | 民 |
| 辰州 | 泸溪 | 育婴堂 | 1733 | 官 |
| 永州 | 祁阳 | 育婴堂 | 1733 | 官 |
| 长沙 | 益阳 | 育婴堂之二 | 1734 | 官 |
| 长沙 | 醴陵 | 育婴堂 | 1735 | 民 |
| 长沙 | 湘阴 | 育婴堂 | 1735 | 官 |
| 长沙 | 攸县 | 育婴堂 | 1735 | 官 |
| 郴州 | 兴宁 | 育婴堂 | 1735 | 官 |
| 长沙 | 湘潭 | 育婴堂 | 1735 | ？ |
| 沅州 | 黔阳 | 育婴堂 | 1735 | 官 |
| 长沙 | 湘乡 | 育婴堂 | 1735 | 官 |
| 岳州 | 平江 | 旧育婴堂 | 1735 | 官 |
| 永顺 | 永顺 | 育婴堂 | 1735 | 官 |
| 长沙 | 宁乡 | 育婴堂 | 1735？ | 官 |
| 永州 | 新田 | 育婴堂 | 1735？ | 官 |
| 永州 | 东安 | 育婴堂 | 1736 | 官 |
| 沅州 | 麻阳 | 育婴堂 | 1736 | 官 |

续表

| 府名 | 县名 | 善堂名称 | 创建年份 | 创建人身份 |
|------|------|----------|----------|------------|
| 靖州 | 会同 | 育婴堂 | 1736 | 官 |
| 长沙 | 浏阳 | 育婴堂 | 1741 | 官 |
| 永州 | 道州 | 育婴堂 | 1743 | 官 |
| 辰州 | 溆浦 | 育婴堂 | 1745 | 官 |
| 长沙 | 安化 | 育婴堂 | 1747? | ? |
| 长沙 | 益阳 | 育婴堂之一 | 1747? | 官 |
| 常德 | 武陵 | 育婴堂 | 1752? | ? |
| 衡州 | 酃县 | 育婴堂 | 1754 | ? |
| 永顺 | 桑植 | 育婴堂 | 1756 | 官 |
| 长沙 | 茶陵州 | 育婴堂 | 1760 | 民 |
| 澧州 | 安福 | 育婴堂 | 1775 | ? |
| 澧州 | 澧州 | 育婴堂 | 1800? | ? |
| 郴州 | 宜章 | 育婴堂 | 1808? | ? |
| 凤凰厅 | 凤凰厅 | 育婴堂 | 1809 | 官 |
| 长沙 | 湘乡 | 永丰育婴堂 | 1815 | 官 |
| 澧州 | 永定 | 育婴堂 | 1816 | ? |
| 辰州 | 沅陵 | 育婴堂 | 1817 | 官 |
| 桂阳州 | 桂阳州 | 育婴堂 | 1820? | ? |
| 桂阳州 | 临武 | 育婴堂 | 1820? | ? |
| 靖州 | 绥宁 | 育婴堂 | 1820? | ? |
| 澧州 | 慈利 | 育婴堂 | 1820? | ? |
| 永顺 | 龙山 | 育婴堂 | 1820? | ? |

续表

| 府名 | 县名 | 善堂名称 | 创建年份 | 创建人身份 |
|------|------|---------|---------|-----------|
| 永州 | 永明 | 育婴堂 | 1820? | ? |
| 靖州 | 靖州 | 育婴堂 | 1820? | ? |
| 永州 | 江华 | 育婴堂 | 1820? | ? |
| 永州 | 永州 | 育婴堂 | 1820? | ? |
| 郴州 | 永兴 | 育婴堂 | 1820? | ? |
| 常德 | 桃源 | 育婴堂 | 1820? | ? |
| 宝庆 | 邵阳 | 育婴堂 | 1820? | 民 |
| 辰州 | 辰溪 | 育婴堂 | 1820? | ? |
| 桂阳州 | 蓝山 | 育婴堂之一 | 1820? | ? |
| 宝庆 | 城步 | 育婴堂 | 1820? | ? |
| 桂阳州 | 嘉禾 | 育婴堂 | 1820? | ? |
| 永顺 | 保靖 | 育婴堂 | 1820? | ? |
| 衡州 | 衡阳 | 育婴堂 | 1825 | 官 |
| 衡州 | 衡山 | 育婴堂 | 1825—27 | 民 |
| 岳州 | 平江 | 新育婴堂 | 1831 | 官 |
| 常德 | 桃源 | 育婴堂 | 1839 | ? |
| 常德 | 龙阳 | 育婴堂 | 1849 | 民 |
| 永州 | 宁远 | 种善堂 | 1857 | 民 |
| 长沙 | 长沙 | 接婴局 | 1862? | 民 |
| 长沙 | 湘潭 | 朱亭育婴堂 | 1863 | 民 |
| 长沙 | 湘乡 | 14 都拯婴堂 | 1864 | 民 |
| 永州 | 祁阳 | 好生堂 | 1865 | 民 |

| 府名 | 县名 | 善堂名称 | 创建年份 | 创建人身份 |
|------|------|----------|----------|-----------|
| 衡州 | 酃县 | 育婴局 | 1867 | 民 |
| 永州 | 祁阳 | 新育婴堂 | 1868 | 官 |
| 长沙 | 湘乡 | 11 都育婴堂 | 1868 | 民 |
| 澧州 | 石门 | 育婴局 | 1868？ | ？ |
| 宝庆 | 新宁 | 育婴堂 | 1868？ | ？ |
| 澧州 | 石门 | 育婴堂 | 1868？ | ？ |
| 长沙 | 湘乡 | 28 都育婴堂 | 1869 | 民 |
| 桂阳州 | 桂阳州 | 育婴会 | 1869？ | ？ |
| 岳州 | 平江 | 育婴堂之三 | 1870 | 民 |
| 长沙 | 湘乡 | 32 都育婴堂 | 1870 | 民 |
| 宝庆 | 邵阳 | 育婴局 | 1872 | 民 |
| 岳州 | 临湘 | 育婴堂 | 1872？ | ？ |
| 长沙 | 浏阳 | 活婴堂 | 1873？ | ？ |
| 长沙 | 浏阳 | 上东育婴局 | 1873？ | 民 |
| 长沙 | 浏阳 | 幼幼堂 | 1873？ | 民 |
| 澧州 | 安乡 | 育婴堂有二 | 1874？ | 民 |
| 长沙 | 湘乡 | 41 都育婴堂 | 1874？ | 民 |
| 衡州 | 衡山 | 江字救婴局 | 1875 | 民 |
| 长沙 | 善化 | 10 都育婴局 | 1876 | 官 |
| 长沙 | 善化 | 8 都育婴局 | 1876 | 民 |
| 长沙 | 善化 | 10 都育婴局 | 1877？ | 民 |
| 衡州 | 安仁 | 育婴堂 | 1885？ | ？ |

| 府名 | 县名 | 善堂名称 | 创建年份 | 创建人身份 |
|------|------|----------|----------|------------|
| 郴州 | 桂东 | 育婴堂 | 1885？ | ？ |
| 桂阳州 | 蓝山 | 育婴堂之二 | 1887？ | ？ |
| 长沙 | 湘潭 | 11 都育婴堂 | 1889？ | ？ |
| 长沙 | 湘潭 | 8 都育婴堂 | 1889？ | 民 |
| 长沙 | 湘潭 | 14 都育婴堂 | 1889？ | ？ |

据《湖南民情风俗报告书》记载：到 1912 年，各地育婴堂尚有不少，"合全省计之，阙而未设者十无二三也"。[19]这些育婴机构有的经费充足、管理有方，育婴数少则数百多则上千，成效甚为显著。从地域来看，湘江道、衡阳道各属育婴堂办得比较好，如湘乡城乡共设育婴局四十多处，每年收婴合计有千余人；在衡阳，育婴堂岁入较丰，每年育婴数千名。相反，有的地方因偏僻贫瘠，育婴数量少的只有十余人。办理较差的育婴机构多在辰沅道，如道州、江华、桑植、兴宁、城步等县育婴局均只收养幼婴二十余名。

在省城长沙的育婴机构中，同光年间还出现一种只给穷民生女婴者提供补助谷粮的机构——乡团救婴局。它由城乡各大士绅捐款创办，它公推局绅一人管理全局事务，账房一人专管银钱出入，调查四人专往四乡调查育婴事务。凡四乡穷民生有婴女者，一经报告该局，即派调查前往，调查确实，则由该局发给育婴谷凭证一张，指定其前往该乡储有育婴谷地方领取。该项育婴谷系城乡士绅捐集，由四乡各社仓保存。救婴局不收婴孩，对于乡团贫民之婴孩，则给谷辅助其生计，婴孩仍归自养。进入民国后，该救婴局并没有被纳入省城慈善总公所。后来，因各乡团的育婴谷被侵蚀，乡团救婴局又不过问。该局的人每年收局中所有房佃钱作为夫马经费，就好比是吃孤寡粮。乡团救婴局的活动事实上也就停止了。[20]

中国自古就有尊老爱幼的传统，而且在社会中老幼是典型的弱势群体。政府和社会各界对老者的敬重也是维系社会正常运转的需要，所以各地设立了一些敬老机构，救助身患疾病、家境贫寒的老者。

省城惠老院是由清道光年间长沙府颜太守捐廉所创办，专收年老无告的贫苦老民，每人每月发米一斗，发钱一串，在荷花池建筑屋宇，分男、女两院。白天老人出外另谋生计，晚上回惠老院休息。开初，名额不多，经费有限，后经士绅李概、唐荫云等募集巨款，推广名额，将常年经费交由同善堂保管，按月发放钱米。民国后，由各士绅公推一人住院经管各项事务，省会贫民救济会成立后，则将该院隶属之。1925年由北区收容乞丐所理事经理其事，改名为扶助院，每名发米一斗八升，洋一元，不准出街乞讨。这些老人平常接做一些力所能及的手工活，部分舒缓了经济困难的压力，以致有的还有部分余积。[21]

省城惠济院创办于清朝末年，由省城各慈善家捐资创建，专以惠济贫民为宗旨。对于年老穷民，无论男女，经人保送，由该院派人调查，如确系年老贫苦者，每人每月发米一斗、钱一串文。该项钱米的来源，系由当时各慈善家捐的巨款购买湖田数百亩、房屋数栋，然后即以每年所收租谷、佃钱发给。到1920年代，则统归恤无告堂代发。惠济院后来所收贫困老人的名额逐年增加，入不敷出，亏空甚巨，其原因一则湖田被淹，年年减租，二则城区拆街，修理费花销过多，而所发给的凭证又不能不按月照兑，东挪西扯也无法补填，后来也同样只好并入贫民救济会办理。[22]

　　养济院是长沙知县于顺治年间在潮宗门内设立的,该院是清代湖南最早创立的养老机构。到同治九年(1870 年),建有屋宇 70 余间。[23]省城养济院是由长沙、善化两县于谷米项下抽收慈善捐所创建,收养残废、孤老等人,长沙占额 51 名,善化占额 49 名。养济院在南北城区各有一所。长期以来,每逢人家庆吊之事,该两院残废孤老等闻风而至,索取钱文,名曰"院子钱",如不预先开销,则三五成群大肆扰闹。后经长、善两县规定,凡庆吊之家对该项"院子钱"每人只给明钱一文,只许头目前往一起领收,不许三五成群往索。自此以后,"院子钱"遂成为一种定例,无论大街小巷一有庆吊事,该地更夫、棚夫预为报知,两院头目按期而至,该院人等对于报信之更棚夫给予相当报酬。养济院老年乞丐出街乞讨逐渐形成一定的日期和地点,彼此之间甚少有冲突。而那些大商家,则每年分三次集中给乞丐施舍,有在阴历五、八、腊月开销者,有在四、七、十一月开销者,有包与管街之丐头开销者,有店铺自行开销者,甚至有与各铺家立一计数折,按年节前往总收者,聚少成多,以致这些人等颇不困乏,乃至有钱放账。贫民救济会成立后,养济院的乞丐划归其救济,一切也就全数取消了。[24]

　　除了省城建有养济院外,湘潭、湘阴、浏阳、衡山、衡阳、安化、东安、零陵等县都设有救济院。据统计,湖南省在同治年间共有养济院 64 所。这些养济院收容的老人从数人到数十人不等,"入院者每日给米一升,银 4 至 6 厘,可以维持一最低限度生活"[25]。

　　养济院由民间筹资建立,而普济堂则是由政府出资创立。普济堂的建立要稍晚于养济院。乾隆元年(1736 年),清廷议准"各省会及通都大邑概设普济堂,养赡老疾无依之人"[26]。湖南也积极响应号召,各地陆续建立普济堂。长沙的普济堂最具代表性,它是乾隆四十二年(1777 年)巡抚颜希深呈请设立的[27],提拨库贮白银四万两贷给商户,每年得榷息银四千两,作为按岁支销经费。堂址初设湘春门外。咸丰初元,该堂毁于兵燹,所存款项也半为军费,半被劫掠。阅岁辛酉,观察使王加敏购置北门内渌潭寺后傍城一带地区重行复建,屋宇可容200人。同治癸酉,溧阳朱邦傅任长沙知府,捐廉广额,又增额200人,计划将房屋扩增,后未成而卒。民初,该堂隶入保恤局,改名惠老工厂,嗣后停办,旋改称惠老院,并归省城慈善总公所。[28]

除了省城的普济堂,湘乡、攸县、祁阳、慈利等县也设立了类似的机构,收容数量不等的老民。相对于全省各地比较发达的养济院,普济堂的发展要逊色不少。全省总共只有普济堂十三所,而且经常经费不到位。[29]

## 二、励节类慈善组织

传统中国是典型的男权社会,女性在社会中被对象化,其存在的客观价值在于凸显男性的权威,妻子对丈夫的忠诚是维系皇权的要求之一。为了让固有的男尊女卑格局不断复制,倡导年轻寡妇从一而终、坚守对丈夫的忠诚,官、绅各界设立了许多的励节堂所,如保节堂、励节堂、全节堂、百善堂、敬节堂等,帮助节妇坚守固有妇德。在诸多励节类善堂中,最有代表性的当属省城保节堂。省城保节堂的创设与曾先后出任陕甘、云贵、两江总督的李星沅紧密联系在一起。他于1849年因病解职归籍后,积极从事地方慈善事业,"如同善堂之施棺木,育婴堂之救女孩,恤无告堂之发孤寡粮、兼善堂之运灵柩,同仁小补堂之施药,义渡局之济人,种种善举,无不由李经营擘划"[30]。他独自捐出田租1200石、房屋数栋,办理保节堂,每月每人由李家自行发给节妇励节粮三厄。1892年吴大澂奏请提拨库银(即在淮盐项下增设附加慈善捐,每年可得8

万多元)在贤良祠旁也建成保节堂,并改其所在街名称为保节堂街。1894 年,吴大澂又依例在荷花池增建百善堂。嗣后,各受济人为感谢吴大澂,特在百善堂建吴公祠,以示纪念。李星沅家族看到政府尊重保节,特将私办的励节粮共计租谷 1200 石、屋宇数栋

湖南清节类善堂名录[33] 表 2—2

| 府名 | 县名 | 善堂名称 | 创建年份 | 创建人身份 |
|------|------|----------|----------|------------|
| 常德 | 武陵 | 恤嫠会 | 1812 | 民 |
| 常德 |  | 敬节堂 | 1812 |  |
| 常德 | 武陵 | 敬节堂 | 1814 | 官 |
| 长沙 | 长沙 | 保节堂 | 1839? | ? |
| 长沙 | 长沙 | 全节堂 | 1864 | 官 |
| 长沙 | 长沙 | 厉节堂 | 1872 | ? |
| 长沙 | 长沙 | 恤乡嫠局 | 1873 | 官 |
| 长沙 | 湘潭 | 保节堂 | 1889? | ? |

一并交由百善堂委员代管。保节、百善两堂共收节妇 400 余名。对随带老姑、幼子的则各给粮一份,各发钱一串五百。民国初年,百善、保节两堂隶入保恤局,1915 年移归慈善总公所接办。但民国以来,政府拨给保节堂的经费屡遭挪用。政府将慈善附加捐提作军饷,数月不发,该堂寡妇不堪饥饿,扶老携幼四处请愿,后经慈善总公所董事史春霆等向政府再三交涉,政府乃将慈善附加捐没收一半,发还一半。1929 年,保节堂并入省区救济院,改正名称为妇女教养所,以百善堂为本所,保节堂为分所。[31]全省其他地方同样也设立各种救助节妇的机构,没有专门机构的也进行经济上的

补助。[32]

## 三、便民仓储类慈善组织

从某种程度上说,慈善事业就是便民工作。但在这里谈的便民类慈善组织,则专指具体帮助人民排除困难、解除痛苦的机构,如义渡局、同仁小补堂等。

嘉庆十三年(1808 年),周邦瑞等倡捐万余金,创设省城义渡局。在水陆洲、潆湾市东西两岸各设义渡船 6 只,专济行人;又设差渡船八只,除供差外一律渡送行人。每船雇驾夫 2 名,每月给工食银 3 两,按季支发,行人遇渡,不准索取分文。省河两岸各建碑亭,供行人歇脚休息。日常运转经费以倡捐基金存储生息为主。管理工作则由长沙、善化两县各推首事 2 人负责,每年薪银 10 两,年终呈报官府备案。

同仁小补堂位于省城文运街,成立于同治年间,由巨绅李概、唐荫云等捐资创设,专事施医送药。在开办之初,该堂聘请著名医生坐堂诊治,药方随到随开,不分药品贵贱,指定去离病家最近的药店取药,不费病者分文。一般穷苦小民受惠而保全生命者不可数计。嗣后逐渐办理不善,往往只图节省经费,聘请一般庸医,每月薪水 4 串,将诊病时间缩短,只有上午看病,过午关门;而且先与医生等言明,不许开贵重药品,无论何种重病,只能开最低价格之药,违者即行清退。[34]

在传统预防灾荒体系中,各地官绅设立的各类仓储发挥了关键性作用,一些偏灾得到及时救助,对维护社会稳定发挥了不可替代的作用。但到了近代,特别是民国以后,湖南的仓储事业遭到了重创。在湖南各种性质和规模的仓储中,最重要的当属省城湘义仓、社仓和省仓。湘义仓创设于光绪廿三年(1897 年)[35],这一年湖南大旱,曾任湖南巡抚的王文韶得知消息后捐来赈款,但当赈款汇达时,天已降雨旱情解除,无再散赈的必要,但又不好将款退回,于是湘绅张祖同、王先谦、朱昌琳、孔晋陔、萧漱云、徐寿鹤等众议组织湘义仓,以赈灾的余款再从淮盐附加备荒经费中拿出部分,共计银三万数千两,在草潮门购买地基,建仓一所,并购置仓谷 3 万担,以备荒歉。该仓由士绅负责仓谷收放,经管得法,每年仓谷还有积余。[36]

　　湘社仓创设于光绪初年。当时,省城巨绅郭子宽捐集巨资,在草潮门正街购买一栋房屋作为该仓基址,并用余款购买谷石,但数额不多。1897 年大饥荒后,湘绅李维翰、张祖同、朱昌琳、王先谦、汤□安、席沅生、王苇成、陈开瑞等 25 人集议扩充夯实,筹款备荒,购谷数千石,由该士绅等轮流经管,春放秋收,周济四乡,略取微息。对于放谷手续,由四乡都团绅等出备领谷字一纸,交由该仓管理员收执,并照出谷时市价缴抵押金,作为抵押品,秋后还谷时,仍将抵押金退还。如欠谷不还,即在抵押金内如数扣除。因这种办法设计较为合理且得到严格执行,社仓的积谷多年没有缺失。[37]到了 1915 年,湘社仓划归省城慈善总公所管辖。

　　长沙除了有上述民立的两个谷仓外,官办省仓的地位也很重要。省仓位于皇仓街,在清代名为皇仓,民国后改名省仓。在清代,湖南抚台通饬各府、厅、州、县就地储谷解省,以作备荒之用。但因各府、州、厅距省城道路遥远,于是将谷折价解缴藩库,由藩台发给,再饬令长沙、善化两县购谷储仓。每年推陈入新,最多时,省仓储谷至三百余万石,一遇荒歉,运往各属救济。秋收后,随即填仓。光绪末年,岑春萱抚湘时,遭遇荒歉,省仓储谷依然不少于一百多万石,可岑氏不肯发放,激成饥荒,最后不得不打开皇仓救荒,荒象始得平息。进入民国,因时局动荡,省仓运转机制被破坏。民国初元,省仓存谷尚有八九十万,嗣后连年放出无归,政府也不追究。北京政府时期,仓储在饥荒救济中黯然失色,风光不再。

## 四、救生人道类慈善组织

湖南水系多,乘船是常见的百姓出行方式。可当水域兴风作浪时,往往有乘客落水溺亡,尤其是在湘江和洞庭湖。为解救遇险乘客,在清代成立了一些救生机构,其中以省河救生局和长岳救生局为代表。省河救生局是曾国藩与李次青、邹墨林募款创办的。这得缘于曾国藩外出巡视时目睹的一次事故。咸丰初年,他在湘创办水师,一次巡视到昭山,发现两艘船只沉没,乘客溺水呼救,却无应者。后来,他们募款 5000 金,在昭山购田 40 亩,备船只 4 艘,船体涂成红色,以与其他船只区隔开来,这些船叫做红船,备大风浪时往来巡救。后在汤秩安负责该事时,又增购田 60 亩,添制红船。上至昭山,下至清江,联络各埠渔划巡查施救,并将办事机构从黄土潭迁至长沙下六铺街,改名省河救生局。邹寿照继任后,又购田 30 亩,房屋 3 栋,并建新局于中六铺街。邹之后,一苏姓者负责其事,又增置田 90 亩。省区救济院成立后,改名为省河救生所。

长岳救生局创设于清末。咸同年间,巴陵方姓、李姓二绅出资置办 8 艘红船,创设救生局,专责抢险救生等事。后有湘阴籍绅士张立威(时在左宗棠幕府任职)在船行至洞庭湖时遇险,幸得救生船救护才脱险。为表达感激之情,自己出资造了 4 艘红船捐入救生局。光绪年间,又有长沙籍陈姓者捐给救生局 5 艘红船。这样,救生局船只达 15 艘。因为长沙人和岳州人都为备制红船出力不少,故该救生局名为长岳救生局。该局设总办 1 人,文牍 1 人,经理银钱 1 人,管理外账 1 人,管理田庄兼巡查 1 人,经理船厂 1 人,管理捞险 1 人,厨丁杂役更夫共 7 名。另聘红船工丁若干,包括舵工 15 名,头人水手 65 名,守矶夫 20 名,守游览夫 20 名,渡夫 6 名,看管义山 2 名。长岳救生局服务覆盖的地段共有 10 阜,即荆河口、洋关矶、刘公矶、道人矶、洪山机、宝剑山、象骨港、江澜堤、江家冲、查埠。长岳救生局的经费来源包括三种:(甲)厅库盐局岳卡之津贴,(乙)岳商岳典之生息,(丙)不动产之捐款,共计一万数千余串文。该局的核心工作是救生,每年救活数百人。除此之外,如发现漂流无主浮尸,则备具棺木,葬于义山。其他工作包括发给难民川资和乞丐补助;在夏秋两季施茶施药和年终施放贫米时,长岳救生局也积极出资支持。由此看来,"长岳救生局是慈善事业中一件极大的功德"[38]的判断是准确的。

在省城,兼善堂和保骼局属服务丧葬的慈善组织。清代时长沙有种旧俗,凡是哪一家有人亡故待殡,就有杠行自动前来,利用丧家迫于出殡的心理大肆要价,使丧家不堪重负。于是,在道光三十年(1850 年),士绅柳正渠、张其焕等呈请巡抚司道立案创办兼善堂,专门从事婚丧乐吹及举椽器物抬工的业务,并厘定章程规范事项。是年年初,在仓后街设有公所,黄式南等人具体负责募集经费。到了同、光年间,士绅们为此还创设了斋捐银,最多时每年可收银 300 两,同时在湘的一些社团,如江苏会馆、江西会馆等也积极为此事项捐款。1915 年,省城兼善堂归并省城慈善总公所统一办理。[39]

保骼局也是由绅士李概、唐荫云等在同治年间创设的,旨在保护义山,尊重亡者。当时城内居民以黄泥搅拌燃煤当作燃料,随意在城外义山挖掘黄泥,导致坟冢内尸骨外露,招致社会强烈谴责。为解决这一矛盾,除由当局派兵在义山四周筑墙保护外,一些士绅捐资在大西门外设黄泥局,由黄泥局派专人到河西指定区域挖掘运送到东岸小西门、草潮门码头,专供商贩贩卖。贩卖者必须从黄泥局取得相应许可票券，否则以掘挖义山论罪送惩。因设立黄泥局的主要目的是保护义山尸骨，所以又称之为保骼局。在有清一代，保骼局的管理人员由士绅呈请官府委派人员管理，其薪水由同善堂发给。1915 年后，则改为由省城善总公所派人担任保骼局主任。[40]

### 湖南施棺类善堂[41]　　表 2—3

| 府名 | 县名 | 善堂名称 | 创建年份 | 创建人身份 |
|------|------|----------|----------|------------|
| 常德 | 武陵 | 体仁堂 | 1795？ | 民 |
| 长沙 | 浏阳 | 体仁会 | 1798—1806 | 民 |
| 长沙 | 湘潭 | 皆不忍堂 | 1810 | 民 |
| 长沙 | 浏阳 | 乐善堂 | 1824 | ？ |
| 长沙 | 浏阳 | 乐善堂 | 1841 | ？ |
| 长沙 | 浏阳 | 蓄德堂 | 1850？ | 民 |
| 长沙 | 浏阳 | 利济公所 | 1850？ | ？ |
| 长沙 | 浏阳 | 同恼堂 | 1851 | 民 |
| 长沙 | 浏阳 | 同仁堂 | 1861 | 民 |
| 长沙 | 醴陵 | 恩豫堂 | 1861？ | 官 |
| 长沙 | 浏阳 | 体元局 | 1862？ | ？ |
| 长沙 | 茶陵州 | 恻隐堂 | 1866 | 民 |
| 长沙 | 浏阳 | 培远堂 | 1867 | 官 |
| 常德 | 武陵 | 同善堂 | 1868？ | 民 |
| 长沙 | 浏阳 | 体仁局 | 1872 | ？ |
| 长沙 | 浏阳 | 同善堂 | 1873？ | 民 |
| 长沙 | 浏阳 | 兼善堂 | 1873？ | ？ |

| 府名 | 县名 | 善堂名称 | 创建年份 | 创建人身份 |
|------|------|----------|----------|------------|
| 长沙 | 浏阳 | 育德堂 | 1873？ | 民 |
| 长沙 | 浏阳 | 登善堂 | 1873？ | ？ |
| 长沙 | 浏阳 | 厚陪堂 | 1873？ | 民 |
| 长沙 | 浏阳 | 不忍堂 | 1873？ | 民 |
| 长沙 | 浏阳 | 崇善堂 | 1873？ | ？ |
| 辰州 | 溆浦 | 体仁堂 | 1885？ | ？ |
| 长沙 | 湘潭 | 朱亭作善堂 | 1889？ | 民 |
| 桂阳 | 蓝山 | 不忍堂 | 1911？ | ？ |

## 五、综合类慈善组织

除前已提及的相对专门性慈善机构之外,在省城还有两家是综合性的,即同善堂和省城恤无告堂。省城同善堂成立于道光七年(1827),它是由绅商陈新、萧昭宣、黄文霞、黄孝陔、陈国珍、秦潮、蔡湘、李端本、蒋廷镛等十八人发起成立。政府也出示公文劝捐。同善堂最初的收入主要来自发典生息,以及一文捐(即每月每户捐明钱一文)所得,后来才陆续购置田产收租。同善堂是典型的民捐民办,没有得到政府的经费拨助。但同善堂在省城整个慈善事业中发挥了非常关键的作用,其从事的善举范围广、影响大,除了亲自主办相关慈善事业外,还对其他慈善机构予以经费支持。其自办慈善事业大凡有如下数端:(一)施粥以养童丐。具体时间为每年阴历十一月初一起至次年三月一日止，年龄以自五六岁至 10 岁为限。（二）施棺。施发棺木限以离五里之内，但各乡有捐项或产业，可商定每年领取棺木若干具。（三）置义山若干处，分男女编号排葬。（四）掩葬路毙无名尸骨。（五）救生。遇风大船险时悬赏各渔夫救生。（六）救火。堂内设水龙五座城外一座以救火险。（七）施药。每年阴历六月初一起至八月初一日止，施藿香正气丸。并且，同仁小补堂因经费困难后来也附于该堂办理。（八）义渡。同治三年（1864）在渔湾市设立义渡。（九）保节。保节、励节、全节三堂先后附设同善堂办理。（十）保骼。保骼局附设于同善堂办理。[42]可见，同善堂的举动涉及慈善的主要方面，也正因为如此，经费的花销也非常大。到 1920 年代，同善堂每年的开支"施棺项下约需洋三千余元，施药项下约需洋一千余元，水絮项下约需洋一千余元，仁术医院津贴洋七百余元，救火队津贴洋六十余元，同仁小补堂医药局年须津贴洋三千余元。该堂所雇司事工役薪工火食灯油纸笔公费等项年须洋二千余元"。[43]

恤无告堂是省城另一有影响力的综合性慈善组织，它是同治八年（1869）唐荫云、李概、刘培元等共 12 名绅士发起成立的，地点在苏家巷，专以矜卹鳏、寡、孤、独四种无告之人，故命名为恤无告堂。它的开办经费由各行商、各善士捐助，其善举包括发放恤粮（贫苦老民年逾 60 补恤粮一份，每月给粮米名额初定 300 名，后渐增多）、发放年米（每届年终调查发放）、购置义山（无葬地者得请求给予义山土可容一棺），另外还包括种牛痘、开办医学、设立借贷所、办励节堂等。相对于同善堂，恤无告堂拥有的实力小些，但依然对省城的一些慈善机关予以经济上的支持。[44]

### 湖南综合性善堂一览表[45]    表 2—4

| 府名 | 县名 | 善堂名称 | 创建年份 | 创建人身份 |
|---|---|---|---|---|
| 长沙 | 善化 | 同仁堂 | 1822? | 民 |
| 永州 | 零陵 | 永善堂 | 1825 | 官 |
| 长沙 | 长沙 | 同善堂 | 1825 | 官 |
| 长沙 | 醴陵 | 皆不忍堂 | 1833 | ? |
| 岳州 | 巴陵 | 敦善堂 | 1836 | 民 |
| 澧州 | 澧州 | 同善堂 | 1838 | 民 |
| 长沙 | 浏阳 | 同善堂 | 1841 | 民 |
| 衡州 | 衡阳 | 同仁堂 | 1849 | 官 |
| 衡州 | 衡山 | 同善堂 | 1851 | 民 |
| 长沙 | 长沙 | 恤无告堂 | 1869 | 民 |
| 岳州 | 平江 | 同善堂 | 1872 | 民 |
| 岳州 | 平江 | 皆不忍堂 | 1873 | 官 |
| 长沙 | 浏阳 | 三善堂 | 1873? | 民 |
| 长沙 | 长沙 | 同仁小补堂 | 1875 | 民 |
| 永州 | 道州 | 道善堂 | 1876 | 官 |
| 澧州 | 慈利 | 同善堂 | 1911? | ? |
| 桂阳 | 蓝山 | 双善堂 | 1911? | ? |

　　上文扼要介绍了民国之前湖南主要慈善救济机构的情况,从中可以窥见全省慈善救济事业的一些特点。关于清代湖南慈善事业的特点,熊秋良在《清代湖南的慈善事业》一文中做了如是归纳:慈善机构有官办、官督绅办和民办三种主要形式,在乾隆朝时

期,湖南的慈善机构以官办为主,到了同光年间,民办慈善机构发展迅速;无论哪一种慈善机构,官督商办的管理模式是其共性;各类慈善机构有较完善的规章制度;以及具有灵活多样的筹资渠道。我认为这种概括是符合事实的。除此之外,湖南各慈善救济机构的设置有鲜明的维系主体道德的动机,如育婴堂、保骸局、励节堂等;各慈善机构之间在职能分工上有交叉,并在开展工作时能在客观上相互配合;各慈善机构的经费保障状况参差不齐。

在民国之前湖南慈善救济事业发展中,晚清是一个关键期。其主要原因包括:第一,时局动荡客观上呼吁社会力量来缓冲对百姓生活的冲击;第二,湘军人士解甲为绅,很多人成了军功地主,他们有相应的经济实力和威望来倡办慈善事业。第三,晚清湘省主政官员总体上开明务实,政府对民间兴办社会事业的开放性政策推动了整个慈善救济事业的发展。可以这么说,晚清湖南慈善事业的较快发展与当时积极探索创新的大环境是相契合的,也为北京政府时期湖南慈善救济事业发展搭建了较好的平台。

## 第二节　整合与规范:以省城慈善总公所和省区救济院为例

各类传统慈善组织因受政治环境影响和自身发展需要,自1915年开始有意识地进行整合,这以湖南省城慈善事业总公所的成立为标志。整个北京政府时期,作为以多个传统慈善组织为基础组建的社会团体,省城慈善总公所在日常慈善活动中发挥了重要作用。1926年随着北伐战争开始和工农运动兴起,慈善总公所进行了改组。南京国民政府成立后逐渐强化对社会事务的管理,颁布法令对官办、公办的慈善组织进行规范,组建省区救济院,而对纯粹私立慈善组织则设立私立慈善事业产款管理委员会进行管理。这些政策调整旨在强化政府在慈善中的作用,规范社会慈善行为。

## 一、湖南省城慈善总公所

北京政府时期,常设慈善组织面临新的生存环境,而且因慈善组织数量多、彼此分散,资源共享不够,且组织管理水平参差不齐、效能大小不一,难以满足灾患动乱社会对慈善组织提出的新要求。因此慈善组织内部的整合与规范成了努力方向之一。从湖南省城慈善事业总公所到省区救济院的演变历程就是一种体现。

省城公私慈善事业向无总辖机关。清朝时官立慈善组织归长沙府知府统管。"自民国来,知府缺裁,所属机关也各自分立;私立者虽各向官厅立案,然也无常立之监督之官厅。慈善事业总公所乃总合公私慈善机关之发端。"[46]看来,先于慈善总公所由官方成立的保恤局没有承担起应有的使命。

民国成立之初几年内,湖南的时局还算稳定。在政权更迭的特殊时期,政界中人的关注重点放在了权力重新分配上,对慈善事业注目不多,只不过在政府中设了一个保恤局作为管理部门。但是,政府办理慈善缺乏经验,保恤局负责人也频繁更换,到头来慈善用费不断增加,但效果甚微。总之,当时湖南的慈善事业没有找到一条通往新生的恰当途径。社会上热心慈善的贤达之士纷纷意识到,如果对慈善管理模式不调整、不在慈善机构之间加以整合,只是任凭保恤局统管,那么省城慈善将黯然褪色,难有作为;因此,湖南省城慈善的出路之一就是要成立由民间绅士负责管理的统一机构,管理省城既有的慈善机构,协调经费支配、人员安排和相关活动。1915 年,湖南省城慈善事业总公所的成立标志着湖南慈善救济事业进入了发展新阶段。

　　面对民初湖南省城慈善事业"费俞增而事俞弛"的状况,热心公益的社会贤达心里焦虑,群起而谋补救举措,最后推举代表,建言于官方,将原有的公私各类慈善机关一律归于绅办。恰在此时,盐税征收机关按每张盐票征收 200 两的标准,共征收了 96000 多两白银,但却落入私人腰包。有人获知此情进行举报,后经过商会调解,"使受者全数退出,作为票商捐作地方慈善事业之用,事寝后由举发其事之人邀集热心公益士绅共策处分"[47]。这就为成立新的慈善协调机构提供了必要的民意基础和经济条件。在慈善事业疲苶无生气的情况下,"省政府方以官立慈善机关失其统辖,而经理其事者也属地方人士,与私立机关也无甚出入,故将此项机关也并交由总公所办理"[48],同意所有慈善机构委由绅办的方案。1915 年 8 月[49],湖南巡按使陶思澄令饬湘江道尹张官劭、巡按使公署咨议王铭忠,长沙县知事余联辉会同士绅,就省城同善堂为办公地址,组设湖南省城慈善事业总公所,并报财政部、内务部和湖南省政府备案。

　　慈善总公所成立时的功能定位是"统驭各私立慈善机关,并办理临时救济事业"[50]。它将保恤局所办之百善堂、恤嫠局及原有的育婴堂、保节堂;惠济、养济、废疾、惠老四院;储备、湘义、湘社三仓;恤无告堂、兼善堂、救生局、义渡局、同善堂暨该堂附属之保节、励节、全节三堂、施发医药之同仁小补堂、管理义山之保骼堂均隶属其办理。随即将百善堂、恤嫠局及附于同善堂之保全、励节、全节三堂并入保节堂,增设工厂,惠老、废疾两院合并恤无告堂兼办。根据各慈善机构的服务范围进行功能整合,减少机构数量,降低日常开销。1922 年,贫民救济会成立后,慈善总公所把惠济、养济两院划归它管理。1927 年,贫民救济会结束,这两院又改隶于贫民工艺厂,将惠济、养济、废疾、惠老四院更名为南北区收容所,管辖权又转移给市政筹备处。公选汤鲁璠、胡棣华、李祥霖、朱恩绂等8人为总董,吴家瑞等21人为评议员,长沙县知事充总稽查,并担任催租催佃事务,票商捐项则交存湖南银行生息作为基金,此外粤汉铁路收归国有发还民股中无人具领的5万元也辗转发交总公所作为基金。

　　慈善总公所成立后,除了重组机构,更重要的还在于创新机制。慈善总公所内部管理采行董事制,设总董八人,从中产生主任总董2人,评议员若干人。总董、评议员均由推举产生,下属各仓、堂、局、所则各设主任1人,受董事会节制。董事及下设各主任均3年改选一次。总公所内重大事情均由董事会决定,经评议员评议讨论后再交由下属仓、堂、局、所主任具体执行。另设查账人多名,监督公所财务的运行情况。这样的管理机制体现了民主行事、权力制衡以及责任分担的现代风格,与有识之士追求的政治发展方向相契合。

　　慈善总公所在成立之初,资金来源除前已提及的盐务捐款九万六千多两以外,还包括官厅补助费、前保恤局移交款项、息金、还款、佃规、杂项、兑换等项,总计共收票银101007两5钱7分,票钱2055串348文,票洋18076.795元,光洋7390.3元;而支出计票银22399两1钱5分,票钱2045串949文,票洋18076.795元,共支光洋7390.3元。到1915年12月底,其拥有的产款包括:田业共计一处,存麓山镇湖家湾田业一庄(计田144亩,岁租300石);存款　共存票银86591.89两;现款　共存银16.53两,钱9串399文;共存湖家湾田业一庄(计票银9279.64两);共存长平票银86608.42两;共存票钱9串399文;外加湖家湾佃户李鸿吾押现票银700两整。[51]可见,慈善总公所的家底并不殷实。

1918年9月7日,慈善总公所遵章改选,选出新的领导成员和主要办事员,其中主任总董和总董依然是8人和2人,但评议员则增为22人。

**湖南慈善总公所新任职员一览表[52]　表2—5**

| 职务 | 姓名 |
|------|------|
| 主任总董 | 劳鼎勋、周声洋 |
| 总董 | 劳鼎勋、周声洋、沈克刚、龙绂瑞(沈、龙二人连带负责发行文件)、李祥霖、朱恩绂、刘国泰、陈文玮 |
| 评议员 | 吴家瑞、李达璋、程颂万、曾广镕、蒋光浚、梁焕均、谢口枬、胡元倓、张元懋、唐济时、沈世培、俞诰庆、姚肇椿、彭煌、黄式邦、左念恒、姜济寰、任福黎、张汉彝、刘艾棠、唐锦章、曹典球 |
| 查账员 | 曹浚湘、陈锡周 |

**湖南慈善总公所各善堂主任董事调整前后对照表[53]　表2—6**

| 善堂名称 | 调整前主任董事 | 调整后主任董事 |
|------|------|------|
| 同善堂 | 彭煌 | 李庸 |
| 卹无告堂 | 孙志焄 | 李佛肩 |
| 保节堂 | 陈锡周 | 史春霆 |
| 育婴堂 | 陈守晸 | 孙志焄 |
| 兼善堂 | 唐锦章 | 唐光晋 |
| 储备仓 | 黄式邦 | 陈守晸 |
| 义渡局 | 凌奎耀 | 黄式邦 |
| 湘义仓 | 左学谦(先由商会代管后交商会管理) | 李建谟 |

参与慈善总公所事务的多是长沙名望高且热心公益的人士。他们积极参与总公所的各项事务,较好地保持了总公所稳定,所办慈善事业连续性强。当然有时根据需要也会适时做出局部调整。如从 1921 年开始,总董人数不变,主任总董从原来的 2 人增为 4 人,他们是沈克刚、龙绂瑞、俞诰庆、王铭忠。后来,王铭忠和同善堂主任孙海槎去世,总公所按照既定机制,及时增补,选举史春霆为主任董事,罗芳圃为同善堂主任。[54]1924 年 6 月 28 日,第三届领导班子任期届满,依规选出下一届领导成员。这次选举的最大变化是每个善堂的主任数由原来的 1 人改为 2 人。1915 年刚刚成立时,有人提议让慈善总公所负责保管米盐公股:"现在省城慈善

**省城慈善事业总公所新任主要负责人一览表[55]　表 2—7**

| 职务名称 | 姓名 |
| --- | --- |
| 慈善总公所主任董事 | 沈克刚、龙绂瑞、俞诰庆、史春霆 |
| 慈善总公所董事 | 李德斋、李福翼、黄麓泉、罗定安 |
| 同善堂主任 | 罗芳圃、俞芳午 |
| 育婴堂主任 | 李揩卿、刘伯衡 |
| 恤无告堂主任 | 杨衡齐、周季衡 |
| 保节堂主任 | 周韵松、吴熙先 |
| 兼善堂主任 | 陈敬仁、罗惠章 |
| 储备仓主任 | 李系纯、唐恺之 |
| 湘义仓主任 | 李文陔、龙毅甫 |
| 湘社仓主任 | 邓菊亭、朱介侯 |
| 义度局主任 | 陈斌生、罗东阳 |

总公所业已成立，虽以慈善事业为名，而总董、评议、查账人数极多，实具一全省公共团体之资格"[56]，这从一个侧面反映了总公所的社会公信力。在此后命运多舛的湖南，慈善总公所不单为长沙而且为全省慈善事业发展做出了特殊贡献。

不过，混乱时局还是对慈善总公所的发展造成了极大干扰，除了政府资助的经费受到挤占、所属房舍被占用和需救人数大增之外，还影响了总公所内部根本的组织架构和存在根基。1926年北伐战争兴起后，慈善总公所被迫改组。当时湖南工农运动声势浩大，"于慈善事业多方讪谤"[57]。在这种大背景下，慈善总公所主任总董们等"以值兹革新时期，慈善事业亦需改良，免遭物议"[58]作为答复。1926年12月26日，慈善总公所邀请国民党市党部、市教育会、市商民协会、县党部、县教育会、县农民协会、县工会等公法团推举代表到会，商讨改组办法，修改章程。这次会议由仇菱生担任主席，会议认为"慈善"二字不合时宜，应更换名义。"对于积极事业上进行，方为得体。对于消极事宜，亦不能完全不要。"[59]在改组未完全到位以前，一切事业仍由该公所办理。

经过讨论，会议决定组成改组委员会，委员由入会者推举产生，在推举时一要考虑到长沙市县各团体情况，二要拓宽推举者范围，但正式委员额定15人，候补委员5人。最后推举结果是：委员包括谭影竹、陆恩成、周敬铭、左益齐、张秉彝、龙绂瑞、仇亦山、熊瑾玎、魏振立、仇菱生、李笛楼、俞芳午、廖锡瑞、夏江秋、俞秋华；候补委员包括邓菊亭、彭岩羽、周杏池、李建谟、吴石松。1927年1月7日，长沙慈善总公所改组委员会召集会议，最后确定了"先清查后改组"的方针，并拟定了四点办法，包括：（一）饬各机关造送历年事务报告表；（二）历年收支报告册；（三）赍送各机关财产契约；（四）造送各机关置具表册。这些材料统限三日内造送慈善总公所备查。同时将 15 名委员分成 5 组,负责各善堂的清查事务:(甲)慈善总公所、兼善堂二处归夏照秋、熊瑾玎、陆恩成清查。(乙)同善堂、义渡局归龙绂瑞、廖锡瑞、张秉彝清查。(丙)恤无告堂、储备仓归俞秋华、谭影竹、左益齐清查。(丁)育婴堂、湘义仓归仇菱生、周敬铭、仇亦山清查。(戊)保节堂、湘社仓归俞芳午、魏振立、李笛楼清查。[60]进行清查改组的目的是防止经费被滥用,内部操之于奸人,以真正实惠贫民。经过清查,各慈善机构依然保持原状。

## 二、湖南省区救济院

蒋介石在南京建立民国政府之后,采取多种措施加强控制、巩固权威。1929 年国民政府内政部公布《各地方救济院规则》(以下简称《规则》),要求"各省区、各特别市、各县政府为教养无自救力之老幼残废人,并保护贫民康健,救济贫民生计,于各该省区省会、特别市政府及县市政府所在地,依本规则规定,设立救济院"[61],将每一地方之官立、公立慈善机关咸隶归救济院;同时规定"各地方慈善事业由私人或私人团体集资办理者一律维持现状但须受主管机关监督",另外规定"凡慈善团体不得利用其事业为宗教上之宣传或兼营为私人谋利之事业"[62]。《规则》要求救济院包含如下机构:养老所;孤儿所;残废所;育婴所;施医所;贷款所。

5 月,湖南民政厅令开湖南省政府委员会第六次常会,委员张开琏、曾继梧提议将湖南省城慈善事业总公所改为湖南省区救济院,该议案照案通过。9 月,改组完成。省区救济院接收接管了育婴堂、保节堂、湘义仓、救生局及适合部章应办施医事业的同仁小补堂等处,还有就是市政筹备处主管、原由惠济等四院所改的南北区收容所及导盲学校;同时成立的私立慈善事业产款管理委员会,将私人集资所办的同善堂、兼善堂、恤无告堂、储备仓、湘社仓、义渡局交归其管理,掌管私立慈善事业所有财产,并每年给省区救济院一定补助。当然,尽管慈善总公所一分为二,"机关名称虽有公私之别,事业进行仍能收分工互助之效。办公地址亦均设同善堂内"[63]。自此,省城慈善事业总公所的发展进入了新阶段,湖南慈善救济事业的规范整合进一步加强。

　　1937 年,又经私立慈善事业产款管理委员会划拨所有恤无告堂原办老废外粮及恤孤所、仁术医院与年米等事业及产款一部分归院办理,私产管理委员会亦于是时更名为湖南省区慈善事业总会。次年,"文夕大火"发生,救济院屋宇被毁,于是迁回苏家巷恤无告堂旧址办公,不再与省区慈善事业总会合居一处。1947 年湖南省区慈善事业总会又改称私立湖南唯善救济院。湖南省区救济院则于民 1948 年 9 月奉湖南省政府令改称为湖南省救济院。长沙解放后,由湖南省人民政府民政厅接管,1951 年 3 月交由长沙市民政局管理。[64]

　　湖南省区救济院实行行政和财政分开管理,设院长、副院长各1 人,由省政府聘任,负责行政。业务主管则由民政厅负责,同时设立基金管理委员会负责财政。基金管理委员会有委员 11 人,以院长、副院长为当然委员,其余 9 人由省教育会、省农会、省商会、省赈务会、湘岸淮盐公会、私产管理委员会等公法团开会选举产生,每年改选 1/3,但得连选连任。并由委员会互推委员 3 人组织常务委员会,办理预决算及日常事务。院、会两方各视事务繁简,配设职员,所属各所、校分设主任、校长及职教人员,分司业务,由院监督,由会拨款。抗战军兴,省区各公法团疏散,委员出缺,无法改选。于是,呈奉民政厅核准,由委员会公推热心慈善士绅,绘缮名单,送厅圈补。长沙光复后,省政府社会处成立,业务主管改归社会处负责。1946 年,奉省政府令增设副院长 1 人,并改聘基金会委员,废除选举旧制。

　　救济院成立后,其主要领导数易其人。第一届领导包括院长罗先闿、副院长皮宗让。1936 年,罗、皮辞职,改聘彭允彝为院长、何振镛为副院长。1943 年,彭病故,改聘张炯为院长、何振镛仍为副院长。1946 年,增聘熊雄为副院长。建国之前,院长为曹伯闻,后为陈芸田。而基金管理委员会第一届委员有罗先闿、皮宗让、沈克刚、史春霆、周季衡、李佛肩、萧恩震、邱惟震、任凯南等。以后各届选举多有连任,也多新任。1941 年,聘任左学谦、李寿增、黄祖同 3 人为委员,他们是公推请准圈定的。1946 年,省府选聘赵恒惕、余籍传、汪浩、刘修如、张炯、何振镛、熊雄、左学谦、赵恒、李锐、李树森共 11 人为委员。旋以汪浩离湘赴京,又由省府改聘龙毓莹继任,并经第一次全体委员会议推选左学谦、刘修如、熊雄 3 人为常务委员。

　　湖南省区救济院的经费大致有三大来源。

　　第一项为盐税附加慈善经费。在清代,可由本省食盐项下加捐划拨,其中盐税附加慈善补助费每年共领光洋 47700 元,盐税附加备荒费每年共领光洋 3000 元。民国之后,由湘岸榷运总局代征照发。嗣因盐政改革,盐税附加改由盐务办理处代收发款,通知则由财政厅填发。但以前统由省教育基金保管会统领照定额支配,后因教育费开支庞大,不免时有挪移。1922 年呈奉省长公署核准,交慈善总公所径领。1928 年武汉政治分会令饬停发。旋经呈准南京财政部,照案恢复,1929 年由慈善总公所移交归救济院接收。抗战开始,又奉令停发。院长彭允彝电请盐务总局局长朱庭祺转呈国民政府提交国防最高委员会议,核准以七成拨给,旋又按七成加发二成。1941 年,经湖南省政府编入省预算慈善补助费项下开支。1944年长沙沦陷,省府迁移湘南边区后遂未照发,迭经请求仍无结果。此项收入约占总收入的1/3以上。

第二项为工商慈善捐和股息收益。如湖南第一纺织厂棉纱慈善附加捐年收八千余元,系于1936年商准建设厅厅长余籍传、厂长范新庆呈奉省政府核准并准实业部咨复照征。后因"文夕大火",纺织厂迁移安江,附捐停收。再如淮盐票,以前年收租价颇丰,旋盐政改革,票已作废;湖南电灯公司股票票额83000元,年收官息红利不少,因"文夕大火",公司被焚,致无收入;自清光绪以来,长沙各行商月收公益行捐,以作慈善费用。民国以来仍循旧例,以前每年共收光洋10000余元,由长沙县政府代征,计支配给湖南孤儿院16%,佛教慈儿院4%,其余80%概拨归救济院。自市、县分治,另行组处经收,致使其虽未停办,仍难达到实际加成,又因币值贬落无常,形成有名无实之况。

第三项为救济院所有的房产、地产租金收入。救济院所管长沙市房产计85幢,"文夕"时概毁于火,改以地皮发租,每年收谷约3000余石,跟以前比较,减收租价甚巨;另外,其岁收田租14735石有奇,内有垸湖田约占4000余石,每年实收约在五成左右,即冲田每岁实收亦约九成上下。

救济院因战事发生特别是"文夕大火"而收入锐减乃至断源,受到的破坏特别严重。抗战结束后,"比较战前全部经费收入已减少半数以上,而事业恢复约有十分之八"[65]。

湖南省区救济院所辖办事机构门类庞杂,基本涵盖了生老病死相关的各个领域,其中包括安老所、残疾教养部、育婴所、育幼所、盲哑学校、妇女教养所、义山保管处、老废外粮、年米及暑药、仁术医院、施医所、省河救生所、救荒储藏所、小本贷款所。

安老所前身是普济堂。1929年,慈善总公所将惠老院及书院坪大蚂蚁巷之废疾院、礼贤街之南养济院、马王塘之北养济院、铁佛东街之惠疾院一并移交省区救济院接收，改正为养老所、残废所。然因残、老杂居不易划分，又合并为养老残废所。1948 年遵社会部颁发的规程，改称安老所及残疾教养所，分开办理。安老所成立之初，规定名额 400 名，另设号目、水夫，按月发给扶助恤粮。凡属孤老贫苦，须先报名登记，经调查核实，遇缺挨次递补。入所者，须按能力大小从事劳作，借此弥补扶助费的不足。抗战军兴，废除过去分级扶助做法改为待遇一律。每逢长沙发生战事，则给所内各人发款以疏散。同时该所还设有给餐部，凡年老不能动作者有资格申请，名额仅限 40 名。1947 年后，安老所各项工作渐次恢复。

残疾教养部原名废疾院。省区救济院成立后，以普善里为本所，另在书院坪、礼贤街、马王塘、大蚂蚁巷设一至四分所。该部一切待遇及名额与安老所相同，工厂工作亦采同样办法。但后来，不断有人提出残疾教养部应教养并重，凸显与安老所的差异。

育婴所原名育婴堂，1929 年并入省区救济院。1933 年，在浏阳门外二里牌糠头坡建新所，建筑设备模仿欧美，在全国同类机构中名列前茅。1943 年遵湖南省政府设立儿童保育所之规定，改称婴孩部，隶归儿童保育所。1948 年冬，又遵湖南省政府令，仍改正名称为育婴所。育婴所收养婴孩没有名额限制，养婴方法分所养、领养、寄养、自养四类。对寄养婴和自养婴的经费补助必须经查实后再拨发。另外，该所很重视婴孩健康，设中西医诊治各类疾病，还有建隔离室为病婴住室，以防传染；并随时转请湘雅、仁术两医院治疗。战时为躲避战火辗转数处，同时增加费用鼓励寄养。光复后迁回省垣，并在二里牌原址复员。

育幼所原名保节堂义学。1937 年，私立慈善事业产款管理委员会计划将所办恤孤所与省区救济院合并，但各项课程和待遇都

不同,于是依然分别办理,分别称为第一、第二孤儿所。"文夕大火"之后,两所合并,加收抗战军人遗族,仍名孤儿所,不过已不再是保节堂、百善堂嫠妇子女的专门学校了。1943年,遵照湖南省政府命令,更名学童部。长沙沦陷时,一切设施遭毁。1947年春,移入二里牌育婴所内复课。次年冬,又改名为育幼所。孤儿所最初的名额为150人,制服和书籍由孤儿所发给。对优秀学生实行奖励。长沙光复后,学生名额扩增为200人,设备改进很多,学生一律住所,实现了完全的教养兼施。1947年春成立幼童部,收容幼童50人,授以幼稚园教程,衣食住均归部备。1948年冬,幼童部与学童部合并,共招学生250名。

盲哑学校原名导盲学校,1929年正式更名,兼收哑生。"文夕大火"中在兴汉门的校址被焚。1948年在二里牌儿童保育所右侧加以重建。在学校成立初期,共招收盲哑学生40名,实施文、实两科教学。在发展过程中,面临的主要问题是专门教师数量不够、教育经验不足。到1935年,校长何振镛大胆创新、积极任事;还注重编译凸点文图书、发明盲人讲习汉文简易法、创制识字铁线版及铅笔习字机,使盲人得以沟通普通文化;并设立阅书服务室及哑科播音机,教授哑生普通会话,扩充盲人国乐组织,增置口琴及工场新式机械,改良出品,发行盲哑特刊。战时,学校几经搬迁。战后学校复员,学生名额增至100名,各项设施陆续恢复。

妇女教养所是由百善、保节两堂改组而成,专收36岁以下青年节妇,定额378名,月给扶助费原定2元,附带子女一概进入孤儿所授课。后来抗战军兴、物价上涨,于是改发谷2斗。其首任主任为刘石阶,在任期间成就较显著。1941年,张望龙继任主任,他在长沙西乡徐家桥张祠组设了给餐部,并逐渐恢复纺织工场,在保节堂分所加设毛巾工厂。在战前,收容额减为300人。经战火破坏,损失惨重。战后缓慢恢复,1947 年通过公开签补,补足初定的378 名,并增加扶助费谷,每名合共 2.5 斗,另还设置缝纫工场。

1936 年奉民政厅令,长沙附郭义山交省区救济院接管,并拟改正为公墓管理处。最初由士绅陈海鹏等发起,对墓地筑围保护。后随着市区扩充,因墓地而起纠纷不断,侵占盗卖情事时有发生,频兴诉讼。

老废外粮和年米原为恤无告堂的事业。1929 年慈善总公所拨归私产管理委员会办理。1937 年转拨给救济院。老废外粮按三等分发,定额 300 名。在私立慈善事业产款管理委员会办理时,缺额不补。划归救济院办理后仍依其旧。抗战军兴,因养老、残废所名额不敷支配,于是获准续补,并废除粮额分级办法,改为一律待遇。光复后,因申请补救者太多,将名额增至 550 人。凡经补入,发给粮照,订明每月 13 日归院验明人照,发放恤粮。年米原订每年旧历年终施发 800 石。1937 年接收后,由院扩筹增发至 1000石。后因战火损失,每年斟酌经费情形,发米在 300 到 600 石之间不等。发放办法,即除各所收容各人每名 2 斗外,其余交给长沙市县冬令救济委员会及各慈善团体代发。

暑药原为施医所的事业。施医所成立于 1929 年,1938 年被毁停办未再恢复,暑药发放归院直接办理,施种牛痘则委托仁术医院照常施种。每逢夏季制发济众水、卧龙丹、藿香丸、时疫散、雷击散等。秋季则制发痢疾散。

省河救生所原名省河救生局。除专用红船外,还联络渔埠共同救溺,每月发给津贴;凡救生一名另给奖金 8 角,捞捡浮尸一具成年者给费 5 角,童尸 2 角;抬埋费每具 1 元,棺木由施材所领用。每年由省区救济院发给施材所 240 元补助,战时曾增至 3300.1元,但仍供不应求。长沙沦陷后,所有设施遭到毁灭性打击,因经费缺失没有恢复再办。

救荒储藏所原名湘义仓,1929 年移归省区救济院办理。1938
年原本打算按省政府《积谷紧急处理办法》将仓谷予以销毁。后
经呈请省行署核准,由省行署、士绅与院长、副院长、基金委员等另
组救荒仓谷变卖委员会,将谷 2 万余石变价移作灾后救济费用。
战后并未复员。

小本贷款所 1929 年成立,所址在织机巷,"文夕大火"后不再
恢复。贷款方法原分 6 元、9 元两种,旋又增加 12 元一种,分贷小
贩以营生,满 1 月归还 1/3,3 个月全部归还,不取息金。1937 年,
拨款请岳麓区代办一部,并拟在靖港、朗梨等处设置分所,旋因长
沙县救济院成立,提拨该所原有因利局剩余款项中的一部分,致使
分所没有开成。

在《规则》中,内政部除了要求各省区成立救济院外,还要求
"各县乡区村镇人口较繁处所亦得酌量情形设立之"[66]。湖南绝大
部分县按要求设立了救济院,只是所属机构数量不一,水平参差不
齐。各县救济院的相关情况见表 2—8。

各县救济院基本情况表[67]    表 2—8

| 院别 | 成立年月(民国) | 组设情况 | 经费状况 | 备考 |
|---|---|---|---|---|
| 湖南省区救济院 | 十八年九月 | 计设有养老、残废、孤儿、育婴、施医、贷款、妇女教养、省河救生等八所及盲哑一校。 | 该院系由原有各公私慈善机关合并,计年收田租八千余石,房屋地基租金七千余元,盐税附加五万余元,作为基金,统筹支配。 | 该院系就原有之养济院、保节堂、保邮学校、惠老院、育婴堂、救生局、湘义仓、同仁小补堂等机关改正名称,归并办理。 |

| 院别 | 成立年月（民国） | 组设情况 | 经费状况 | 备考 |
|---|---|---|---|---|
| 湘潭县救济院 | 十八年一月 | 现遵章完成六所（养老、孤儿、残废、育婴、施医、贷款）并酌量地方情形增设贫儿习艺所、妇女教养所、施棺掩埋所、救生所及孤儿学校、导盲学校。 | 年收租谷约一万四千余石，屋租洋约九千余元，乞丐捐洋四千余元，不动产三万二千元，动产六千四百元。 | 该县设有贫民厂 |
| 湘阴县救济院 | 十八年一月 | 因经费困难，仅设育婴一所。 | 以该县原有育婴产款，作为救济院基金。 | |
| 浏阳县救济院 | 二十二年 | 计设有育婴、孤儿、施医、施棺、救生、乞丐收容各所及种痘局。 | 该院系由原有公私慈善机关合并组成，计田租约三千石，动产约四千元。 | 该县各乡公私慈善团体亦颇发达。 |
| 醴陵县救济院 | 二十年 | 计设有育婴、孤儿、施医、施棺四所，又因利所附设孤儿所内。 | 将原有育婴堂、同仁医院、孤儿院、同德堂、因利所各机关改并，但各所基金照旧独立，救济院经费由各所平均负担。 | |

| 院别 | 成立年月（民国） | 组设情况 | 经费状况 | 备考 |
|---|---|---|---|---|
| 湘乡县救济院 | 十九年一月 | 计成立孤儿、施医、育婴三所，并拟将原有之皆不忍堂改为养老所。 | 该县原有慈善团体田租作为基金，计田租一千余石，地方补助金及公益捐约四千五百元。 | |
| 益阳县救济院 | 十七年十月 | 内设孤儿、育婴、施医、贷款、养老、残废六所。 | 该院全年支出二万余元，除产业收入五千余元外，余由各项慈善捐款及殷实捐补助之。 | |
| 宁乡县救济院 | 二十一年一月 | 计成立残废、施棺二所，其余施医、育婴各所正在筹设。 | 以地方补助费及城区肥料捐为基金，全年支出约三千余元。 | 民工场一所 |
| 攸县救济院 | 二十一年三月 | 已成立育婴、施医、孤儿三所，种痘局附设孤儿院内。 | 不动产铺屋约值九六〇元，田租一千八百六十三石，约值二万八千元。 | |
| 邵阳县救济院 | 十九年十一月 | 设育婴、施医、残废、贫民工艺四所。 | 育婴所田租约二千石，施医所田租约八百石，残废所年支三千九百元，贫民工艺所乃至六千元，由地方款及公益捐项下开支。 | |

| 院别 | 成立年月(民国) | 组设情况 | 经费状况 | 备考 |
|---|---|---|---|---|
| 新化县救济院 | 十九年七月 | 设立孤儿、施医二所 | 该院动产六千元,不动产一千元。 | |
| 武冈县救济院 | 十八年 | 就各私立慈善团体组设救济院,辖育婴局十所。 | 田产一百八十亩,房屋十一间。 | |
| 新宁县救济院 | 二十一年七月 | 内设养济所及种痘局。 | 田租六八〇石,约值九千元,房屋约值一千八百元,仓库二百元,并呈准省赈务会,将工赈贷款拨作该院基金。 | 该院系将原有养老、残疾两所合办,定名为养济所。育婴、施医二所在筹设中。 |
| 城步县救济院 | 二十一年四月 | 计设养老、施医二所,此外尚有赈灾贫民工厂一所。 | 不动产约值一万二千元。 | |
| 岳阳县救济院 | 十九年七月 | 已设孤儿、残废、育婴、乞丐、义渡各所。 | 计田产一百七十七石五斗,房屋三栋,义船四艘。 | |
| 安化县救济院 | 二十年一月 | 曾设育婴、施医二所 | 该县向无何项公私慈善团体,故筹措基金极为困难。 | 院务无形停顿,仅有贫民工厂稍有救济。 |
| 临湘县救济院 | 十九年五月 | 已成立育婴、施医二所,并附设种痘、义渡二局。 | 不动产约值一万元。 | |

| 院别 | 成立年月（民国） | 组设情况 | 经费状况 | 备考 |
|---|---|---|---|---|
| 华容县救济院 | 十九年八月 | 已成立施医、孤儿二所。 | 救济院不动产值约六千元，施医所不动产值约一万元，孤儿所不动产值约一万四千元。 | |
| 澧县救济院 | 十八年一月 | 内设孤儿、育婴、施医、施棺各所及喜孝会。 | 以该县原有之育婴经费及同善、文化各善堂产款归并，作为基金。本年度支出预算约五千余元。 | |
| 临澧县救济院 | 二十二年 | 已立施医、施棺、残废各所，此外尚有私立同善堂及育婴堂。 | 救济院田租二十石，房屋约值二千一百元，动产约值千元。育婴堂不动产一千二百元，同善堂财产六百元。 | |
| 常德县救济院 | 十九年六月 | 已立育婴、孤儿、施医、掩埋、贷款各所，敬节附于育婴所内。 | 就该县原有慈善团体产款作为基金，统计不动产约值十一万五千元，动产一万七千余元。 | 该县原有之育婴堂、孤儿院、牛痘局、灾民公贷处均已归并合办。 |

| 院别 | 成立年月（民国） | 组设情况 | 经费状况 | 备考 |
|---|---|---|---|---|
| 沅江县救济院 | 二十年七月 | 内设育婴、养老、施医、施棺四所，附设洞庭救生义渡局。 | 总计不动产约值四万四千五百元，年支经费约四千六百元。 | 该县设有贫民工厂，动产约值六千五百元，不动产约三千元。 |
| 衡阳县救济院 | 十九年一月 | 已照部章完成六所组织，此外尚有游民感化所、妇女教养所、济良所之设立。 | 该县各原有慈善机关田租一万二千余石，归并统筹支配外，并于田赋项下募捐八万五千余元作为基金。 | 该院系就原有补卹堂、孤儿院、育婴堂、养济堂、继仁堂、同仁堂、因利局等慈善团体合并办理。 |
| 衡山县救济院 | 十八年十一月 | 将该县原有之育婴堂、同善堂归并，成立育婴、残废、施医三所，附设种痘局。 | 就原有公私各慈善团体之田产岁收作为基金，并由地方产款项下酌量补助。 | |
| 耒阳县救济院 | 十八年四月 | 设立养老、育婴、孤儿、施医四所及种痘局。 | 以该县原有之育婴堂、同仁局田租一千四百石作为基金。 | |
| 常宁县救济院 | 十八年七月 | 设育婴、养老、施医三所。 | 总计田租铺屋约值六千余元。 | 该院由原有之养济院、育婴堂、良济医院等慈善团体合并办理。 |

| 院别 | 成立年月(民国) | 组设情况 | 经费状况 | 备考 |
|---|---|---|---|---|
| 安仁县救济院 | 二十一年二月 | 私立救婴局、养老院皆维现状,受救济院之指导,办理育婴、养老事宜,救济院本身亦设贫民习艺所。 | 救济院基金一万五千元,救婴局不动产约值十万元,养老院田租四百石,贫民习艺所经费年支二千五百元。 | |
| 祁阳县救济院 | 二十一年三月 | 将旧有善度堂、养济院等慈善机关改并,成立育婴、贷款、残废、施医、孤儿五所。 | 善度堂之基金约四万元,另组基金委员会管理之。 | 该县尚有私立慈幼堂及三吾慈幼院(经费亦颇充裕)。 |
| 道县救济院 | 十八年二月 | 现成立育幼、孤儿、施医、工艺四所。 | 动产约值一万二千元,不动产约值三千元。 | |
| 宁远县救济院 | 十八年十一月 | 现成立育婴、施医、贷款等三所。 | 育婴所不动产二万元,施医所不动产五百元,贷款所不动产五千元。 | |
| 永明县救济院 | 二十年二月 | 现设立育婴所,余俟筹设。 | 以该县原有慈善经费及地方款项之补助作为基金。 | |
| 江华县救济院 | 十七年十月 | 现设立育婴、施医、贷款三所。 | 以该县原有育婴田产、救生局房屋暨募捐所得作为基金。 | |

| 院别 | 成立年月（民国） | 组设情况 | 经费状况 | 备考 |
|---|---|---|---|---|
| 新田县救济院 | 十九年九月 | 设有育婴、养老、孤儿、施医各所。 | 归并该县原有慈善团体田产作为基金。 | 该县原有之众善堂、新旧养济院、城乡三育婴堂均经合并统筹办理。 |
| 郴县救济院 | 十八年八月 | 现成立育婴、施医二所。 | 就该县原有育婴堂田产百余石及停办之医学堂田租二百余石作为基金。 | 该县尚有私立余庆慈善会基金约三千元。 |
| 永兴县救济院 | 二十一年 | 现成立养老、施医、残废、育婴四所。 | 救济院田租二百石，育婴所田租三百五十石，养老所田租一百一十石，残废所田租四十石，施医所田租五十石。 | 该县原有之道德会及文化社均经归并合办。 |
| 汝城县救济院 | 二十年一月 | 现成立育婴、施医二所 | 以该县原有之育婴田产及没收逆产特税附加等作为基金。 | |
| 桂阳县救济院 | 十九年一月 | 现成立育婴、施医、贷款三所。 | 就该县原有育婴堂之地址及全部款项作为基金，并由地方产款项下酌量补助。 | |

| 院别 | 成立年月（民国） | 组设情况 | 经费状况 | 备考 |
|---|---|---|---|---|
| 临武县救济院 | 二十五年三月 | 暂成立教养、施医二所及贫民工艺厂一所。 | 以该县固有慈善团体产款及募捐所得作为基金，贫民工厂已有基金四千元。 | |
| 嘉禾县救济院 | 二十二年 | | 动产十二元，不动产二百元。 | 因经费困难，该院院务停顿。 |
| 沅陵县救济院 | 二十年十二月 | 就该县原有救生局、育婴堂改为救生、育婴二所，旋增设施医所，附设种痘处。 | 原基金有田产、房屋二种，田租年可收谷千石，房租年可收洋七千余元。 | 该县另设有贫民工厂，动产一万四千元。 |
| 溆浦县救济院 | 二十年十月 | 现成立育婴、贷款、施医、孤儿四所。 | 将县有育婴堂、种痘局、公贷处原有财产归并，作为基金，共有田租三百一十五石，贷款一万二千元。 | |
| 芷江县救济院 | 十九年十月 | 现设立育婴、养老、残废、施医、贷款五所。 | 就该县原有公私慈善团体产款作为基金，统计动产约值五千五百元，不动产约值一万五千元。 | |

| 院别 | 成立年月（民国） | 组设情况 | 经费状况 | 备考 |
|---|---|---|---|---|
| 黔阳县救济院 | 二十年七月 | 现设立育婴、救生二所，其育婴所附设种牛痘事宜。 | 救济院田租一千四百石，育婴所田租五百石，救生所田租九百石。 | |
| 麻阳县救济院 | 二十三年三月 | 现设立育婴、孤儿、养老三所。 | 就该县原有公私慈善团体产款归并，作为基金。 | |
| 靖县救济院 | 二十年一月 | 现设育婴一所。 | 就该县原有育婴局之盐捐作为基金。 | 因匪祸停顿。 |
| 绥宁县救济院 | 二十四年 | 暂成立施医、贷款二所。 | 就该县原有慈善产款作为基金。 | |
| 通道县救济院 | 十八年三月 | 暂成立施医、育婴二所。 | 以该县没收之匪产暨各项罚款捐款作为基金。 | |
| 龙山县救济院 | 十八年九月 | 现成立养老、残废、孤儿三所。 | 将该县原有育婴堂及体仁堂产款作为基金。 | |
| 晃县救济院 | 二十年一月 | 现设立育婴一所。 | 就募捐所得及地方补助作为临时基金。 | |
| 慈利县救济院 | 二十年一月 | 设有养老、育婴二所兼办残废孤儿事宜。 | 就该县原有慈善团体之经费及募捐所得作为基金。 | 因迭遭天灾匪祸财源枯竭，该院院务无形停顿。 |

续表

| 院别 | 成立年月(民国) | 组设情况 | 经费状况 | 备考 |
|---|---|---|---|---|
| 石门县救济院 | 二十一年七月 | 设养老一所,外设贫民工厂一所。 | 养老所以原孤老院租谷十余石为基金,贫民工厂有各项产款约四万元。 | |
| 大庸县救济院 | 二十一年六月 | 设立孤儿、养老、施医三所。 | 将该县原有育婴堂田租作为基金,另筹屠捐、木挑捐补充之。 | |
| 乾城县救济院 | | 设保婴、施医、贷款三所,因经费困难,只办院外救济。 | 基金仅法币三百万元。 | |

附注:(一)以上各市县救济院据民国二十五年湖南年鉴所载事实。乾城县救济院系该县文献委员会于民国三十七年报告省文献委员会,未载成立年月。(二)上列各市县外据二十五年湖南年鉴载称各县有因特殊情形未能成立救济院者如长沙、平江、茶陵、南县、安乡、桃源、鄞县、东安、宜章、资兴、蓝山、泸溪、辰溪、会同、永顺、保靖、桑植、古丈、凤凰、永绥等二十一市县。至怀化、隆回近年方分治,也未据报成立此院。

从上表可以看出,全省成立救济院的约占2/3强;而且并非所有的慈善事项都被包括在救济院系统内。慈善总公所原来所辖民办慈善机构专由私产管理委员会统筹,湖南孤儿院、湖南贫女院则始终独立于救济院和私产管理委员会之外。

### 三、私立慈善事业产款管理委员会

之所以要把省城慈善总公所改造为统筹私立慈善机构的私立慈善事业产款管理委员会,是由于这样做"一以免各私立慈善机关失所统驭,一以免各私立慈善机关分起立案,事太繁琐,一以免与红十字合组之仁术医院废止"[68]。总之,可以让私立慈善事业免遭打击,同时也符合国家允许私立慈善机构维持现状的政策。根据《管理各地方私立慈善机关规则》第二条规定"各地方私立慈善机关应将机关名称、所在地址、所办事业、财产状况、现任职员姓名履历,详细造册呈报主管机关,查核转报内政部备案",湖南省区私立慈善事业产款管理委员会,完成呈报、备案的程序后,使私立慈善事业得以连续性地发展下去。当时湖南省区长沙依然存在的私立慈善机构主要包括义渡局、同善堂等9家,表2—9扼要列举了其相关情况。

私立慈善团体各项表[69]　　表2—9

| 名称 | 成立时代 | 发起人 | 经费来历 | 所办事业 | 现在状况 |
|---|---|---|---|---|---|
| 义渡局 | 清嘉庆十三年 | 周邦瑞等 | 河东河西居民输捐,光绪年间复募捐一次,民国又募捐一次。 | 渡送大西门至漾湾市来往行人。 | 局名仍旧,添管朱张渡、漾湾市、靳江河、黄土潭各义渡。 |
| 同善堂 | 清道光六年 | 陈新萧宣昭等十八人 | 就地劝捐,捐额以一文起,集腋成裘,并多有以田产输捐者。 | 施棺,置义山,葬无名尸骨,置器救火,施暑药,漾湾市义渡,中元历祭。 | 设代葬所,兼收童棺,义渡并入义渡局,救火自慈善救火会成立后废止,暑药自施医所成立废止,历祭民国废止。 |

| 名称 | 成立时代 | 发起人 | 经费来历 | 所办事业 | 现在状况 |
|---|---|---|---|---|---|
| 保节全节励节三堂 | 清道光十九年 | 同善堂首士 | 就地募捐,以郑阿袁捐田一百五十亩、刘叶氏捐田二十七担五斗为巨额。 | 附同善堂办理振济贫苦节妇,月给恤金,除仅保堂名义,同治年间两次扩充名额,便利募捐,增全节、励节名义。 | 改名敬恤堂,救济无嫡系亲属之妇人,月给恤金。 |
| 兼善堂 | 清道光三十年 | 柳正榘、张其焕等 | 就地募捐,李星沅、唐际盛、刘溥、梁树德、陈开浚等捐巨款,江苏、江西两会馆所捐亦系巨额。 | 置备丧扛,议定条规,供丧家运柩之用,并订有鼓乐条规。 | 名义仍旧,条规随时有所修改。 |
| 储备仓 | 清道光三十年 | 陈本钦 | 就地募捐或钱或谷,李星沅、李象鹍捐谷各千担,最为巨额。 | 遇谷价贵时减价平粜。 | 改名备荒储藏所,此为第一仓,遇荒临时公决平粜办法。 |
| 保骼堂 | 清同治五年 | 徐菜李概等 | 就地募捐。 | 置买近河荒山,起泥水道运省,堆积小西门、草潮门两黄泥码头,发夫贩卖,以供和煤之用。 | 改名黄泥公卖处,附设施材掩埋所办理。 |

| 名称 | 成立时代 | 发起人 | 经费来历 | 所办事业 | 现在状况 |
|------|---------|--------|---------|---------|---------|
| 恤无告堂 | 清同治八年 | 唐际盛李概等十二人 | 就地募捐,章程仿同善堂。 | 振济孤老,月给粮米,发年米、寒衣,并置义山掩埋。 | 改名恤孤所,额收孤贫幼年男女,施以教养,四年出所,孤老月粮及年米仍由会发给,仅寒衣停止。 |
| 湘社仓 | 清光绪二十一年 | 朱昌琳、王先谦等二十五人 | 办理灾赈所募之捐赈后余存。 | 遇荒平价发粜。 | 现为备荒储藏所第二仓,出粜办法同第一仓。 |
| 慈善总公所 | 民国四年 | 汪诒书、王铭忠、沈克刚等 | 淮盐票商捐款,并粤汉铁路民股铁路收归国有后发还民股毋任具领之股金。 | 管理各私立慈善机关并代管各官立公立慈善机关,兼办临时救济事业,与红十字会合办仁术医院。 | 于民国十八年由慈善总公所函准民政厅另设省区私立慈善事业产款管理委员会有案,专管私立慈善机关,统一财产支配用途,兼办临时救济事业,仍与红十字会合办仁术医院。 |

私立产款管理委员会开初实行会员制,原慈善总公所及所属各慈善机构代表均为会员,并且经会员2人以上的推荐,地方上平日热心公益、负有声望的人士也可加入。再由全体会员公选执行委员9人,执行会务,集中财产,支配用途。每年补助救济院经费共2.04万元,约占会中事业费的1/3,而且把原本属于会产的价

值数万元的育婴所地基拨给救济院无偿使用。另外，雨厂坪基地所得契价 2 万余元，亦经拨偿育婴所建筑的亏空；而且救济院函请临时补助7200 元，私产管理委员会也全部答应。可见，"私立产会之于救济院权限固极分明，办事素无畛域，管理虽属各别，经费无不通融"[70]。同时，为满足内政部对私立慈善机构备案条件的要求，私产管理委员会随即进行内部机制改革，由过去会员制改为董事制。不难看出，私产管理委员会想极力展示出配合支持救济院工作的姿态，而且也主动依照国家管理私立慈善机构的要求进行内部调整，旨在让那些提议把私产管理委员会合并到救济院的人士释疑，维持私立慈善事业在国家控制力强化之后在社会中的存在空间。而相关人士提议归并私产管理委员会到救济院也是考虑到在过去私立慈善机构良莠不齐，伤害了慈善机构社会声誉。另外，当时中央政府正在对全国的慈善团体进行整顿，还专门出台了《监督慈善团体法》，对慈善团体发起人的条件、慈善团体的活动开展、财务收支等情况提出了具体要求。其中就明文规定了慈善团体发起人的资格："一、名望素著操守可信者；二、曾办慈善事业卓有成效者；三、热心公益慷慨捐助者；四、对于发起人之慈善事业有特殊之学识或经验者。"而下列人士不得成为慈善团体的发起人，这就包括："一、土豪劣绅劣迹可指证者；二、贪官污吏有案可稽者；三、有反革命之行动者；四、因财产上之犯罪受刑事之宣告者；五、受破产之宣告尚未复权者；六、吸食鸦片者。"[71]

　　通过采取系列的整顿措施，可防止侵蚀弊窦，选出公正士绅投入慈善，使湖南慈善事业发展更好。尽管慈善机构数量在减少，但保证了它相对健康的发展，到了 20 世纪 30 年代，湖南的慈善事业依然比较发达。就以长沙为例，当时的慈善团体数量多、门类全、活动频。当时长沙主要的慈善团体如下表所示：

**20 世纪 30 年代初长沙的慈善团体[72]　表 2—10**

| 名称 | 地址 |
| --- | --- |
| 长沙市贫儿院 | 回龙山 |
| 合一普渡善堂 | 总铺巷 |
| 节孝普渡善堂 | 里仁坡 |
| 湘省嫠孤救济会 | 保安里 |
| 湖南第一贫女院 | 麻园岭 |
| 乡团救赢总局 | 清香留 |
| 湖南国难救济会 | 局关祠 |
| 湖南省区救济院 | 织机巷 |
| 施医所 | 长治路 |
| 养济院 | 沙河街 |
| 废疾院 | 书院坪 |
| 私立施棺掩埋所 | 织机巷 |
| 长沙理善修远善堂 | 姚家巷 |
| 长沙市贫民工艺厂 | 浏城桥 |
| 湖南省区私立义渡局 | 织机巷 |
| 湖南水灾救济总会 | 省政府内 |
| 湖南水灾善后委员会 | 理问街 |
| 成化堂 | 肇嘉坪 |
| 楚善堂 | 六十码头 |
| 积福堂 | 熙宁街 |
| 卹孤所 | 苏家巷 |
| 育婴堂 | 浏阳门外二里牌 |

| 名称 | 地址 |
| --- | --- |
| 兼善堂 | 仓后街 |
| 妙化堂 | 云泉里 |
| 保骼堂 | 金家码头 |
| 敬惜堂 | 青石井 |
| 觉化堂 | 青石井 |
| 天善堂 | 怡长街 |
| 空道堂 | 南沙井 |
| 济公堂 | 大东茅巷 |
| 道德堂 | 二府坪 |
| 普济院 | 兴汉门侧 |
| 保节堂 | 教育后街 |
| 同善堂 | 织机巷 |
| 湘义仓 | 潮宗街 |
| 圣化慈善堂 | 鸡公坡 |
| 虔化慈善堂 | 学院街 |
| 普化小补堂 | 蔡公坟 |
| 同心小补堂 | 修文街 |
| 浙江矜卹堂 | 上黎家坡 |
| 湖南济良所 | 县正街 |
| 积善小补堂 | 织机巷 |
| 湖南孤儿院 | 总院连陞街;分院韭菜园 |
| 省河救生局 | 中六铺街 |

| 名称 | 地址 |
|------|------|
| 佛教慈儿院 | 开福寺 |
| 节妇教养所 | 北正街 |
| 华洋义赈会 | 盐道街 |
| 湖南第二省仓 | 皇仓街 |
| 湖南第三省仓 | 皇仓街 |
| 省区救济院养老二分所 | 礼贤街 |
| 省区救济院养老残废所 | 书院坪 |
| 省区救济院第四养老所 | 大蚂蚁巷 |
| 中国道德会湖南分会 | 怡长街 |
| 湖南省区救济院贫民贷款所 | 织机巷 |
| 长沙市立第一贫民教养所 | 书院坪 |
| 长沙市立第二贫民教养所 | 金盆岭 |
| 长沙市第三贫民教养所 | 马家冲 |

　　另外,湖南孤儿院和湖南贫女院没有被私产管理委员会纳入统筹,它们依然在社会慈善事业中持续发挥着重要作用。湖南孤儿院的前身是由湘绅易雨恂 1913 年 10 月在湘潭开办的保赤贫儿院,1914 年 2 月迁往长沙的连陞街,1917 年改为湖南孤儿院,1921年院长王达创设分院于韭菜园,并创设鞋科、藤科、织科、缝纫科、童子西乐部、负贩团等。1926 年院长左尚仁组织委员会办理院务,1927 年受时局影响,经政府批交前民众佛化协会接办,改名湖南民众佛化协会孤儿院。1928 年因经办困难,政府批准交由院董事会办理,并推举曹季四任院长,除恢复原有各工场外并增设女子

理发部、毛笔部、纸业印刷部、刺绣部、土工部、木工部、农业部。到1935年，规模进一步扩大，院设四处。湖南贫女院在1919年7月创办，由王先焕女士捐私产2960元，并邀集多名同志与长沙济良所所长熊辅文共同发起，呈准政府立案开办，定名为湖南第一贫女院，推定王先焕女士为院长，厘定章程，专收赤贫女子教养兼施，所收贫女所需饮食、被帐、书籍、用品概归院负责。1920年以收学生渐多，支出繁多，且成绩显著，于是多次向政府请款资助。其办院地址也多次更换。

可见，1915年之后湖南慈善救济机构的规范和整合经历了由一个机关统辖到两个机关分辖的过程，当然也有慈善机关始终保持自我独立发展。但不管怎么说，经由专门机构统辖后，湘境内的慈善机构数量相较于清代大为减少，彼此功能重叠、规模参差、数量庞杂的状况大为改观，某种程度上反映了湖南慈善救济事业发展水平有所提高。这种整合和规范也是中央政府对社会的控制力增强的一种表现和必然结果，当然，慈善救济事业的发展经历从数量扩张到质量提升的路径也是自身发展的要求，同时也是对社会上有关人士不满的一种回应。但是从整体效果来看，因时局的动荡，经由来自政府要求的整顿并没有完全解决慈善救济事业发展中的问题。

## 第三节　新型官赈组织的产生

民国时期，湖南灾荒呈现出频度高、范围广、时间长、烈度大的特点。灾荒来临，单靠官方或民间力量是难以胜任的，必须官绅合办。但从作用的主次来看，依然可以把灾赈组织分为官赈和义赈两种。

## 一、北京政府时期的官赈组织

为应对灾荒,各地成立了各种名目和形式的救济组织。这些组织规模不等、持续时间长短不一,大多数在灾赈结束后随即消失了。就影响力来说,湖南水灾筹赈会、湖南赈务协会、湖南赈务委员会和湖南赈务会是民国时期湖南比较大的官赈组织,且彼此间前后接续。除了彼此有衔接关系的官赈组织外,还有专就某年特别灾情组设的官办临时性组织,如湖南省救济水灾委员会、国民政府救济水灾委员会灾区工作组驻湘办事处、湖南水灾善后委员会、湖南省旱灾救济委员会、湖南省水灾救济总会等。

政府设立专门机构负责赈济早已有之。1916年省巡按使沈金鉴考虑到全省每年要动支数额庞大的赈款,但缺少统一事权的监督机关;而且过去灾害的预防和善后都是临时派员办理,难免有顾此失彼之憾,于是提议设立赈务专局,负责全省赈务事宜。此外,还拟定了规范该局组织与权限的简章(共39条)。该局设总办1人,会办2人,均为兼职。总办由财政厅厅长兼任,会办以陈宝箴、魏子隄担任。外设经理、赈务两科,经理科管理全省谷仓与赈款事项;赈务科管理勘灾、散赈事项。办公地点在米捐局。1916年4月,湘西停战。省使决定设立湖南全省善后筹办处,工作内容也包括赈务。5月,省使又要求每道设立官米粜卖局一所,以解决民食问题。这些机构都是政府为了更有效应对经常性赈务和临时性兵灾及水旱灾而设立的,对赈务开展有正面作用。但它们仅限于政府内部职能的重新划分与整合,并没有开放与社会的联系,还称不上是新式官赈组织。近代官赈组织应该是开放的,政府与社会各界能有机联动,共同应对社会危机。

1924 年成立的湖南水灾急赈会就属于新型官赈组织,它是官绅共同参与组设的。

1924 年夏,湖南四大水域洪水暴发,报灾请赈县份达 71 个,赈灾形势非常严峻。本来,自 1921 年春赈始,华洋筹赈会无论在灾荒急赈、谷米禁运和以工代赈方面业绩都很突出,但省政府以湖南华洋筹赈会办理 1921 年旱灾时不受地方节制,有外人专擅之嫌,而且严办米禁,又触犯了军阀奸商的利益,于是省务院干脆绕开华洋筹赈会,在 7 月 2 日另组湖南水灾急赈会,由政府筹款 10 万元,统筹进行水灾救济。《湖南水灾急赈会章程》共 21 条,规定了组织的结构和权限。《章程》指出"本会为筹办本省水灾赈济事宜而设","本会俟此届赈务办竣即行撤销。"该会的职员设置分为会长、名誉会长、名誉赞助员、坐办、会办以及主任干事及干事。办事机构由总务、调查、放赈和采办四部组成。为调动各地办赈积极性,还硬性要求各成灾县份必须设立急赈分会,"凡成灾县份,得由各该县官绅士商组设分会,名为湖南水灾急赈会某县分会,但须呈报省政府及本会核准"。[73] 根据章程,会长一职由省长赵恒惕兼任,坐办是张润农,会办是吴景鸿(内务司长)和张雄舆(财政司长)。

水灾急赈会成立后,立即着手电请省内外要人担任名誉会长及名誉赞助员,一面向省内外慈善团体和各机关通电募捐,同时选定各具体办事人员。为落实承诺的 10 万元拨款,政府一是要求湘岸榷运总局出具 8 月份盐课期票 2 万元向商家抵现,一是向银行钱号借款。3 日,省署邀集了省内主要银行中国银行、盐业银行、交通银行等行长和钱号富商等开会,商讨借款抵押品及借款数额问题。最后决定向银行钱号借款 8 万元,同时直接向钱绸、金纸、南货、洋货、药材各股实商店募赈。此外,还分别通电熊希龄和闽、赣两省,拟联合向中央申请关税附加赈捐。名誉会长则由彭允彝、欧阳振声和陈伟丞等人担任。7月8日,急赈会聘请饶伯师、任修本、戈德白、韩理生、袁家普、雷飞鹏、谢国藻、任福黎、赵运文、曾约农、郭贞坞等为名誉赞助员。这主要是考虑到所争取的关税附加赈捐由北京政府和外交团共同管理,需要外侨、传教士的支持。为防患灾后疫病流行,急赈会还邀集各医院院长和卫生会、医药各团体的领袖开会,决定提前成立水灾防疫处,制定详细防疫计划。长沙、湘阴、新化、湘潭、湘乡、岳阳、武冈、常宁、汉寿等地成立了急赈分会。尽管水灾急赈会多方筹集款项,但还是僧多粥少。到7月下旬,坐办张润农因赈款难敷,数次向省长提交辞呈,只是最终被挽留。为了解灾情,湖南水灾急赈会于8月16日委派30人,分赴62个县展开调查。另外,还发行《水灾周刊》,使湖南灾情广为人知,便于筹款。

可是湖南水灾急赈会在成立近两个月后,面临着必须大改组的抉择。改组的原因一是洪水已经消退,急赈时效已过,保留"急赈"二字不再合适;二是省外湘绅多次提出意见,要求省内多个慈善团体间整合,外以取信于各方,内则减少办赈的困难和訾议。基于此,省长在与坐办及三位名誉会长等商议后,决定改组,以"筹办本年水灾赈务",名为湖南水灾筹赈会,由省政府、省议会、各法团、华洋义赈分会、水灾救济团联合组成。实行会长制,会长由各团体推举。会长以下设评议、监察、执行三部。评议部决议赈务事宜,其结果径直交由执行部执行;监察部监察收支数目及赈务事宜,本会款项必须经监察部正副主任签字才能动支;执行部分设五股,即总务、调查、募捐、会计和赈务。改组之后,原来各县的急赈分会相应改组,名称变为"湖南水灾筹赈会某县分会",组成结构也随之变更。

改组各项准备工作启动后,急赈会定于 8 月底结束,而湖南水灾筹赈会计划于 9 月 1 日成立,以资衔接。最后水灾急赈会在 9 月 5 日完全结束,其所收赈款 4 万元连同文卷、簿册、什物一同造册移交给水灾筹赈会。根据新章程,水灾筹赈会发起单位中的"法团"采取列举法,包括了长沙总商会、省教育会、省农会、省工会和省律师公会。其中省工会拟在取得合法地位后加入。在 8 月 30 日举行的茶话会上,入会者推选省长赵恒惕为会长,其理由是"以行政首领兼任,最为适当,且本会组织系三权分立,非会长一人负责","本会虽为合议制,关于主任之委托,与执行部职员之委任,似仍以省长兼任为好"[74]。推举的各埠名誉会长是:北京熊希龄、范源濂、郭侗伯、刘揆一;天津傅良佐;上海聂云台、汪诒书、余肇康;汉口刘艾棠;广东洪兆麟、谭延闿、程潜;本省彭允彝、欧阳振声、陈伟丞。来自各团体的评议包括:省务院吴景鸿;水灾救济团史春霆;省教育会何炳麟;商会黄藻奇;农会曾希陶;律师公会无人到会,但各入会者建议由该会会长马续常担任。中国华洋义赈救灾总会湖南分会则需等总部回电后再做确定,最后尽管有各法团联名多次电请义赈总会同意湖南分会加入水灾筹赈会的努力,但总会还是在 9 月 11 日正式致电湖南水灾急赈会及相关团体,以"湖南敝分会刻正计划□□,积极进行。既经入手,半途更易,实在万分困难"[75]为由拒绝加入。9 月 8 日,水灾筹赈会评议部正式成立,推举欧阳振声为主任,吴景鸿为副主任;监察部主任由韩理生担任,副主任为张润农(孝准)。1925 年 5 月,张润农病故,评议会推举贝允昕补缺。监察员具体为:政界张雄舆、省议会颜方珪、商界王尹衡、教育界方克刚、律师公会贝允昕、农界王伯徵、水灾救济团周季衡、华洋义赈分会雷飞鹏。工界团体监察员一名俟合法省工会成立再行推定。而水灾筹赈会执行部 5 位股长和 11 名股员则由会长任命。

1925 年 11 月，湖南水灾筹赈会再次改组。2 日，省长公署邀请省垣各机关长官、法团代表以及教会人士约四十人开筹赈会议，共商应对旱灾之策。会议主席赵恒惕和省议会议长欧阳振声在分析了 1925 年旱灾的严峻形势之后都认为"政府力量薄弱，万难独立救灾"，各界应整合力量，统筹应对。同样，基于京沪各地多次发来函电要求湘省内整合中外慈善团体、水灾筹赈会名义已不便沿用的实际，湖南水灾筹赈会得予以改组。内务司长吴景鸿宣读了《湖南赈务协会章程草案》，大家无异议通过。新章程共 23 条，机构正式名称为"湖南赈务协会"。湖南赈务协会由省政府、省议会、华洋义赈分会、基督教协进会、各公法团以及省内外中西慈善家联合组成。按照章程，设会长、副会长各 1 名，并设有评议、执行、监察和赞助 4 部。凡施赈计划由评议部议决，执行部施行，而赈款出纳须由监察、执行两部主任签字。赈务协会主要职员见表 2—11。但副会长彭允彝在 12 月提出辞职，原因是他月初晋京请领 30 万关税附加赈款回湘，抵京后省议会却致电北京相关方面，表示对他的不信任。

经过短暂准备，湖南赈务协会于 11 月 10 日改组成立。原来湖南水灾赈会的 3 万元存款移交给湖南赈务协会。为表示对赈务机关账目的重视，省长委定苏鹏、欧阳峙、周子贤、史春霆、饶伯师 5 人为筹赈会查账员，从 11 月 26 日开始会同赈务协会和水灾筹赈会一起查账。但是水灾筹赈会的账目迟迟没有公布，引起社会的多种猜疑。赈务协会评议会还做出决议，限令各县组织成立分会，以重赈务。另外，省政府为慎重米禁起见，特委托湖南赈务协会组织米禁公判委员会审断违禁运输谷米之提充或处罚事项，委员由湖南赈务协会四部的正副主任兼任。

### 湖南赈务协会主要成员名单[76]　　表 2—11

| 头衔 | 姓名 |
| --- | --- |
| 会长 | 赵恒惕 |
| 副会长 | 彭允彝（前教育总长） |
| 名誉会长 | 熊希龄、范源濂、刘揆一、郭侗伯、章士钊、聂云台、余肇康、谭延闿、程潜、沈克刚、陈伟丞、欧阳振声、王上仁、苏鹏、张禹钦、程嵩生、刘其堂以及驻湘英、美、日三领事 |
| 名誉赞助员 | 韩理生、戈德白、克保罗、包威尔、胡美、雷飞鹏、任福黎、谢国藻、赵运文、方永元、方克刚、周季衡、韦德礼、林辅华、魏约翰、韦慷德、颜福庆、施神父、邓维真、成豪山、欧阳峙、谭信一、徐约芝、萧慕光、郭荫华、梁家驷、丁华辉、孙永荣、张海松等共 40 余人 |
| 评议员 | 欧阳振声、王上仁、苏鹏、吴景鸿、周子贤、赵运文、韩理生、王尹衡、李济民、王伯徵、马续常、萧慕光、史春霆等 |
| 评议部主任 | 欧阳振声 |
| 评议部副主任 | 吴景鸿、韩理生 |
| 监察部主任 | 饶伯师 |
| 监察部副主任 | 贝允昕、胡学绅 |
| 监察员 | 张开琏、张伯良、彭祖植、何炳麟、曾希陶、雷飞鹏、俞诰庆、梁家驷等 |
| 总务股长 | 傅作楫 |
| 赈务股长 | 余衔 |

| 头衔 | 姓名 |
|------|------|
| 会计股长 | 周季衡 |
| 会计股股员 | 谢润鸿、张孝伟、王道坼、彭炯炎、刘墉、庄家诰、沈厚宽 |
| 赈粮收发员 | 黄藻 |
| 卫生员 | 委恒 |
| 收发员 | 李凤池 |
| 总务股盖印管卷员 | 沈湘杰 |
| 书记员 | 汤口仁 |
| 校对译电员 | 邓林春 |

　　湖南赈务协会所筹赈款主要以关税、交通附捐为大宗,再加上厘金和水灾筹赈会余款。但要顺利争取到关税、交通附捐,最好能得到在湘外国人的支持,毕竟关税附加捐等是由中外人士组成的财务委员会管控。北京政府督办赈务公署以湖南华洋合作不畅,分配给湘的 30 多万关税附加延不拨寄;熊希龄也一再电请湘中官绅,以灾民为念,早日协调,俾资急赈。所以,赈务协会于 1926 年 1 月 31 日召集各部联席会议,决定修改会章,增加洋员,以示合作。会议决定监察、赞助等部照旧,唯将执行部改为主任 1 人,副主任 2 人,仍推江隽为正主任,额外推举韩理生牧师、谢国藻二人为副主任,加推美籍牧师包惠尔为会计股股长(该股原为周季衡一人为股长)以重赈款。湖南赈务协会此次改组,主要是在会计部和执行部增加外国人以符定章,因为按照北京财务委员会规定,赈款必须由华洋合组的赈务机关领取,而且华洋合组机关的会计

部必须有中外人士各 1 人。在改组之后,赈务协会于 2 月 3 日致电北京督办赈务公署和财务委员会,要求将海关附加分配给湘省的 30 万元尽速汇寄,以救灾黎。可见,赈务协会的改组完全是筹措款项的需要。

赈务协会与湖南水灾筹赈会一样,在成立之后也立即要求各县响应成立赈务协会分会,力争在当地筹款赈灾。长沙、沅陵、桃源、华容、澧县、茶陵等地陆续成立了分会,其机构设置和人员构成完全仿照省会模式。《长沙县赈务分会简章》规定该会"专以赈济县属真正灾民为主旨"[77],成员包括长沙县议会、长沙总商会、慈善事业总公所、淮商公所、长沙县农会、长沙县工会、长沙县教育会、律师公会、侨居本城赞助本会事业的绅商、外侨。4 月 12 日,长沙赈务分会成立,5 月下旬,临澧赈务分会成立。当省赈务协会改组后,各分会也相应做出调整。如澧县分会就在 3 月 17 日召开会议,修改会章,公推该县福音堂罗牧师为副评议长、天主堂万牧师为会计副主任。

1926 年 3 月,赵恒惕去职离湘,赈务协会会长一职空缺。赈务协会于 4 月 1 日按章开会选举新任省长唐生智兼任会长。

是年 12 月 20 日,时任民政厅长提出改组赈务协会及其办法。他提出的理由是"赈务协会系由从前政府与地方团体合组而成,

**长沙县赈务分会职员一览表[78]   表 2—12**

| 职务 | 姓名 | 职务 | 姓名 |
|------|------|------|------|
| 会长 | 方成 | 副会长 | 沈克刚、王达 |
| 名誉会长 | 韩理生 | 会计 | 克保罗 |
| 总务主任 | 苏赞廷 | 财务主任 | 周季衡 |
| 调查主任 | 皮宗让 | 粜放主任 | 周石麟 |

临澧县赈务分会职员一览表[79]　　表 2—13

| 职务 | 姓名 | 职务 | 姓名 |
|---|---|---|---|
| 名誉会长 | 李县长 | 总务主任 | 张致泽 |
| 会计主任 | 辛扬、米国良 | 放赈主任 | 吴兰林 |
| 监督主任 | 谭霍林 | 调查主任 | 万文秀 |
| 驻省代表 | 蒋伯铭、刘毓吾 | | |

现民众团体既多所变更，自应从新改组"[80]，具体改组方案由省党部、省农协、省工会、省商协、省教联等各团体与省政府合组的委员会拟定。1927 年 2 月，改组完成，随即并被新成立的湖南赈务委员会所取代，赈务协会就此结束。协会中来自中国华洋义赈救灾总会湖南分会的中西董事全部退出。赈务协会存续期间，共获赈款 63 万余元，受赈县份约 40 多个。而新成立的赈务委员会从赈务协会接收 10 万余元，北京财务委员会拨来 14 万元，厘金附捐及其他收入约 8.8 万余元，共计 33.4 万余元，赈救县份约 20 个。

## 二、南京国民政府时期的官赈组织

1927 年的湖南国共交恶激烈、工农运动活跃，各县破坏严重。湘鄂临时政务委员会在 1927 年 4 月聘请彭兆璜、袁家普、沈克刚、左学谦、贝允昕、周季衡、鄞明纲、陈润霖、聂云台、谢国藻、韩理生等及省党部代表、省政府秘书长、民政财政二厅厅长 15 人为委员，组设"湖南匪灾急赈委员会"，专事赈济。分执行、监察两部，推彭兆璜、袁家普为执行部常务委员，贝允昕为监察部常务委员，旋因袁家普赴京请赈，改推谢国藻继任。

1929 年,南京国民政府设立赈务委员会,并颁布了《各省赈务会组织章程》。根据其要求,湖南于 4 月份合并赈务委员会和"匪灾急赈会"成立湖南赈务会。该会主要成员包括省府委员曹伯闻、张开琏、省党部委员李毓尧、张炯及民众团体代表彭国钧、袁家普、文亚文、尹衡、周季衡,互推曹伯闻、李毓尧、彭国钧 3 人为常务委员,并由省政府从 3 人中指定曹伯闻为主席。办事机构设事务、执行、监察 3 处,各设处长 1 人,由常委 3 人分别兼任。此后直到抗战全面爆发前,湖南政局相对稳定,尽管有国共间的斗争,但没有改变国民党基本控制长江以南区域的格局。在此期间,该组织在湘省日常灾赈中发挥了主要作用,范围包括工赈、农赈等,"凡水火刀兵盗贼风虫等灾,殆无一不赈,无县不赈,成为官赈之永久机关"[81]。比如,1932 年拨款遣散流亡来省的灾民;以 3.5 万元急赈毗邻赣鄂各县因遭战火蹂躏县份的灾民;1935 年夏给受水灾各县以急赈,合计不下 17 万元。

从 1924 年湖南水灾筹赈会到 1929 年湖南赈务委员会,其间省政府主导组织的赈济组织历经多次变化,改组的主要原因是需完成的具体任务有所改变、政局的变化和京沪等地湘籍名绅的意见。总的来看,都强调政府与民间各慈善团体、社会贤达的合作办赈,尽量让灾赈组织更具代表性。其中,在北京政府时期,为了从由华洋人士掌控的北京财务委员会请领关税附加赈款,这些组织特别重视提升自身的社会公信力,吸引许多外籍传教士和在湘外侨参加,特别是会计和募捐部门。当然,这些组织都是在水旱灾接连出现的严峻形势下被迫改组发展的,尽管其动机是整合省内慈善救济机构一致行动,但始终没有达到预期目标,这里的关键一是像湖南华洋筹赈会这样的义赈组织办理灾赈较有成效,二是官办色彩浓厚的慈善救济机构无法摒除效率低、经费开支不透明的弊病。这也才使得官办色彩浓厚的慈善救济组织筹款能力较弱,它们支配使用的款项绝大部分来自向北京政府争取的各类附加赈款。相反,义赈组织则力图从各方募集款项。

除这些前后衔接的官赈组织外,湖南当时还出现了几个较有影响的临时性灾赈组织,如湖南省救济水灾委员会、国民政府救济水灾委员会灾区工作组驻湘办事处、湖南水灾善后委员会、湖南省旱灾救济委员会、湖南省水灾救济总会。

湖南省救济水灾委员会 1931 年成立。这一年为"湘省水灾最重之年"[82],总计受灾区域达 66 个县,被灾人民约 1600 万以上,而滨湖各地几完全沦为泽国,其被灾最重的县份,滨湖者以岳阳、常德为最;滨湖之外的县以长沙、祁阳、耒阳、新化、桂阳为最。省政府乃于省赈务会之外,聘请省内外官绅 185 人担任委员,组成是会,专门赈济这一年的水灾。推何键为委员长,彭兆璜、曹伯闻、粟戡时、方克刚、王祺等 5 人为常务委员,彭允彝、刘策成、萧度、邱维震、周季衡、傅南轩、张炯等 7 人为监察委员,黄贞元、陈长簇、萧莱生、张开琏、史春霆、陈润霖、罗先闿、张炯、雷铸寰等 9 人为保管委员。开初设立总务、赈务、查报、监察等共 5 处,旋以组织过于庞大,于是改并为秘书、执行两处,此外另设保管和监察两个委员会。该会 9 月 20 日成立 12 月底结束,赈款收入共 21.27 万余元,支出共 19.86 万元。剩下的 1.3 万余元等全部移交给水灾善后委员会。

国民政府另组了救济水灾委员会,并在长沙设立灾区工作组驻湘办事处。该处自 10 月 1 日成立,到 1932 年 5 月结束。其间的工作只办急赈,而工赈另由第十区工赈局负责,农赈则因麦款未到而作罢。该处共得收入 33.1 万余元,开销 21.2 万余元,余下的

11 万余元移交给水灾善后委员会接管。

对这次水灾中遭损毁的堤垸,中央以其属民有性质未拨付工赈款。后在各官绅的努力下,中央同意加拨美麦 3 万吨作为工赈之用,并设立第十工赈局,但区区 3 万吨美麦无法普遍修复损毁堤垸,于是公请熊希龄赴沪交涉,邀请灾区工作组组长朱庆澜来湘实地查勘,同意将 3 万吨小麦作为贷款发放,并撤销了工赈局。1932年,由湖南救济水灾委员会改组成立湖南水灾善后委员会。大家公推熊希龄为会长,赵守钰、何键为副会长,分设总务、赈务两部,由正副总干事谢国藻、周安汉兼任主任。监察、保管两个委员会继续保留。决定贷款收回后用于兴修洞庭湖之用。善后委员会专负贷款收放和水利兴修的责任,而保管事宜交由湖南华洋义赈会办理。在 1932 年驻湘办事处结束后,未经办竣的急赈事务也交由善后会办理。

1934 年,湖南又发生旱灾,共计 69 县报灾,省政府再次聘请省内外官绅 187 人为委员,于 11 月 1 日组织成立湖南省旱灾救济委员会。公推何键为委员长,彭国钧、曹伯闻、刘策成、雷铸寰、萧度、彭施涤、向郁阶等七人为常务委员,彭允彝、彭兆璜、廖模、李琼、萧逢蔚等 5 人为监察委员。该会共收赈款 59.9 万余元,共支赈款 53.3 万余元,共赈济了 68 个县市,灾民达 192.4万余人。

1935 年,黄河、长江再发大水,且长江水位高于 1931 年的记录。为救巨灾,再次按照既定模式组织湖南省水灾救济总会,何键、凌璋、何浩若、余籍传、彭国钧等五人任常务委员,并设总务、劝募、会计、卫生、施赈五组,各设正副主任 2 人。

在大灾之年,无论是官方赈济还是民间救济,只能是杯水车薪。但从整体来看,由于政府有行政资源可资利用,且有成规模的款项可以拨付,再加上较完整的科层结构,使得其在频繁的灾赈行动中有自己的作用空间,尽管它们内部充斥着令人生厌的官僚习气。

## 第四节　义赈组织的出现

北京政府时期,湘省内外民间力量携手救灾的平台最具影响力的是湖南义赈会和湖南华洋筹赈会。如果当时没有这两大团体的存在,湖南人所遭际的人道灾难更加难以想象。

### 一、湖南义赈会

湖南义赈组织出现比较晚,迟至1918年湖南义赈会的成立才标志着湖南有了义赈组织。

1917年直隶水灾泛滥,受灾县份达105个,其中约90个县灾情严重,于是北京政府派熊希龄督办京直水灾及河工善后事宜,任福黎受熊希龄委托,参与办理灾赈和河工。这一年护法战争爆发,岳阳、株洲、醴陵成重灾区。熊希龄身在北京,听闻家乡兵灾严重,非常焦虑,在任福黎建议下,邀集旅京湘绅,组织成立旅京湖南筹赈会,专门负责筹募赈款。他在信函中说,在外湘人"亲族丘墓多在故乡","中央方虑筹饷未易,何来多款赈我湘民"[83],因此呼吁大家踊跃捐献救灾。为号召大家踊跃捐款,熊希龄"以私产向银行借垫一万元"[84]作为表率。为能将赈款及时送达灾民手中,任福黎受托携带现款万元先行回湘,召集省垣士绅,组织机构负责放赈。此乃湖南义赈会组设之由。

湖南义赈会最初设在岳州,主要有两个考虑,一是岳州地处要冲,灾情惨重,且区内交通便利,信息灵捷;二是南北交战的特殊时期,为避免介入政治,招来嫌疑,只得暂就北军所及区域进行灾赈。湖南义赈会办公地设在岳州城内洞庭庙,由袁明翼负责具体事务,会内分设四组,即文牍、会计、庶务、编辑,每一组1人负责。并分别向岳阳、临湘、平江、湘阴各派调查长1人,调查员2人至4人,专查灾民户口。又设总调查长1人。湖南义赈会迁往长沙后,岳州改设分所,依然由袁明翼负责。

　　尽管岳州地处要冲,但毕竟不是湘省的政经中心,地理辐射性不强,如果仅隅居于此,就很难作为。相反,长沙作为湖南省会,"行政枢纽之所在,贵绅富商之所幅辏,慈善机关行行林立,凡谋社会幸福者,在所必趋也"[85]。于是,任福黎到长沙与绅商各界接洽,在1918年4月20日,重组湖南义赈会,公推熊希龄为会长,朱恩绶和任福黎为坐办,并推选11名绅耆组成评议会辅助义赈会开展工作,会内机构设置跟在岳州时相同。办公地点在长沙织机巷同善堂省城慈善总公所内。

　　旅京湖南筹赈会和湖南义赈会分工合作,筹赈会负责筹募款项,而义赈会则专责具体调查、放赈事务,同时也在省内发放捐册募捐。湖南义赈会是因救兵灾而起,所以它的工作基本上是急赈,如散钱、放米、设粥厂、发寒衣、施药品及掩埋死尸之类。湖南义赈会靠1万元起步,如果仅靠募捐,能筹数额无法掌握,且缓不济急,于是决定先向慈善股实商家借款。后连同所借款项,义赈会可支配的款项约10万元,并决定根据灾情状况,将灾县分为三等,前后共赈济12个县。同时,将自购药品以及上海济生会、汉口慈善堂等捐助的防治时疫的药品发放到岳州等18个县;给予慈善堂掩埋队、镇乡妇孺救济会、岳州救济会等慈善机构一定的经济补助;购置冬赈寒衣数万件在31县范围内发放。

### 湖南义赈会职员表[86]　表2—13

| 职务 | 姓名 |
|---|---|
| 会长 | 熊希龄（秉三） |
| 坐办 | 朱恩绂（菊尊），任福黎（寿国） |
| 评议 | 汪贻书（颂年）、方表（叔章）、王铭忠（莘田）、姜济寰（咏鸿）、张先赞（牧生）、沈克刚（让溪）、史镒（春庭）、周培钧（季衡）、刘棣芬（艾棠）、曹典球（子谷）、曹浚湘（训农）、贝允昕（元徵）、谢国藻（干青） |
| 督察长 | 袁明翼（口义） |
| 督察员 | 章德勋（炳荣） |
| 文牍课长 | 孙琳（佩兮） |
| 文牍课员 | 谢鸿熙（同甫）、魏仪惠（和侨） |
| 会计课长 | 殷实（梅溪） |
| 副课长 | 沈奎（文庵） |
| 课员 | 张春藻（池生）、郭元恺（性初） |
| 调查课长 | 钟元郑（立陔） |
| 课员 | 余人亚（缙文），吴滉（院生） |
| 编辑课长 | 李树桑（少青） |
| 课员 | 邹光烈（次昌） |
| 驻省调查员 | 张壁成（咏麟） |
| 一等书记 | 徐书口（兰溪）、任衡（芷颐） |
| 二等书记 | 刘锡光（麓生）、陈枚（仲夫） |

　　除急赈外，义赈会还非常重视善后工作，进行平粜、办理义当、留养和开设因利局，以帮助解决米荒和灾民无款复业问题。1918

年出资 2 万元,与省城慈善总公所合办平粜;11 月,熊希龄派王在湘回湖南,筹办全省平粜事务,在长沙府学宫成立湖南义赈会筹办平粜局,并在受灾县份设立分局。在省会还从事食盐零卖。1919年 7 月,联合上海济生会在长沙黄花市开办平粜局。1918 年 12月,义赈会筹款 6 万元,在长沙、岳阳、郴县、沅陵、澧县等处举办因利局 30 处,给被灾贫民以低息贷款作为小本生意的资本。

义赈会除在物质方面的救济活动外,还特别重视教育维持和道德维护。在经济拮据的情形下,拨出款项,救济教育。因张敬尧主政湖南,教育被大肆摧残,义赈会拿出 5 万元津贴私立学校。还拨出 1500 元,倡办孔道学校,以保全长沙府学宫。同时,为谋求拯救人心,曹典球、贝允昕、任福黎、王在湘等与其他湘中耆宿拟创办世界平和孔教会,"广布德教,兼办慈善"[87],致电熊希龄,想请其出任会长。熊氏在回电中拒绝该职,提议由吴家瑞[88]担任,并指出"孔教会为救世大本,极表赞成,但冠以'世界平和'四字,殊欠妥协,乞加斟酌"[89]。1919 年 4 月 20 日,由义赈会牵头组织的孔道大同社成立,由全体社员选出理事 13 人、评议 33 人。5 月 7 日再由全体理事和评议员在慈善总公所开会,公推吴家瑞为理事长,黄国英、朱恩绶为副理事长;互推彭少湘为评议长,王铭忠、贺筑笙为副评议长。孔道大同社成立后,积极活动,发起组织世界孔教会,旨在"宣布敦化,厉行慈善"[90]。6 月 19 日,世界孔教会在长沙小吴门正街船山学社开成立大会。

不过,兵灾过后许多地方谷米奇缺,而且各类其他灾患接连出现。所以湖南义赈会并没有随着 1918 年赈济的完成而收束。1919 年 1 月为专门赈济鳏寡孤独及老弱妇孺、无力自活者,义赈会在长沙、湘潭、株洲、浏阳等地设立施米局。1920 年南方革命军与张敬尧的北军激战时,筹款赈救安化、岳阳等地的兵灾。1920

年 5 月起,以余款拟陆续在岳州、常德、辰州、衡阳增设因利局各一所。直到 1922 年 6 月湖南华洋筹赈会成立前,它一直是湖南义赈的主力军。只是在张敬尧败退湖南、湘省实行自治,局势和缓后,义赈会才重点关注以工代赈筹办善后。

但是 1921 年湖南参与援鄂战争,战火重燃,湖南义赈会干事和评议员联席会议,拟由熊希龄筹措 6000 元在岳州组织妇孺救济会,由欧本麟任会长。但后来义赈会同仁以妇孺救济会必须取得双方政府同意才能获得保护,因此决定将会改为救护队,会同红十字会和韩理生等人赴前线救护受伤官兵。同年湖南春荒严重,义赈会又参与赈救春荒,特别是在湘西地区办平粜。为办好这次平粜,义赈会于 5 月 28 日专门成立了平粜局办公处,具体的人员分工见表 2—14。不过在华洋筹赈会成立后不久,旅京湖南筹赈会决定将湖南义赈会取消,"以期统一而免分歧"[91],并让义赈会将该平粜局移归它办理。1922 年 2 月,旅京湖南筹赈会又致电华洋筹赈会将 1921 年办理平粜的 10 万元粜本由其收回,然后拨交各县华洋筹赈分会作为赈款散放。

湖南义赈会主要作为旅京湖南筹赈会在湘的放赈机关,前后散放的赈款达数百万,这些款项主要是熊希龄争取到的上海关附加面粉捐(每包面粉缴纳赈捐四分),湖南每年从中分得一半,约十余万元。1920 年,张敬尧离湘,义赈会谋划以工代赈,用余款设立平民工厂,最初拟在长沙、衡阳和常德的桃源各设男女染织工厂 1 座,然后推至全省各县。但后来中国面粉贸易由出超转为入超,面粉捐收入断绝了,各工厂也就无法维持下去。1923 年,旅京筹赈会推选谢国藻整理男女 6 座工厂,把它们合并为 3 厂,以已有款项、原料和产品作为维持基金。但不久后,常德、衡阳两座工厂也关停了。长沙工厂也在 1927 年工农运动中遭损毁。

湖南义赈会平粜局办公处职员一览表[92]　　表 2—14

| 职务 | 姓名 |
|------|------|
| 主任 | 沈克刚 |
| 副主任 | 张伯衡、谢国藻 |
| 文牍干事 | 曹子谷、贝允昕 |
| 会计干事 | 周季衡 |
| 调查干事 | 黄式廓、欧本麟、汪寿民 |
| 庶务干事 | 马小声 |
| 驻汉干事 | 刘艾棠 |
| 采办干事 | 汪子玉、罗东阳、沈象初 |
| 转运干事 | 邓子由、张卓哉、胡佑亭、高辉亭 |
| 评议员 | 王铭忠、田凤岗、张保元、曹浚湘、姜济寰、李襄云、唐苹生、俞秩华等 |

　　湖南义赈会是因 1918 年湘境严重兵灾而由旅京湘籍人士组织的以放赈为主的临时性机构,但在灾患侵袭下却无法按预期结束。同时,占赈款大宗的上海关面粉附捐断绝,经费越加紧张。1921 年春荒时义赈会已无法承担起组织赈救巨灾的重任。于是省府在 5 月中旬邀集中外社会贤达组织湖南急赈会筹款放赈。殊料,暮春之后数月不雨,旱魃肆虐,灾情告急,熊希龄在 6 月份回长沙,约集中外人士再开大会,除湖南急赈会仍保留名义办理春荒结束外,在原有基础上加以重组,正名为湖南华洋筹赈会。从此,华洋筹赈会承担起直到南京国民政府成立前湖南义赈的重任,湖南义赈会也在灾荒急赈中淡出了人们的视野。

## 二、湖南华洋筹赈会

1921 年上半年,湖南春荒严重,"掘草根,餐泥浆,饿死者日数百人,易子析骸,未足喻其惨剧"[93]。这主要是因 1920 年歉收、外运谷米过多以及湘境内各地封禁限制流通造成的。为救粮荒,必须广泛筹款,去外省购粮运湘。但在兵荒马乱中,政府财政无力承担,必须求助社会。5 月 14 日,省署邀集各机关负责人以及绅商共四十多人开会,商讨对策。省长提议成立义赈会或筹赈会,但与会代表认为义赈会名义使用已久缺乏新意,而筹赈会名称与旅京湖南筹赈会重名。于是决定取名"急赈会",并推举袁家普、田应诏、雷飞鹏为筹备员,筹办各灾区平粜、放赈事宜,以与湖南义赈会协同一致。16 日,湖南急赈会正式成立。并推选熊希龄、谭延闿、聂云台为名誉会长。《湖南急赈会章程》规定,该会"俟新谷登场赈务结束为止",会员则"无国界省界男女之分,凡赞助本会赈务者皆为本会会员"[94],并要求各县尽速设立急赈分会,由各县知事担任分会会长。湖南急赈会成立后,积极邀请外国人、军政界、妇女界等各界开茶话会,以获得他们的支持。此外,还拟定了多项有关放赈、平粜等的办事规则和办法,如《湖南急赈会"平粜""贷与"规则》、《湖南急赈会演剧筹捐办法》、《湖南急赈会救护来省灾民办法》等。这样,当时湖南就有了三大灾赈组织,分别是湖南急赈会、湖南义赈会和湖南华洋筹赈会。"至急赈会专司发布命令、经收赈款事宜",而在平粜与放赈方面则与义赈会和筹赈会协商进行。湖南急赈会收入的赈款共约二三十万元,其中包括熊希龄在上海募回的 10 万元,急赈会支配给各县的赈款,均由各地官绅和教会人员经放。10 月份,湖南急赈会正式结束。

湖南急赈会以旧式筹款方式没有办法应付各县接二连三的请赈需求，要想筹到巨款，在当时看来只有创新形式，借助西人力量。湖南华洋筹赈会正是在这种背景下产生的，也就是说它没有经过充分论证和准备，只是"临时凑合"而成。同时，政府公信力在此刻也面临严重危机。许多在湘外国人不认为灾情像省署公布的那么严重，饥民不是数百万，而只不过 40 万，而且导致饥荒出现的原因不是谷米缺乏，实是分配不均使然。[95] 所以当时湖南办赈的关键是取得外界信任进而筹到数量可观的款额。

6 月初，湖南急赈会报告全省已经报荒者共 26 县，饥民达五六十万之多，而且灾情还在持续蔓延，且京、汉、芜湖一带米价飞涨。可是自从 1920 年北方 5 省赈灾以来，在外捐募已越来越困难，因此只有找到数量可观且稳定的款项，灾赈才能维系。由官绅组织的急赈会在公私交困的情势下筹款甚微，无法担此重任。此时熊希龄回湘与省长赵恒惕等人筹商，认为国内尚有几宗大的款项可以争筹，如交通附加税、海关附加税和天津、上海等地华洋义赈会可能的余款，后两项要争到手必须有外国人的协助。考虑到湖南是独立省份，熊希龄进一步提议仿照北京国际统一救灾会的办法合组华洋会，由各团体各推一二人共约十一二人组成，一面筹款，一面监督灾情调查、赈款散放。这样既可拓展筹款渠道，又可以让赈灾行为更能取信于社会。

在此情况下，省急赈会、省义赈会、省议会、省教育会和省商会五团体 1921 年 6 月 1 日联署柬邀在湘外国领事团、各教会、各外商及红十字会、青年会、中外绅商在省署开茶话会，合议联合筹荒事宜。熊希龄分析了此次荒歉严重的两大原因：一是滨湖、山区县谷米杂粮同时歉收；二是自 1917、1918 年以来南北军队数十万人在湘坐食两三年，张敬尧过去又放米出境数百石，导致全省粮食储藏稀空。在会上,入会者围绕湖南灾荒是否如宣传的那样严重唇枪舌剑。外国人普遍认为湖南灾情是政府放米出关和提前预征田赋所致,不是天灾是人祸。赵运文则提议说,今后各县的灾情调查和赈款发放都请当地教士参加,以征信实;并要求大家就是否同意华洋联合救灾举手表决。最后大家一致同意联手进行,并将新成立的组织定名为湖南华洋筹赈会。入会者推举赵恒惕和熊希龄任会长,谭延闿、聂云台和英美日三国驻湘领事为副会长;接着推举各团体的代表:除省议会须经大会讨论决定外(后决定李诲作为代表),省教育会、商会、急赈会、义赈会、红十字会代表分别为赵运文、左学谦、袁家普、曹典球、颜福庆。外商方面系韩理生,教会系任修本、饶伯师、邓维真、陶鼎勋牧师,另一人则拟由领事团共推(后美英日领事团不派代表)。此外,加推友华银行总经理窦伯朗为筹赈会财务司库。

　　4日,湖南华洋筹赈会开会讨论会章,但没有具体结果,只是决定致电或以快信方式委托各地教会调查灾情。在6日召开的工作会议上,任修本与熊希龄围绕湖南灾荒的严重性和产生原因各执一词,并撂下重话,若不提出能真正解释谷米荒出现的说明,就要辞职。随后,任修本提出了辞职函,并得到大家的同意。任修本的迅速辞职等于向社会表明华洋筹赈会从一开始就分歧严重,也预示着今后的路特别曲折。8日,筹赈会继续讨论并最后通过章程,并临时推举了各办事部门的负责人,均由中外各一人组成,具体名单见表2—15。

　　《华洋筹赈会简章》规定该会宗旨为"筹办急赈平粜、救济灾荒";会员"无阶级之分,亦无国籍之别";职员设会长2人,一人驻省内,由省长兼任,一人驻外,名誉会长无定额;办事部门暂设总务、调查、募捐、采办、放赈、平粜、编辑共7部,并规定"如有其他

**华洋筹赈会各部负责人**[96]　**表 2—15**

| 职务 | 姓名 |
| --- | --- |
| 总务部干事 | 饶伯师、袁家普 |
| 调查部干事 | 欧敦斯（美驻湘领事）、赵运文 |
| 募捐部干事 | 胡美（未来湘前由饶伯师代）、刘艾棠 |
| 放赈部干事 | 邓维真、雷飞鹏 |
| 采运股干事 | 韩理生、谢国藻 |
| 调查股委员 | 陶绥德、李海 |
| 会计 | 窦伯朗、颜福庆 |

应办事业，得由干事会议决，随时增加组织之"；委托长沙美商友华银行作为存款机关，省内各殷实银行及慈善团体为收款机关；干事会每周开会两次；最后规定"本会经费充裕时，得筹办本省善后防灾及各种慈善事业"[97]。从章程规定不难看出，该会希望通过外籍人士的加入，能让海内外社会各界伸出援手，多捐善款；设立专职部门负责赈灾的各个环节；并且为该会由临时性组织转为永久性慈善组织预留了空间。

华洋筹赈会成立后，经费筹措并没有太大改观，交通、关税附捐及义赈奖券续收款项没有拨发，两个月间筹款不过 20 余万元，摊拨 44 个灾区，"应付各属就食饥民，不下百数十起"[98]，经费入不敷出，收支两抵尚欠数万元。全省"因两月无雨，各属苦于颗粒无收，报灾请赈者已达三十余县"[99]，但该会自忖无力再予赈济。在新谷陆续登场、饥民陆续遣回、无款可赈的情况下，华洋筹赈会干事会议决结束春赈，并宣布从布告之日（8 月 7 日）起，"所有招待饥民事宜，一律停止，……遇有各境饥民概不招待，藉免纠葛。至于各属新报旱灾，与本届赈务有别,自应另案办理。俟将来邀集各界议决,再将办法宣布"[100],同时通电军政机关和相关法团告知"本会所负荒赈义务,应得解除"[101]。从华洋筹赈会的布告和通电看,在旱魃肆虐面前,它并没有退却,只是认为原来那种办理方式需要检讨,特别是侵吞赈款行为应严加谴责。当其闻知各县经手放赈人员中有人舞弊侵吞赈款,非常震惊,指出这是"忍心害理,假公济私,不啻间接置灾民于死地"[102],筹赈会要求各地严查。

这年旱灾严重程度远远超过春荒。到 10 月初止,已经上报旱灾的县达 60 个,像新化、宝庆等县颗粒无收,岳阳、临湘等县只有三成,各地陆续出现饥民聚集的情况。对此,作为湖南最大的灾荒义赈组织,华洋筹赈会必须迎难应战。不过,为了检讨春赈期间的不足,华洋筹赈会利用续办旱赈的机会,对章程进行大幅度修改,机构也重新设置。

1921 年 9 月 19 日,筹赈会召开干事会,决定继续办理旱赈,在召集绅商会议后立即实施。10 月 2 日,干事会议决通过了改组草案。7 日,省长赵恒惕在省署总办公厅邀集中外各团体、各机关人士筹议续办旱灾问题,到会者共 70 多人。与会者"佥以湘灾奇重,冬荒已成,本会有继续办理之必要"[103]。在会上,袁家普报告了湖南急赈会的收支情况以及当时旱灾状况,并对新章程修改情况做了说明。章程的改动主要有三点:第一,改会长制为理事制。这主要是改变过去会长、副会长和名誉会长太多责任不明的弊病;改革之后实行理事制,设置理事 12 人,原任会长、名誉会长 8 人当然推为理事,另外暂时加推理事 4 人,分别是省议会议长、总商会会长、省教育会 1 人、本省慈善团体 1 人,然后再在理事中互选理事长。本会理事可以随时出席干事会会议。第二,增设评议会。评议会成员由省城各机关团体和受灾县份代表人士组成,具体的安排是省城文武各行政机关派 1 人,省外各慈善团体和省城各公团推 1 人,成灾县份每县由各该地方官绅推 1 人。当初设立的目的是为了让会内人士更好地了解社会实情。但在具体运转中,筹赈会干事会和评议会之间关于评议会权限展开了激烈的争辩。第三,各属一律设立分会,举定职员和会计,使赈款一到即可散放。分会的设立是强制性的,规定此后所有报灾及领款都必须以分会名义进行。分会名誉会长由各县县长兼任,分会执行部由分会长、总务、调查、总务 3 部主任和总会委派的会计 5 人组成。其中会计的地位举足轻重,他掌管分会一切收支簿据。不过,华洋筹赈会干事会依然由 12 人组成,中西各 6 人。在会上,任修本、韩理生、邓维真、陶鼎勋和饶伯师以及友华银行总经理都表示继续支持赈灾,只是提出了六个条件,其中绝大部分条件作为新内容增补进章程,另有一个条件没有列入,就是"希望政府将筹赈会只设一个机关,以免事权不统一"[104]。这其实也是很多关注参与湖南赈灾人士的共同要求,只是此后湖南的赈济事务一直受机构不统一、各自为政、力量不整合的困扰。

袁家普最后表示,前此春赈并不完善,中国干事应该辞职,要求各界另举人选。但受到省长赵恒惕、省议会议长彭兆璜和牧师韩理生的诚辞挽留。外方干事提出续办旱赈的条件之一是中方干事留任,因为中方干事"自备夫马火食,未得半文津贴,为外人所钦赞"[105],西干事竟在续订章程时主动提出给中方干事以津贴,只是被中方干事拒绝而作罢。因大家的劝慰,最后所有中方干事继续留任。

改组之后的华洋筹赈会理事、干事和各办事机构主要成员做了一些调整(详见表 2—16)。而且决定先在灾情严重的 12 个县设立分会,它们是辰州、沅州、洪江、安化、武冈、宝庆、新化、衡州、郴州、永州、岳州、津市。此后各地根据需要逐步增设分会。11 月 9 日,决定在平江设立分会。11 月 29 日,决定在临湘设分会。到 1922 年 2 月初,各处设立的分会已达 25 个。另外在一些灾区集中地设办事处,定名为"湖南华洋筹赈会驻某办事处",委托中外士绅联合办理转运、汇兑、保管等事项。驻辰联合办事处是最早设立的办事处,其所辖县包括沅陵、溆浦、泸溪、辰溪、古丈、永顺、保靖、永绥、龙山、乾城、凤凰,沅陵复初会柏牧师被委为该处总会计。麻阳 4000 多灾民涌向常德,当地饥民救济遣散任务剧增,干事会于是在 1922 年 1 月 10 日决定成立常德办事处。因粤军在衡州当地采办军米,伤及民食,干事会在 2 月 14 日会议中决定成立衡州办事处,下辖衡阳、常德、耒阳和衡山 4 县。另外还设立沅州办事处,下辖 7 县。

华洋筹赈会除了在各地设立分会和办事处外,总会机构本身的规模也在逐渐扩大。1922 年 2 月 14 日,干事会任命华克勒和任福黎起草总稽核处规章,决定成立总稽核处,专门负责填报各种簿记表册;4 月 1 日总稽核处成立,"以湖南华洋筹赈会及赈务处驻湘人员共同组织之"[108],它有权审查一切收支账目,内容涉及购买、转运、平粜、施赈、工赈各方面,设立正副主任各 1 人,由华克勒和任福黎任主任,且可酌设稽核办事处。3 月 14 日干事会决定设立募捐部,该部由编查部改组而成,分宣传股和筹募股,推华克勒、任福黎、戈德白、雷飞鹏为该部委员。3 月 17 日干事会又决定成立采放部,推举韩理生、邓维真、胡美和欧本麟、李诲 5 人担任主任。该部内分文牍、采运、编拾、钱粮四股,专司采运粮食和一切放赈事宜。4 月 19 日,总务部坐办饶伯师提出设立工赈部,统一筹办潭宝路工赈事务。工赈部内设工程、文书、会计股,各股主任由三坐办兼任。工赈部由饶伯师、韩理生和曾约农任坐办,而实际主持工作的是饶伯师,因为韩理生不久因事赴沪,曾约农忙于艺芳女校教务难以抽身。6 月 6 日,曾约农辞职,坐办职由袁家普接任。

**湖南华洋筹赈会职员一览表[106]　　表 2—16**

| 职务 | 姓名 |
|---|---|
| 理事 | 赫兰思(英领事)、亚敦司(美领事)、池永林一(日本领事),任修本(循道会英牧师),聂云台、谭延闿、沈克刚、彭兆璜(省议会会长)、总商会会长、何炳麟(教育会代表)、熊希龄、赵恒惕 |
| 干事 | 任修本、韩理生(内地会德籍牧师)、饶伯师(青年会总干事美国人)、窦伯朗(长沙友华银行总经理)、陶绥德(信义会挪威籍牧师)、邓维真(遵道会美籍牧师)、袁家普、雷飞鹏、李海、欧本麟、谢国藻、曾约农 |
| 总务部坐办 | 袁家普、饶伯师 |
| 编查部坐办 | 雷飞鹏、韩理生 |
| 调查课 | 刘德滋 |
| 卷牍课 | 张石坞、廖云楼 |
| 编译课 | 熊津生、梁良士、谌燮中、章枚生、萧建群 |
| 文书课 | 刘鹏年、李家荫、黄恕夫、易价、陈岳嵩 |
| 庶务课 | 刘克刚、陈克树 |
| 会计课 | 袁绍先、刘芬 |

**湖南华洋筹赈会各分会及办事处职员表[107]　　表 2—17**

| 分会及办事处名称 | 分会会长 | 总务主任 | 调查主任 | 放赈主任 | 西人会计 |
|---|---|---|---|---|---|
| 麻阳分会 | 李礼 | 张锦帆 | | | 包格非 |
| 凤凰分会 | 裴炳耀 | 贺成达 | 田兴珠 | 吴培文 | 何道明 |
| 平江分会 | 刘永栋 | 凌凤年 | | | 卫斯理 |
| 郴县分会 | 陈善浚 | 杨世鎅 | | | 梅知理 |
| 武冈分会 | 刘泽林 | 邓光远 | 尹德藩 | | 蓝言森 |

| 分会及办事处名称 | 分会会长 | 总务主任 | 调查主任 | 放赈主任 | 西人会计 |
|---|---|---|---|---|---|
| 城步分会 | 谢镇湘 | | | 杨盛琳 | 蓝言森 |
| 耒阳分会 | 伍炳文 | 刘楚英 | 谷英汉 | 陈崇实 | 浩纪光 |
| 岳阳分会 | 柳若乔 | 李定动 | 熊人俊 | 刘光谦 | 惠天拿 |
| 桂阳分会 | 欧冠 | 李仲飞 | 彭仁寿 | 夏焱华 | 梅知理 |
| 道县分会 | 何儒珍 | | 洪精严 | | 何铨（注：此人系中国人） |
| 永顺分会 | 曹仓 | 汤元炳 | | | 龙米（又译为陆明义） |
| 临湘分会 | 李若谷 | | | | 惠天拿 |
| 黔阳分会 | 刘懋熙 | | | | 何伦渭 |
| 会同分会 | 刘定一 | | | | 何伦渭 |
| 乾城分会 | 吴澍云 | 段书麟 | | | 司理得 |
| 保靖分会 | 龚官云 | | | | 龙米 |
| 桑植分会 | 王士豪 | 王傅永 | 刘栋林 | 刘邦祖 | 梅先春 |
| 新化分会 | 李宝堃 | 罗崇夏 | 游日谦 | 晏孝泽 | 吴斯达 |
| 通道分会 | 蔡翊唐 | 吴世德 | 杨祖治 | 杨明伦 | 甘蒙安 |
| 永明分会 | 欧阳国柱 | 浦崇韬 | 唐禄 | 周瀚波 | 任善述 |
| 宝庆分会 | 刘铨 | 刘铨 | 赵珍圭 | 谭惮 | 毕家造 |
| 安化分会 | 魏约翰 | 廖熊湘 | 胡树湘 | 梁焜耀 | 吉利亚 |
| 汉寿分会 | 邓国薰 | 刘升璋 | 刘炳烈 | 青以庄 | 裴淑德 |
| 浏阳分会 | 不详 | 不详 | 不详 | 不详 | 不详 |
| 辰州办事处 | （职员）何道明牧师柏克牧师 | | | | |
| 沅州办事处 | （职员）包格非牧师胡国瓒 | | | | |
| 常德办事处 | （职员）涂棣 | | | | |

　　经过两个多月准备,新设立的评议会在 1921 年 12 月 24 日正式成立。到会者四十多人。干事袁家普在会上简要介绍筹赈会成立及发展情况后,特别提到了评议会辅助咨询的功能,当时并没有人明确提出异议。会上确定 5 人起草评议会章程,他们分别是西路推定的覃遵典,南路推定的雷铸寰,中路推定的陈润霖,各公团推定的教育会方克刚和律师公会傅念恃;并且议定评议会以后每周开会一次。会议产生的评议员共 62 名(详见表 2—18)。1922 年 1 月 7 日,评议会选举产生了正副会长,分别是蒋育寰和郭庆寿。10 月,蒋育寰因事离湘。14 日,评议会选出新的主任和副主任,分别是郭庆寿和邓天演。

### 湖南华洋筹赈会评议员一览表[109] 表 2—18

| 评议员姓名 | 备注 |
| --- | --- |
| 李鸣九,吴舜钦,方克刚,陶铸,傅作楫(财政厅),周培銮,吴家龙,蒋育寰,陈椒,黄式廓(慈善总公所),韩恒,刘玉堂,傅念恃(长沙律师公会),陈家轸 | 来自省城各机关 |
| 杨兴权(长沙),陈斌生(湘阴),刘光莘(岳阳),黄梦祥(益阳),谭景义(茶陵),吉光劲(安化),刘善泽(浏阳),邓明纲(平江),谢仲楠(临湘),唐建藩(湘潭),陈润霖(新化),欧阳刚中(武冈),胡曜(宁乡),唐超举(醴陵),夏秀峰(新宁) | 来自中路各县 |
| 汪宗尧(常德),罗大凡(汉寿),田玉树(凤凰),杨凤藻(永绥),覃遵典(石门),郭庆寿(永顺),段睿麟(乾城),萧登口(溆浦),江天涵(芷江),吴树勋(慈利),舒守恂(晃县),向玉楷(麻阳),钟启桢(泸溪),王正鹏(桑植),徐新(临澧),石成金(沅江),陈克刚(会同),罗维镛(桃源),黄承熙(靖县),张声树(沅陵),黎晓阳(澧县),胡锦心(龙山) | 来自西路各县 |
| 王会圭(耒阳),贺模、程振霆(衡阳),伍坤(零陵),雷铸寰(东安),黄赀(江华),匡柏巢(宁远),朱应祺(汝城),成兆炎(蓝山),彭显唐(永兴),谢镇湘(嘉禾) | 来自南路各县 |

　　不过筹赈会办事机构规模不断扩大，招致外界许多批评，纷纷指责其用人太滥，款项虚糜。1922 年 6 月份，评议会干脆致函总务部，要求将采放、劝募、工赈三部自行酌情裁减办事人员。7月 21 日，干事会裁员委办会（韩理生、谢国藻为该案委办）召开。会议决定取消除工赈部以外的所有各部名称，设坐办 2 人，由饶伯师和袁家普担任；留用人员共 12 人，其中包括中文文牍、收发员、庶务员、会计员、外文翻译员、采放员、劝募员、中文书记、评议会书记等，还酌留公丁 12 人。被裁人员提请省政府酌量录用。

　　到 1922 年 8、9 月间，辛酉旱赈接近尾声，华洋筹赈会准备结束，于是通电要求各县知事、各分会和办事处在电到 10 日内把 1921 年以来赈款领放情况和办赈最得力人员简况上报。在筹赈会结束期间，所发生的新灾情一概交由政府办理。对那些愿在政府机关效力的赈务人员，则以"赈务人员，应受特别奖励，历有成案"[110]为由，要求政府相关部门提前录用。但考虑到各处的赈款和太平械款过去一直由筹赈会接洽，可尚未到手，一旦遂行结束，款项恐再生异议。而且工赈还在继续，筹赈会保留了工赈部，并将一切应办事宜归并该部办理。所以筹赈会此时的状况是内部工作已经基本结束，但名义还保留着。为了汇编征信录等材料，筹赈会推选李家荫、郑勉武负责调查该会所属各机关职员姓名，编成表册；推袁绍先、旷关、宋屏、吴家倜、梁良士负责汇编该会各种文电及议事录。除上述职员外，其他人员一律裁撤。

　　此时各县报灾电文不断，袁家普提议根据《续订办事章程》第一条"本会于必要时得永久为湖南慈善机关办理防灾筹赈事宜"的规定，将其改组为湖南全省防灾协会，定位为纯粹的财团法人，只办理湖南地方各种慈善及有益民生事业。并草定章程十余条，推定任修本、饶伯师、袁雪安、谢国藻、曾约农等五人充任审查简章委办。俟章程拟定工作完成就召集各机关团体开成立大会。不过最后10月26日的干事会议就此议题做出裁示，即等工赈事宜停办后，再酌量组织。

11月3日，为表彰华洋筹赈会多年来为湖南赈济事业做出的贡献，省长赵恒惕在总司令部宴请相关人员，以表谢意。随后，省署饬令财政厅馈送华洋筹赈会中西干事代表、评议主任等夫马费5000元。省署在解释给筹赈会相关人员物质奖励的决定时说道："湘省连年灾歉，……政府因公藏支绌，徒有发粟之愿，民间杼柚其空，更无移粟之方。所赖中外慈善大家共悯颠连，群策救济，成立湖南华洋筹赈会，劝募则晓音瘏者，擘划则焦虑劳神。矢此忠诚，克回浩劫。抚今追昔，同深感荷之忱。报德酬庸，宜致优崇之敬。"[111]不过，财政厅迟迟未付这笔津贴，筹赈会无奈只好派干事雷飞鹏前往索要。

在筹赈会收束工作安排好后，因赈务已结束，各主要负责人忙于自己工作，如袁家普晋京任法政专门学校教务主任，同时任筹赈会驻京代表，他的坐办职暂由李海代理，但李实际上也无暇顾及。同时饶伯师负责的部分也因手续繁杂，按期在1923年3月收束也不可能。所以，名义上仍存在的筹赈会各项事务久悬未决，而工赈部则因赈款用罄，工作陷入停顿。其间潭宝路工出现一丝起死回生的希望，曾试图以到期米盐公股与上海亚洲建业公司垫款包工续修永丰到宝庆段公路，但遭到各方反对作罢。于是筹赈会进一步裁减人员，只留4人办理未了事务。

筹赈会迟迟没有完全结束，新灾情不断出现，争款还得继续，中国华洋义赈救灾总会也早有把华洋筹赈会作为它湖南分会的打算。基于此,饶伯师等人把华洋筹赈会正式改名为华洋义赈会湖南分会的事宜提上了议事日程,积极筹划。

## 三、中国华洋义赈救灾总会湖南分会

中国华洋义赈救灾总会是在 1920 年北方 5 省旱灾赈务结束后由中外各赈团联合设立的,定为永久性社会服务团体,担任积极防灾工作,各省多设分会。湖南华洋筹赈会章程为其转型为永久性慈善团体提供了法理的依据。其实,华洋筹赈会"历史上久为中国华洋义赈救灾会分会之关系"[112],但苦于没有在法律上履行相关手续,还是名不正言不顺。华洋筹赈会在成立后一年多的时间里,困难重重,效果不如所愿。到 1923 年初,饶伯师明确提出"本会如仍继续办理,当加入该会,依法更名改组,以期日后联络进行"。[113]省长赵恒惕也对此动议深表赞同,希望该会尽快召集各公团从事改组。从此,一直到 1924 年 7 月 7 日正式更名前,筹赈会与中国华洋义赈救灾总会的互动就比较频繁。比如 1923 年年初义赈总会在汉口召开第一次年会,湖南华洋筹赈会派邓维真牧师列席。6 月,义赈总会在饶伯师的同意下,委派汉口一家外国会计查账公司派员前来查账。12 月中旬,义赈总会在北京召开会议,要求各省分会派员参加,湖南华洋筹赈会推派谢国藻出席。1924 年 2 月,义赈总会充分肯定潭宝路工成绩,答应帮助筹赈会与交通部争取米盐公股款项。5 月,义赈总会委托华洋筹赈会代销慈祥花签。诸如此类事例,充分说明两个组织此前就有密切往来,这为湖南华洋筹赈会正式更名奠定了很好的基础。更何况,到 1924 年上半年,筹赈会会务结束在即,省路局也即将成立,该会改组的时机已经成熟。

1924 年 6 月 23 日,筹赈会开会议决,在征信录编好后,邀请相关方面报告办理赈务情况,并遵照 1921 年 12 月 20 日的议决案,将湖南华洋筹赈会改为中国华洋义赈救灾总会湖南分会。7月 7 日,筹赈会邀请省政府、省议会和各团体召开筹赈会结束会议,并商讨改组事宜。韩理生在报告中指出,"本会既已结束,本应解散,唯今次又发生重大水灾,各界纷纷组织筹赈,原有筹赈机关,俟不宜卸责。"接着,谢国藻解释了筹赈会迟至近日才结束的原因,一是受 1923 年军事的影响,二是潭宝路工尚未完竣。同时他具体列举了该会不得不继续存在下去并改组的四点理由:第一,1924 年水灾应办急赈;第二,华洋合组在向外募捐中发挥了关键作用。筹赈会所收赈款路款共 130 万元,其中 110 多万是省外募来的,"湖南如需再办赈,本会似不宜取消";第三,近数年中国赈灾款项由外国募来的甚多,而且现在筹到的赈款总会出力不少,保留此会,较为方便;第四,总会已在陕西、山东、山西、河南、直隶、湖北各省修堤筑路,保留筹赈会有利于将来湖南浚湖修堤等。总之,无论从眼前赈灾还是未来善后看,筹赈会继续存在是非常必要的,而且将名称正式改为中国华洋义赈救灾总会湖南分会更利于工作开展。

最后入会者共同起立表决,同意筹赈会正式更名为中国华洋义赈救灾总会湖南分会。该会内部组织有所变化,由过去的理事制改为董事制,设立董事会,分别由中西董事各六名组成,如有出缺,由董事会随时推补;并依照总会所订分会章程,推举省长赵恒惕为湖南分会名誉会长。7 日下午,召开第一次董事会,议决湖南华洋筹赈会的所有财产文件契约和一切义务即日起移交中国华洋义赈救灾总会湖南分会,而筹赈会未了事宜则具体由饶伯师、袁家普、谢国藻、方永元、吴家偁负责办理。接着,召开湖南分会董事会成立会,选举各职员(具体名单见表

2—19）。会议还特别决定援照直隶分会的模式,设总干事二人,中西各一人。过后不久,会内的人事有所异动,8 月 14 日,韩理生、袁家普被推举为分会驻总会代表,而袁家普的董事职务由方永元代理,总干事职务由谢国藻办理。戈德白则辞去司库一职,随后推举克保罗为司库。

中国华洋义赈救灾总会湖南分会职员表[114]　　表 2—19

| 职务 | 姓名 | 职务 | 姓名 |
|---|---|---|---|
| 董事（西方） | 任修本、饶伯师、邓维真、 | 董事（中方） | 雷飞鹏、任福黎、刘艾棠、赵运文 |
| 分会会长 | 任修本 | 副会长 | 雷飞鹏 |
| 总干事 | 饶伯师、袁家普 | 司库 | 戈德白、谢国藻 |
| 西文文牍 | 赵运文 | 中文文牍兼中文会计 | 方永元 |
| 西文会计兼庶务 | 吴家倜 | | |

义赈分会本来计划更好地参与水灾赈济,但赈款筹措十分艰难,只好在赈放宁乡等 15 县共 21000 多元后,停止发放赈款。面对这样的财政危机,会内有人指出,若不得各方赈款,不特无以赈救灾民,且恐该会亦欲倒闭。为此,义赈分会向多方致电募款。7月 17 日,董事饶伯师借着出席中国华洋义赈救灾总会召开第二十四次执行委员会会议的机会,介绍了湖南严峻灾情,要求总会拨给湖南光洋 20 万元救燃眉之急;并希望总会积极与交通部磋商,尽早拨付米盐公股款以作续修路工之用。

为便于开展工作,义赈分会还拟定了一系列办事规章,如《本会章程》和《本会办事细则》等。还就专门事项临时设立一些机构,如9月18日设立的销售慈祥花签委办会;10月8日组织贷赈委办会。

到1926年5月,因饶伯师回国在即,经董事会议决推举韩理生担任总干事,自5月1日起履任。自此之后,尽管分会董事、干事等具体人员有所调整,但由中西合组董事会、分设中西干事的做法一致持续下来了。1935年,当时湖南分会的董事是方永元、任福黎、曾约农、赵曰生、周安汉、谢国藻、韩理生、赫立德、安德、石城基、余道存、唐生等12人,熊希龄、韩理生为正副会长,赵曰生、丁华辉为中西司库,谢国藻、赫立德为中西总干事。

义赈分会自1924年7月改组成立后,除了争取续办潭宝路工永宝段,参与水旱灾急赈之外,还依据原来的约定组设保路委员会,负责潭乡公路的维护;1924年向总会借贷款项在益阳沅江等七县办理农贷;1931年代办国民政府救济水灾委员会在湘农赈,收回贷款后又推行农村合作事业以及办理1934年的旱灾农赈等。

湖南义赈组织肇始于1918年成立的湖南义赈会,后随着荒灾的不断出现,政府和民间、省内和省外关注湘省灾情的慈善之士,无论是从北京政府争取大宗款项还是向海内外广泛募捐,进行了各方面的努力,但组织上的改组是基础性的,所以无论从湖南急赈会的会长制、湖南华洋筹赈会的理事制到中国华洋义赈救灾总会湖南分会的董事制,其目的都是为了争取在湘侨民、教士、外商、领事等的参与,让灾赈组织的报告更具信任度,让世界能客观地知晓湘省灾情,以筹到更多赈款。

## 注　释

1　参见伍新福主编:《湖南通史》(古代卷),长沙:湖南出版社1994年版,第595页。

2　3　4　42　46　47　48　67　任凯南编:《湖南省志稿·赈恤篇(下篇)》,藏湖南图书馆。

5　熊秋良：《清代湖南的慈善事业》，《史学月刊》2002 年第 12 期。

6　8　11　25　张朋园著：《湖南现代化的早期进展（1860—1916）》，长沙：岳麓书社 2002 年版，第 20、18、19、96 页。

7　参见《湘阴县图志》，光绪六年刊本，卷二十一。

9　《衡阳县志》光绪十一年刊本，卷四。

10　《古今图书集成》，卷一二九二，第七八七页。转引自张朋园著：《湖南现代化的早期进展（1860—1916）》，长沙：岳麓书社 2002 年版，第 18 页。

12　17　参见谭俊文：《湖南的慈幼事业》，《湖南文史》第 46 辑，1992 年版。

13　参见《育婴堂之小史》，长沙《大公报》1925 年 10 月 30 日。

14　参见《湖南各县救济事业资料汇存》，藏湖南图书馆。

15　《湖南通志》光绪十一年刊本，卷四十三。

16　参见《湘潭县志》嘉庆二十五年刊本，卷二十。

18　此表根据梁其姿著：《施善与教化——明清的慈善组织》（石家庄：河北教育出版社 2001 年版）"附表一　育婴堂"（第 332—367 页）相关内容制作而成。

19　《湖南民情风俗报告书》（下册 12 章赈恤），湖南法制院据湖南省调查局编辑本印，1912 年 5 月，第 8 页。

20　参见《乡团救婴局小史》，长沙《大公报》1925 年 11 月 30 日。

21　参见《惠老院小史》，长沙《大公报》1925 年 11 月 11 日。

22　参见《惠济院小史》，长沙《大公报》1925 年 11 月 27 日。

23　29　32　参见熊秋良：《清代湖南的慈善事业》，《史学月刊》2002 年第 12 期。

24　参见《养济院小史》，长沙《大公报》1925 年 11 月 25 日。

26　昆冈等：《钦定大清会典事例》，卷二六九，光绪二十五年刊本。转引自熊秋良：《清代湖南的慈善事业》，《史学月刊》2002 年第 12 期。

27　张朋园和熊秋良认为普济堂是 1777 年成立的。但《湖南省救济院概况》（藏湖南图书馆）则说普济院是"乾隆四十三年巡抚严大中呈请设立"。这里采用普济堂创设于 1777 年的说法。

28　《湖南省救济院概况》（藏湖南图书馆）。

30　《保节堂之小史》，长沙《大公报》1925 年 11 月 6 日。

31　参见《保节堂之小史》，长沙《大公报》1925 年 11 月 6 日。

33　此表根据《施善与教化——明清的慈善组织》(梁其姿著,石家庄:河北教育出版社2001 年版)"附表二　清节类善堂"(第 368—376 页)相关内容制作而成。

34　参见《同仁小补堂之小史》,长沙《大公报》1925 年 11 月 9 日。

35　关于湘义仓的成立时间,材料种有两种说法:《省城湘义仓概况》说其成立于光绪廿六年(1900 年),见《湖南各县救济事业资料汇存》;一种则说是成立于 1897 年。根据相关资料,本文采行第二种说法。

36　37　参见《湘义仓之小史》,长沙《大公报》1925 年 11 月 8 日、11 月 29 日。

38　马天驷:《纪长岳慈善救生局》,长沙《大公报》1919 年 11 月 23 日。

39　参见《湖南各县救济事业资料汇存》,藏湖南图书馆。

40　参阅《保僬局之小史》,长沙《大公报》1925 年 11 月 23 日。

41　此表根据《施善与教化——明清的慈善组织》(梁其姿著,石家庄:河北教育出版社2001 年版)"附表三　施棺类善堂"(第 377—398 页)相关内容制作而成。

43　《同善堂小史》,长沙《大公报》1925 年 11 月 1 日。

44　参阅《卹无告堂小史》,长沙《大公报》1925 年 10 月 31 日;《湖南省志·赈卹篇》和《湖南各县救济事业资料汇存》。

45　此表根据《施善与教化——明清的慈善组织》(梁其姿著,石家庄:河北教育出版社2001 年版)"附表四　综合性善堂"(第 399—411 页)相关内容制作而成。

49　在我查阅的所有资料中,没有发现省城慈善总公所成立的具体日期。不过《湖南省城慈善事业征信总录》(藏湖南图书馆)中"湖南省城慈善事业总公所民国四年八月份始十二月份止所有银钱出入造具分类四柱清册谨陈(1915 年 8 月—12月)"记载的内容是从 1915 年 8 月计算起的。故在此推定其成立的时间为 1915 年8 月。

50　《湖南省区私立慈善事业产款管理委员会折呈民政厅文》,藏湖南图书馆。

51　《湖南省城慈善事业总公所民国四年八月份始十二月份止所有银钱出入造具分类四柱清册谨陈(1915 年 8 月—12 月)》,见《湖南省城慈善事业征信总录》。

52　53　此表格根据《慈善公所之新旧交替》(长沙《大公报》1918 年 10 月 9 日)制作。

54　参见《慈善总公所之绅耆会议》,长沙《大公报》1923 年 3 月 5 日。

55　《各慈善机关改推主任》,长沙《大公报》1924 年 6 月 29 日。

56　《米盐公股并慈善总公所记闻》,长沙《大公报》1915 年 9 月 2 日。

57　《湖南省区私立慈善事业产款管理委员会折呈民政厅文》,藏湖南图书馆。

58　《慈善总公所改组》,长沙《大公报》1926 年 12 月 26 日。

59　《长沙慈善总公所之改组大会》,长沙《大公报》1926 年 12 月 27 日。

60　《慈善总公所改组委员会之会议》,长沙《大公报》1927 年 1 月 8 日。

61　66　《各地方救济院规则》,见《赈济法规辑要》,藏湖南图书馆。

62　71　《监督慈善团体法》,见《赈济法规辑要》,藏湖南图书馆。

63　65　《湖南省救济院概况》,藏湖南图书馆。

64　参见长沙市民政局民政志编纂办公室编写:《长沙民政志》(内部资料),1995 年印,第 180 页。

68　69　70　《湖南省区私立慈善事业产款管理委员会呈民政厅文》,藏湖南图书馆。

72　邹欠白编著:《长沙市指南》,长沙:洞庭印务馆,1934 年版,第 204—205 页。

73　《急赈会章程》,见《水灾急赈会之进行》,长沙《大公报》1924 年 7 月 4 日。

74　《省署昨日之"改组水灾筹赈会"会议》,长沙《大公报》1924 年 8 月 31 日。

75　《义赈会不能加入水灾筹赈会》,长沙《大公报》1924 年 9 月 15 日。

76　此表根据《省长署昨日筹赈大会议》(长沙《大公报》1925 年 11 月 3 日)制作而成。

77　《长沙县赈务分会简章》,见《关于赈务最近之要闻》,长沙《大公报》1926 年 3 月 24 日。

78　此表根据《长沙县赈务分会昨日之成立大会》(长沙《大公报》1926 年 4 月 13 日)制作而成。

79　此表根据《临澧赈务分会之成立》(长沙《大公报》1926 年 5 月 28 日)制作而成。

80　《赈务协会行将改组》,长沙《大公报》1926 年 12 月 21 日。

81　谢国藻:《二十年来之湖南赈务》,长沙《大公报廿周年纪念特刊》,藏湖南图书馆。

82　《二十一年湖南政治年鉴·民政篇》,转引自任凯南编:《湖南省志稿·赈恤篇》。

83　《致旅居各省湖南同乡会》(民国七年三月三十日到),见熊希龄著:《熊希龄先生遗稿》(第三卷),上海:上海书店出版社 1998 年版,第 2919—2920 页。

84　《致北京大总统段总理电》(民国七年三月三十日),见熊希龄著:《熊希龄先生遗稿》(第三卷),上海:上海书店出版社 1998 年版,第 2919 页。谢国藻说熊希龄是"先以人寿保险单押借万金"(见《二十年来之湖南赈务》,《大公报廿周年纪念特刊》);任福黎则说熊希龄是"先以历年节缩财产典质万元"(见《湖南义赈会报告书》,长沙《大公报》1918 年 10 月 14—26 日)。可见,熊的这 1 万元,一说是"押借",一说是"典质"。在此采"押借"的说法。但是否是以人寿保险单押借,熊希龄没有明说,这里也就不细究了。

85　《湖南义赈会报告书》,长沙《大公报》1918 年 10 月 14—26 日。

86　此表根据《湖南义赈会职员录》(长沙《大公报》1918 年 10 月 24 日)制作。这份名单与熊希龄最初拟定的名单有所出入,最初拟定的名单中"评议员"共 12 人,没有谢国藻,同时具体的职能部门人员有调整。而任福黎在《湖南义赈会报告书》中说"推绅耆十一人,以为评议",即评议员为 11 人。谢国藻在《二十年来之湖南赈务》中记载的评议员也是 13 名。

87　《长沙曹典球等来电》(民国八年四月十一日到),见熊希龄著:《熊希龄先生遗稿》(第四卷),上海:上海书店出版社 1998 年版,第 3582—3583 页。

88　吴雁舟是清末翰林,谭嗣同好友,辛亥贵州光复时一度任都督,曾于 1912 年成立湖南佛学会。

89　《致长沙义赈会仁寿国等电》(民国四月十六日),见熊希龄著:《熊希龄先生遗稿》(第四卷),上海:上海书店出版社 1998 年版,第 3584 页。

90　《纪世界孔教会开会纪事》,长沙《大公报》1919 年 4 月 22 日。

91　《筹赈会接受之两项任务》,长沙《大公报》1922 年 2 月 13 日。

92　此表根据《义赈会平粜局之组织》(长沙《大公报》1921 年 5 月 29 日)制作。

93　《急赈会电请外商募赈》,长沙《大公报》1921 年 6 月 3 日。

94　《湖南急赈会章程》,长沙《大公报》1921 年 5 月 19 日—21 日。

95　105　《华洋筹赈会之经过及其内容》,长沙《大公报》1922 年 6 月 30 日。

96　此表根据《华洋筹赈会会议进行事项》(长沙《大公报》1921 年 6 月 9 日)制作。

97　《湖南华洋筹赈会简章》,见《湖南华洋筹赈会续办辛酉旱赈报告书》,藏湖南图书馆。

98　100　《华洋筹赈会与急赈会布告》,见《筹赈会宣布结束》,长沙《大公报》1921 年 8 月 7 日。

99　《华洋筹赈会致熊凤凰暨旅京同乡函》,见《筹赈会报告经过情形及现状》,长沙《大公报》1921 年 8 月 6 日。

101　《通电》,见《筹赈会宣布结束》,长沙《大公报》1921 年 8 月 7 日。

102　《严禁侵吞赈款之通令》,长沙《大公报》1921 年 8 月 22 日。

103　《本会通知各县官绅教会现经各界议决继续筹办旱灾电》,见湖南华洋筹赈会编:《湘灾周报》(第一号),1921 年 10 月 16 日刊行。

104　《本会继续办赈中外人士大会议》,《湘灾周报》(第一号)。

106　此表根据《华洋筹赈会继续办赈之通电》(长沙《大公报》1921 年 10 月 21 日)和《筹赈会前日议事录》(长沙《大公报》11 月 10 日)制作。

107　《本会各办事处及各县分会职员》,见《湖南华洋筹赈会续办辛酉旱赈报告书》,藏湖南图书馆。

108　《总稽核处章程》,见《筹赈会添设总稽核处》,长沙《大公报》1922 年 4 月 2 日。

109　此表根据《筹赈会之评议会成立纪事》(长沙《大公报》1921 年 12 月 25 日)制作。

110　《筹赈会致省署函》,见《筹赈会保用出力人员》,长沙《大公报》1922 年 10 月13 日。

111　《省署饬令财政厅文》,见《馈送筹赈会干事夫马费》,长沙《大公报》1922 年 11 月15 日。

112　《致奉天张总司令电》,见《义赈会电京奉请赈》,长沙《大公报》1924 年 7 月13 日。

113　《饶伯师关于赈务之谈话》,长沙《大公报》1923 年 3 月 9 日。

114　此表根据《昨日华洋筹赈会之四大会议》(长沙《大公报》1924 年 7 月 8 日)制作。

# 第 三 章

# 慈善救济的主要内容

北京政府时期湖南兵灾、水旱灾的频仍决定了灾荒急赈及善后任务非常繁重,各慈善救济机构为了彰显人性光辉、奉献赤诚爱心、修复社会伤痕,四出奔走,演绎了令人感佩、激越的精彩乐章。孤幼、残疾、嫠妇、乞丐等弱势群体在动荡岁月中生存举步维艰,更需要社会的关爱,对他们的关爱也是每个人义不容辞的责任。另外,红十字旗帜在三湘的飘扬是对生命尊严的维护,在兵荒马乱岁月中看到红十字标识能让人感受到丝丝温暖。所以,无论是灾荒救济、日常慈善还是红十字运动都是北京政府时期湖南各慈善救济机构服务社会的核心内容。

## 第一节  灾荒救济

灾荒救济在整个慈善救济中任务最重,也最紧迫。急赈旨在暂时救护生命,善后则重在帮助灾民、难民恢复生存所需的基本能力。灾荒救济主要分为兵灾救济和水旱灾救济两类,灾害性质不同,具体救济方法侧重点也有所不同,但目标一致。

## 一、兵灾的救济

自 1913 年"二次革命"后,湖南迭经兵燹,"几无岁无之"[1],地方元气大为挫伤,社会运转机制遭到严重破坏。比如,湘阴在民国成立到 1921 年 10 年间共遭兵劫五次,平江更是兵连祸结,这使修复受损社会机体、重建社会秩序、减少人道灾难成为社会各界慈善之士的共同责任。1916 年的护国运动、1917 年的护法运动和1921 年的援鄂战争接二连三发生,兵灾救助的任务异常繁重。1916 年湖南兵灾的重灾区在湘西,其救济的力量以熊希龄及其常德红十字会为主,再加上政府的部分救济;1917 年湖南兵灾几乎波及全境,其中尤以湘北、湘中、湘南为主,救助的主体以湖南义赈会和来自上海、湖北的慈善组织为主;1921 年湖南兵灾以湘北为重,救助主体是新成立的湖南华洋筹赈会。在此,拟通过重点考察1917 年护法战争期间及战后兵灾救济的情况做一重点考察,以了解其基本面貌。

护法战争在湘的战场涵盖了衡山、宝庆、湘乡、湘潭、攸县、醴陵、长沙、湘阴、岳阳、平江等地,战火延烧之处农民辍耕、商旅裹足,老幼妇孺转徙流离。"南北构衅,湘值其冲","焚烧劫杀,满地疮痍","滋漫日深,人烟将绝"。[2]"岳、长数百里间,村落丘圩,炊烟断绝;通衢广道,尸骸狼藉;妇稚老弱,窜伏山谷;裸尪饥蹄。惨目伤心,不堪言状"。[3]"湘灾惨酷,旷古未有,刀兵水火,循环索命,衡宝尤甚"。[4]"环顾二十二行省,几无一寸宁宇,而尤以我湖湘受祸尤烈"。[5]

### (一)、兵灾急赈

面对如此巨灾,首先起来募款办赈的是旅京湘籍人士。此前,熊希龄呈请中央政府颁巨帑办理湘赈,但政府坚持要在岳州战局平定之后才能施赈;旅京湘人吁请政府任命熊希龄为湘南宣慰使,也未果。可灾情就是命令,时间就是生命,眼看灾民在战火中煎熬,鲜活的生命在凋落,熊希龄决定利用自己的影响力,于1918年4月20日成立旅京湖南筹赈会,责在筹款,并派任福黎(前湖南财政厅厅长)回湘,组设湖南义赈会负责具体灾赈工作。湖南义赈会筹措的赈款只有十万元。相对于巨大的救助需求,这笔钱真是杯水车薪。义赈会只好根据灾情轻重综合考虑此前官赈或其他义赈情况,选定12个县作为施赈对象,并将其分为甲、乙、丙三个等级,分别给予1万、7000、5000不等的赈款。受赈各县的具体情况见表3—1。对灾民则按户口施赈,分为甲、乙两等,甲等指那些确被抢劫无力自活者,乙等指虽被抢劫尚有不动产有力自活者。甲等灾民大口每口给钱6000文,小口减半;乙等大口每口给钱3000文,小口减半。另外对情况特别严重的县则定为特别赈等级,赈款则酌情加至六千文,具体指如下情形:耕牛被劫实在无力租借者;死伤不能掩埋及无力医治者;房屋被焚无处栖止者;因人毙命之家。

**湖南义赈会1918年施赈灾县名录及其评定理由[6]**　表3—1

| 等级 | 灾县名称 | 评定理由 | 备注 |
|------|----------|----------|------|
| 甲等 | 平江 | 该县为长、岳间道,大道所经,蹂躏最惨,不忍笔述。 | 甲等县每县赈1万元 |
| | 湘乡 | 该县通宝庆大道,为西路要冲,区域最广。 | |
| | 衡山 | 该县贺家山一带为1917年南北剧战之地,水陆交通蹂躏。 | |
| | 湘潭 | 该县为往来衡、宝两处要冲,时被蹂躏。而后来株洲一炬,死人如蚁,又为特别灾区矣。 | |

| 等级 | 灾县名称 | 评定理由 | 备注 |
|---|---|---|---|
| 乙等 | 岳阳 | 该县为岳州首县,原为巴陵,为湖南重镇,兵争最剧,去冬北军退去付之一炬,损失十万,长沙士绅曾集款赈济,故列乙等。 | 乙等县每县赈7千元 |
| | 临湘 | 该县为岳阳门户,南北交战必先受其冲,区域略小,故列乙等。 | |
| | 醴陵 | 该县湘东要冲,虽军队出入,尚未十分糜烂,故列乙等。后经北军一却一进,两次焚烧全城,焦土四乡,至数十里无人烟,列为特别最惨区域,因戒严现尚仅办城区。 | |
| | 湘阴 | 该县介长、岳之间,铁道经过,蹂躏亦甚,较平江为轻,故列乙等。 | |
| 丙等 | 攸县 | 该县为湘东要冲,上接衡郴,尚未筹办。(后在开始赈济时则去掉攸县换成了宝庆,因宝庆南北军队数进数出,因战线内不能查放,故更改) | 丙等县每县赈5千元 |
| | 宁乡 | 该县连常、益孔道,无剧烈战争,土匪颇甚,有因匪兵交战,焚杀不少。 | |
| | 浏阳 | 该县系在长沙之东,通江西道,初不甚剧,现则焚烧不堪言,因多匪故未办完。 | |
| | 长沙 | 该县为省城附廓首县,区域最广,而湘东一带亦受祸最烈,黄花市之蹂躏不忍笔述,嵩山镇无辜被杀之贫民多至190余人,此皆株、醴战祸先声。 | |

所有应领赈款、各灾黎的姓名住址及应领数目均在各乡镇人流集中处张榜公示,以示公正。赈款散放有严格程序,每一灾区先派人调查造册,再按册拨款,另派人前往散放。但因灾民纷纷外逃,使得调查时的灾民数与实际的灾民数相去甚远,"迨至放赈者入境,

前次查报之灾黎户口册已与目前情形不符，其中冒名顶替者在所不免，所以株、醴散放后竟有漏去未放者"[7]，这不是调查未周所致，而是时隔一两个月后不免有新迁入境者，于是须补查灾黎，为救灾增添了诸多麻烦。

湖南义赈会还对遵道会牧师德慕登冒险从醴陵护送来长沙的数百名难民给予补助，每人不管男女大小，一律发给川资 2 元。1918 年 6 月，湖南义赈会的钱主要用于直接发放急赈米或钱，以及给难民返乡川资。自 1918 年十月十五日至 1919 年正月十五日两个月间还在岳阳开设粥厂，用洋共 1500 元，华容一带的灾民也前往领食。

兵灾期间，省城长沙谷米供应十分紧张，"省城仅取随时足食而已，无米市也。……外县之来源既绝，且时请省仓谷济饥，米粮飞涨，数日之间，由每石十八千增至四十五千，囤户益闭遏不肯出粜，碓坊相索停市，有自朝至暮持钱不得购米升勺者"[8]。义赈会于是出资 20000 元，与省城慈善总公所合办平粜，从汉口购米 7000 石补充米源，这促成了省城谷米价格的回落。后来，熊希龄派王在湘回籍，筹办湖南义赈会平粜局。

在兵灾救助中，药品是非常紧缺的，相关慈善救济团体除了捐献现金和物资外，也捐助了许多药品给灾县，大大缓解了伤病灾民的苦痛，也有助于防止大范围疫病流行。这些药品的捐献机构、品名、数量等具体情况如表 3—2。

**各善堂救济兵灾所捐药品一览表**[9]　表 3—2

| 善堂名称 | 药品清单 | 备注 |
|---|---|---|
| 湖南义赈会 | 藿香六料,每料 200 斤,午时茶六料,每料 280 斤;平安散五料,每料 2000 瓶,雷击散八料,每料 2500 包 | |
| 旅京湖南筹赈会 | 霹雳救疫丸大合 88 合 | |
| 中国济生会 | 大瓶时令水 60 瓶,济生丹 1300 瓶,救苦丹 1200 瓶,救急丹 200 瓶,霹雳丹 1000 包,解疫丸 500 包,午时茶 1000 包,三台丸 100 包,痢疾丸 100 包 | 其直接派人散放者未计算在内 |
| 汉口慈善堂 | 藿香丸 8500 包(又四大包),纯阳丸 11500 包,时疫丸 700 包,普济丸 2000 包,脾寒丸 2000 包又 70 合,万应丸口百包,时令丸 38 合,救世金丹 20 包,本会紫金丹 16 合,千金丹 1500 包,如意丹 300 包,时令水 4000 瓶,济急丹 400 瓶,救疫丸 800 包,活命散 7 大包,痢疾药百 26 合,治疟丸 15 合,时疫药水 5000 瓶 | |

　　岳州战事发生后,长沙慈善堂周季衡等人组织掩埋队,共拾埋尸首 190 余具。义赈会给慈善堂补助 1000 余串;1918 年 11 月,长沙北城外有数十尸棺没有掩埋,义赈会致函督军,申请官兵协助掩埋军士尸棺,并在掩埋地点设立标识,该会承担掩埋费用。对红十字会附设镇乡妇孺救济会给予补助台票 1000 串文。可见,湖南义赈会对兵灾除直接施救外,还通过给其他慈善救济团体经费资助的方式间接救灾。

　　参与这次兵灾救济的除省内的湖南义赈会外,还有来自沪汉的中国红十字会、中国济生会、京直奉水灾义赈会、汉口两湖义赈会,这五个团体携手组成湘省义赈联合团,湖南义赈会领袖之。在这些团体施救工作完竣后,上海义赈会和佛教慈悲会又联合派员来湘施赈。身兼上海京直奉水灾义赈会、上海中国济生会湘省义赈联合处主任和汉口两湖义赈会临时代表身份的黄国英于1918年7月25日抵达长沙,随即拜会湖南义赈会坐办任福黎和各界代表,翌日在湖南义赈会举行的欢迎宴会上诚邀湖南义赈会加入联合救灾的队伍,因为湖南义赈会"资格最老,人手最齐,加以办法周密,遇事认真",其成员大多是长沙知名巨绅和各大盐商的经理,德高望重。并决定将来赈灾时查放均以湖南义赈会报告和办法为标准。这反映了湖南义赈会在当时慈善界口碑不错,也体现了沪汉慈善人士对湘省本土慈善力量的尊重以及其力主的联合救灾理念。

至于放赈进展,则因战事激烈、匪患猖獗、居民流离,无法立即予以散放,平粜也无法办理。总之,义赈联合团的基本判断是"大局一日不能决,赈务一日不能进行也"[10],基于此,他们立即着手灾情调查和广筹赈款,以为秋冬急赈之需。同时,只要战事稍有缓和,安全评估稍为允许的话,就前往办急赈,并设法将灾状拍成照片以为筹款之用。8月1日,黄国英和湖南义赈会岳州分所长袁明翼[11]率同镜蓉照相馆拍照人共12人冒雨前往株洲。次日,株洲市镇情形基本调查完竣,黄、袁二人与临时维持株洲秩序的湘潭株洲临时商会(此时株洲属湘潭的一个镇)商定急赈办法:召集逃亡在外农民回籍耕种,抢插晚稻和多种瓜菜,以减轻慈善界冬赈压力,且可防止饥民沦为土匪;广设居留所安插无家可归灾黎;设立临时施米处,待两个月后再酌情改为平粜,灾民确能自给再予撤销;设立临时因利局,为小商贩或能经商者每人免息提供1至4元不等的资本,以鼓励灾民自救,减少对慈善机关的依赖性,避免其再次沦为饥民,还可让饥民更具尊严。8 月 2 日,黄、袁等人由株洲乘株萍路火车赶赴醴陵。8 月 3 日,他们邀集当地知事、绅士讨论救济办法,最后还是主要按株洲施救的措施进行,只是另增设临时抚恤处、贷资恢复当地土窑以尽快进行瓷器生产、创设织布厂生产御寒衣物。

在株洲、醴陵临时急赈的诸多措施是由参与其中的各慈善机构分工负责的。在株洲,上海京直奉水灾义赈会、上海中国济生会湘省义赈联合处负责担任搭盖居留所及维持的任务,灾黎的卫生防疫和筹设因利局则由湖南义赈会承担,施米或平粜也都有详细规定。在醴陵,贷资恢复土窑,临时粜米,搭盖居留所,灾黎卫生义赈等事由上海京直奉水灾义赈会及上海中国济生会担任;临时因利局由两湖义赈会担任,临时平粜及一月后的临时施米与临时抚恤局由湖南义赈会担任;织布机共同担任。来自多个省区的慈善救济机构实行资源整合、分工合作,在当时灾重资源人手少的情况下是必需的,也为日后灾赈提供了诸多启示。

1918 年的省内外慈善机构联合救济活动中,一个突出特点是彼此慈善救济方法上的差异。黄国英在与湘省官绅商讨具体救济方法时,"湘省官绅谈及赈务均无办法,且劝急筹缓赈,众口一词"[12],与他的意见完全相左。湖南义赈会的原定办法就是传统的散放现款,但黄国英认为这样有损无益,力劝变通,他提出三点理由:一是款少人多,难以普济,且易养成灾黎的依赖性;二是发放现款时四乡土匪易混入灾民队伍,赈款浪费严重;三是混入队伍领款的土匪易与维持秩序的警察发生对峙冲突,无辜群众易受伤害。经黄的分析解释,湖南义赈会答应变通办理,多管齐下救灾,关键是避免散放现金的弊端,旨在临时安顿灾民,力争恢复日常秩序,着眼兵灾善后工作。黄特别主张立即设法召回有劳动能力者,实行以工代赈,因为"饥民之需要无穷,而公家之供给有限"[13],而以工代赈可以招集流亡、巩固沟堘、稍纾财力、消弭隐患,一举数善。湖南义赈会与黄国英在救灾手段方法上的意见分歧,映照出沿海发达地区与内陆省份慈善水平的差异,这在此后多年的慈善救济中体现出来,如湖南的慈善救济注重消极临时救助而积极救助和善后成绩不佳,各慈善机构各自为战缺乏有效整合,造成资源的浪费和应救未能救的遗憾。

上海中国济生会与京直奉水灾义赈会在株洲、醴陵各建瓦屋数百间,给难民以庇护处;又力助宝庆红十字会4000元,以助其开展平粜;给华容知事夏逢时光洋5000元,以助其设立补耕局,招集流亡者回乡;在醴陵县城设第三正蒙学校,讲授实用性课程。而济生会与京直奉水灾义赈会联合在株醴建的200多间居留所免费提供灾民居住4个月,之后酌量情形按月分甲乙丙三种情况收取房金,目的在"充本土改良土产制造及推广教育经费,减轻慈善机关之责任"[14]。《居留所暂行收租章程》分别规定了不同商店的类型分等及相应月租金额,同时也规定了确实无力缴租和届期未缴房租者的处理办法。《章程》规定甲种店铺包括布店、洋货店、米店、纸店、药店及其他一切贩卖性质之商店,每月收房金大洋8角;乙种店铺包括铁匠店、铜匠店、木匠店、皮匠店、造绳店、织篾店、理发店、刻字店、印刷店、裁缝店及其他一切属于工艺之店,每月收房金大洋6角;丙种商铺包括饭店、点心店、面食店、豆腐店、豆豉店、油酒店、肉店及其他一切属于食料类之店,每月收房金大洋4角。对极其勤劳及老弱孤寡残废贫苦无告者,经查属实列入特种,豁免房租。并且规定,当市面发展,居留所无法安插工商经营者时,特种住户须前往在他处修建的特种居留所;而甲乙丙三种居户超限未缴房租者,则勒令前往特种居留所,不能再次申请赁屋开店。这种

上海中国红十字会赈湘物资款项清单[16]　表 3—3

| 地点 | 赈给物 |
|------|--------|
| 醴陵 | 棉衣 4000 件,现洋 300 元,食米 260 担,面粉 3000 包 |
| 宝庆 | 棉衣 3500 件,现洋 2000 元 |
| 隆回 | 棉衣 1100 件,现洋 400 元 |
| 湘潭 | 棉衣 1500 件,面粉 80 包,新台票 10252 串 |
| 株洲 | 棉衣 2600 件,面粉 2000 包 |
| 岳阳 | 棉衣 1400 件,现洋 250 元,食米 704 担 |
| 华容 | 棉衣 1500 件,现洋 823 元,食米 273 担 |
| 平江 | 棉衣 1000 件,现洋 1000 元 |
| 湘阴 | 棉衣 1500 件,现洋 100 元 |
| 长沙 | 棉衣 1655 件,现洋 450 元,新台票 1750 串 |
| 浏阳 | 棉衣 1000 件 |
| 宁乡 | 棉衣 600 件,现洋 400 元 |
| 衡山 | 棉衣 500 件 |
| 零陵 | 棉衣 500 件,面粉 60 包 |
| 总计 | 棉衣 28355 件,现洋 8123 元,食米 1193 担,面粉 5140 包,新台票 12002 串 |

规定可以给住在居留所的饥民一定压力,鼓励其自我努力,积极创业,不应萌生倚赖思想。后有醴陵难民代表袁小枚等具呈上海中国济生会湘赈处,要求豁免居留所房租,但湘赈处以此前章程规定加以拒绝,在回函中明白讲到建居留所"原为收集有业良民藉图恢复市面起见,与其他慈善事业纯粹以赈济为目的者迥不相同"[15],所得收入纳入醴陵县劝学所以作补助学堂经费之用。

上海红十字会则专设湘赈部(唐蔚芝、沈敦和任部长),派阮惟和、唐浩镇亲临湖南。其干事魏延晖、武兆桐(徐家汇交通部工业专门学校学监)、刘大成等冒着生命危险,出入锋镝,展开灾情调查,而沈敦和、唐蔚芝坐镇总部,做坚实后盾。上海红十字会在湘派发的赈灾物资和款项清单见表3—3。株洲、醴陵两地物资款项的发放先由株洲商会会长及醴陵知事调查造册,再由各慈善机关定期联合散放或分区散放等。红十字会募集的棉衣则由长沙青年会、中国济生会及红十字会分区发放。

上海义赈会及佛教慈悲会联合筹资派员到株洲、醴陵调查灾情,给此前其他善团未赈之处予以赈救,共分七种方法施救,详情见表3—4。

**上海义赈会与佛教慈悲会联合赈济株洲醴陵兵灾情况表[17]　表3—4**

| 赈济方式 | 具体明细 | 备注 |
|---|---|---|
| 大赈 | 共赈 3715 户,其中大口 8800 多,小口 815,共花赈洋 34258 元 9 角 | 放赈标准:大口发大洋 2 元 6 角,小口减半 |
| 加抚 | 共赈 332 户,大口 908,小口 815,共赈洋 3420 元 3 角。 | 加抚即加赈,主要是丁壮伤亡,劳力大损家庭。额度一般是大赈的倍数 |
| 资本 | 共贷资给 142 户,资本额 1745 元 | 其贷资标准分四等,从 20 元递减至 5 元,主要是针对城里困难的工商业营生者以及农村纺织业者 |
| 稻种及耕牛 | 共放出稻种 1509 石 75 升,每石价洋 2 元。补贴耕牛价共 130 元 | 稻种按每亩 1 斗的标准发放,共发 15097.5 亩。给十多户农家以每头 10 元的标准补贴。 |
| 急赈 | 共 106 户,共洋 215 元 | |
| 寒衣 | 有扣子者 4980 件,有带子者 4933 件 | |

　　参与醴陵兵灾救助的还有天主教白十字慈善救济会,它在战事延及的地方设立分支机构 20 多处,以备战时收容保护避难灾民。这有助于补战时中国红十字会力量之不足,对缓解人道灾难有所裨益。

### (二)、兵灾善后

　　在兵灾急赈稍微舒缓后,冬赈就被提上工作日程。1918 年 10 月 21 日,湖南义赈会召开筹办冬赈的会议,经讨论,拟在浏阳门正街李宅内设冬赈寒衣筹办处,除外省捐助的数万件棉衣外,再由贫民工艺厂制办五万件棉衣,由湖南义赈会会办朱恩绂在武汉购置棉絮数万件,并委定向葆庭为寒衣主任员。湖南冬赈任务繁重,冬赈范围暂定 21 个县(后改为 31 个县)。据规划,至少需款 10 万元,其中 2 万元搭放各县,2 万元办粥厂 12 处,6 万元办因利局 33 处,但旅京湖南筹赈会只答应给 4 万,而湖南义赈会早已无存款,负债运转。经济的拮据使得所拟计划没办法执行,任福黎还因此萌生退意,提出辞职让贤。

　　为搞好这次冬赈,湖南义赈会制定了详尽的办事规则,并决定裁员减费,速战速决。冬赈主要依靠应赈各县官绅协助,义赈会只派出查放委员和书记各 1 人,而调查户口、拟定赈数均由各地团绅负责。各应赈县根据需要确定施赈区域:两军战线地为一等,军队通过区为二等,土匪滋扰地为三等,水旱虫灾地为四等。冬赈突出时效,分途并举,越快越好。限定查放委员到各县后 3 天之内召集官绅开会布置任务,逾期不办者追究责任。各县兑赈拟托县商会或各乡公团及慈善机关代兑,议决后通知各区以省手续。委员津贴按照此前急赈调查长标准开支,每月 10 元;协助员按调查员开支津贴,每月 8 元,书记每月 4 元,均从出发之日起至结束之日止,按日计算。委员等由义赈会发放川资伙食,不得给地方增添负担,即使行政公署及地方公团饮食宴会也不得参与。各区代办绅士由义赈会持送夫马费新台票 40 串文,其余一切均由自备,团绅以下专为桑梓义务,费用自备。[18]

冬赈的另一内容是创设施米局。施米局的创设“专以赈济鳏寡孤独及老弱妇孺、无力自活者,每家至多不得超过二人”。施米局的处所数和各处所施米额度有相应规定,即长沙省城 2 处,每处施 1000 人,湘潭株洲 1 处,施 1500 人,浏阳栌冲 1 处,施 500 人。“如稍有溢额者,不得过十分之一”。[19]施米从阴历十二月二十日起至来年二月十五日止。[20]《义赈会筹办施米局章程》对灾民领米的具体程序和注意事项都有明确规定。

湖南义赈会举办因利局也有一整套规范。义赈会创立因利局,专以贷款救济穷民中欲为小贸手工等营生者,期限暂定 6 个月。此项贷款有可贷数额及相应条件限制,并鼓励各地方自己经办。贷款者须在因利局 10 里内外觅有殷实铺户或正绅担保偿还,能贷额度为铜元 1000 文至 10 千文止,每月行息 1 分,以 6 厘归经手局留用,以 4 厘缴义赈会作经费开支。除省城因利局由义赈会自办外,其他各县的因利局由知事召集绅商开会,邀请热心殷实正派绅商承办或委托商会、慈善机关代办,办理的内容及程序循相关章程进行;各县慈善绅商也可自行创办因利局,上报义赈会经考察符合规定且办理得力者可呈报省长给予奖励。[21]

中国红十字会除急赈兵灾,还同样投入冬赈,派干事武兆桐在岳州设立施米厂,共发米 700 余担,用款 3000 多元,救济灾民 2000 余户。为防止有人冒领滥放,武兆桐委托复初会教士秘密调查领米者的受灾实情。随后,武兆桐将岳州施米厂交托湖南义赈会监放长陈定贵代办,自己又赶赴醴陵开办施米厂。陈定贵代为施米数十担,在岳州施米厂阴历年底结束后,尚余米数十担,托付湖南义赈会督察长袁明翼详细调查极贫之户,以凭补给。袁明翼委托陈定贵及其助手在除夕到正月初三几天内沿街暗访,遇到乞丐盲者,每人给3升或一二斗不等。醴陵施米厂原定章程每人每日领米6合,按日一领,两月期满。但考虑到人手不够,改为5日一领;后考虑到饥民路途遥远,天气恶劣,又变通改为施放两次,每次每人领米1.2斗。

黄国英在办湘赈中,坚决反对平均式散放现金,力主帮助灾民自食其力展开自救,所以才有醴陵居留所免费4个月后收取房租,招工在华容修筑圩堤,以光洋2000元与湖南义赈会联合在岳阳开办因利局。岳阳因利局设在城隍庙,"专以维持贫民生计为宗旨"[22],赈济贫民,流通市面。

此次参与兵灾救济的慈善人士中,最活跃者要数熊希龄、任福黎、黄国英、袁明翼等。其中,黄国英在1920年4月18日因1919年秋皖南办赈时中风医治无效去世,年仅48岁,令人扼腕叹息。黄国英是广东香山人,实业家,热心慈善事业,历办奉直江淮各处的赈务。他在1918年湖南兵灾救济特别是外省援湘慈善力量中是位灵魂人物。他不畏疲劳,穿梭各灾区,"调查施放,急赈冬赈,钱米衣被,陈情而与,无不满愿"[23]。他在株、醴两处建数百间瓦房,安顿灾民,设立工厂商场,召集难民,教以织布;贷给资本,导之商贸,于是难民麇集,数月间数万流亡在外者回籍;他还创办多所学校,以供难民子弟入学;在岳州办因利局,在平江加放冬赈;花4000多元与上海仁济善堂合作创造双桅大渡船2只往来于岳州和注滋口之间,方便往返岳州与华容间的农民。在长沙黄花市一带设立平粜,共贴亏4000多元。此外,他还希望与同人创设湘省慈善实业银行以振兴贫民,尽管未成,精神诚贵;积极赞成创设孔道大同社,以提升群众的道德水平。正如时人所言,他"关怀固不在一隅也,而对吾湘灾黎轸念尤甚"[24]。

## 二、水旱灾的救济

水旱灾是北京政府时期湖南最常见的自然灾害,波及范围广、发生频率高。水旱灾救济成为慈善救济中最常见和繁重的任务。

### (一)、旱灾救济

旱灾救济关键要处理好如下问题:安顿和资遣荒民、购运谷米杂粮入湘、防止粮食外运出省以及秋后旱地作物补种等。

#### 1、安顿和资遣荒民

巨大旱灾产生大量荒民,他们为了活命冒险逃荒,目的地主要是省内的长沙,其次是常德、益阳等地,偶尔也有逃往外省的,如湖北、江苏和江西等省。在逃荒时,有时县署发给逃荒执照,更多是盲目外逃。荒民外逃是生计所迫,实属无奈,不过客观上给社会治安增添了新的变数。如何安顿和遣返逃离家园的荒民是旱灾救济中一大难题。

成规模荒民外逃主要发生在灾情特别严重的县份。1921 年旱灾时涌往长沙的荒民以安化、醴陵籍的为主,到该年 6 月外出逃荒者醴陵有 1 万多人,安化据说达 7 万人;1922 年春荒时来省的荒民以宝庆、安化、麻阳、新化、湘乡的为主;1925 年春荒,来省荒民以醴陵、平江、湘阴、浏阳的为主;1926 年春荒以临湘、岳阳、湘阴 3 县的为主。

第一,招待来长沙饥民的机构。安置来省荒民的责任一般由慈善救济组织以及当地绅商承担。1921 年春荒时,荒民安置主要由新成立的华洋筹赈会来负责,由它提供安抚荒民的一切费用,并委托省城慈善总公所的罗佩章和积善小补堂的龚春江为给食主任。到 8 月初,华洋筹赈会应付各属就食饥民不下百数十起,耗款甚多,难以为继,它曾试想获得省署的支持,于是派人前往与省长赵恒惕商讨解决办法,可赵的回答则是"现在军事紧急,各机关应发之款,均无法可设,应请诸君向各处息借,以维现状云"。[25]可是筹赈会无计可施,无奈只得于 8 月 7 日布告"所有招待饥民事宜,一律停止,即从布告之日起,遇有过境饥民概不招待,藉免纠葛"[26]。

1921 年 10 月,华洋筹赈会改组后将重点转为赴各灾县赈放,以免饥民四处流亡,因此从一开始就声明不承担来省荒民招待和遣送之责。10 月 26 日,筹赈会通电各县知事,应设法截回出境逃荒饥民,妥为赈济,告知"以后本会对于来省饥民,无论何项情形,概不负招待给养之责"[27]。但是饥饿逼使荒民冒险逃荒,无法拦阻;许多灾县官员不忍目睹灾民苦痛,违令发给护照,允灾民持照逃荒。因此,华洋筹赈会概不招待荒民的声明不起多少作用。

面对源源不断涌来的荒民,华洋筹赈会重申免责声明,并函请省会警察厅、长沙县署、总商会、慈善总公所设法救济,筹赈会按一定标准给荒民提供食物和遣散之资。所以,实际上华洋筹赈会不得不继续参与招待饥民。但到了 1922 年 4 月中旬,华洋筹赈会真的下定决心不再担招待荒民之责,自 4 月 20 日起"所有已经在省及日后陆续来省饥民,应由该饥民代表等携带名册及本籍地方官护照投呈长沙县知事公署听候核办,所有本会招待饥民责任即于是日截止,不再招待,以清权限而归划一"。[28]不过筹赈会这种坚决表态招致长沙绅商不满,他们的理由是:外县饥民来长很多是冲着筹赈会救济而来;长沙本地处处要钱,如设立救济贫民会、开办平粜、设法采购谷米以接青黄,本来就没有实力招待饥民;何况筹赈会尚未赈济长沙。因此,强烈要求筹赈会继续承担救济来省饥民的主体责任,而且认为筹赈会若真的困难无法应付的话,则可以不发米发稀饭,并电知各县禁发逃荒护照。4月24日,长沙总商会专门就招待来省荒民的责任问题召开会议,与会者批评筹赈会以不下百万之赈款却不赈济灾民有失职之嫌,并认为筹赈会"不招待来省荒民,探撷内容,系西路人与中路人意气用事,移害于我待赈之长沙"[29]。为解开此纠结,与会人士同意由筹赈会出钱,长沙地方出力来招待荒民,并一致要求长沙知事转达华洋筹赈会"收回派绅商筹款招待各县来省灾民之成命,请求照中西两路一体赈济,无分厚薄"[30]。后经协商,华洋筹赈会与长沙总商会、长沙县政府等方面达成协议,同意由警察厅、长沙县、总商会、慈善总公所与筹赈会五机关各派2人,安化、新化、宝庆、湘乡驻省绅士亦各派2人,共计18人,组织临时救护荒民队,具体负责招待荒民事宜,费用先由筹赈会拨发1000元,以后则从游艺券费项下支用。4月29日,临时荒民救护队正式成立,主任由警察厅督察长张致元和慈善总公所周季衡担任。

临时荒民救护队在开办20天后,就宣布准备在5月26日停办,理由是:人多款少难以为继;该救护队原本是临时机关,初定在阴历四月底停办;时值麦熟耕忙之际荒民更应回籍;荒民麇聚,"诚恐炎热熏蒸,发生时疫"[31];荒民共处,良莠难齐。但荒民依然不断涌来,且更主要是因社会各界不同意停办,临时荒民救护队决定延展数日。临时荒民救护队就此去函筹赈会,要求明确告知游艺券费的具体数额,言"如仍责成敝所继续义务,应请查照将灾赈券款尽数拨作救护荒民之用,原案除支付尚余若干开示确数到所,以便从长计议"[32],但筹赈会没有及时做出回复。

为此,临时荒民救护队在 6 月 10 日开收束大会,坐办常醒吾报告说:临时荒民救护队事务所已救护资遣荒民 13000 多人,自应停办;自开办一个多月来,各职员纯粹尽义务且非常疲劳;而更关键的则是筹赈会允诺的游艺券费没有确切的数额和拨付。总之,"本所之设原以华洋筹赈会停止招待来省荒民各界不得已而有是举。一隅聚赈,古今中外无此办法,实难负此无限责任。加之长沙亦系灾区之一,应请华洋筹赈会本其扩大之范围,为完全之救济"。[33]但是荒民续来,临时荒民救护队不得不再次延长一个月,到 7 月 22 日,临时荒民救护队发饭处撤销。此后,荒民救护队还延续了几个月才正式停办。

1925 年春荒旱灾又导致多批荒民来省,在 6 月 24、25 两天就达 2570 多人。这次对来省荒民救济不像 1922 年那样由多个组织合组专门机关负责,而是由省城慈善总公所、长沙民食维持会、湖南水灾筹赈会等组织来共同承担。长沙城区的士绅对荒民先在火车站给每人发米半升蚕豆 1 合,但无济于事。于是与政府商量,拟由官绅组织岳临湘协赈会,以政府拨款为主,绅商募款相助,但因 3 县绅士争分赈款激烈,省政府最后不肯发款,这一想法只得打消。后来经长沙县长周伯南邀集长沙士绅多人改组成长沙赈济荒民会,其款项由周伯南、邹天三(山)、傅南轩、余丞伯、郑漱石、史春霆、周季衡、萧叔琴、周石麟、龚春江等各捐洋 2000 元作为启动基金。为鼓励荒民回籍,赈济荒民会拟筹款从牛庄购高粱 20000 石前往岳、临、湘 3 县按名发放,发放地点临湘设在五里牌,岳州设在大化堂,湘阴设在汨罗站张家祠堂,3 县放赈主任分别是周石麟(岳州)、龚春江(临湘)、郭秩甫(湘阴)。长沙赈济荒民会主任由周伯南出任,夏俊卿、李砚(彦)樵任坐办。长沙赈济荒民会的目的是"辅助政府遣送荒民回籍待赈"[34],为此在 1926 年 1 月 19 日发出布告催促荒民回籍领赈。也就是说，长沙赈济荒民会是通过前往灾县放赈吸引逃荒饥民回籍，所以它没有在长沙给荒民发饭和遣送所需川资。

　　第二，招待荒民的内容。安置来省饥民主要涉及安排住处、给食和施医给药，而这也大致有分工，即警察厅负责安排荒民住处，各善团和慈善救济组织送饭，医疗卫生机构提供治病防疫服务。1921 年华洋筹赈会制定的《招待来省荒民办法》规定，荒民初来省时，由各该县救护队员会同各区警察招待，代觅住所，并电话通知慈善总公所给食，遇到疾病则由各该县救护队员电话通知红十字会或者积善小补堂派中西医士来救治。给食、医病等一切费用由华洋筹赈会承担。因安置在溁湾市的饥民病者甚多，筹赈会决定缄请湘雅医院医治。7 月 9 日筹赈会干事会议决定拨给湘雅医院诊治灾民药费"三十九元□角五分"。1922 年 1 月 24 日，又决定暂时每隔 5 天不分男女给每位荒民高粱 4 升，3 岁以下的算小丁，给一半，且无论大小每人每天柴盐钱 10 文。

　　1922 年 4 月长沙临时荒民救护队对来省荒民的安排是，由各署警察调查来省荒民实数，造册送交救护队，由该队派人点名，关在一处，不许外出，也禁止打牌赌博，每人给饭一斤，小孩减半，每批荒民给食最长时间为 7 天，7 天过后一律资遣回籍。警察厅则告知各区警察署随时寻找公共空旷地点安置并派员警维持秩序。当时荒民安置点在长沙城南北两地各有四处，并各设煮饭所一处。两个煮饭所每天需耗米 40 多石。临时荒民救护队收容荒民和发饭的情况从数天统计数据可见一斑（见表 3—5）。到 5 月 31 日，临时救护队陆续救护荒民 13000 多人，除四百多人尚留长沙外，余下全部遣散回籍。

临时荒民救护队荒民人数、发饭数报告表[35]　表 3—5

| 日期 | 荒民人数（人） | 所发饭数 | 所发菜数 |
|---|---|---|---|
| 5 月 3 日—8 日 | 8803 | 43740 多斤 | |
| 5 月 12 日 | 8618 | 8549 斤 | 516 斤 8 两 |
| 5 月 13 日 | 9054 | 8903 斤 8 两 | 532 斤 15 两 |
| 5 月 14 日 | 9422 | 9064 斤 8 两 | 565 斤 5 两 |

天气炎热、荒民群居易导致传染病爆发，为此，防疫治病是安顿荒民的重要内容。1921 年华洋筹赈会成立后，谢国藻即主张请总司令将荷花池陆军医院拨做隔离所，专收有传染病的难民。1922 年 5 月 6 日，华洋筹赈会专门召开干事会议，邀请湘雅医院代表报告荒民的健康情况，结果发现 20% 有瘟热症状，25% 有肠胃病，其余天花、辛红热、虎疫等均有，并警告如不及时想办法，不久之后必有瘟疫流行。对此，筹赈会议决函知临时荒民救护队迅速组织卫生队，由省内医界共同负责，并采取如下防病措施：（甲）隔离有病之人；（乙）卫生检查；（丙）注意其饮水；（丁）改良厕所；（戊）改良睡卧之处；（己）造病人统计；（庚）设法减蝇减蚊；（辛）设法消毒。[36]临时荒民救护队则回函说，救护队是临时性的，规模小、能力薄，无力组织卫生队，建议筹赈会另行安排或者借重湘雅医院代为设备。最后卫生队由湘雅医院负责组建。考虑到医疗资源不足，新化筹荒会特地组织新化荒民救护团，购置药品分送各处，病重者为之延请医生诊治，或直接送红十字医院。1926 年春荒时积善小补堂在汤公庙设立荒民隔离病室，3 月初，该所收容病症荒民有 30 多人。

第三，防堵、资遣荒民。各级政府是不愿看到荒民出逃的，关键是担心荒民乘机闹事,威胁自身统治。但是在政府几乎无暇顾及救济、民间慈善救济杯水车薪、灾荒炽烈难缓的情况下,荒民又不得不冒险外逃,希图境况改观。省政府、长沙绅商和慈善救济团体也不希望荒民涌来省城,因此要求县政府在赈济荒民中发挥更大作用,沿途各县和铁路、轮船等部门应层层拦截,甚者提出在施发食粮中掺糠防止不是非赈不生的饥民外出逃荒。这些举措目的只有一个,就是不让荒民成批外逃,造成社会无序性流动,以使"地方顿以安全,赈务易于着手,而荒民有业可复"[37]。

1921 年 6 月大批醴陵荒民涌进省城,省长赵恒惕电令醴陵知县,不允许今后灾民结队来省,以防滋扰闹事。安化荒民外逃者更甚,据说逃荒者达七万多人。对此,华洋筹赈会想出了三个办法,一是在湘潭、益阳设粥厂以阻止来省,二是将到省者往下游或湖北分流;三是直接送回安化。1922 年 4 月,长沙临时荒民救护队为防堵荒民来省,一面依然请省长电令各县知事禁发荒民逃荒护照,绝其来源;一面电令沿途各县对过境荒民一体勒令回籍,层层防堵。1922 年 10 月 26 日,筹赈会通电要求各县知事,"其有出境逃荒之饥民,亦应由该县设法截回,妥为赈济。"[38]1925 年长沙城区民食维持会"呈请省长电令各县知事不准发给护照,须就地设法拯抚。"[39]但一些灾县并不服从这样的命令,如常德、临湘、醴陵等县继续发照让荒民外出逃荒。为此,省警察厅长刘武、省长赵恒惕分别在 8 月 17 日、18 日致电临湘、醴陵各县知事,"毋得率给荒照,铁路局勿许荒民登车,以清来源,而保公安"[40]。但是临湘县违抗此令,照常颁给荒民护照,从而使临湘县与省署关系紧张。9 月 14 日省长通电点名批评了临湘县,指"该县长不为负责妥筹赈抚,乃竟听其纷纷逃散,不惜以邻为壑,殊非救济之法,而且纷至沓来,实于地方安宁秩序大有影响。"[41]但临湘县致电省署做出辩驳说"惟属县公私财力万分支绌,赈抚殊感困难"。[42]临湘县知事违令发放逃荒护照的做法最后被内务司记大过一次。10 月,为阻止荒民来省,赵恒惕派出军队在荒民上车集中的车站阻止荒民登车,具体要求"自茶家湾起及其以北各站,由邹使(镇守使)王旅(武卫军王旅长)于该荒民集合地点派队制止。自汨罗站起及其以南各站,由夏旅长(鄂军夏旅长)于该荒民集合地点派队制止,均应勒令遣散回籍"。[43]

对那些已来省荒民主要是安排车辆船只及时遣送回籍。1921 年 7 月筹赈会遣散聚集在长沙、益阳、湘潭 3 地安化籍荒民的方案是,在长沙每人给米豆各 1 斗,派员船送到益阳、湘潭,再由该两县知事备船委送灾民回县。对在益阳的约 6800 荒民,每人给钱 1 串,不给豆米。老弱者由筹赈会备船 20 条运送安化原籍。死者每名给数百文。遣散所需要川资、米豆、柴盐等费用悉数由湖南急赈会供应。而对湘乡籍的荒民,则不论大小,各给米豆 8 升,铜元 500 文,遣送回籍。而株洲、醴陵的饥民则每人发米 5 升,也无大小丁之分。1922 年 1 月,筹赈会决定对能回原籍的荒民,每名酌给高粱,新化、安化每人 2 斗,麻阳的 3 斗。

1922 年 5 月临时荒民救护队在遣送时,只负责供应荒民沿途饭食,对路途远的如安化、新化、宝庆三县的大丁发米 1 斗,小丁 6 升;湘乡的因距离近则减半,大丁发米 5 升,小丁 3 升。所给之米,荒民起程时仅给一半,一半之中折发铜元 2/5,以便沿途应用,其余一半则由总商会托湘乡、益阳等处商会派员司帮同点名给发,其钱米则由淮商公所转托各该淮商转运所拨付办理。[44]临时荒民救护队由益阳、湘潭两路分遣装运,上船时严格清点人数,发给领取另一半米的凭证,所发凭证自发出后 7 日有效。同时还在每一路派卫兵 1 人护送,这一切旨在保证能真正将荒民送回籍。另外,为

减轻雇请船只压力,对自备民船回籍的荒民每人另外给食米 2
升。[45]遣送荒民的船只由商轮公会免费提供,只津贴煤斤费洋数元
而已。以下是临时荒民救护队从 5 月 12 日到 28 日遣送荒民的开
支情况(见表3—6)。

**长沙临时荒民救护队资遣荒民情况表[46]　　表3—6**

| 日期 | 资遣荒民数 | 发荒民米数 | 发荒民钱 | 津贴民船米 | 津贴民船钱 |
| --- | --- | --- | --- | --- | --- |
| 5 月 16—22 日 | 839 | 25 石 1 斗 7 升 | 234 千 920 文 | 2 石○ 2 升 | 19 千 880 文 |
| 5 月 23 日 | 1511 | 44 石 7 斗 5 升 | 413 千 560 文 | 16 石 2 斗 2 升 | 16 千 580 文 |
| 5 月 24 日 | 1451 | 41 石 8 斗 | 398 千 720 文 | 5 石 1 斗 6 升 | 24 千 860 文 |
| 5 月 25 日 | 1393 | 40 石零 9 斗 9 升 | 378 串 840 文 | 6 石 8 斗 8 升 | 23 串文 |
| 5 月 26 日 | 1254 | 36 石 8 斗 9 升 | 340 串○ 900 文 | 8 石 2 斗 | 19 千 880 文 |
| 5 月 27 日 | 740 | 21 石 5 斗 1 升 | 197 串 540 文 | 5 石 2 斗 4 升 | 8880 文 |
| 5 月 28 日 | 494 | 14 石 6 斗 7 升 | 136 千 220 文 | 7 石 4 斗 8 升 | 7840 文 |

1925 年到 1926 年旱灾春荒接续,来省荒民一般随到随遣,从
1925 年 9 月到 1926 年 4 月,遣送荒民数大致情况见表3—7。另
外,也可从警察厅长沙外北署 1926 年 3 月 1 日至 4 月 8 日遣散荒
民的情况窥见当时繁重的遣送工作(见表3—8)。

### 遣送荒民数概览表(1925.9.17—1926.4.29)[47]    表 3—7

| 日期 | 遣送荒民数(人) | 备注 |
|---|---|---|
| 1925 年 9 月 17 日 | 3140 多 | 临湘运去赈米 200 石 |
| 9 月 22 日 | 2230 多 | |
| 10 月 9 日 | 200 | 由善堂每人发米半升 |
| 10 月 19 日 | 540 多 | 每人发给蚕豆一勺、米半斤 |
| 10 月 22 日 | 690 多 | |
| 10 月 23 日 | 1001 | |
| 10 月 25 日 | 1100 多 | 其中湖北来 100 多名 |
| 11 月 5 日 | 878 | |
| 11 月 6 日 | 564 | |
| 11 月 22 日 | 1200 多 | |
| 11 月 23 日 | 561 | 另安徽籍的 492 人,隔夜遣送 |
| 12 月 7 日 | 数据未详 | 求食者日增一日 |
| 12 月 14 日 | 3366 | 临湘:1223 人;岳阳:1395 人;湘阴:848 人。 |
| 12 月 16 日 | 约 3850 名 | 岳阳:1400 余;湘阴:1200 余;临湘:800 余;湖北监利:200 多(隔夜转运赣省)。 |
| 12 月 17 日 | 3610 | 岳阳:1400 余;临湘 1400 余;湘阴:700 余。 |
| 12 月 18 日 | 2384 | 临湘:1100;岳阳 800 余;湘阴:400 余。 |
| 12 月 21 日 | 1038 | 临湘:497;岳阳:278;湘阴:273。 |
| 12 月 22 日 | 2025 | 岳阳 905;湘阴:535;临湘:585。共计发米 8 石 |

| 日期 | 遣送荒民数(人) | 备注 |
|---|---|---|
| 12 月 23 日 | 1627 | 临湘:633;岳阳:454;湘阴:321;湖北监利:210 |
| 12 月 24 日 | 3586 | 岳阳:2035;临湘:767;湘阴784。 |
| 12 月 26 日 | 4050 | 临湘:1510;岳阳:1406;湘阴:1134 |
| 12 月 28 日 | 2020 | 临湘602;岳阳:940;湘阴478。 |
| 12 月 29 日 | 1056 | 临湘:300 余,岳阳 400 余;湘阴:300 余。 |
| 12 月 30 日 | 515 | 临湘:234;岳阳:121;湘阴:160。 |
| 1926 年 1 月 4 日 | 2728 | 临湘:1000 余;岳阳:1000 余;湘阴:700 余。 |
| 1 月 6 日 | 3674 | 临湘:1522;岳阳:1352;湘阴800。 |
| 1 月 7 日 | 4576 | 临湘:1900 余;岳阳:1800 余;湘阴:800 余。 |
| 1 月 9 日 | 2684 | 临湘:1407;岳阳:909;湘阴:358。 |
| 1 月 10 日 | 2800 余 | 临湘:900 余;岳阳:600 余;湘阴:900 余;湖北监利:449。 |
| 1 月 11 日 | 4642 | 临湘:1820;岳阳1508;湘阴:1314。 |
| 1 月 12 日 | 4291 | 临湘:1245;岳阳:1600;湘阴:1446。 |
| 1 月 13 日 | 6593 | 临湘:2593;岳阳:2487;湘阴:1513 |
| 1 月 14 日 | 4620 | 临湘:1491;岳阳湘阴:2700 余;湖北监利:351。 |
| 1 月 15 日 | 2090 | 临湘:900 余;岳阳 800 余;湘阴400 余。 |
| 1 月 16 日 | 600 余 | 均系散来,无护照、代表 |
| 1 月 17 日 | 约 2800 | 均系散来 |

| 日期 | 遣送荒民数（人） | 备注 |
|---|---|---|
| 1 月 18 日 | 3938 | 临湘 1306；岳阳：2041；湘阴；631 |
| 1 月 19 日 | 2800 | 临湘：946；岳阳湘阴：1800 余。 |
| 1 月 20 日 | 2552 | |
| 1 月 23 日 | 3850 | 临湘：2117；岳阳：1733。 |
| 1 月 24 日 | 2486 | 临湘：1217；岳阳：1269。 |
| 2 月 7 日 | 4600 余 | 赈米带往岳阳就地散放。 |
| 2 月 8 日 | 3400 余 | 岳临湘 1400；湖北监利 120；再加连日所剩灾民 |
| 2 月 19 日至 3 月 4 日 | 5037 | 临湘：3373；巴陵：1477；湘阴 21；湖北监利 117；蒲圻：45。 |
| 3 月 30 日 | 8000 余 | 前因长岳车不通而滞留不少。 |
| 4 月 12 日 | 4800 余 | |
| 4 月 14 日 | 2600 余 | |
| 4 月 15 日 | 5800 余 | |
| 4 月 17 日 | 6000 余 | |
| 4 月 24 日 | 5000 余 | |
| 4 月 25 日 | 700 余 | |
| 4 月 29 日 | 240 余 | |

**外北署遣散荒民数（1926. 3. 1. —4. 8. ）[48]  表 3—8**

| 荒民数（人） | 日期 | 荒民数（人） | 日期 |
|---|---|---|---|
| 3 月 1 日 | 980 | 3 月 21 日 | 900 余 |
| 3 月 2 日 | 580 | 3 月 22 日 | 1500 余 |

| 荒民数（人） | 日期 | 荒民数（人） | 日期 |
|---|---|---|---|
| 3 月 3 日 | 469 | 3 月 23 日 | 1900 |
| 3 月 4 日 | 327 | 3 月 24 日 | 1600 |
| 3 月 5 日 | 700 余 | 3 月 25 日 | 3000 |
| 3 月 6 日 | 143 | 3 月 26 日 | 520 |
| 3 月 7 日 | 80 余 | 3 月 27 日 | 520 |
| 3 月 8 日 | 580 | 3 月 28 日 | 520 |
| 3 月 9 日 | 900 余 | 3 月 29 日 | 520 |
| 3 月 10 日 | 1000 余 | 3 月 30 日 | 520 |
| 3 月 11 日 | 1000 | 3 月 31 日 | 540 |
| 3 月 12 日 | 900 | 4 月 1 日 | 1000 |
| 3 月 13 日 | 1800 | 4 月 2 日 | 800 余 |
| 3 月 14 日 | 900 余 | 4 月 3 日 | 1600 |
| 3 月 15 日 | 800 余 | 4 月 4 日 | 800 余 |
| 3 月 16 日 | 900 余 | 4 月 5 日 | 1400 余 |
| 3 月 17 日 | 800 | 4 月 6 日 | 1600 余 |
| 3 月 18 日 | 700 余 | 4 月 7 日 | 2400 余 |
| 3 月 19 日 | 900 余 | 4 月 8 日 | 2800 余 |
| 3 月 20 日 | 800 余 | | |
| 总计 | | 38,169 | |

据统计，自 1925 年 9 月 11 日至 1926 年 1 月 11 日，共计遣散荒民 214300 余人，共发去米 980 余石，其具体开支情况如下。

**遣散来省荒民费用情况表（1925. 9. 11. —1926. 1. 11.）**[49]　表3—9

收入概数:（一）收财政司光洋3000元。查此项原系发给盐税印收6000
　　　　元,现只向榷局收到3000元,其余3000元尚未拨妥。（二）收
　　　　赈务协会抽洋500元、又米190石零一升,扣洋1638元零九分,
　　　　照原派数,下欠洋862元。（三）收淮商公所洋5000元。（四）
　　　　收总商会钞洋1900元,照原派数下欠4100元。（五）收省长拨
　　　　交充公米,两次共计百30石。（六）收内务司拨交充公米87石
　　　　7斗9升。（七）收第一次遣散荒民余款洋218元3角3分。
　　　　（八）收张超凡私人劝募给养荒民蚕豆洋530元。以上实收洋
　　　　12786元4角2分,又米217石7斗9升。
支出概数:（一）支购买谷米洋7770余元,（二）支给养熟蚕豆并工资、柴
　　　　火、杂用洋690余元。（三）支员役薪工公费、电话、米力杂用洋
　　　　900元。以上共支去洋9360余元。
　　　　收支两抵实存洋3400元,实存米180石,总共洋米两项,四个月
　　　　约共用洋10000元,已派未缴之款约8000元。
　　　　遣送荒民中难题之一是如何防止饥民遣送回籍后再次返回。
　　　　对此,政府和参与招待荒民的慈善救济组织想出许多办法以图
　　　　破解。如1921年7月16日,筹赈会干事会议在讨论遣散安化
　　　　饥民案时就决定在荒民遣散前每人照一张像以防再来之弊。
　　　　1922年6月,临时荒民救护队对那些被遣返到半途中丢掉护照
　　　　重返长沙的荒民（其中以湘乡籍居多）专门指定金盆岭营房一
　　　　处收容,不得外出,荒民每日发饭一斤,另给蚕豆1斤做菜,共
　　　　办一个月。

## 2. 解决民食问题

　　北京政府时期湖南几次大的自然灾荒以旱灾为主,旱灾发生
时粮荒远甚于钱荒。解决此问题的关键点有二,一是从外省购运
粮食填补湖南市场不足,二是省内各县之间流通顺畅。但要解决
起来非常棘手,一是因为并非湖南一省遭灾,往往是数省同时旱
灾,外省粮价应声抬高,再加上路途远交通不便,运输成本高;二是

省内各县乃至各乡之间出于自保考虑不认真执行省署和华洋筹赈会等慈善救济团体要求允许谷米省内自由流通的命令；三是购买粮食的款项难以及时足额筹措，平粜款难及时回笼，影响谷米采运正常进行。

第一、严重的粮荒现象。因荒歉和军匪掠夺，全省灾荒之年粮食储藏大大低于常年。1922 年 1 月，常德民食维持会调查统计发现全城区的谷米约在 85000 石上下，而城区人口约 10 万上下，民食相差约在 3 个月。[50]3 月，长沙城区各仓栈存谷 300047 石，而每天需粮食 2000 多石，既存粮食只能维持 3 个月左右。谷米短缺使粮价飞涨，如 1921 年 6 月，醴陵的米价徒涨至每斗 1200 文上下，多处出现有钱无市的局面，饥民闹荒激烈。1925 年的荒象同样严重，据统计，该年五月"省仓之谷，颗粒无存，仅有民仓储备、湘义、湘社三仓共谷不满三万石"[51]。"查省城各仓栈之谷，共计不满三十万石，城厢内外民食，每月需谷十四五万，而长沙十八镇乡四处奇荒，来省购谷者络绎不绝。"[52]同时，米商囤积居奇故意抬高粮价，使米价由五六元涨至八九元，大有蒸蒸日上之势。7 月 10 日，有数千人包围长沙总商会要求粜米。

第二，各地成立民食维持会。大旱之年，粮食供给成头等大事，各地官绅商不敢懈怠，往往成立民食维持会负责粮食采购和支配等事宜。长沙作为省城，保证粮食供给更是关乎多方利益，因此特别被看重，在 1922 年和 1925 年荒灾严重之时，长沙都成立了民食维持会，在全省颇具典型性。

1922 年 2 月 18 日，长沙官绅商界代表开会，讨论维持省城民食的问题，决定成立城区谷米转运处，该处由警察厅、长沙县、慈善总公所、长沙总商会组织，警察厅和长沙县各派 1 人，慈善总公所和总商会各派 2 人，办公地点在总商会。并决定以转运处名义请

求省署禁止城内谷米下河及上火车,禁止军队下河抑价强购谷米,
所需军米自行从外地购买,零星购买也得由总司令发给相应凭证。
同时还要求能得到华洋筹赈会的帮助,要不借款 10 万,要不由筹
赈会直接购米办平粜。由商会各行业总管统计到接新所需粮食概
数,并准备好购米款。转运处的经费由绅商负责。22 日,绅商再
会,大致确定了主办人员。在这次会议上城区谷米转运处正式改
名为长沙城区民食维持会,并决定出城谷米必须由民食维持会监
控。2 月 24 日,长沙城区民食维持会正式成立,它以"预防省城米
荒、调剂民食为宗旨"[53],当年秋收后解散。

长沙城区民食维持会部门及职员表[54]　　表 3—10

| 部门名称 | 主任姓名 | 干事姓名 |
|---|---|---|
| 总务股 | 左学谦、沈克刚 | 周季衡、史春霆、陈国钧、魏桂松 |
| 转运股 | 罗东阳、萧莱生 | 朱绍麓、王伯卿、胡隽甫、周春树 |
| 调查股 | 周翘桢、罗俊崐 | 梅平垓、支海清、龙茂卿、黄佩石、熊绍南 |

　　但是长沙绅商在提出备案申请时却遭致省公署的反对,其理
由是民食维持会阻禁谷米下河与省内谷米自由流通的要求不符。
民食维持会则解释说,省城特殊地位,人口多,来源少,仓储少,若
任谷米外流很危险;而且只是就已经存栈的谷米留储,而河下过载
及四乡各处照常流通,自认与阻遏不同。同样,华洋筹赈会也反对
成立城区民食维持会。为此,民食维持会于 3 月 9 日致函筹赈会,
试图说明其拟定举措与允许省内谷米流通的要求不矛盾。3 月 13
日,城区民食维持会又召集各公团开会。入会者认为,筹赈会曾规
定谷米有余的地方应一律流通,但长沙没有余粮,而且禁运谷米下
河及上火车,河干之米仍准一律流通,与华洋筹赈会原令毫无冲

突。同时要求筹赈会就长沙谷米供应做出承诺,如能担保省城不
荒,民食维持会可以撤销。否则一旦发生闹荒事件,谁承担这个重
责。会议决定推李系纯和沈克刚前往筹赈会接洽。但是筹赈会依
然不容民食维持会阻禁长沙谷米下河及上火车。1922 年 6 月 17
日筹赈会评议会认为,长沙作为流转性的地方,无论谷米盈绌都不
能阻止流通。最后,长沙城区民食维持会没有起到预期作用,这关
键在于赈荒中居于中流砥柱地位的筹赈会强势要求禁止阻籴,且
得到了省公署的背书支持。

但是到了 1925 年旱灾时,改组后的中国华洋义赈救灾总会湖
南分会没有像昔日华洋筹赈会那样活跃,也不再处于救灾的中心
位置(已被湖南水灾筹赈会所取代),此时长沙绅商重新组织成立
的民食维持会作用发挥出来了。1925 年 5 月 22 日,长沙总商会
牵头召开维持省城民食大会。会议结果依然决定仿照 1922 年民
食维持会办法就章程略作修改,于是日成立民食维持会;并决定在
秋收前在长沙城区办平籴,请省长拨给 1924 年湖南水灾筹赈会余
款,派员出省购办谷米。当然为了汲取过去的教训,民食维持会这
次特地指出"除禁止出省外,内地谷米准其一律流通,内地不许留
难阻滞",[55]这其实与过去筹赈会主张一致。民食维持会成立后拟
多种渠道筹款,如借水灾筹赈会款,借慈善总公所仓谷抵押款,由
商会垫借 4 万元,由绅商向银行借 20 万元。另外还要求内务司停
止护照运米及火车运军米,请政府辅助款项,并及时将民食维持会
成立的消息发布出去以稳定民心,避免荒民暴动。随即议决由罗
东阳、陈联笙负责出省采办粮食。派员胡隽甫、粟象尊、朱申亮、李
吟樵 4 人分途调查省城各粮栈碓坊谷米情况,调查期间不许外运,
调查完结如有盈余才许放米外运。同时要求严查通过轮船和火车
从长沙运米外出,函知省会警察厅及长沙县布告各碓坊一律开卖

邻省。该会还希望拥有对外县来省采买谷米审查核发护照的权力,但遭省长反对,因为签发采运谷米护照属内务司职权,具体由水灾筹赈会负责。

长沙城区民食维持会职员一览表[56]　　表 3—11

| 职务 | 姓名 |
|---|---|
| 总务股主任 | 沈克刚、罗定安、黄藻奇、周季衡 |
| 总务股干事 | 张曼生、史春霆、龙绂瑞、萧莱生、滕远铭、李敬修、陈联笙 |
| 调查股主任 | 刘策臣、彭海鲲、倪芷香 |
| 调查股干事 | 俞芳午、麻静之、粟象尊、胡隽甫、李吟樵、朱申亮 |
| 转运股主任 | 周伯南、王聘莘、俞秩华 |
| 转运股干事 | 杨衡齐、罗东阳、饶树云、周石麟、王伯卿 |
| 文牍主任 | 俞芳午、陈渡之 |
| 钱粮主任 | 周季衡、李敬修 |
| 坐办 | 张曼生 |

到了这年 7 月,长沙的民食供应更加紧张。省政府发出布告"一,长沙城厢赤贫次贫各户,领有执照者,归长沙城区民食维持会照旧负责平粜。二,非赤贫次贫各户由政府及筹赈会负责,督令各粮食米厂砻坊采办米粮,照商会按日所定市价发卖。三,各粮食行米厂砻坊由政府负责保护,应即一律照常营业,不得关闭,各市民亦不得勒价强买"。戒严司令部也同时布告"现在米粮价格业经商会逐日规定,公平发卖,如有恃强抑价,存心捣乱情事,定予严拿究办"。[57]

第三,力保省内谷米畅通。大旱之年,省内谷米流通不畅加剧了供给短缺情形，因此，如何使谷米在省内各县乡间实现自由顺畅流通是政府和相关慈善救济机关所关心的问题之一。1921年华洋筹赈会提出的维持民食三大意见中就有"禁止阻粜"，它提出"古者邻国灾不闭粜"，何况一省之内呢；临县邻乡邻村有饥荒，自身怎能安宁；再说缓急人常有，自己困难时也需别人的帮助。总之它希望"祛除误会，一变'乡自保乡团自保团'之陋俗，使各县粮食，得自由流通"[58]，这是从道德情感上呼吁省内不要彼此设壑。当然在生死存亡时刻，这种吁求对大部分普通人是难奏效的，那就只得多次由省长公署发出通令和布告，要求省境内务宜"彼此流通，不可囤积居奇，亦不必惊疑自扰"。[59]

第四，禁止废田种烟。鸦片危害众人皆知。禁种鸦片外关国际信用，内切民生幸福。但民国以来私种私运鸦片依然严重，这"或以地僻而漏法网，或以恃匪以为护符，厚利所在，愚者惑焉"。为此，华洋筹赈会主张严禁种烟，"宜由都团族长晓乡民以利害，改植米麦豆菽之属，尚有不服者，依法举发。毒蛇在手，壮士断腕"。[60]1925年新化县署为维持民食，布告禁种烟苗，违者除按律严惩外还将该田地充公，因为"偏种烟苗，占住土田，消耗肥料"[61]，鼓励多种荞麦大麦等作物，还要求业主叮嘱佃户不得种植烟草，各团村总长要书面承诺所辖区域无种植烟苗者，一旦发现仍有烟苗，则该团总村长一律科罪。

第五，要求不得滥用粮食，坚决禁止以杂粮煮酒熬糖乃至以粮食喂猪。1925年，湘阴旱灾救济会、湘潭南四区驻省筹荒会、平江救荒会、宝庆民食维持会等团体都有严禁烧熬糖酒、限制喂养牲畜等耗散粮谷的行为。省政府同样禁止以粮食熬糖酒。不过依然有人在大荒之年以粮食烧酒熬糖。湘阴旱灾救济会就查处了临渚、白马、文洲三处槽坊，将相关责任人交由县署严惩，并请县署即日派队查封城镇乡槽坊所有锅甑等件,归各保卫团封存。安化旱灾救济会要求牛马鸡鸭等宜适时收关,以免残害农作物。宝庆民食维持会甚者规定牲畜家禽的豢养数量,只有六口以上的家庭才能养牲畜,但牲畜不过一头,鸡鸭鹅不过四只。这些琐碎规定旨在节缩粮食,但实施起来很难。

### 3. 严办米禁

解决米荒除省内各方流通顺畅、筹款从外省购谷补充以及粮食节约之外,另一重要工作就是防止大旱之年放米出口。阻禁谷米出口是件特别复杂的事情,尤其在南北双方军事对峙、省内辖权不统一的情况下,但只有抓好米禁才能为全省赈务创造必需的条件。

第一,开征米捐是晚清以来的惯例。湖南历来是产粮大省,粮食出口是百姓收入和政府财政的重要来源之一。在丰收年扩大出口量是受人欢迎的,可在荒歉乃至大灾之年则截然不同,社会普遍要求先保证省内的粮食供给。就政府而言,只要条件允许是乐见谷米出口的,因为这样可以增加财政收入。自光绪末年开始,两湖就合组专门机构——两湖米捐总局抽收米捐,然后两省按商定比例分红。一般而言,一年准放 300 万石,若仍有余再放 300 万石,米每石抽税 600 文,附加农会捐 10 文,谷则折半抽收。例如,在1920 年初,旅京同乡和省内主要法团组织如省城慈善总公所、长沙总商会、淮商公所、善后讨论会、义赈平粜会以及三路著名绅士以湘省金融枯竭、谷贱妨农为由,多次声请政府开弛米禁。省署同意自 1 月 21 日起正式弛禁,数额以 200 万石为限,预留 100 万石,并实行护照制度。同时,"除照章征收出境厘金铜元一百四十文、善堂捐二文、米捐六百文、附征农会捐十文外,并另收军事特捐大洋五角,随同厘捐一律附征。每谷一石,照米减半,仍另给捐票,以清界限"。[62]但从结果来看，为救活金融、替农民着想而开弛米禁完全是假，政府借机敛财是真。当然也因为此次谷米出口出售的米护照成本太高，米商购买米护照很不积极。

实际上，1920年并不是真正丰收年，最后因过度放米出口导致次年春荒象严重。于是社会又开始呼吁停止谷米出口。

第二，米禁对赈务而言至关重要。荒歉之年不抓好米禁事会造成多方面的伤害，对外言失去信用，湖南政府和慈善救济组织灾情报告的真实性难以让人相信，自然就无法以此来打动人心获得捐助；对内言则让本来就特别紧张的谷米供应雪上加霜，给赈灾工作平添更大麻烦。总之，抓好米禁既可稍裕仓廪，又能让外界释疑，有助争款筹款。所以，在以米荒为实质内容的旱灾之年，"米禁一项关系荒政至为密切"[63]，成为赈济的基础性工作。但在1921年夏的急赈中，湖南就尝到了不抓好米禁工作的苦头。在华洋筹赈会成立会上，在湘外籍传教士如任修本等多人就不认为湖南有荒灾，理由就是当时还有谷米出口，尽管最后经中方解释说那是商贩走私行为才说服外籍传教士同意合作办赈，但实际上埋下了办赈最忌讳的信任隐患；同样，中国华洋义赈救灾总会总干事艾德辅在给聂云台的复电中表达了对湖南的不信任，言"夏间（指1921年——引者注）急赈，多缘米运出省及出口关系，已失各界信用，现虽真有灾荒，人皆不信"[64]，更何况在1922年初依然有米粮出口，这样的情势要让由赈务处和华洋义赈总会召集的中外合组的财务委员会将湖南定为灾区拨款助赈是非常困难的，因为该会在支配赈款方面秉公办理，贵州就因境内鸦片烟种植没有根绝而被置于灾区之外不得支配赈款。得到这样的讯息后，华洋筹赈会非常恐慌，因为这次春荒奇灾救助"除专望北京各项附加赈捐外，别无他法可筹一文，而北京赈款支配之权，殆全操诸外人之手"[65]。

于是筹赈会派胡美晋京做解释工作,但最后在支配三百万元关余税款时,湖南还是没有被列入一等灾区,原因之一是说湖南依然放米出省,二则是认为湖南是兵灾而非旱灾,所以湖南不能与江苏、安徽分得同额赈款。通过这些实例足见米禁工作的重要程度。

第三,1921 年至 1922 年的米禁主要由湖南华洋筹赈会负责。华洋筹赈会在办理 1921 年春荒旱灾过程中,面临的最大问题是省政府米禁措施不得力、与湖北江西接壤地方军队包运强购谷米现象严重、地方官员乃至米禁稽查人员工作不负责任甚至受贿放米问题突出等。因此,筹赈会要有效搞好赈务,就必须将谷米出口这个漏洞堵住,否则筹款购运放赈办平粜都将收效甚微甚至徒劳。于是筹赈会派出何辉树、张称遂前赴滨湖一带关卡调查,并多次给省政府、熊希龄等京沪地湘籍士绅和在岳州北军将领等致电去函希望其重视米禁事宜。在当时政府主持的米禁稽查形同虚设和荒象不断蔓延的情况下,省议会通过决议,将米禁工作的重任托付给筹赈会。《湖南省议会议决禁止谷米出省办法》(共 11 条)规定查禁轮船火车夹带谷米出口、岳阳城陵矶及藕池口等重要地段的米禁工作交由筹赈会负责,“除火车及各关卡由华洋筹赈会派员专驻办理外,其各边县境内尚有可以偷漏谷米出口之地方,准由地方团体设法查禁”[66]。

同时省署也拟定了《湖南米禁稽查处暂行章程》,分别在梅田湖、卢林潭两处委派专员查禁,这反映出省议会与省政府在米禁问题上产生了分歧。省议会曾严厉批评“政府迭令禁止谷米出口,然流弊甚多”,对由政府主导的米禁表达了严重失望之意,才转而将此重任交给筹赈会;可是省政府为凸显其管理社会事务的权威,依然照惯例在米禁时设机构查禁,但并没有在具体方法上有所创新。这也使米禁中出现了筹赈会深感困难的事权不统一问题。

第四，华洋筹赈会为米禁积极努力，深获社会赞许。筹赈会在接到任务后，立马着手工作，1921 年 11 月 27 日致函长岳、株萍铁路局，请其配合严查火车夹带谷米出口鄂赣，要求铁路局只能放行持有省长兼总司令印发的由筹赈会填注加印通行省内之护照者；并派筹赈会理事兼干事任修本牧师赴岳阳、派干事邓维真牧师赴醴陵分别调查。另外，还在几个关键地方设专员（共 13 人）查禁谷米出口，其地点和米禁专员名单见表 3—12。各委员驻扎的地方须悬挂白旗一面，上面书写"湖南华洋筹赈会查禁谷米出省"字样。为加强督促，筹赈会于 11 月 29 日分别由任修本和邓维真担任下、上游查禁总办，凡米谷私运入鄂、赣，一切交涉归其管理，并指挥监督各查禁委员。

在查禁过程中，筹赈会深感"办理米禁事宜，其窒碍难行之处实源于事权不能统一，又无实力以处分放米及私运之人，故驻防军警可以包揽把持，而厘稽局卡可以受贿私放，黑幕重重，不可究诘。"[68]事权不统一突出表现在判定所拦获米船是否真的违规问题上，省署设置的米禁稽查员和筹赈会派驻的查禁委员的判断标准不一致。如泸林潭米禁稽查处稽查王国安等人截获谭达顺五十三号米船，因省署和筹赈会所派专员的判断截然不同，只得将相关材料提交省署裁决，最后省署裁定泸林潭拦获谭达顺五十三号米船属正当行为，该米商是在偷运船米出境。像类似这样米禁案件难判、真相难得的情况很多，遇事提交省署裁定严重降低了办事效率。为此，筹赈会就一直试图与省署一起设立统一的具有处置权的机构。1922 年 1 月 17 日干事会议议决应组织提充谷米公判委员会，裁定运米出境是否违法，初步计划其成员分别由筹赈会干事会推代表 2 人，总司令部、省长公署、省议会、高等审判厅、高等监察厅、律师公会各 1 人组成。但省署不愿被提议中的提充谷米公

湖南华洋筹赈会米禁机关设置地点及专员一览表[67]    表 3—12

| 地点 | 米禁专员姓名 |
| --- | --- |
| 岳州厘局及车站税关所在地 | 周星五 |
| 城陵矶厘局及车站税关所在地 | 张称遂 |
| 湘阴泸林潭 | 叶浚煌 |
| 牛洲 | 彭鸿 |
| 临湘荆河胪 | 王昌浚 |
| 南县藕池口 | 陶鼎勋 |
| 太平口 | 欧钟祥 |
| 华容梅田湖 | 周北公 |
| 安乡刘家嘴 | 伍德润 |
| 老关车站 | 赵煜章 |
| 醴陵东乡白兔潭枧头洲等处 | 未详 |
| 醴陵南乡美田桥等处 | 未详 |
| 浏阳金刚头等处 | 未详 |

判委员会束缚,而是提出政府的米禁稽查处查处的仍由政府来处置,由社会团体查获的则交由提充谷米公判委员会负责裁定。对此,筹赈会表示不同意。后经筹赈会多次努力,省公署于 2 月 28 日函覆筹赈会,言"将米禁稽查处查获谷米概归委员会公判,事属可行"[69],最终答应划一全省处罚充公米粮,这也标志着筹赈会完全掌握了米禁的主导权。

提充谷米公判委员会在 1922 年 2 月 18 日正式成立,并推马续常、唐冠亚二人为章程起草员。在商讨章程草案时,对于查获私运谷米者给予的奖励采用省公署二成充赏、八成充公的成例。而此前,筹赈会所订《本会查禁谷米出省办法》中则是将查获谷米平价购买后所得款额悉数奖给查获之人。最终的《提充谷米公判委员会简章》规定该委员会由 13 人组成,分别由湖南省议会、省长公署、总司令部、高等审判厅、高等检察厅、律师公会、省教育会、省农会、省工会、长沙总商会、华洋筹赈会评议会各派 1 人,华洋筹赈会干事会派 2 人充任。《简章》规定对违禁谷米悉数提充,无论何项机关查获违禁谷米概由该委员会公判,且对公判案件当事人无上诉权。

　　筹赈会除常设提充谷米公判委员会外,还设立了米禁监察团。早在 1922 年 1 月 16 日,李鸣九在由筹赈会召集的各公团会议上就建议各公团举出数人前往岳州、醴陵一带监视,在发现谷米违规出口时出面作证,加速米禁案的处理。会议最后同意组设各公团米禁监察团。3 月 5 日,米禁监察团正式成立。监察团的正式名称是"湖南粮食出口阻禁监察团",专为"辅助政府及华洋筹赈会之不及",[70]其成员由省垣参与发起的公团各推 2 人组成。各监察员的工作分明查和密查两种,同时监察员与米禁委员有彼此互查之责,监察员的旅费由公团自行筹措或请华洋筹赈会酌量垫付,由提充罚款项下开支。

　　到了 1922 年 8 月,随着新谷逐渐登场,筹赈会也以米禁只是该会受派的临时工作为由,于 8 月 16 日的干事会议上议决撤销米禁事宜,提充公判委员会也随即撤销。19 日,正式函知省署、省议会筹赈会计划在 8 月底裁撤米禁机关。

　　第五,米禁中最难解决的是岳州醴陵北军破坏米禁以及地方官员、米禁委员放米出口。驻在湖南境内的北军自有主管机关,一般不理会米禁的措施,照样在驻扎地购粮,甚者包运谷米出口。因此筹赈会发出如是感叹,"筹赈会前因办理米禁事宜,甚为困难,

尤以关系军队者为多"。[71]据筹赈会观察员的调查,自 1921 年 8 月
至 11 月岳州驻军三师、二十四师、二十五师及两湖使署通过当地
粮行就地采购粮食近 20 万石。驻扎在岳州的吴佩孚部私放谷米
出境,征收米捐充作军用,大致米 1 石抽钱 600 文,谷 1 旦抽 300
文,"一日驻防军队,放船一百九十九只,得款约万元"[72]。而驻在
醴陵的赣军方本仁部则对湘省查禁火车出境谷米加以干涉,且不
顾采运谷米的特定手续自由入境采买。对于这样的行为,省公署
和筹赈会多次通过函电、派出代表前往交涉,但对方消极回应。筹
赈会派出任修本和邓维真分别前往岳州、醴陵与张福来(二十四
师师长)、方本仁交涉。张福来看似表现出配合米禁的态度,但实
际上也很难约束其官兵;而方本仁就连口头的承诺都没有,还以
"夫以军用少数米粮,又系托地方士绅就地代办,需用之量可以查
考,与贵省米禁并无妨害"[73]这样的言语辩解,认为只要不包庇奸
商,在驻扎地采购日用食米是正常的事。后经多次耐心交涉,筹赈
会于 1922 年 3 月 21 日提出折中方案,同意赣军每天在醴陵购米
二十石,赣军也把驻防撤回到江西一边。后来因醴陵缺米严重,在
当地采购军米加剧荒情,筹赈会提出由赣军备款直接交给筹赈会,
由其代办向它处筹办按期运交。方本仁在 5 月 5 日回函要求筹赈
会一次性代办 3 个月军食共计 1800 包米。

　　米禁的另一难题就是地方官员对米禁不积极和米禁专员受贿
放米出口。1921 年 11 月 22 日,筹赈会致函省公署,转达醴陵公
民举报该县知事和县民食维持会放行江西商人黄显扬在境内两次
采办的 10780 石米一事,要求省长严查。随后又爆出醴陵老关米
禁专员赵煜章受贿放米事。面对醴陵米禁废弛的局面,筹赈会函
请省长责令醴陵限期整改否则撤职,以后不放赈醴陵,并要求严惩
赵煜章受贿案。赵煜章主要是接收贿赂放米出口萍乡,受贿至少

有三次，共得受贿米 5 石，交由老关车站运出。最后赵煜章被押解省城受罚，米禁专员职务也被撤销。

第六，筹赈会交卸米禁任务后，由政府主持的米禁工作名不副实、徒有虚名。筹赈会自 1921 年 11 月接手米禁工作，多方努力，希图杜绝漏卮，为办赈务打好基础，历时一个多月，深感其中困难。这些困难主要有机构重设事权不一、军队强行就地采购包运谷米出口、地方官不积极配合、米禁人员不够敬业。为此，筹赈会于 1922 年 1 月 21 日致函省长公署，准备卸掉米禁责任。但考虑到"湘省谷米出省不能立即禁绝，则敝会办理赈务，实属毫无裨益，而京沪各方面赈款，亦无法可以得到"[74]，筹赈会强烈要求政府全力注重米禁，颁布极严厉之禁令，而且还提出了 5 条建议，要求省署在四天之内做出答复，否则正式通电全国，辞去米禁职责。这 5 条建议包括：对有谷米出境地方的富户和地方官员给予相应的处罚；对军方违规运米出境的惩罚；对政府机构受贿放米出去的惩罚；某地违反三项以上的则追究董团保的责任；对县境出现三起违规运米出境的处罚。筹赈会的这一动作明显是向省政府施加压力，希望其切实支持米禁工作。2 月 20 日，省署回函说"贵会此次协办米禁，成绩昭著，有口皆碑。所有各处米禁专员，似应仍请仍旧派驻，期竟全功"[75]，挽留筹赈会继续负责米禁。这样筹赈会将米禁工作一直持续到 8 月底。

随即，省财政厅又开弛米禁，初定 200 万石。但这项决定招致芷江、宝庆、新化等县和熊希龄等人的反对。而且米照使用混乱，米捐局卡多不按照放行，缴照者尚多留难，无照者只私纳若干便可通行无阻。米照又不是必定缴收，常有使用至数次者。这使得米照销售更加不旺，俨然等同废纸。省议会则咨请政府在 12 月 31 日禁止谷米出口，最后延至 1923 年 2 月 27 日才正式闭关。但是政府主导的米禁重开后,谷米仍是源源出口,或由奸商勾结不肖官吏私运,或由军士包运,其者有岳阳县议员串贿各方私运大批谷米出口。

### 4. 谷米平粜

旱灾急赈就灾民食物供应而言,一是设厂施粥。它让极贫者持证领粥,但其覆盖面窄,举办方负担重,难以持久,而且集中一处供食易带来安全事故;二是办谷米平粜。它让次贫者以低于市场的价格购买粮食,举办方补贴运费和损耗,以回笼资金继续采运谷米循环进行,这样可以解决更多人的吃饭问题。因此只要条件稍微允许,很多办赈者倾向于这种相对积极且可多次循环的方法。

每当旱荒米缺,各地就会要求省政府和全省性慈善救济组织运米办平粜。1921年春荒,熊希龄致电省长赵恒惕建议其速筹平粜,否则地方秩序难保,但赵的回答是政府无钱挹注其中,反而希望熊希龄筹款给湖南义赈会办平粜。为专办湘西平粜,旅京湖南筹赈会拨洋1万元派员赴常德采办谷石均分给永顺、保靖、龙山、桑植、永绥、古丈、凤凰和乾城八县,平粜以1个月为限。为抓好平粜事,湖南义赈会还专门成立平粜局。在华洋筹赈会成立后,义赈会同意拿出办平粜的款额54000多元交由筹赈会归口办平粜,只是在开支这笔款时须得到谢国藻的签字,平粜所造成损失由筹赈会承担。这一年,长沙总商会、慈善总公所、淮商公所也于阴历五月二十四日起设"零粜局",举办平粜事宜,具体工作由长沙急赈分会组织。零粜局共设5处。平粜证照由长沙急赈分会填发,周一至周五米照轮粜,星期天停粜清理账目。零粜局用普通升,每升定价90文,粜卖时搭蚕豆三成,蚕豆每普通升定价50文。这次的平粜持续1个月,到阴历六月二十五日收束。

1925年旱灾时,多个地方办平粜,如长沙、常德、澧县、湘潭、永顺、临湘等地,只不过主办者不同而已,多数主办者是多个公法团合组的民食维持会,如长沙和常德;也有政府出面组织的,如湘潭和桃源。长沙城区民食维持会在东区理间街多佛寺、南区南门外华昌炼厂、西区坡子街乾元宫、北区玉皇殿设平粜局,自 6 月 12 日正式开办,每升定价铜元 180 文(市面价为 340 文)。平粜局成立后,受到饥民欢迎,前往粜米者甚为踊跃,这从 7 月 4 日至 6 日的销售情况得以体现(见表 3—13)。长沙平粜除由民食维持会组织的以外,总商会又在兼善堂设"公粜局",主要是开卖从芜湖购办的米,每天以粜卖 200 石为限。起初公粜局允许每人 1 斛起码 5 斗为限,但因人数太多不得不临时减少购买量。长沙城区民食维持会举办的平粜局开办至 8 月 15 日,前后约两个月,共贴补洋 5 万多元。商会从各行业收取的预防金 5 万元也全部贴完。

**长沙城区民食维持会平粜局发粜米情形(1925. 7. 4. —7. 6. )[76]表 3—13**

|  | 东区平粜局 | 南区平粜局 | 西区平粜局 | 北区平粜局 |
|---|---|---|---|---|
| 7 月 4 日 | 57 石 7 斗 6 升 | 88 石 2 斗 7 升 | 57 石 5 斗 8 升 | 107 石 8 斗 8 升 |
| 7 月 5 日 | 66 石 7 斗 5 升 | 110 石 | 89 石 7 斗 9 升 | 94 石 3 斗 1 升 |
| 7 月 6 日 | 108 石 3 斗 9 升 | 110 石零 4 升 | 100 石 7 斗 3 升 | 135 石 5 斗 3 升 |

在常德,民食维持会举办的平粜局在 6 月 27 日正式开放。平粜局每天备米 280 石发给平粜,因担心平粜谷米难以为继,于是仿照长沙谷米搭配蚕豆的办法,买米 3 升者发米 2 升,搭蚕豆 1 升,米价每升仍收 240 文,蚕豆每升收钱 160 文。

办平粜可以尽可能以有限资金让更多人收益,但前提是粜卖价及时足额收回。可这个问题始终得不到妥善解决,很多地方混淆赈款和粜价的区别,迟迟不报解粜价,当然地方经济困难也是其经常提到的"理由"。1922 年 12 月 15 日,华洋筹赈会在接管旅京湖南筹赈会平粜办公处移交的 1921 年配发各县粜价后就要求将相关款项及时押解。另外,平粜主要是针对次贫人群进行的,可在实际操作中平粜票证的管理存在漏洞,一部分不缺粮的人也混进购买平粜米人群中间,使平粜谷米作用的针对性减弱。

### 5. 秋后补种

所谓水灾一条线,旱灾一大片,夏秋降雨少是湖南的气候特点。因此,如何在夏粮减产甚至绝收的情况下秋后及时补救是旱灾救济的重要内容之一。政府和慈善救济组织除了散放急赈和平粜外,也特别重视帮助农民获得耕牛和种子补种杂粮蔬菜。

1921 年旱灾过后,省长通令各县知事广种马铃薯,并印发七份种植马铃薯方法,要求各县农会照办,泸溪县则发动农民补种荞麦。1925 年,叶开鑫督办提出的善后办法之一就是重视秋冬杂粮,认为面对灾民多荒期长的困局,纯粹靠放赈平粜难以持续久远,真正"久远之计,端在广种杂粮"[77]。省长则在 8 月 7 日饬令各县积极劝导播种杂粮。内务司在 10 月份也通令劝农民种菜救饥。为呼应政府多次劝导秋后补种杂粮蔬菜和提前准备春耕种子的要求,湖南水灾筹赈会派出专员前往河南、湖北两省采办杂粮种子回湘。它以平粜收回的 7 万元款从河南购买小麦种子备来年春耕,同时购买萝卜种子 40 石分发给灾县早日播种。湖南赈务协会给湘西旱灾严重县凤凰、保靖、乾城、永绥、古丈萝卜种子各 3 石,龙山、桑植、麻阳永顺萝卜种子各 1 石。

通过秋后补种可缩短靠赈济过活的时间,增加农民抗灾能力,符合古语所说"为政之道,首在足民之方,不在蠲赋给赈,而在务农劝耕"[78]的道理。

### 6. 移民垦荒

1925 年 10 月 4 日,长沙士绅曹典球、狄昂人等人在长沙县农会开会商讨移垦救灾事宜。与会者认为湖南人多地少水旱频仍，若移垦他省不失为一种救济的方法，于是议决成立"湘民移垦西北筹备事务所"，推定曾继梧、粟戡时、曹典球、刘宝书、狄昂人、王季范、郑业中、阮湘、俞诰庆、周声汉、黄台棠、王伯徽、杜时化、徐卓、孙介藩共15人为临时筹备员。后经旅张（家口）湘人孔昭绶、辜天佑、马临翼等多方筹备，拟移湘民赴绥远之五原县后套地方开垦，并决定成立湘民移垦合作社，还就劳资合作领地做专项概算。在土地领妥后，于1926年2月23日在修业学校召开湘民移垦合作社成立会，并商招募农夫事宜，以便立即投入春耕。常德旱灾救济会也商讨过移垦问题，同时致电张家口冯玉祥督办了解移民章程，再做决定。旱荒之年，考虑移民他处开垦也是一种比较积极的方法，这应了古法：赈济不移粟则移民。

## （二）、水灾救济

相对于旱灾，水灾破坏区域要窄，持续时间要短；水灾救济与旱灾救济的侧重点有所不同，主要涉及及时救人出险、临时灾民安置和灾后防疫等。

### 1. 安置灾民

1924年夏，湖南多个县突发大水，新化、宝庆、武冈、新宁等县"一昼夜骤涨五六丈，县城公私房屋，倾倒十之六七，沿河市镇，冲洗殆尽"[79]；"长沙城内半成泽国，近河各街水深数丈，街巷之间非船莫渡"[80]，"且其最伤心而损失最巨者为全湘禾稼十九淹没也"[81]。

面对突如其来的大面积水灾，当务之急是转移灾民至安全处。在长沙，警察厅调集二十四艘划子，分区域载渡灾民到安全区域；水上警厅也组织水灾临时救护队，分区转运灾民。灾民救出后，由警察厅在城内高处的庙宇会馆等地设安置点，收容灾民。当时灾民栖息地具体安排如下：东区——福建会馆，开福寺；南区——城基上府学宫，万寿宫，同心小补堂，南岳宫（小古道巷），孔道学校（上黎家坡街）；西区——古观音寺，苏州会馆，元口会馆，轩辕殿；北区——文庙（长学宫街）武庙（三公祠）黄氏祠内（司马里六号）；外南——陶公祠，第一师范校舍；外北——东岳宫，关岳庙，和丰公司及油铺街，新洋房，还有市政公所游泳场。

　　灾民安置后，施食送饭的任务由省城慈善总公所和各善堂承担。青石井觉化慈善堂设的煮饭点在福寿桥、苏万茂、辕门、上萃生、草潮门、周玉成槽坊；织机巷积善小补堂设的煮饭点在坡子街、乾元宫、南门外、蚂蚁巷、靳江河。而长沙水灾救济团则分四厂发饭，每厂又分若干组送赈。中厂设火宫殿，赈收容灾民，杨家山专设一厂施食；南厂设蚂蚁巷的楚善长炼厂；西厂设河西野鸡尾兴仁善堂。各厂的送饭线路安排如下。南厂负责三条线路：第一路由铜元局沿上河街、六铺街、青龙庙、南湖巷、沙湖桥至渡口止；第二路由铜元局沿下河街、刘公渡直至鸳码头、西湖桥、文渊井、便河坝至学宫门、白鹤观出西湖桥正码头口止；第三路至水陆洲、牛头洲绕对河沿岸至龙回塘、赵支港止。中厂负责两条线路：第四路由小吴门沿上河街绕至西湖桥正码头口止；第五路由小西门沿下河街、金家码头、大西门、碧湾子、浏阳码头、流水桥、落棚桥、李家菜园、福星门下至潮门正码头南岸止。北厂由觉化、通化两慈善堂担任，由潮宗门北岸以下及落刀嘴、捞刀河及北郊乡村一带。西厂归善仁慈善堂担任，由靳江河、棉湖铺、石塘、平塘、大圣寺、大围口及沿河两岸乡村一带。[82]

　　1926年长沙水灾后，同样是警厅负责救护灾民上岸并觅定安置点，这次灾民主要安置在如下地点：坡子街火宫殿、弥罗阁、仁寿宫、龙王宫、省三仓、大西门衡安屯船、农业学校寄宿舍、农事试验厂、市政公所、文昌阁农业学校、文昌阁庙内、外北区警察署、长春巷天主堂、神光学校。然后由长沙水灾急赈分会和各善堂负责分途放赈和送饭,具体安排见表3—14、表3—15。

**长沙水灾急赈分会分途放赈区段及负责人安排表**[83]　　表3—14

| 地段 | 负责人 |
| --- | --- |
| 上南路:靳江河、杨湖、对河一带 | 李益顺、肖仁臣 |
| 南路:猴子石以下至西湖桥牛头州、水陆洲等处 | 杨桂芳 |
| 中路:西湖桥起至北门墙角头止 | 黄德基、李敬生 |
| 西路:漾湾市、纺织厂、傅家洲、岳麓山三叉矶一带 | 王汉臣 |
| 东北路:墙角头、北门外各围垸、鸭子铺、汤家坪一带 | 吴桂生 |
| 东路:杨家山、东南渡、大桥、张公岭一带 | 黄道生、张剀臣 |

**省垣各善堂救济任务具体分段表**[84]　　表3—15

| 地段 | 负责善堂 | 煮饭处地点 |
| --- | --- | --- |
| 北路 | 觉化慈善堂、道化慈善堂、 | 草潮门口丰盈槽坊、福寿桥史宏发 |
| 东路 | 积善小补堂、辅由慈善堂、 | 杨家山侯仁义槽坊、新塘垅李家、 |
| 南路 | 同心小补堂、虔化慈善堂 | 同心小补堂 |
| 上南 | 靳江河兴仁慈善堂大山 | |
| 河西 | 诚由慈善堂 | 漾湾市 |
| 中路 | 积善小补堂、厥中小补堂 | 福禄宫钱业公所(后又在祥太作坊添设一煮饭处) |

### 2. 消毒防疫

水灾救济中工作最繁重的也是至为重要的乃及时消毒防疫。1924 年水灾后,慈善总公所就嘱托同善堂备送宁乡时疫药水 240 瓶、雷击散 5 大包(约 3000 余小包)、痧药 600 瓶。湖南水灾急赈会决定由军务局四科(即军医科)负责整个防疫卫生规划,卫生、施诊、散药委托各医院、善堂、卫生会经办,同意补助相关费用。中国卫生会湖南分会迅速做出反应,就防疫宣传、井水消毒和设防疫处等事项予以规划:迅速印发"目前应特别注意的几件事"及"霍乱症防御法""饮水洁净法"各种传单,以宣传演讲的方式介绍灾后防疫方法,由卫生会平价提供井水消毒药品,函商市政公所开办防疫处及防疫医院,迅速筹设传染病临时隔离所,邀请湘雅、红十字、公医院、信义四医院院长开会商讨分任灾民医药事项。水灾救济团则不赞成卫生会提出的设立专门防疫医院的建议,理由是耗费过大且短期内难于成立,反倒建议由湖南水灾急赈会资助现有的中西医机构,由省会著名医生每天抽出时间尽一定义务即可,并商同湘雅医院另外组设防疫所。

湖南水灾急赈会在召集各大医院院长与卫生会、医药各团体领袖会议后,决定成立水灾防疫处,经费由急赈会、市政公所和商会承担,防疫处内设长沙临时治疗所,设防疫医院(属隔离性质),组织清洁队(由市政公所、警察厅会合组织),设宣传部。防疫处设小吴门第一新监房屋。至外县防疫事宜,则查照历年防疫处前例,委托各县教会医院办理,以期便利。清洁队由卫生会干事部主任赵运文和执行干事张维负责。防疫医院设都正街修业学校,7 月 14 日下午开始门诊,限诊内科及染时疫的病人,住院病人限收虎列拉赤痢霍乱等症,病患不需支付任何伙食医药等费用。因前往医院就诊者过多,防疫医院院长王子玕考虑到出诊困难,特选定地方派医士定时诊治,这样的临时施诊处设在天符庙、水府庙、雷祖庙等共4处,正式名称是"湖南水灾防疫处防疫医院临时送诊处"。防疫医院在7月14日接诊到21日一个星期内共诊治病人208人。针对衡阳发现时疫事,湖南急赈会、水灾防疫处、湖南卫生会联合电请湘南善后督办署分发此前已寄送过去的千瓶十滴水,还请其就近与教会医院联络商讨防范办法。

　　1926年水灾后,湖南防疫处也迅即于7月3日召开相关方面会议,商讨对策。这次会议决定具体水灾防疫由防疫处和卫生会负责,灾民诊治由湘雅医院和仁术医院负责,收容所的卫生由卫生会会同警察厅负责,清洁队由警察厅牵头会同市政公所、长沙县、贫民救济会和垃圾处负责,井水消毒队由卫生会负责,宣传事宜由卫生会负责,防疫处长由曹典球担任,防疫医院即日开办。同时警察厅还就市民卫生防疫提出5条禁令:禁止贩卖腐烂及削皮瓜果(如西瓜、凉薯等类);禁止用生水制造之荷兰水及假汽水搓凉粉;禁止饮食店使用井水及未沸生水;禁止当街便溺及倾泼秽水;禁止井旁浣衣漂布洗菜。[85]

　　北京政府时期湖南水灾救济呈现出如下特点:第一,警察机构在水灾救济中发挥重要作用。它们组成临时救护队,在城内高处觅定安置点,在专门赈务组织和各善堂之间协调联络等,主要工作包括维持治安、遣送荒民、急救灾民、协助卫生防治。第二,水灾救济特别注重卫生防疫,专门成立防疫处,积极宣传卫生知识,卫生会和各大医院积极为灾民施医送药。第三,不同慈善救济组织活动中相互协作。一般是政府和赈务机构提供资金,专业组织和医院提供专业指导和服务,各传统善团则煮饭送饭。

## 第二节　以工代赈和贷赈

灾荒救济中施粥、放赈和平粜总的说来属消极的慈善行为,这在危急时刻是必需的,但它"徒把灾民每日赈点粥米毫无益处"[86],没有调动灾民自救,也难以持续下去。所以,在灾情稍为缓解后,创造机会帮助灾民自救是可取的,其中广为采用的包括以工代赈,创设因利局和提供农贷等。

### 一、以工代赈

以工代赈自古以来就是救灾的重要手段,它可以使有劳动能力的灾民更有尊严地得到救济,也可利用赈款招募灾民修筑大坝桥梁道路等大型公用基础设施,更主要的是可以让赈灾款物更持久地发挥作用。北京政府时期,湖南慈善救济组织多次以工代赈救灾。社会舆论也大力鼓吹提倡以工代赈救灾,如 1916 年 4 月 12 日长沙《大公报》发表题为《荒政》的社论,指出"权兴工作以助赈较之徒行赈济者收效尤宏"[87]。省议员周道藩也以当时湖南有六七百万(总人口约 3000 万)灾民,极力主张修路和开矿以工代赈。1921 年 10 月 25 日,筹赈会干事会议决派任修本、欧本麟与铁路局商议以工代赈修筑铁路的可行性,只是铁路局以湖南是独立省份没有开工希望而作罢。次年 2 月筹赈会拟定以来省荒民开辟麓山公园和修筑马路办法并很快得到省公署的同意,然后推举谢国藻和饶伯师为工程委办员,先修北门外马路,麓山公园暂缓开工。3 月 14 日筹赈会干事会议决定由临湘分会以工代赈修复临湘溃堤。在当时诸多以工代赈项目中最具代表性的则属以工代赈修筑潭宝公路。

华洋筹赈会拟以工代赈修筑潭宝公路,其契机是在1921年底熊希龄得知美国华北救灾协会赈余款项中的二十万元可用于中国受灾省份赈灾,并倾向于用来疏浚河道。此时,安徽、江苏都在积极争取这笔赈款。筹赈会在获知这一消息后,立即派胡美前往北京交涉,随即得到美国驻华公使和友华银行总经理的同意(因华北救灾协会是他们二人倡设的)拨充湘灾赈款。不过有个条件,就是不能消极放赈,须以此款用作桥梁道路及其他工赈事业,以达到事业永远、注重防灾的目的。为此,筹赈会西干事饶伯师拟定了以工代赈的基本办法,其中规划修筑一土路,从长沙经益阳溆浦到芷江再由武冈湘乡到湘潭然后与已修好的长潭军路相衔接,此规划线路全长2161里,并明确要求在开展工赈的县份内的壮丁不直接给赈。

第一,路工线路之争。其实湖南早就有了修筑省路计划,具体是指谭延闿督湘期间拟定的"三干路六支线"线路,中西南三路同时进行,只是无款将规划变成现实。到了湖南自治时,社会普遍有种应该修筑省路的共识,可同样因经费短缺而受限。美国华北救灾协会最初捐赠华币20万元,后来又追加捐赠美元20万元,前后合计华币55万元。因湖南省政府忙于军事,根本无款顾及全省道路修筑,仅靠这笔捐款大面积铺开修筑道路绝对不现实。既然如此,饶伯师计划先从潭宝段修筑起,并列举了支撑这一规划的六大理由:经过最富之地段;无便利之河道;邻近灾荒之区域;可与长潭军路直接联络可行汽车与省会交通;此路商业上运输事务最多;工程上之计划甚易。[88]同时认为筑路比较其他工程有三大好处:筑路比修桥筑堤可使更多人收益;能使广大灾区饥民有更多受雇的机会,扩大赈济面;能方便交通、繁荣商务,这有助于急救眼前苦痛,减少未来灾荒。

　　但是围绕路工的线路走向各方展开了激烈争执。争执各方有的偏执于中西南三路兼顾同时修筑，有的则强调新修路要能与已成路相连发挥作用；有的则主张先从灾荒严重区域开始，而有的则主张从已有一定条件且能较快发挥实效的地方开始，赈济饥民可通过到灾县去招募来解决。争论中的主体是省议会部分省议员和筹赈会评议会来自各县的评议员。

　　早在饶伯师提出以赈款修路的初步计划后，筹赈会很多评议员就有异议，商定三路各推 3 名代表方永元、傅作楫、吉光勋、伍坤、雷铸寰、陈应森、杨凤藻、王正鹏、傅庆余共 9 人来审查饶伯师提出的方案，并提出建议案。后来提出的线路意见仍然以过去的"三主六支"为蓝本，稍作变通，言"分三干线兴筑，酌加变更，于赈款不资敷布时，先择灾情较重，或出产最富不便交流之处，先行起修，其水陆便利之区，则暂缓修筑。俟先成之路所得余利，即按照路线次第接修。庶按部就班推行尽利，交通赈务均得其宜，一视同仁"。[89] 也就是先三路同修，具体碰到困难时再临时做出调整，反对从一开始就只从潭宝段修起。干事会对这样的修改意见未及时回复，评议员的自我解释是因为修路款是外国人捐赠的，中方干事对路线走向和款项支配无权过问。后来省议会做出撤销米盐公股用于开办国民银行决议案改为修路之用。这样一来，修路款增多了，且中方也有资金注入，筹赈会评议员重提三路同修的要求，并提出在米盐公股款领出后迅即成立工赈部，解决线路问题。后来米盐公股成了充饥画饼，可因此激起的路线之争持续延烧。

　　在 2 月 9 日省署召开的各法团工赈会议上，来自湘南的伍坤要求修路不能漏掉湘南，建议修改线路。对此，与会任修本说"此款只能作赈灾之用，不能替湖南修路"[90]。这次会议最后决议将谭延闿时期的修路方案交给筹赈会做参考之资。同样，省署也以

"惟此项修筑道路,虽为举办工赈,然关系全省交通,仍属省路之一部"[91]为由,建议工赈修路应顾及原定线路,试图弥合三路之间的分歧。很明显,省政府也认为赈款修路重在修路而非救灾。

而另有社会热心人士提出即将修筑的省路不得与已经计划好的铁道线并行,这些铁道线包括粤汉线、株(洲)钦(州)线、长常线和(长)沙兴(义)线。首绍南(时任中华全国道路建设协会湘分会总干事)提出了他认为应先修的四大干线,分别是长晃干线、长永干线、长常干线、长郴干线,其中最宜先修的是长晃干线。[92]熊希龄、袁家普关于线路走向也有自己的理解,建议先以麻阳、芷江为起点修筑,认为这样可省却运送灾民的路费,比较合算。高霁(前任军路局长)则致函饶伯师,支持先修潭宝路段,并提到修筑时应注意的事项:道路起点宜衔接军路、注意朱津渡桥、民路应否添筑、桥梁材料之选择。[93]后来高霁所提潭宝路衔接军路的建议被筹赈会采纳。

到了是年6月,工赈部经过四个多月的调查论证,结合各界争论的情况,最终提出了修筑省路的全线计划:由长沙至宁乡益阳安化溆浦辰溪芷江转洪江武冈宝庆湘乡至湘潭,此路包括了熊希龄提议的湘潭至宝庆、长沙至芷江两条赶路。筹赈会的规划补加芷江至宝庆一段,成为完全圈形,并分三大段修筑。首段由湘潭往湘乡至宝庆,二段由芷江至武冈,三段由长沙至安化。这一修订方案出来后,照样遭到来自西路省议员和筹赈会评议员的反对,他们认为美国捐款主要是熊希龄以湘西灾重为由争取来的,因此应从芷江开始修筑,并认为筹赈会新的路线规划只顾修路没有工赈含义了。但不管怎样,从湘潭朝宝庆方向修路已成定案。

第二,办事机构设置及招募工人。尽管有不同声音,但为了能及时将美国华北救灾协会赈款争取到手,筹赈会干事会还是立即着手聘请工作人员、组设职能机构和招募饥民的工作。1922 年 2 月 7 日筹赈会干事会议决委派童恩炯、欧阳圻、赵伟、王镇湘为特别调查委办，就相关情况展开前期调查。并初步拟定胡美、包维尔、费乌、葆尔、曾约农、饶伯师六人为筑路工程委员，计划聘请在京的李昶担任总工程师。但李昶因原来工作不能及时交接，经多次催请未回，到了 6 月份，为不耽搁工期，干事会议决定由格朗士暂代总工程师职务，最后改聘威尔逊为总工程师，以一年为期限，月薪八百元。格朗士则被美国驻华公使爱德华和李昶同时推荐为副总工程师。4 月 18 日饶伯师出面正式聘定格朗士，每月薪水 400 元，保证至少任期 6 个月，头衔为路工总监工。4 月 28 日，格朗士抵达湘潭。8 月初，饶伯师聘留学美国伊利诺伊州立大学土木工程专业的余籍传为潭宝副总工程师，负责规划湘乡至宝庆段工程事宜，同时还聘用郭才华为副工程师。10 月，郭才华提出辞呈，工赈部决定其遗缺由唐承乏接任，月薪 200 元，津贴 30 元。11 月，工赈部决定辞退总监工格朗士。之所以辞退，一是按合同约定任期已满，更主要是格朗士"放弃职务，遇事敷衍"，对所定计划不认真履行，"尤可怪者，终日沉溺于牌赌冶游，……威信扫地"[94]。

为专责路工，1922 年 4 月 15 日筹赈会干事会议定在湘潭设立湖南工赈事务所，沿路大约每隔 30 里设办公分处。4 月 19 日经饶伯师提议设立工赈部，分设总务股、工程股、保工股、钱粮股 4 股，负责规划执行筹赈会以工代赈具体事务，由胡美、饶伯师和曾约农 3 人任委员。5 月 3 日干事会议公推韩理生和曾约农任工赈部坐办，6 月 6 日的干事会改举袁家普为坐办。同时还陆续委任多名监工员。每个监工负责照章管理四五个工棚，每个工棚 30 名工人。到 1923 年 9 月，因路款告罄，工事收束，职员大裁减。工程方面，除总工程师外，只留欧阳圻、童恩炯、石略、马镇球四人，钱粮股方面,华洋职员概行辞退。

湖南华洋筹赈会委托牧师招募工人一览表[95]　表3—16

| 牧师姓名 | 负责区域 | 牧师姓名 | 负责区域 |
| --- | --- | --- | --- |
| 包格非 | 芷江、晃县、麻阳 | 葛尔位 | 衡州 |
| 白道启 | 沅陵 | 何道明 | 辰州 |
| 吉尔哲 | 安化 | 顾格尔 | 新宁 |
| 洪纪光 | 祁阳、零陵 | 高果能 | 慈利 |
| 梅澈尔 | 嘉禾、永兴 | 美维理 | 辰溪 |
| 龙米 | 龙山、永顺 | 吴斯达 | 新化 |
| 毕尔荪 | 宝庆 | 裴淑德 | 汉寿 |
| 赖理得 | 晃县 | 司理得 | 乾城、泸溪 |
| 涂透尔 | 常德 | 惠迪兰 | 临湘、岳州 |
| 卫伯斯 | 平江 | 吴立德 | 长沙 |
| 何能蔚 | 洪江 | 李永清 | 浏阳 |
| 甘司脱 | 靖州 | 施女士 | 通道 |
| 西里格 | 湘乡 | | |

　　招募工人事项筹赈会委托各灾区牧师代办,具体分工见表3—16。对招募的工人,每30人一队,以队为单位发工资。工资的计算以工人开挖的土石方为准,工资的形式包括谷米、高粱和现钱三种。工人每日给高粱或米1.5斤,养家津贴每人每日高粱或米2斤,工资按日结算,且在工程达到一定标准俟竣工后结算。如因天气不好工程停工,工人每天仍得领取1角工资。每队自停止工作之日起,工资及养家津贴一律停给,归家路费工人自备。从5月

1 日开始招募工人，短短半个月由各县送到的灾民有 6 队，人数达数千，这些人都是新化、湘乡、宝庆、安化、宁乡等县难民，偏僻地如芷江、麻阳的灾民因路途远来的很少。到了 11 月，除包工不计外，工赈中共有工人 3200 多人。

第三，沿线购地拆迁问题。潭宝路修筑过程中面临的另一大难题就是购地拆迁问题。筹赈会所得华北救灾协会赈款只是修路费用，路的主权归政府所有，所以沿线购地拆迁应由政府负责。但接下来这个问题成为路工进展中的瓶颈。政府无现款购地，为此，筹赈会提议发行购地券以筹款。筹赈会还受托草拟《湖南省路购地章程》（共 35 条），交由省议会议决。可 1922 年 2 月恰逢省议会休会，购地章程迟迟得不到审查通过。好不容易省议会通过该案表决，省署又不及时签署。筹赈会准备 5 月 1 日正式开工，为扫清开工前的主要障碍，筹赈会只得致函政务厅，请政府尽快颁布已获省议会通过的购地办法。省署为解决购地事宜，只是委令杨熙少为购地委员会同筹赈会协同进行，但购地所需款项仍归线路经过县政府筹集，县政府又不愿意，这就使基础性的购地工作一筹莫展。每天都有线路经过地业主要求工程改线，认为政府未付款占用土地形同盗窃财产，不时加以激烈阻挠。基于各县路工购地无统一协调人员，省署随后又聘请谢国藻为购地特派员，前往湘潭、湘乡等地就购地事宜进行总协调（谢国藻 1924 年 10 月因购地经费困难而辞职，辞职时的身份是湖南省路潭宝线收用土地办公处主任）。

面对政府不积极配合工赈、无款购地的困境，筹赈会西干事非常气愤，在 6 月 30 日干事会议上提出暂缓招工、即日停止路工甚至限十日内办妥购地事宜否则收束了事，后经谢国藻提出调停，决定暂停招工，其他部分与政府沟通后再定。7 月 4 日，干事会决定暂停路工,如果 7 月 10 日前政府还未筹款解决购地问题,则解散路工,根本取消工赈事项。此次停工持续了 10 天以上。面对筹赈会新的强硬态度,政府总算拟定了筹集购地款的办法,即以矿砂抵借的米盐公股变现款约 13 万元拨作潭宝路购地经费,将存放慈善总公所的 1 万元借拨政府应急,让官矿水口山尽快交开利公司矿砂以获得 1 万元定金。同时,财政厅还拟定了《发行购地债券章程》(共 8 条),规定发行债券面额 80 万元,分 4 期发售,指定湖南全省省路各项收益为担保。但是这些规划缓不济急,无款购地阻碍修路是不争的事实。路工暂停后,省署于 7 日复函筹赈会告知相关办法,并希望工赈继续进行以全赈务,但筹赈会对省署的回答不满意。随后,筹赈会于 12 日复函省署,要求其就四点疑虑做出明确回答:让新一届省议会重新确认米盐公股用作购地费、矿砂变现的 13 万元具体怎样交付、已筹到的 1 万元于事无补该怎么办、建议派专人负责购地事宜。15 日,省署回复,认为新一届议会会维持原案以米盐公股拨充省路经费的;矿砂变现陆续交付,如不能衔接则由财政厅筹款;根据购地章程,富户照章发给债券后所需现款不过 20 万,已拨的 1 万元暂时应付,不足之款拟由线路经过县赋税项下酌量提借;计划于日内遴选相当威望之人充任购地专员。从这次省署及时全面答复来看,它是非常害怕路工停止的,因为这不仅仅关系到省政府的信誉,也可能错失修筑省路的大好机会,所以在筹赈会变得强硬后省署积极许多。随后省署就委派谢国藻为潭宝路购地特派员,并增拨购地款 2 万元。但此后矿砂未能及时点交,规划的购地款难以到位。因此,到 12 月底,湘潭境内购地签约的尚不足 1/3,湘乡的则根本没有。购地签约者中,根据贫富情况,分别发给购地债券和现金,“富户概发地价券,贫民发给现金。贫富等级分为五等,一等悉发债券,二等二成债券一成现金,三等债券现金各半,四等一成债券二成现金,五等概发现金。"[96]

　　9月7日省议会开会讨论了购地问题,其中主要是审议根据《省路购地章程》所制定的《潭宝路购地规程(草案)》。该章程规定在长沙华洋筹赈会内设立购地办公处,组织购地队,购地价格由购地办公处办事员会同该管地方官绅及业主评定后,应呈经特派员核准发给,对价格有争执时交由省长核示,该处的正式名称是"湖南省路购地处"。[97]到11月,省议会通过了《潭宝省路收用土地办公处规则》,这与《潭宝路购地规程》(草案)相比,做了较大的修改,一是决定将省路购地处改为潭宝省路收用土地办公处,二是购地特派员改称收用土地办公处主任,三是办公处地点由设在长沙改为设在潭宝路线经过适中地点并随时移驻。

　　同时,修筑潭宝路牵涉到占用土地、开采石料等与地方居民利益相冲突的问题,政府购地款迟迟不到位,又没有出台相应补偿措施,这使得当地居民疑虑重重,阻工风潮时有发生,特别是在湘乡境内。筹赈会为释民众疑虑,多次拟定白话式布告解释路工不会对地方造成负面影响以及购地责任属于政府。9月中旬,湘乡民众反对线路经过境内的万福桥大起风潮。湘乡县议会也要求省路绕过万福桥,其重要根据是湖南省宪法的相关规定。同时,在无款补偿的情况下挖掘坟冢屋宇经常遭到拦阻。围绕万福桥风波多次协商却没有结果。为此,省署电令谢国藻前往湘乡会同知事和地方绅士妥善解决,并言"如果不服理喻,故意阻挠,定视为首肇事之人,严予惩究"。[98]筹赈会坐办袁家普和饶伯师随后也亲自前往湘乡查勘。最终就万福桥风波达成协议,即路线依然经过此地,但必须注意防洪,加固桥梁,注意汽车慢速行驶,由政府负责今后的桥梁保养,对桥两头的牌坊移走。11月下旬,总工程师威尔逊又报告称,湘乡梓门桥至永丰有多起因业主未领到迁移费而发生激烈风潮，不但拒不迁徙，并谣言掘坏路工。为此，筹赈会报告省公署，要求立即派员携款前往发给未领款的业主，以免滋事端而阻工程进度。湘乡境内的阻工风潮曾一度呈遍地开花之势，但在谢国藻任购地处主任以后，他多方努力最终让阻工潮逐渐平息下去了。

第四，潭宝路建成后的保养问题。潭宝路建成后的维护保养也是美方关心的问题之一。美方因1921年在北方省份以工代赈修筑的马路由于保护不善没有发挥预期作用，所以对在湘马路建成后的维护特别重视，并且不希望保路工作由政府主持，最好是地方机关负责。1922年4月28日，筹赈会致函朱德全、韩理生请与省政府交涉保路事宜。接洽后，5月3日干事会议决定由省署和筹赈会各派两人商讨保路办法。5月底，美国华北救灾协会派代表贝克来湖南与省政府商订工赈修路保证条例，他提出潭宝路"务于十年内不得稍有破坏"[99]，并拟订保路条例草案共12条，其中包括如下要点：购地由政府负责，车辆须缴纳一定车捐才能在路上行驶，头五年的车捐拿出部分补偿政府购地价款，工赈部负责十年的道路保障工作，工赈部对车捐额及使用方式有建议权。6月1日，省署专门就潭宝路保养召开会议，与会代表普遍主张设湖南省路局作为保路机关规划全省修路保路事宜，在省路局经批准成立后，筹赈会的工赈部立即撤销，保路之责交由省路局。至于保路经费则主张从米盐公股修路款中支付。接下来会议就贝克所提保路条例草案加以具体讨论。最后达成保路办法十项：以工代赈自湘潭起朝宝庆方向修筑，在有余力的情况下再向芷江方向延伸；自路竣工之日起，前五年的车捐存储省政府用作偿还购地之款，有余即拨归保路经费；为预防保路经费不足，从湖南省路局省路经费米盐公股项下或其他收入中酌提8万元，以为保养此路之用；修路在1923年7月前完工；修路结束后，工赈部改名为潭宝路华洋委员会,由工赈部华洋各五人继续充任,负责修补道路之责;潭宝路华洋委员会有随时调看省路局关于此段路线收支账目的权力。[100]因榷运局欠省议会米盐公股借款19万元,这8万元保路费省署就具体安排由榷运局按期筹还。对此,筹赈会将省署的这一决定告知北京的美国华北救灾协会,以昭征信;同时拟定榷运局分期支付的方案,即要求其在1923年3月到6月四个月间分四期于每月月底支付洋2万元。在4、5两个月内,筹赈会三次函催内务司按期交付保路期条却无结果。到5月中旬,工赈会议决如到5月底还不如期支付则解除路工责任。6月20日省署函覆筹赈会告知已令榷运局速将期条交付筹赈会,随后内务司也告知榷运局已将8万元期票交给了慈善总公所。

第五,垫款包工努力的失败。从潭宝路的开支看,远远超过了最初的预估(当初预算的每里约2000元)。据切实预算,自湘潭至永丰计土工桥工约需洋60万元,每里约需洋3500余元,超预算的原因一是饥民工作效率甚低,二是该段桥梁颇多,三是湘潭姜畲间填土甚高,故耗费颇多。到1922年12月底,潭宝路工仅得美国救灾协会捐款一项,各种亏垫累计近20万元。因经费所限,工程只能修到永丰,从永丰到宝庆段只是在1922年12月11日开始勘查,可修路款毫无着落。在此情况下,筹赈会到处设法筹款,如从汉口友华银行筹到光洋2万元,谢国藻提议从榷运局所借米盐公股19万内暂挪借4万元,以后取得砂价再如数归还,省议会同意这样的挪借请求。但榷运局只同意提拨3万元。当时为续修乡宝段另一筹款努力就是与上海亚洲建业公司以垫款包工方式进行合作,经过马临翼等的努力,有关方面已就此项合作在1923年6月22日签署了协议,但因各种误解及反对,协议最终无法落实,错失了永宝段续修的机会。

1924年3月,筹赈会在一封给北京某君的长信中列举了反对者的理由及筹赈会的反驳和解释。筹赈会在信中写道,"有不明悉省议会撤销国民银行案、两次议决拨充修路费用之案者,以为本会擅自处分湘人公有财产;有不明悉到期公股九十〇万迭经省议会议决拨充工赈之案者,以为本会擅自变更借用购谷备荒之用途;有不明悉省议会议决之路款支配案不仅公股三路均分、并其他用于路工之赈款也已三路均分者,以为中路独占便宜;有不明悉省政府、省议会之委托权者,以为本会侵夺湘省行政事权;有不明悉本会系一种财团法人之慈善团体,原无国界之分,不论中外理事干事均受本会委托以本会名义行使职务之性质者,以为外人押签合同系干预内政;有不明悉建业垫款系湘省以无法取偿之债权移归建业间接收回现款而债务者仍属交部,故就交部言为抵押就湘省言实为取偿之利益者,以为本会擅自抵押湘省债权,至谓增加湘省债务之负担;有不明悉垫款及慈善性质并有许多中外人士之监督者,以为亦如普通借款例有利息回扣;有不明悉本会系中外慈善家所组织,从无政治臭味党派关系者,适护宪军事发轫,以为系一种政治借款,而又各以其所奉之主所视之敌不同,任意诬指;有不明悉交部还款期限在一年以内并声明口偿还垫款苟未垫有款自我偿还之义务者,以为建业垫款其名,利用部款包工其实;有不明悉合同系大体规定,详细节目尚待续订,如有不完善之处,尽有磋商之余地者,以为合同不完不备;有不明悉人家先行垫款即口保证者,以为吾人既有凑股作抵,建业上亦宜有同样之保证;有不明悉债权债务既移归建业与交部直接取偿,将来如有拖欠情事湘省可不负责之利益者,以为交部还款仍须本会证明;有不明悉省议会究系全省民意代表机关,苟不承认,须另行设法改造,否则民意无口表示之法理者,以为公股系全省人民所共有,人人得而干涉;有不明悉交部困难情形、公股实无法取偿者,犹恐其即予偿还,竟至去电封阻;有不明悉美款来历及省议会指定公股、械款、赈票为路款并有其他赈款可望为路款,预算实可修至沅州之情形者,以为本会漫无计划,贸然兴工,无法完竣,应付其咎;有不明悉潭宝路线之选择,乃由美国救灾协会鉴于北方马路有在僻远之地不与其他交通之道路河渠相衔接,以致荒废无用,故特由湘潭起点以便与长潭马路联络之原因者,以为不由芷、麻兴筑有所偏袒。"[101] 上述种种反对理由归结为一点,就是担心外国人控制华洋筹赈会,其经办潭宝路是对主权的一种损害。

在筹赈会与亚洲建业公司垫款包工续修永宝段的合作破局后,省议会在 1924 年 3 月 28 日召开会议,讨论筹赈会请议决潭宝路美款告罄应如何办理的问题。会上有主张立即成立省路局接续修筑未完工工程的,也有的主张继续由筹赈会修筑,竣工后交由省路局接收,西、南两路议员则主张由省路局自修,也有的认为此问题复杂,须请筹赈会代表来省议会报告后再做决定。最后会议决定"俟华洋筹赈会将工程计划书与须款若干派定代表在本会协议会报告后再议统筹办法"。[102] 筹赈会随后将湘乡永丰一段尚缺款项、永丰宝庆间工程费及购地费造具报告。根据报告,这些工程合并计算尚需要洋 50 万元。4 月 11 日,省议会开会,邀请谢国藻前往报告路工事。谢国藻提出如果不再由筹赈会继续负责路工,则需要注意三方面的情况:第一,过去交涉米盐公股抵押现款都是由筹赈会出面进行,如筹赈会卸掉责任,以后进行抵押是否会生困难;第二,与亚洲建业公司订立垫款之约,是以筹赈会名义,如筹赈会卸责,美方是否承认;第三,路工仅湘潭至湘乡告竣,湘乡至永丰尚未完工,筹赈会如此时卸责,未免功亏半途,殊为可惜。[103]

1924 年 4 月 17 日,因款未到,潭宝路工不得不正式停工。到

5月中旬,趁省议会开临时会议之际,筹赈会函请提前解决路工问题。恰在此时,亚洲建业公司又催请履行包工合同,筹赈会将此信函转给省政府核办,并于6月2日开干事会决定派邓维真、雷飞鹏、郭庆寿3人前往省政府交涉。同时,省政府此时已决定设立省路局,计划大修省路,实行兵工政策,省长兼督办,各军官兼会办。《湖南省路总局暂行条例》特别就潭宝路工期间社会各界疑虑最大的部分做出规定:"本国或外国公益团体得捐助款项代修省路之一部,但路权仍为省有,应由总局接收管理。其合同须经总局咨请省政府核准,总局未成立以前,如有此项合同须交总局备案,总局认为有必须变更时,得协商行之。"[104]后来省议会在修改审议通过《省路总局暂行章程》时将名称更改为《省路工程总局暂行章程》,特别强调了中西南三路同时兴修,路款平均分配的原则。随后,叶开鑫督办接手续修潭宝路尚未完工的部分,并赞成以工代赈修路,筹赈会修路的主要做法被延续下来了。1924年11月6日,中国华洋义赈救灾总会湖南分会董事会决定将自湘乡以上未竣工的路工移交叶开鑫接办,已修好的潭乡路交给省政府管理;还决定保路委员会由工赈部改组成立,未竣工路段的各项器具材料照购置价移交叶开鑫并报告省政府,并将已成路工潭乡段的状况和未成路工乡永段的状况造具说明,派工程师欧阳镜寰为该会点交委员。

　　尽管因种种因素没有修通潭宝路,但潭湘间已告竣,故筹赈会决定在潭宝路起点处即湘潭十九总金凤庙后修纪念亭并在亭内竖一块纪念碑,纪述路工经过。潭宝路工得到了湘省政府充分肯定,赵恒惕说"建筑潭宝马路,既可赈济灾黎,而于利便交通,收益尤巨且远"[105],"且该路成立后,对于以后永远防灾及种种实业生计之进行,便利甚多"[106]。社会舆论也对潭宝路工给予较高评价,

"查华洋筹赈会之修潭宝路,吾人平心论事,实有成绩可言"[107]。筹赈会"于最短时期,筑成湘潭湘乡间曼克特姆式马路八十四里,湘乡永丰间土路九十六里,救活饥民数十万,其成绩固然可观。"[108]华洋义赈救灾总会对潭宝路潭乡段的质量也给予了较高评价。

筹赈会以工代赈修筑潭宝公路过程中,突出的问题是中西南三路之间利益争夺激烈,缺乏大局观念;省政府无款挹注路工,很多承诺口惠而实不至。当然,路工本身也有许多值得检讨的地方,如用人过滥开销过大,开支账目未及时披露,华洋干事之间默契不足,与地方的沟通不够,等等。筹赈会原本希望以工代赈修筑潭宝路,这样既可以赈济灾民又可助益湖南省路发展,使其成为积极慈善事业的范例,但受制于现实的种种羁绊,最后没有完全如愿。不过,它无论在湖南近代慈善救济史还是湖南公路发展史上的作用都是应该充分肯定的。

## 二、贷赈

灾荒过后,民众普遍缺乏资金从事营生,社会设施也需款修复重建。因此,慈善救济组织一般都重视给灾民提供优惠贷款,帮助其恢复正常生产生活能力,是为贷赈。贷赈主要有创设因利局和开办农贷等形式。

1918 年,湖南义赈会筹措 6 万元,举办因利局 30 处,"专以贷款救济穷民欲为小贸手工等营生者"[109],无论城乡穷民只要在因利局 10 里内外找到殷实铺户或正绅担保偿还者,就可借贷。每人贷款额从铜元 1000 文到 10 千文不等,每月行息 1 分,其中 6 厘作经手因利局的费用,4 厘交湖南义赈会作经费。贷款要求 3 个月还清,还清后还可续借。湖南义赈会鼓励各县慈善绅商自行创设因利局,办得好的可代为向省长请奖。同时,它还与中国济生会合作以 2000 元光洋合办因利局。到 1920 年 5 月,湖南义赈会以放赈余款三四万元分别在岳州、常德、辰州、衡阳开一因利局。1922年 2 月,这些因利局转给华洋筹赈会经管,筹赈会接手后交由各地教会会同地方正绅办理。

1924 年急赈水灾后,7 月 20 日长沙水灾救济团开会决定以 2 万元余款为本,再请湖南水灾急赈会拨 3 万元办因利局,以谋善后而遏乱萌。为此,水灾救济团在致省长兼水灾急赈会会长赵恒惕的信函中说,尽管过去省城慈善堂办过因利局,但规模过小不能普及灾民,因此需要重设;省府拨款在长沙办因利局不会引起其他县纷纷效仿,因为长沙乃根本之地。尽管最后省长不同意拨款,但因利局还是设法办起来了。在举办因利局的大纲办法中,水灾救济团开宗明义指出因利局是"为贷款灾民,俾可复业谋生起见"而设立的。凡欲修复堤垸而资力不足者、欲复业而无力购买耕牛农器者、欲补种而无力购米种子粪料者、不能为农而欲借本以营小贸者都可申请贷款,同时贷款者需得到当地都团或者殷实正绅介绍贷款事由的材料及相当的担保品,贷款偿还期限为一年,每月利息 6厘。同时,"因利局于救济事业完竣时,得酌量停办,以基金移作他项善举"。[110]长沙水灾救济团设立的因利局正式名称为"长沙水灾因利局",9 月 24 日正式成立,周季衡担任因利局主任。

同年,中国华洋义赈救灾总会湖南分会则积极筹办农贷。为办农贷,义赈分会计划向总会借款 20 万元,最后总会答应先借 4万元试办,借款期限为 2 年,年息 8 厘,此款专项用于防灾及善后。关于借款担保,义赈分会以信用向总会借款,各县再以所请数目 2倍的不动产及数额相等的富商期票作担保品,而且总会同意承担四千元以内的经费开销。[111]9 月 17 日,义赈分会召集雷飞鹏、韩理生、周季衡等开贷赈委办会,商定贷赈章程等事项,次日召开董事会议,议决贷赈章程。《义赈会筹办贷赈简章》(共十四条)规定,贷赈灾区以灾情最严重的区域为限;应受贷款灾区,各设立贷赈处,直接对于本会负责,定名为湖南华洋义赈分会筹办某县贷赈处;各县贷赈处不另立机关,即就地方财产机关或其他有确实资产、信用孚著之公共团体附设之;各贷赈处对于发放灾民贷款,以修复田庐、购备籽种及其他善后之费为限;各贷赈处自领到本会贷款之日起,发放期间以三个月为限;各贷赈处于 1 年内将贷款收回完竣时,即将机关报告取消,并将钤记及各项存根缴送本会备存置。[112]10 月 8 日董事会议决立即组织贷赈委办会,公推克保罗、方永元和谢国藻为委办,由方永元主任。1925 年 1 月,义赈分会致电总会,希望续汇余下的 16 万元借款,但总会存款无多最终未能如愿。后来,义赈分会发放的农贷迟迟未能收回。

宁乡县驻省士绅也以散放水灾急赈的余款洋 3 万元办贷赈,并在县议会附设宁乡农工贷赈会。该会《简章》规定贷款主要用于修复堤圩等与地方水利有关者;息金每月四厘,偿还期暂时以 1 年为限;收回贷款后"专办永远慈善事业,无论何人不得挪移亏空"[113]。

此外,一些社会名流也乐于给平民以优惠贷款。1925 年底,为救济省会平民起见,省议员赵聚垣等利用沪案募捐处捐款余额并利息共一万元作基金,发起倡办平民贷资所。11 月 30 日在福康里赵议员家里开筹备会议,依章程票选赵聚垣、钟伯毅、曹典球、潘实岑、刘武、李希贤、许彦飞 7 人为董事,苏鹏等 7 人为候补董事。12 月 2 日董事会第一次会议,赵聚垣、曹典球被选为正副董事长,并公推公立法专校经济学教授阮湘为贷资所经理。《湖南省会平民贷资所章程》规定,"本所为便利湖南省会平民谋生起见,以沪案捐款剩余为基金,贷与低利资金。本所得附设平民储金部及消费合作社"。[114]贷资所设董事会为最高决策机构,由 7 人组成,重大事项由董事会决定,包括审查该所每年预算决算、决定该所进行方针、监察该所进行事况;用记名投票法选举该所理事。理事必须在 3/4 董事出席的选举会上获得半数选票方才当选,可连选连任。贷资所实行低利贷出、整借零还办法。1926 年 1 月 26日,贷资所正式开幕。

各级政府也大力倡导地方社会积极主办贷赈。1919 年 5 月,湖南全省善后筹备处训令各县知事急需办理事项中就有"因利局宜速设"的内容。1926 年长沙县长方成为劝导在省农民回乡春耕,呈请省长向中国银行和交通银行借款组设岳临湘农民有限贷款处,借与农民春耕的资本。

贷赈作为一种积极的善后方法,需款少、服务面广、见效快,对提高灾民自救能力和灾后重建做出了重要贡献。当然,由于北京政府时湖南灾荒接续而至,大部分时间是在急赈,现实不允许专注于善后;放贷也设置了较严格的担保手续,使一些急需贷款可得不到殷实绅商或地方都团担保的人无法享受贷赈的好处;因社会整体信用体系不完善,时常出现不能及时收回贷款的窘境,从而影响到贷赈的持续发展。因此,贷赈在当时取得的成绩有目共睹,但应改进的空间也很大。

## 第三节　日常慈善活动

平时持续性的救助弱势群体、维持社会秩序和延续传统道德等方面的工作则主要由常设性慈善团体来承担。这些工作涉及救贫、慈幼、恤嫠、保节、消防、年米、义山、义渡、劝善等,它们对社会正常运转具有不容忽视的作用,同时也共同构成了传统慈善团体在近代社会继续发挥作用的主要舞台。

## 一、救贫

救贫的目的是给贫民提供培训、创造就业机会,从而增强贫民工作技能,减少社会游民数,维持社会安定。省长在训令各县知事筹款办贫民工艺厂的电文中指出"提倡生计,首在振兴工厂,收容失业游民,小之为社会开生活之源,大之为国家弥无穷之患"[115],尤其在实业缺乏、财困民穷、饥民遍地的特殊时期更需要多设贫民工厂。总之,创设贫民工厂"一面代筹贫民之生活,一面维持社会之安宁"[116],其意甚善。

第一,官民高度重视创办贫民工艺厂,开办贫民工厂成为救贫最重要的措施。贫民工厂的倡办者主要是政府、慈善团体和社会贤达。贫民工艺厂主要是以"改良社会,增进贫民生机"[117]为宗旨。湖南开办最早的贫民工艺厂是在1909年由刘磐提议兴办,但其间多有滞碍,迟迟未能开办。1911年长沙光复。11月5日湖南民政司照会刘磐等人续办贫民工艺厂。于是刘磐、曹惠等人集会商讨,推定刘磐为理事,曹惠为副理事,在南阳街兴文里设立事务所开始举办。11月19日,民政司给其正式颁发名为"湖南省城贫民工艺厂"关防,24日,关防启用。民政司支持刘磐等接续办贫民工艺厂是因为"改良社会必先安顿贫民入手"[118],而且希望能带动各厅州县也设立贫民工厂。随后,民政司应贫民工艺厂事务所的呈请饬令各地设立贫民工厂,以形成在省城设总厂、在各府州县设分厂的格局。

1912年4月底,贫民工艺厂事务所实行职务划分,公推龙天锡为会计长,黄兆霖为庶务长,楚寿朋为书记长,廖汉瀛为稽查长,龙清霖为采购长,实行分科治事。至于驻所办事员,则公举周昌岐为参事长,并计划暂设 1 技师养成所,由曹惠任总理,周昌岐为所长,分染织和手工两科招生,名额初定 80 人,学制 1 年,以期养成染织及手工等科技师,为将来教育上之需用。但民政司不予批准,于是事务所修改计划,压缩名额至 40 人,期限缩短为半年,并添设缝纫科。同时,贫民工艺厂事务所还致函湘潭、耒阳等地设立贫民工艺分厂,"以靖地方而襄善举"[119]。关于日常经费,贫民工艺厂事务所建议仿照电灯公司成例,专门组织一拨兑处,作为把注工厂的金融机关,"一面发行票币十万金,一面招集散股一万金,即以每年营业所获之余利作为经常用款。"[120]

**湘省贫民工厂职员及杂役统计表[122]　　表 3—17**

| 职员名称 | 人数 | 职员名称 | 人数 |
|---|---|---|---|
| 经理 | 65 | 教师 | 146 |
| 管理员 | 79 | 庶务员 | 65 |
| 发售员 | 85 | 书记员 | 28（多系庶务员兼任） |
| 杂役 | 731 | | |

全省各地也陆续开设一些贫民工厂,目的无外乎是谋贫民的生活、实业的发达。1915 年 9 月,辰沅道吴耀金为"清盗源,保治安",特从禁烟罚款项下拨款开办贫民大工厂一所。到 1915 年 9 月全省的贫民工厂数如下:省办者一所,道办者二所,县知事办理者 46 所,公共团体办理者 23 所,个人办者 7 所。[121]同年底,经省府备案的贫民工厂为 65 处,职员及杂役人数见表 3—17。全省的生徒计分染织、纺纱和土木三科,毕业生徒 12865 名,未毕业人数为19485 人。1915 年全省贫民工厂的收支情况为:收入总额

1357061 元 4 角，支出总额 928191 元，收支相抵尚余 428870 元，其收支细目见表 3—18、表 3—19。

湘省贫民工厂 1915 年收入款项表[123]　　表 3—18

| 项目 | 数　额 | 项目 | 数额 |
|---|---|---|---|
| 丝织 | 二十五万一千〇五十元 | 胰皂 | 三万六千三百一十三元五角六分 |
| 棉织 | 三十七万八千六百九十一元 | 蜡烛 | 二万二千二百九十七元 |
| 麻织 | 八万四千二百五十七元六角 | 化妆品 | 五万九千三百六十一元四角四分 |
| 毛织 | 十五万二千四百七十九元七角 | 工业用品 | 二万〇六百二十五元 |
| 丝棉交织 | 十六万一千五百七十八元 | 其他工杂收入 | 十八万〇七百六十六元三角 |
| 冠服 | 五万六千〇七十一元八角 | 总计 | 一百三十五万七千〇六十一元四角 |
| 草帽辫 | 二万三千五百七十元 | | |

湘省贫民工厂 1915 年经费支出情况表[124]　　表 3—19

| 支出细目 | 数额 |
|---|---|
| 职员薪俸 | 十三万六千二百三十六元 |
| 杂役薪俸 | 二万六千三百一十六元 |
| 办工各费 | 十七万二千三百五十九元 |
| 购办各项工厂原料及学徒膳宿费 | 五十九万三千三百八十元 |
| 总计支出 | 九十二万八千一百九十一元 |

　　1916 年袁世凯复辟帝制,政事堂按省份大小发给所谓"恩典"专用于慈善,湖南获得 15 万元。湖南巡按使沈金鉴决定拨 3 万元给省城慈善事业总公所,其余 12 万元交由湘江、衡阳、武陵、辰沅 4 道道尹筹办贫民工厂,并由内务科长刘尧勋拟定贫民工厂开办章程(共 41 条),拟设科目 13 大工种。同年 7 月,护国军第一总司令兼辰沅道尹张元济特倡办贫民场收纳游民,拟定办法并简章 36 则,采取官倡商办的形式,贫民场场长由黄秉诚充任,开办费(约 16000 元)和常年经费主要由禁烟罚款下开支。1917 年省议员粟培钧以游民多寡与国家穷富的关系论证设立贫民工厂的重要性,建议各县以公立、私立和公商合办等多种方式多创办贫民工厂,并提出在创办贫民工厂时需要把握的原则:(一)量财力之厚薄以定设厂之广狭;(二)视土产之多寡以定科目之增减;(三)视年龄之大小以审授业之难易;(四)视手工之巧拙以审习艺之精粗;(五)视年级之浅深以定给奖之高下。[125] 1919 年张敬尧提出的所谓治湘政策中以欧美为榜样,指"欧美列邦对于救贫事业皆视为国家大政",认为"盖饥寒起盗心,人间多数罪恶皆缘贫困而起。与其峻法严刑于事后,不如抽薪釜底防制之于事先也",明确要求"普设救贫工厂以杜乱机",并提出将贫民工厂正式改名为救贫工厂,明令所属州县至少必设救贫工厂一所,内分普通工厂、惩戒工厂、养育院、幼稚舍 4 部。省会商埠所设工厂必能容纳工徒 5000 乃至 1 万,县治地方设的工厂亦必以容纳五百乃至五千为率。收容贫民除老病酌免工作、儿童半读半工外,用严厉手段强制做工,不许自由出厂。私自逃脱者,以逃犯论。所需开办经费令由各该地方官绅就原有慈善经费分别拨充,并由当地绅富量力捐助。[126]张督的这些严厉政策更多只是具有宣示意味,实际上无法践行。

在整个社会以开办贫民工厂发展事业、解决贫民生计的氛围下，各县也设法筹款开办贫民工厂，如祁阳知事捐洋 100 元倡办工厂，平江拟征收纸捐以其中六成用于创设工厂，辰溪则从阜辰煤矿公司红利中提出部分创办工厂，醴陵则以灾荒过后才领到的赈款和捐款创设醴陵第一平民工厂，湖南全省善后筹备处也准备开办贫民模范工艺厂，并在省城设立了 4 所贫民半日学校。1919 年，益阳县创办贫民工厂，招收 14 岁至 18 岁赤贫子弟和孤苦儿童。1921 年南县政府以肥料捐为经费来源，创办贫民工厂，随后安化、沅江也相继创办贫民工厂。[127]1922 年新化知事李宝堃拟以华洋筹赈会所发赈款办平民工厂，宁乡拟以所筹捐款重开贫民工厂，宝庆也筹款设立贫民工艺厂。同年，津市则由熊世锟、金大用集资办九澧民生工厂，旋即停办。随后醴州镇守使唐荣阳发起再办九澧贫民工厂。1925 年春停产，是年 6 月澧州镇守使贺龙发起组建九澧贫民工厂维持会，工厂再次开工，到次年被湖南省建设厅接管，同时也不再含有慈善性质。[128]

除政府出面倡导兴办贫民工厂外，一些慈善救济团体也把创办工厂、提高民众技能、发展实业作为工作的重要内容。这些工厂的名称无论是贫民工厂、救贫工厂还是平民工厂，性质都是一样的。1920 年 10 月，资兴县体仁会创办贫民工艺厂。1921 年 1 月，旅京湖南筹赈会为赈灾善后、提倡实业、救济平民生机起见，特设立平民职业传习工厂，暂定金工、木工和织工 3 部，暂先在中西南三路各设染织传习工厂 1 所，以后再在各县渐次推开。为教授学徒，先从河南、直隶购买 40 架新式铁轮木机，请两名工匠前来传授方法，然后再易徒为师，互相传授，解决工匠缺乏的难题。染织传习工厂拟分别设在长沙、常德（或桃源）和衡州。1921 年 2 月 23 日，旅京湖南筹赈会发布招生通告，告知张宏铨任总管理处总理兼

第一染织传习厂经理。3月，平民染织第一男厂开办，女厂在同年11月开办。1922年2月，平民染织传习第一工厂停办，其原因主要是江苏方面谣称湖南所办的平民工厂带有营业性质不是完全慈善事业，反对以上海面粉捐办湖南的平民工厂，另外，在常德、衡州工厂续办的情况下，作为临时传习性质的工厂停办也属正常。对于不能毕业各艺徒分送第二、三厂，并计划工厂停办后在原址组织长沙慈幼分院。

此外，一些个人也开办贫民工厂或培训贫民艺徒的学校。1907年，胡兆麟就一人创办了公益贫民艺徒学校，"历招贫苦生徒，不收学膳各费，以期推广生计，普及教育"。[129]该校内分笔工、竹工、雕刻、鞋工、染织等科，出品以笔为大宗。1922年，上海民生纺纱传习所醴陵毕业生罗乃风等购置纺纱铁机在家试纺，颇著成效。同年，罗永鸿等以贫民难谋职业，特在长沙兆正街租房，组织省会贫儿工艺学校，开设缝纫、纺织、皮革3门功课，学习期限为6个月。汪诒书等在1923年5月发起成立湖南无业游民收容习艺工厂。该厂专收游民，免费提供书籍膳食等，年龄从16岁以上60岁以下，课程设文科和实科两大类。1924年导盲学校毕业生陈复苏（该校艺徒班第一个毕业者）拟创办废人实业工场，先从藤工入手。同年，长沙绅士罗先闾、沈克刚等30余人，也具呈省长、财政司、内务司请拨给赈款恢复北门外和丰火柴公司。

第二，省城贫民工艺厂的改良与整顿。贫民工艺厂办理一段时间后，所存在的问题渐次显露，社会各界极力呼吁改良。1914年，段作敏致函都督兼民政长汤芗铭，要求改良贫民工艺厂，提出改良的关键在督作宜严、授课宜当、约束宜预、讲演宜设、原料宜保。[130]1916年10月，湖南模范劝工厂审度员刘克刚专门就省贫民工艺厂存在的弊端和整改意见上书省长。他认为该厂开办五年来,"靡费巨资,毫无实绩","工艺成绩无甚可稽之处"[131],并提出了十条整改意见,比如以既有的每年所得六万串经费为基础,将省贫民工艺厂作为总厂然后分期另设四大分厂,按工艺分类举办;每厂以收容贫民八百人为宜,因材施教;附设贫民苦工所一处、初等小学两所;肥料局与贫民工厂合并办理;五大工厂的总理由省长委任,拥有必要的特权。

省议员谢光焯1917年4月在提议整顿省贫民工艺厂时,指出其存在的四大问题:一是本救济贫民之地反多产出一班无业流民贻害社会;二是经济上不合算,原本打算收养贫民之费在出品项下稍事弥补,但实际上由于担心原料的损耗,许多人没有得到学习技艺的机会;三是从办法上看,原打算要改变贫民不讲卫生、不爱劳动的习惯,但现在工厂并不注意这方面的改变;四是偏离以肥料捐作为开办费设厂的初衷,没有解决好游民沿街乞讨的问题。[132]问题的关键在于贫民工艺厂与贫民院混同,既像养济院又像栖流所,就是忽略贫民技能的培养。最后,省议会在审查整理贫民工艺厂报告书中要求主要从三个方面加以整顿,即应重视贫民的工艺技能培养,严把收纳贫民关,着力改变贫民种种陋习,而且贫民工艺厂不能像一般工厂那样招商承包,肥料捐统归行政机关征收。

1922年4月贫民救济会成立后,将名称由"湖南省城贫民工艺厂"改为"湖南省会贫民工艺厂",改采理事制,摈除官样积习。贫民救济会对贫民工艺厂立即着手调查清理,提出整顿计划,函请警察厅将垃圾事宜改归贫民工艺厂。省贫民工艺厂收容贫民人数和每天开支概数见下表3—20。

**湖南省会贫民工艺厂人数及每日开支概数表**[133]　　**表 3—20**

| 项目 | 具体情况 |
|---|---|
| 贫民数 | 1237 |
| 米 | 每日每人 7 合，日需米 9 石，月需米 270 石，以 7.4 元一石计之，每月需洋 1998 元。 |
| 盐 | 每日每人 3 钱 3 分，每日共需 25 斤，每月共需 750 斤，以 10.5 元一石，约需洋 78 元。 |
| 油 | 每日每人 1 钱 6 分 6 厘，每日共需 13 斤，每月共需 390 斤，以 16.8 元一旦计之，约需洋 65 元。 |
| 煤 | 每日约需 8 石，每月共 240 石，以 600 串 10 文一石计之，每月需钱 158 串。 |
| 糖 | 每日 5 石，每月 150 石，以 300 钱 1 石计之，约需钱 45 串以上，总共每月需洋 2141 元，每月需钱 205 串。 |
| 洋纱 | （织布用）每月需洋纱 8 包，以 213 元一包计之，每月约需洋 1704 元。 |

其对贫民工厂的整顿规划分四步进行，即厂内除老废贫民外均应习艺、规定贫民出厂年限、厂内另设劳力部对新入厂乞丐严加管教、厂内附设残废工厂残疾者尚能习艺的也需习艺。从整顿规划的内容看，最大的特点是强调习艺的内容。此外，贫民救济会还拟定了扩充捐款计划、组织储蓄计划和统筹全局计划。到 1923 年底，贫民工艺厂分为 6 厂，共收贫民 1000 多人。为加强贫民工艺厂资金管理，贫民救济会在 1923 年 11 月 25 日召开的评干联席会议上决定组织工厂营业基金委员会，由李系纯任主任。1924 年 3 月 17 日，评干联席会议决定在贫民工厂空旷地设一贫儿院。4 月 29 日，贫民救济会按规定正式改组，改组后的主要成员及其分工情况见表 3—21。

**贫民救济会新任干事、候补干事、评议员及候补评议员情况表[134] 表 3—21**

| 职务名称 | 姓名 |
| --- | --- |
| 干事 | 李系纯、周季衡、李晋卿、常醒吾、张超凡、周石麟、周翘桢、吴熙仙 |
| 候补干事 | 刘文汉、刘伯衡、王达、杨衡齐、王聘莘、史春霆、萧莱生、周源干 |
| 评议员 | 史春霆、俞敕华、陈锡周、周瀛干、王达、杨兴权、萧莱生、李德齐、邓明纲、贝允昕、王尹衡、曾葆荪、章树荣、罗先闿、朱口藩 |
| 候补评议员 | 陈斌生、夏士兰、王竞、王月会、皮大猷、沈克刚、俞芳午、贺家梁、李家寿、黄蕙君、常醒吾、刘伯衡、叶之乔、周介旋、罗东阳 |

第三,肥料捐纷争及贫民工厂的经费问题。肥料捐于 1914 年 3 月 30 日开始征收。《湖南省城肥料捐简章》[135]规定省城城厢内外肥料捐专办慈善事业,肥料捐由警察厅征收,肥料实行专办,具体承担者由招标决定,每隔半年重新进行招投标。湖南贫民工艺厂开办费用主要以肥料捐所得为主,济农公司、长吉公司、太和长庆、清平永庆、福字码头、公同永庆六大码头每年共交肥料捐钱 6779 串 535 文。[136]1915 年肥料捐节存 13000 余串。警察厅决定以此作为贫民工艺厂扩充的经费,加收贫民 200 人入厂习艺,另外增设庇寒所临时收容乞丐。这让开办以来因经费支绌无法取得预期成绩的贫民工艺厂略感宽慰。1916 年 7 月,为维持肥料捐专款用于开办贫民工厂,加强对肥料捐的保护,督军刘人熙特发出韵示:"肥料捐归公有,专以养活贫民,六家码头包缴,早经照案施行,昨有痞徒抢毁,急应按名拿惩,布告码头人等,务各照常营生,已饬军警保护,毋庸惶恐震惊,尚有私卖阻挑,究办绝不从轻,本府法随言

出，仰即一体凛遵。"[137]1922年，贫民救济会提出整顿肥料捐的办法，即固有之肥料捐应按各公司逐日所收肥料石数，估计定捐，改成光洋并须一律缴纳抵押金。

省城肥料业向来分6个公司承包，但到1923年益农、劝农2公司欠缴肥料捐甚巨，于是贫民救济会决定收回，由所收乞丐编为苦力队，自行挑取。后在长沙县公署等的调解下，两公司与贫民救济会达成协议，对肥料捐予以承包，包价每月光洋365元，期限暂定1年。到1923年底，承包期即将届满，贫民救济会重新发包，投标者十分踊跃，达18家之多。此时，益农公司则致信省长反对贫民救济会招标的做法，认为其承包年限虽然已到，但有继续承包的权利。在招投标结束后，大农公司获得原益农公司的承包权，益农公司在1924年1月13日交出承包权后借故派人破坏了南门外第一肥料厂，并殴打护卫该厂的宪兵。之后，益农公司经理黄顺武、曹国华等被收押，股东李运炎等遭通缉。益农公司见闯祸太大，于是呈请长沙总商会出面调停，商会的答复是，益农公司先将肥料厂移交后，再与相关方面协商。到1926年1月，贫民救济会要求当时承包肥料捐的大农、劝农、太和、清平、振农、裕农6公司增加肥料捐款额以弥补垃圾经费。同时，贫民救济会也反对市政公所和警察厅单方面将肥料捐投标改包，认为这种做法使该公司拒缴捐款，使得年终必需的1万多元款项无着落，破坏了5机关共同组织贫民救济会的本意。最后经协商，5机关一致同意大农、劝农两公司再续承包2年。

湘潭在1923年初提出肥料收归公有的改革方案，却引发了社会的强力反弹。该邑城乡厕所历来为私家所有，自征收肥料捐后，公家从所得利中抽十分之一二用作贫民工厂费，一部分人本来对此就有看法。后救贫工厂因经费不足，在与商会和警察局协商后决定实行肥料公卖,凡买粪者,每担须纳铜元 50 枚于新设之肥料公卖处。在具体执行过程中,发生了多起冲突事件,反对肥料公卖的吴果安兄弟在 7 月初以无粪浇菜而发动乡间卖小菜的人罢市 1 天;8 月,吴松五以取消肥料公卖为由,捣毁肥料公卖处等设施。因肥料公卖推行起来困难重重,湘潭贫民工厂的 6 名理事先后辞职。随后又推举吴家澍、张东盈等为理事,他们上任后设立清理事务所,但因经费短缺,厂内各残疾人员生活无着,纷纷扬言要到商会会长家去要饭。这种结果的出现与肥料捐纷争关系密切。肥料捐公卖在社会的一片反对声中停办。工厂的维护只好由湘潭的育婴堂、皆不忍堂、保节堂、学款经理处暂时垫款,同时管理任务由各法团共 24 人(由李润生、朱赞臣、周辛松、谢涤泉为主任)集体负责。但 4 位新推的主任要求在以前的账目清算后再就职,最后只有老厂长李润生 1 人到职,且多次提出辞职,最后,商会会长林梅臣等举姜璧臣为该厂理事,旋即姜氏也辞职。1924 年 8 月 18 日,各绅商和都团总会议决定以 1 个月房捐所得用作工厂经费。肥料捐也像省贫民工艺厂一样实行承包,每月 1000 元,若自办则按担抽收。为此,救贫工厂设 17 所 21 卡(内含 4 水卡),因夜间偷运大粪者甚多,还设有 20 名巡逻。但到了 11 月 5 日,县知事突然召集各总都团正开会,决定从 11 月 7 日起撤销原设的所卡,把抽收肥料捐改为查缸,按六成抽收,查缸的任务由各团正义务完成。但各都团不同意义务查缸,结果致使肥料捐收入全无。为此,李润生等计划将肥料捐改为承包,且必须包给原来各所卡人员,最后将肥料捐包给周子仁,每月 500 元。到 1926 年,随着农民运动勃兴,救贫工厂的肥料捐又成为大家争论的焦点,有的认为肥料专卖有碍农业,而救贫工厂则以经费困难为由请求继续维持肥料捐。此后,湘潭救贫工厂肥料专卖局所置城总粪池被人完全捣毁,经费于是更加困难。正因为肥料捐等不断引发纷争，主事者频繁更换，其成效乏善可陈，"该厂含有慈善教育实业种种性质，且与地方秩序及体面攸关，办理多年，成效颇少"[138]。

各地贫民工艺厂面临的最大困难无疑是经费不足，为此它们想出的办法也是多种多样。1919年9月，湘潭贫民工艺厂为筹集款项拟发行一种公益券，值十抽三，以所得补经费之不足。1920年，又采取挨户收取丐捐的办法筹款。1921年，该厂发行四期救贫慈善券，按照浙江塘工正券号码开彩。1924年8月对所征收的篾炭捐、轮船票捐、丐捐、筵捐加以整顿。长沙县习艺所成立于1917年，旨在"收无赖游民及人民家族不肖子弟，纳之正轨，教以技能，改良性质，复得藉艺谋生，不至为饥寒所迫"，[139]因经费困难，所董黄冀球、主任郑业中在1922年3月致函慈善总公所，恳请提供经费援助。1922年4月，平民染织传习第一女工厂总理唐燕宾以扩充艺徒名额之故，函知华洋筹赈会希望得到八千元的补助，因此前湖南孤儿院就得到过华洋筹赈会类似的资助。1924年，宝庆贫民工艺厂因特税附加取消，经费没了着落，呈请发行奖券，共计6000张。不过，尽管采取这些举措后经费有所贴补，毕竟还是杯水车薪。

第四，围绕贫民工厂的几次纷争。除省贫民工艺厂外，湘潭贫民工艺厂和岳阳贫民工艺厂也是较为典型的贫民工厂，这两个工厂都曾因内部纷争引起社会的广泛关注。湘潭贫民工艺厂在清末由匡翼之、郭懋德等人倡设，但因经费支绌而暂停。到1913年冬，才由李润生、王锡之等人接办，由李润生任主任。湘潭贫民工艺厂建有男工场、残废院、孤儿院、女工场等房舍。厂内孤儿院收养的孤儿200多名，教养兼施，"成效颇著"[140]。但在1919年1月19日，署名"潭邑公民全体"者投书长沙《大公报》，指出厂中存在的种种弊端,如卫生状况差,克扣职员工资,征收乞丐捐而不办事,用人不当财务不公开,"六年来毫无成绩"[141]。22 日,湘潭贫民工艺厂邀集商界及各绅士会议,当场就有人质疑交了乞丐捐后依然有许多乞丐被遣散到街头的问题,并要求工厂裁汰冗员。对于类似的指责,湘潭商会做出辩驳,认为贫民工艺厂往来账目清楚,李润生在任期间(李于 1918 年 3 月辞职)贡献很大。在各方争执不下的情况下,潭邑绅商学界决定于 1919 年 1 月 26 日开会,讨论相关事宜,最后决定推举代表数人核算该厂历年出入账项。1920 年 1 月,再有湘潭人周道等呈请饬查湘潭救贫工厂,省署饬令县署彻查核办。由于纷争不断,外界猜疑无法澄清,很多人都不愿接该厂厂长这个位置。李润生去职后,郭振林、徐林甫先后任厂长,但均无起色,以致款项无着、工徒解散,到 1922 年初,仅存一废疾院,勉强供其衣食而已,其余完全停顿,以致乞丐满街。1923 年初,湘潭救贫工厂董事主任(时任董事共 6 人)、徐寿昌召集各总都团绅会议,决定多方入手加以整改,并将厂内改组情形,编成白话,分送各处,并劝其踊跃捐输,共襄善举。到 1923 年底,在肥料风潮过后,旧的管理层辞职,吴家澍等接任,但始终没有找到解决之道,以致有人慨叹"潭邑一种慈善兼教育之救贫工厂,办理十余年,迄无成效,徒为私人争权夺利之资"[142]。1924 年 6 月,徐寿昌以无款维持,宣称端午节过后工厂贫民可自由行动。于是五月初六有大约200 多名收容的乞丐和残废院盲人等上街计划到县署和商会等处请愿,后来因贫民工厂另一负责人曹某告知正在与县署商讨并承诺接下来 3 天伙食由徐寿昌代垫,才将这些人劝回。

　　岳阳救贫工厂在 1919 年由时任县长创办,所筹经费以岳城肉捐及煤油纸捐为常年金。1920 年旅省学界借得平粜谷款 18000串文用作该厂基金。1923 年 12 月,该厂艺徒陶礼元等 26 人指厂长陈文海让军队驻扎工厂,工厂艺徒遭遣散,各项捐款则未停止,为此要求省议会展开调查。随之,该县公民曹守正、谭晓曙等18人复向该县议会请愿,指责陈海文工作的种种不是,如艺徒多招殷实子弟与"救贫"宗旨不符,经费开支独断专行,因此要求省议会彻查并对其迅速改组。许多县议员赞成援照矿局协理胡瑛先例,先将陈海文去职,再查办。议会还经投票选出方朝珩为厂长。陈海文对被免职表示不满,准备提出起诉。这样造成气氛很紧张,于是两湖司令部参议易震东、省议员周嘉淦等出面调停,但未果。1924年1月16日该县绅耆寥纯等12人联名写信给知事赵秉彝,要求尽快转请省政府委任方朝珩为岳阳救贫工厂厂长,藉资整顿而顺舆情。但方朝珩上任后对厂务不熟,而且还随意扣留艺徒的证书。后在两年多时间里,岳阳绅民对方朝珩的不满益加强烈。1925年12月15日,共35人联名发出改组岳阳救贫工厂宣言书,列举厂长方朝珩劣迹,如"接办二年,存款用去四分之三,艺徒反仅余三分之一,犹复变卖厂中原有机具,收取艺徒贫民押金",并在随后召开的改组会议上,选举孙云灿为新任厂长。

第五,收容游民乞丐。贫民工艺厂的直接功能之一是收容游民和乞丐。由于连年战乱饥荒,无业游民大增,乞丐沿街乞讨更是普遍现象,对其如何处置关系到社会的安定和工农业的发展。1916年3月,省府出台处理办法25条,对游民首先遣送回家,无家可归者则送交贫民工厂习艺所安插。长沙县知事姜济寰针对"冠婚丧娶之时,辄为乞丐结集之会"[143]的情况,提出了他的主张,即举办大喜事大丧事时,一概不准打发乞丐,将要打发的钱捐作贫民工厂经费,以对乞丐集中收容管理,从而避免斯宾塞所说的"以仁术得至不仁之效"[144]现象。

1921年湖南省会救济贫民会的成立是件大事,因为从此开始贫民工艺厂又重新由官办转为绅办,提高了办事效率,部分修复了受损的社会声誉。1921年11月17日,警务处兼省会警察厅长张辉瓒召集绅商就收容省城乞丐问题开会。首由张辉瓒发言,要求各养济院、惠老院、栖流所及时调查上报各自尚有多少接纳贫民的能力。但与会绅商对此具体问题不予直接回答,而是谈到乞丐收容体制的问题。众绅商皆言自清代起收容乞丐都是由绅商和各慈善团体所经办,但自汤芗铭督湘后一改为官办,结果耗费巨大,贫民受泽惠寥寥无几;要解决乞丐问题则必须恢复以前的模式,仍由各慈善团体举办,办事员概不支薪,只是由警务处监督。对此,张辉瓒主张由各官绅商共组一贫民救济会,大家一致同意。随后,沈克刚、李达璋、杨兴权等呈省长,指出过去官办慈善机构的弊端关键是"一则养不足以资生,一则教不足以致用",贫民工艺厂几乎成了安插官吏的场所,并说明绅商成立"湖南省会贫民救济会"的好处在于"以地方之有办地方之事,则关系较深;以地方之人监督办事之人,则见闻较确"[145]。省长指令警务处会同绅商核议,警务处又将此任务交由长沙总商会承担。商会会长在论证分析后指出了贫民救济会成立的四大好处:增加收入(指整理肥料收入费)、改良厂院(因废疾、养老、养济、惠济等院旧日名粮太少须推广整理)、推广名额(因收入增加之故)、减少乞丐(因多人入院之故)。[146]3月4日,省长同意其"暂行试办",并特别提到克期肃清乞丐的重要性以及贫民工艺厂厂长人选应慎重并得到官署审批。4月17日,警察厅、市政公所、长沙县、慈善总公所和长沙总商会合组的湖南省会贫民救济会正式成立,设正会长1人,副会长2人,干事六人,其具体职员名单表3—22。

**湖南省会贫民救济会职员表[147]**　　表 3—22

| 职务 | 姓名 |
|---|---|
| 会长 | 张辉瓒(1922 年 7 月,因离湘辞去会长职) |
| 副会长 | 沈克刚、左学谦 |
| 救贫工厂厂长 | 陈家灿(4 月下旬宣布辞职) |
| 干事 | 杨兴权、李系纯、陈家灿、周季衡、孙志口、陈启光、贺家梁、周培銮 |
| 评议员 | 周瀛干、王尹衡、陈斌生、萧莱生、谢光焯、史春霆、姜济寰、陈炳耀、王达、曹惠、李达璋、章恭绂、常醒吾、张曼生、刘蒙 |
| 候补评议员 | 陈镜仁、王月僧、黄湘臣、李俊卿、吴沛堂等 |

　　贫民救济会专以收容街市乞丐、救济贫民、给养残废、扶助孤老为职责,对收容乞丐的规划内容包括了请警察厅切实调查乞丐实数,令贫民工艺厂厂长切实估算该厂容纳贫民情况,然后分别各情况,将尚能习艺者送入工厂,暂习劳力,不能习艺者送入养济院、惠济院、残废院等给养部,警察发现街头有乞丐随时分送各厂、院。[148]湘军总司令部也应请同意暂借金盆岭营房作乞丐收容所。为解决收容乞丐的费用,省贫民救济会决定向商民征收乞丐捐,办法如次:按照各户房租每月租洋 1 元,铺户认捐 4 分,住户认捐 2 分,均由佃户或自业自居者负担。至房租 3 元以下者,概不征收。[149]

　　实施这些规划需要时间,但关键是经费不能如愿筹集,使得收容乞丐的承诺迟迟得不到兑现,引发社会的关注和不满。省议会在 1922 年 11 月 1 日特意咨请省署重视乞丐收容问题,认为乞丐大量存在是省宪的污点之一,且儿童从小行乞,易于养成不好的习惯。省长也饬令长沙县知事和省会警察厅尽速收容乞丐。11 月 3 日在总商会召开绅商会议,决定乞丐捐征收和乞丐收容从 11 月 19 日开始一并进行,但最后发布公告从 12 月 3 日(阴历十月十五日)开始收容,分南北两所分别安顿,男的送南门外金盆岭,女的则送兴汉门惠老院。但此后各乞丐收容所人满为患,自开始收容起短短 10 天左右收容所的乞丐达 1500 人以上,超过预定名额三百多人。面对如何消纳乞丐的新问题,贫民救济会要求警察阻止长沙城区之外的乞丐来省,已在省的外地乞丐自愿回籍者给一定川资遣送回去,然后计划派 100 名青年乞丐预备修路筑堤,将一定数额不同年龄段的孩童分送贫民工厂和孤儿院,如再有小孩来则请评议员刘文汉组织一所贫儿习艺所。到是年底,金盆岭已收男乞丐 748 名,惠老院已收女乞丐 541 人,合计 1289 名。[150]同时,贫民救济会还多方想办法让有劳动能力乞丐参与工作,尽量增加创收,减轻经济上的负担。比如请警察厅取消原来的垃圾夫,所有城区垃圾夫由苦力队担任;派苦力队去城郊植树造林;拟筹备卷烟工场等。

在省会贫民救济会成立后两年多的时间内,因其整顿收容乞丐工作得力,街头的乞丐数大为减少。但到 1924 年底,街上的乞丐又逐渐多起来。为此,贫民救济会通令,如发现乞丐,可以亲自扭送收容所或及时报告给贫民救济会派人前来带走,并致函警察厅请其规范散发钱米的行为,不许乞丐年关外出乞讨。1925 年 3 月,长沙市政公所缄请贫民救济会继续经办金盆岭乞丐收容所,经费暂由市政公所补助九千元。但该厂的经费问题一直没有得到解决,到 1926 年 8 月,该厂已经亏空四五万元。

总的来讲,贫民救济会无论是在工艺培训、收容乞丐、教养孤儿方面成绩是显著的,1926 年 2 月 8 日贫民救济会的评议会和干事会一致认为"贫民救济会对于工艺厂使贫民各有职业,对于南北收容所使贫民皆有生活,小孩立有学堂,对于街市乞丐,一律肃清,大著成效"。[151]

## 二、慈幼

在整个慈善事业体系中,对婴幼孤儿的救助是重要组成部分,也历来受到政府的重视,所谓"保息养民,首曰慈幼","幼幼宜及人之幼,足为邦本,养蒙尤正本之基。"[152]北京政府时期湖南慈幼机构主要由孤儿院、育婴堂、慈儿院、贫女院等组成。

第一,孤儿院。民国时期湖南最有名的孤儿院就是湖南孤儿院。湖南孤儿院初名保赤贫儿院,1914年迁至长沙,当时只有贫儿十人,纯粹靠募捐维持,到1917年所收贫儿60名。1917年4月16日,省会警察厅长林支宇、长沙县长姜济寰、外交署长粟戡时出于对保赤贫儿院的重视,于是创设筵捐,并改名湖南孤儿院,专门收受孤苦儿童,到是年底名额增至140名。同时聘请衡阳的刘国逸为院监。1918年,湖南孤儿院修改章程,组织责任董事会。郑芳、曹惠、徐特立在王达之前担任院长职务。1918年徐特立赴法留学,院长职由彭国钧代理。但彭国钧当时是联合中学和修业学校校长,事务繁忙无暇兼顾,于是拟另觅院长。恰在此时王达因战争避乱来长,在院董张曼生的举荐下于1919年10月21日被选为院长,11月1日正式赴任。王达在履新讲话中提出三点要求自勉,即保身、守规、率教。孤儿院在王达任上获得大的发展,无论是办院经费、建筑面积还是收容孤儿的人数都大为改观。1920年孤儿人数增加了50名,1921年春增设孤女院,租湘社仓房屋开办,收孤女50名。随着孤儿孤女人数增加,房屋益加显得狭窄,1923年建设了韭菜园分院,1924年又增收孤儿 50 名。

　　1919 年王达出掌湖南孤儿院时,院内有孤儿 150 人,教职员 9 人,保姆 1 人,技师 2 人,院内还附设国民学校和织工厂、皮工厂。孤儿院对孤儿教养的要求乃"不窃取、不骂人、不捏白、去倚赖性,能名一业为主"[153],并且能得到有效实践。孤儿的伙食严格限制,每人每日伙食费铜元 7 枚。在孤儿院内,职员尽心尽职,孤儿比较遵守纪律、讲卫生礼貌。附设的国民学校共分三级,学生中成绩优秀者允许其课余上街负贩,所卖货品如火柴、肥皂、牙粉、牙刷、女袜、手套、丝带、报纸等,所赢之利,半予孤儿,半作公积。每儿每日若买卖至 500 文者,从公积内拿出铜元 1 枚用作特奖;如每日只售得十数文且数日如是,则暂时取消其负贩资格以示罚。其入该院工场者,则每星期令其外出贩卖其自织的毛巾、布匹、布鞋之类。通过贩卖货物的实践,大大锻炼了孤儿能力,也为自己和孤儿院积累了部分资金。各教职员每月薪金均为十元,他们"皆本天良作用,实行普渡众生主义,绝不以薪资多寡任事劳逸为意"。[154]湖南孤儿院与其他大部分慈善事业仅补救既往的做法相比,特别注重实际,增强孤儿独立谋生能力,养成好的习惯。

　　在王达经办孤儿院 1 年后,孤儿院多个方面发生了积极改变。在孩子道德教育方面,将相关要求编成歌谣传唱,且寓德育于游戏。在文化学习方面重视注音字母的学习。房屋等设施得以扩充。日常生活重视培养孤儿们良好习惯的养成,"故院儿形式上虽类乞丐,而无不良之习惯",他自己的一子一孙也自备伙食与孤儿们同食同住同上课。所有的教职员都将孤儿们当成自己的儿孙看待,认真照顾呵护,王达曾作对一幅,以表心迹:"此辈即是儿孙,须知孤苦堪怜,教养当与儿孙一例;吾党皆他父母,漫说勋劳过甚,恩勤究视父母如何。"[155]院内所办工场也逐步增多,除原有鞋科、织科外,增加了藤竹科、卷烟科、音乐队。而且孤儿院与省城内多家工厂签订用工合同,以后这些工厂招收艺徒尽量优先收录孤儿院毕业的孤儿。而且在1925年还争取到了孤儿通过考试后免费升入公立学校的机会。其实,这一机会的获得是颇费周折的。1925年9月2日,就提出了此要求,但教育司在9月15日回复"碍难照准"。为此,孤儿院提出了多条孤儿该免费升入公立学校的理由,如清朝科举就有允许贫寒者参加的先例,贫寒子弟有很多资质优异的可塑之材,何况每年能通过考试升学者不过一二人,对公家消耗甚少,对孤儿则被泽甚巨。最后,省长同意了孤儿院的这一请求。这样一来,减轻了孤儿院的经济负担,更是对孤儿学习的一大激励。

孤儿院将招收名额扩充到200人后,因房屋狭窄已是人满为患,可院外依然有很多等着入院的孤儿。在此情形下,尽管经费拮据,孤儿院还是在1920年4月22日呈请省长,拟再扩充100人,以使孤儿达300人,希望拨发房屋和经费用于建分院。7月中旬,院董林支宇、曹惠、姜济寰等决定呈请政府将张敬汤在南城外油榨巷的私宅拨作孤儿院用房。1922年7月,韭菜园分院开始动工,次年9月竣工,这大大缓解了用房紧张的状况。1925年10月,湖南孤儿院院董陈斌生等多人提议为提倡孤儿农事教育起见,拟在南县安仁垸设立湖南第二孤儿院,"以收养孤贫儿童及省立孤儿院毕业学生授以农业教育,俾成年后以得独立耘田谋生"。[156]

到1925年10月底,王达以精力不济向院董提出辞职请求。王达上任后的成绩有目共睹,在6年的时间里,孤儿从50名增至400多人,扩建房舍花费洋77800余元,而王达刚接手时,共移交光洋 472.7 元。因此,对王达的辞职请求,孤儿院董事会一致决定尽力挽留,最后王达终于决定继续留任,这次王达的任期到 1926 年 10 月底截止,再也拒绝续任,院监刘国逸也同时辞职。10 月 27 日,经各界大会讨论,议决孤儿院改为委员会制,公推委员 5 人。当经推定仇亦山、徐特立、张曼生、陈觐文、左尚仁等 5 人为委员,互推仇亦山为主席。从此,湖南孤儿院的发展进入了一个新的时期。

和任何慈善救济机构一样,湖南孤儿院面临的首要问题也是筹款。1917 年保赤贫儿院所收贫儿 60 名,常年经费需钱 6797 串 800 文;改名湖南孤儿院后拟扩大名额至 200 名,这样需常年经费钱 19399 串 600 文,另外添置暨建筑经费需钱 9860 串零 320 文。于是保赤贫儿院院董粟勘时、袁家普等呈请省长将该院补助费列入 1917 年财政预算。省长同意在当年预算的慈善经费项下列入年金 400 元。同时孤儿院还呈请警察厅同意拨助筵捐并得到肯定回复。可在张敬尧督湘、南北混战期间,湖南银行滥发纸币,金融混乱。孤儿院以前所收筵捐为纸币,可物价飞涨,纸币信用全失,"市面交易日益趋重现金,煤、米、油、盐无一可以纸币购买者"[157],孤儿院又只好要求警厅变通收捐办法,筵捐实收铜元。警察厅收到呈文后决定从当年 3 月 1 日起将应收筵捐改收铜元,以资维持。警察厅制定的《抽收筵捐规则》(共 14 条),其中规定省城以酒席营业者,无论堂班、轩班、蕃菜馆其他类似之营业,均应缴捐用作孤儿院常年经费,必须专款专用;警察厅将捐款每隔半个月移送孤儿院。在 1919 年 11 月,孤儿院经警察厅批准特制徽章一枚,随时轮派院中职员佩戴徽章前往各酒楼、妓户查察,加强筵捐征缴。但从收缴的结果看很不理想,1920 年上半年,筵捐所得节节锐减,其主要原因一是各酒楼妓户隐匿,二是征收时疏漏,三则是缴捐者未及时索要凭证使得店主及经手人中饱。而且考虑到兵燹之余孤儿增多,于是孤儿院决定扩充名额至 200 名,并试办挨户捐增加收入,此请求获省署同意。挨户捐的收取办法是向城乡内外各住户铺店年分三次收年金,并根据商铺住户情况大致分为三等,即一等每年捐铜元 48 枚;二等捐铜元 24 枚;三等捐铜元 12 枚,具体由孤儿院的孤儿携带捐条前往收取,强调自愿原则,多少不限。[158] 1921 年 11 月,孤儿院又呈请并获批发行助捐奖券,额设 3000 张,每张 10 号,每号销售铜元 10 枚。

1923 年 9 月韭菜园分院建成后各种开销更大,为鼓励社会捐助,特在院内设有崇善堂,捐款在 500 元以上的人可以在堂内悬挂肖像以志纪念;长沙县知事则咨请县议会提议将附加田赋用作孤儿院经费,遭县议会的拒绝,但却同意增加税契附加 5 厘用于补助孤儿院常年经费。可县议会的这一决定又招致长沙士绅的反对,其反对的理由有四:税契的正税和各种附加都达到了 4 分,如再增附加则违背了附加税不得超过正税的原则;孤儿院作为全省的慈善组织筹款渠道多不应打税契的主意;若给湖南孤儿院津贴其他的慈幼组织如湖南贫女院也得资助;在民生凋敝时,不能以情感小故增加人民的负担。这样一来,靠税契附加拓展筹款渠道的愿望落空了。

在政府每年 4000 元的津贴难以足额及时到位的情况下,孤儿院充分利用自身资源去创收,它在西乐部外又成立了华道部,有所谓百子花篮队及明镜团员队以供各界婚娶亲迎之需,有所谓八仙花圈队及紫旛队,以供各界送殡之用。而且还以韭菜园分院所种数千盆菊花开菊花大会,邀请政绅商学等各界要人前来赏菊,促其踊跃捐款。1926 年又把韭菜园旧址辟为给孤公园,供人游览,借收券费,以济孤寒。1925 年,孤儿院院董陈斌生等呈请省政府核准抽收旅馆饭店公寓房间捐,饬令长沙县和省会警察厅查照办理。省政府对此请求给予积极批复。长沙县会同省会警察厅拟定的《抽收章程》规定,城区各旅馆饭店公寓月租满 1 元者都得缴饭店慈善捐,旅客每日在房费基础上加收一成,不缴房费附加不得久开房间。各饭店慈善附加捐原定于 10 月 1 日开始征收,但商埠署所辖区域的亚洲饭店、长沙饭店、中国饭店等联名呈请,以商困为由请从缓征收,更有亚洲、中国饭店等以生意不好联名致函县署要求免予抽收此捐,致使饭店捐不能按时征收。对此,内务司在 11 月 10 日指令省会警察厅按原案执行。

湖南孤儿院办出了成绩,得到政府的充分肯定,成功做法得到了推广。1924 年大灾之年,省内务司训令各县知事,要求每县接到训令后 3 个月内成立一所孤儿院,名额不少于 40 人,经费仿照湖南孤儿院的成例抽收酒席筵捐、肥料捐等,不足额由知事会同地方绅富及慈善团体筹措。在训令中,内务司赞扬湖南孤儿院"教养兼施,成效卓著"[159]。

同时,社会各界也因孤儿院办理成绩突出,愿意捐助孤儿院。长沙钱业公所办之私立圣功国民学校要求学生将当年的压岁钱捐给孤儿院,南洋兄弟烟草公司则将售卖自由牌香烟所贴国货慈善捐每张五分钱的所得捐给孤儿院。1918 年冬淮商局的张募生代募旧水絮 80 床,1919 年夏青年会见孤儿多赤脚,于是放映电影募捐,共得 40 元悉数捐出。还有一位 60 多岁的挑溷夫聂菊生,见孤儿院教养并举,办得富有生气,决定每月乐捐 2 串。总的来说,社会各界对孤儿院的捐助是积极踊跃的,其从 1919 年 1 月到 10 月,共收捐款捐物共计共收光洋 848 元,旧票 101 串文,票洋 530 元,米 15 石 2 斗 2 升,铜元 111 串 600 文,新票 1418 串文。[160]1919 年 11 月到 1920 年 1 月底,陈友梧、张曼生等人积极为孤儿院经募款物。1922 年萧光礼、黄星彬、邓菊亭分别向孤儿院捐赠湘阴和丰垸田产 100 亩、寿筵光洋 200 元和 125 元。1925 年 5 月湖南陆军第三师第十一旅旅长蒋锄欧将自置门板洲湖田 100 亩并垦照一张捐助孤儿院。

除湖南孤儿院外,湖南贫女院也在当时慈幼事业中发挥了重要作用,而且都是在省救济院成立后依然保持独立的慈善组织。湖南贫女院成立于 1919 年,是济良所女教员王先焕以多年的积蓄创办的,"专收赤贫稚女教养"[161],内设职业部(高等小学程度)、职业部(国民小学三四级程度)和国民小学部(完全国民小学程度),此外还附设平民女子补习学校。湖南贫女院每年的经费需 5000 多元,除官厅补助的米捐、筵席捐和挨户捐等共 3000 多元外,其余靠社会的捐助。贫女所学科目有刺绣、缝纫、染织、挑花、绩麻、纺纱、编织等。

第二,佛教慈儿院。民国时期,佛教界人士也积极从事慈幼事业,创办慈儿院。1920 年 1 月 11 日,由善因法师发起的宝庆佛教慈儿院在城内的汲泉庵成立,推举释出尘为正院长,罗赞元、刘鸿积、方学兴为名誉院长。释观尘为庶务。初期招贫儿 40 名,待条件允许再予以扩充。

1922 年春夏,省议会议决提充庙产作为教育经费。省城八大丛林当时有租谷 5000 石。为维护寺产,也因水旱灾后孤儿增多可专门收容孤儿的只有湖南孤儿院一家,远不能满足社会需求,于是灵云寺住持开悟、华林寺住持智岸、万寿寺住持道香、实宁寺住持妙章、开福寺住持宝生、呆山寺支持悟道、上林寺住持金笏、桐溪寺住持广翼以及沙门、居士各 48 名共同发起成立湖南佛教慈儿院。6 月 26 日,湖南佛教慈儿院正式成立。湖南佛教慈儿院仿照北京龙泉寺孤儿院办法进行,院址在长沙的开福寺,开办经费由发起的八大寺庙从其产业中提出百分之四,筹集共洋银1400元,其常年经费由全省各寺庙认捐额款。对所收孤儿教养兼施,先授以国民教育,更授以相当职业。《湖南佛教慈儿院简章》规定其宗旨为"收养孤苦儿童,授以国民教育,兼习各种工艺,俾能独立谋生";所收孤儿要求其是无父母及直接尊亲确实不能自养者,其他亲属也不能抚养之,年龄须在7岁以上12岁以下,身体没有恶疾;孤儿入院后其亲属不得进院内行使亲劝,所收孤儿不得被职员收作义子也不得留作僧徒,孤儿进院前与相关人员签署保证书,毕业后在院内尽义务两年。孤儿院设总董2人,院长2人,院监2人(沙门、居士各1人),董事若干。湖南佛教慈儿院成立后,唐坤被选为名誉总董,仇亦山和太虚和尚被推为院长,招收孤儿暂定60名。

到1924年,随着太虚法师的辞职和仇亦山离湘,慈儿院无人主持,进入了群龙无首无所作为的境地,于是各丛林心生异见,欲将学款收回,各院董和居士对此不予同意。1月7日,佛教慈儿院院董唐乾一、殷士奇、王隆中、张伯良、贝允昕、甘悉无、熊辅文等在上林寺开会,商讨整顿举措,决定重组领导班子,公举宝森和尚为院长,甘悉无居士、智岸大和尚任院董,并负责审查慈儿院每月的预决算收支执行情况。这年2月,佛教慈儿院为扩张规模,向省内务司呈请允许其向本省所属寺庙劝捐,并请求得到官厅的保护,内务司对此表示同意。是年7月,正当佛教慈儿院谋扩充规模谋求更大发展之际,解散佛教慈儿院、收回寺产的声音再次传出,并指控体非、开悟及仇亦山、刘国逸办理毫无成绩,借此为解散佛教慈儿院的诉求找所谓的"依据",并串通各大丛林抗捐不出,使得该院经费无着。这次首提解散佛教慈儿院抗捐不出的是谷山寺僧石岩、桐溪寺僧体云、金笏、解凡、骏观等和尚。这些人后被长沙县以抗捐不纳的理由予以拘留。8月27日,有关人士在上林寺开会,与会者普遍认为这些人置当时在院的40名孤儿于不顾,且可危及到庙产保全,一致主张院长院监都不能辞职,佛教慈儿院得继续维持下去,但院长宝森和院监刘国逸还是辞职走人,接下来推诚意和尚主其事,但教养遂付阙如,无法再现刘国逸当时的良好景象,甚至干出拐卖儿童的勾当,诚意和尚等人竟诱拐该院慈儿谭福生、陆炳焜2名,前往汉口发卖,只是在新河火车站被警察发现。在这样的丑闻爆出后,社会对佛教慈儿院的观感更差,甚至长沙城区视学员陈曾佑督促从严整治,取缔慈儿院。省议员刘映藜也提出类似的议案交由省议会讨论。

第三,育婴堂。育婴堂作为收容弃婴的专门机构,历史悠久,到了民国时期,如何使其顺应潮流、焕发生机是一大课题。省育婴堂创办于清雍正八年,是省城慈善事业中最早的。育婴采取多种方式,主要是堂养、自养、贴养、领养、提养五种,最主要的是由育婴堂提供津贴的自养,一般津贴一年时间。堂中收养的婴儿每年约计三四百人不等,自养每月约计五六百名,贴养每月约计百余名,领养每月约计七八十名,提养则每月数名不等。其每年的收入约一万数千元,其中包括财政厅的补助、典当孳息、房租、田产租谷及所获零星捐助。随着育婴堂的进一步发展,房屋狭窄的矛盾更加突出,于是在1925年10月30日,育婴堂主任致函慈善总公所希望将育婴堂迁至城郊,而将城区内旧址作租或售的处理。常德育婴堂办理慈善为"湘西之冠"[162],该堂首士陈锐在接掌育婴堂后进行多方改革,以使常德育婴堂续写辉煌,他的改革举措包括(一)预算经费,酌定开支;(二)添雇乳妇,注重育婴;(三)裁汰冗丁,以节靡费;(四)力图扩充,加筹经费。这些举措从另一方面也折射出当时育婴堂所普遍面临的困境。

第四,其他的慈幼机构。1922年9月1日,华洋筹赈会驻芷江办事处主任包格非创办芷江慈幼院,收容前后收养和麻阳晃县选送的孤儿300多名,教以文化工艺,使其出院后生活能独立。同月,新化当地绅士晏孝逊创设新化慈儿院,专收孤苦幼儿,年龄在8岁以上12岁以下,名额为60个。新化慈儿院内设织工、缝工、鞋工、染工等科,平时每日排队前往教育会附设之平民学校受课2小时。1923年8月7日,龙山县吴安波等筹办的孤独园正式成立,它专收60岁以上及12岁以下的孤老孤幼。10月,湘潭县议会决定比照省城孤儿院章程设立湘潭县孤儿院,其开办及常用经费从各善堂盈余的款项中提拨。岳阳孤儿院则是由城陵矶萍矿转运局局长杨伯英创办,其经常费由财政厅在城埠厘金局厘税项下每元附加铜元1枚支付。1926年,新化各慈善家发起的慈幼院成立,开办费2000元由慈善家捐赠,收纳慈女名额以50名为限。汉寿县孤儿院经过1年多的准备也在5月份正式成立。

另外,旅京湖南筹赈会在1922年春荒严重时拟在湘设立慈幼院收养灾孩,1月11日,函请省署将岳阳的制革厂、长沙的制丝厂和干粮厂(之前已停废)地基房屋并机械,全部拨作筹赈会创办慈幼院工厂之用,应需开办之款,由旅京湖南筹赈会筹拨。只是这规划最后没有实现。在长沙慈幼院未开设之前为救急起见,拟在香山慈幼院附属收容儿童教养所内推广儿童名额200名,专收湘省灾孩。但所送灾孩必须来自重灾区,所送灾孩必须是父母双亡、年龄在4到16岁的,需由灾区教会各教士报送,因芷江麻阳灾情最严重专留50个名额,其余150个由华洋筹赈会根据灾情分配。得知此信息后,筹赈会推戈德白、雷飞鹏和任修本等具体办理挑选灾孩进香山慈幼院的事宜。1922年4月7日筹赈会干事会议决定了具体选送灾孩的名额分配,情况见表3—23。

**北京香山慈幼院收容湖南灾孩名额分配表[163]**　　表 3—23

| 县名 | 名额(人) | 县名 | 名额(人) |
|------|---------|------|---------|
| 麻阳 | 25 | 乾城 | 4 |
| 芷江 | 25 | 凤凰 | 4 |
| 安化 | 12 | 沅陵 | 4 |
| 新化 | 11 | 祁阳 | 3 |
| 临湘 | 6 | 常宁 | 3 |
| 晃县 | 6 | 新田 | 3 |
| 溆浦 | 6 | 湘乡 | 3 |
| 泸溪 | 6 | 浏阳 | 3 |
| 辰溪 | 6 | 新宁 | 3 |
| 耒阳 | 4 | 桑植 | 3 |
| 永兴 | 4 | 永绥 | 3 |
| 嘉禾 | 4 | 大庸 | 3 |
| 岳阳 | 4 | 龙山 | 3 |
| 平江 | 4 | 保靖 | 3 |
| 武冈 | 4 | 永顺 | 3 |
| 宝庆 | 4 | 会同 | 3 |
| 靖县 | 4 | 古丈 | 3 |
| 绥宁 | 4 | 永明 | 3 |
| 黔阳 | 4 | 合计 | 200 |

　　另外,还有 1916 年湖北刘国骥在长沙创办的导盲学校,1921 年创办的中华基督圣教总会惠贫学校附设平民通俗夜学校,1924

年长沙五美乡警察局巡警俞正明捐出分家时得到的七八十石岁租捐办的贫民学校,等等。

## 三、积谷

所谓"民为邦本,食乃民天。管子牧民,首实仓廪。汉宋备荒,尤重贮粜"。[164]自古以来,凡注意荒政者,莫不设仓贮谷,以备缓急之需,其重要性不言而喻。湖南自清代始,各县就有了义仓、社仓、常平仓、乡村积谷等项仓储之组织。但民国以后,因政局晦暗,灾荒接踵而至,各类仓储遭蚕食现象非常严重。尽管政府时常下令要求相关部门抓紧落实谷米回仓,但总是"只听到楼梯响,不见人下来"。

民元至1917年南北大混战之前,湖南各仓尽管所储谷石无法跟鼎盛时期比,但基本上还差强人意。清末民初,全省有记载的各类仓储820所,其中常平仓98所,义仓722所,额定积谷156.1255万石。[165]到1915年底,湖南共有官仓96所,储谷512500石,民间公共社仓298所,储谷612454石。各仓对放出的谷石也有意识地催还收回和购买填充。1914年7月间,因举办平粜和发卖公谷,省仓共粜出46257.5斗。到1915年10月,省仓特委任朱恩绶为购谷总理负责购谷还仓,购买谷石的地点为秋收八成以上、盖藏丰富的地区,拟购谷47000石。省仓当时存有积谷为52185石,连同拟采购的47000多石,积谷总数将达99185石。但各县对从省仓所借仓谷归还态度不积极。[166]多个县长时间只借不还,势必危及省仓如常运转,因为过去"省仓储谷,夏发秋收,具有定例"[167]。

但是1917年开始湖南时局更为动荡,兵水旱灾接二连三,全省的仓储量锐减,甚至颗粒无存。1917年11月,省城长沙粮栈36家,共存谷80460石,米1585石;米店597家,存谷28268石,米4393石;住宅仓户七处,存谷3740石。[168]1922年3月,省城长沙各仓、栈共存有谷 350047 石,只敷两月的伙食。1925 年 5 月,长沙各粮栈存谷则只有 208190(详情见表3—24)。

**长沙各粮栈存谷情况表(1925.5.)[169]　表3—24**

| 存谷机构 | 存谷数量 |
| --- | --- |
| 协丰 | 29000 石 |
| 义丰 | 28000 石 |
| 高廪 | 16000 石 |
| 长均 | 14000 石 |
| 长记 | 13000 石 |
| 湘记 | 12000 石 |
| 庆记 | 9100 石 |
| 年丰 | 7000 石 |
| 丰盈 | 7000 石 |
| 松茂 | 7000 石 |
| 大成 | 7000 石 |
| 邓春生 | 7000 石 |
| 琨记易万丰 | 6140 石 |
| 王和兴 | 5000 石 |
| 集义 | 5000 石 |
| 久兴福 | 5000 石 |
| 同和 | 7000 石 |
| 三益 | 4000 石 |
| 九丰 | 3000 石 |
| 福隆 | 3000 石 |

| 存谷机构 | 存谷数量 |
| --- | --- |
| 阜丰 | 3000 石 |
| 时园 | 2000 石 |
| 玉丰 | 2000 石 |
| 南华 | 2000 石 |
| 祥太 | 2000 石 |
| 同兴 | 1500 石 |
| 万兴利 | 864 石 |
| 恒豫 | 4290 石 |
| 合计 | 208190 石 |

　　湖南省仓储谷最高时达 300 多万石,到光绪末年,尚存谷 100
多万石,1910 年为 50 多万石,1918 年只有 22 万石,1919 年省仓
"所存谷不及向有之半数,……所收押款亦经挪尽"[170],1921 年 2
月仅剩 4 万石,1923 年省仓仅存谷 2000 余石。省仓情况如此,其
他仓廪的状况也好不到哪里去,湘义仓"仓中储谷曾于民国三年
借领一空"[171],1925 年储备仓、湘社仓和湘义仓所存谷加起来也不
及 5 万石,到年底更是减到不过三四万石。

　　造成仓储大幅减少的原因是多方面的,张人价曾对此有比较
贴切的分析,他指出"民元以来,储政渐遭破坏,各地公私积谷,或
为军队提用,或被土匪劫掠,或因管理不善,或因年久失修,以至倾
圮无存者有之,存者亦多名不符实"[172]。内务司也曾总结过仓储锐
减的病因,指出"各属仓储,有因绅董侵吞无人查问者,有因人民
拖欠抗不缴还者,有因军队入境提充饷粮者,有因假口地方公益挪

作别用者,种种亏耗成为积习"。[173]

面对仓储严重不足的状况,相关方面也采取了一些举措,但收效甚微。各类仓廪不能及时填充的关键还是经费得不到保障,比如湘义仓过去一直依靠盐斤附加税作为备荒经费,但后来盐斤附加名目被取消,归并进正税,结果老百姓的负担没有减轻,省义仓的经费来源则枯竭了。省政府又长期忙于军事,各种军费政费尚难支配,根本无力拨款给省义仓。而省政府相关职能部门能作的也只是以文电督令各县知事去设法筹款购谷备荒,可实际上县政府更是无计可施。1913 年,内务司令各县清查社会积谷实数为备荒做准备。1919 年 10 月省财政厅要求每县购备 6 万石谷充实常平仓。1920 年 2 月,省署训令各县调查境内积谷情况,并提出"务宜预留民食,不准空仓出售,规定数目"。[174] 1921 年省议会函致省长要求其在预算中列入填补省仓谷石的经费,但也只不过说说而已。1922 年 9 月 15 日,省署通令各县知事,要求"各该县原有常平、社仓及乡团各项积谷,趁此年谷顺成之日,急宜查照旧额,悉宜恢复。其或因公挪用,则宜设法填完;或蒂欠在民,则应严令催缴"。[175]而且对地方绅民慨捐巨额谷石、新立社仓或恢复旧有社仓者,可以按程序领奖。11 月,省议会又决议以米照 60 万石所得购买谷石 20 万元填省仓,但最终此案落空。1923 年 2 月,内务司又训令各县知事,重申去年省署的通令,并制定调查表两张及筹备积谷办法 14 条,限令 3 月 10 日前上交调查统计表格,以期"复仓储旧观"[176]。内务司制定的《筹备办法》规定对各县城乡各区的义仓、社仓和常平仓及各种积谷等项无论公私都须由县知事会同该地区绅董详细填表汇报;各仓积谷有亏耗者,要求分两期催还;各县仓储如储谷过少得设法筹齐原额;对民间捐助仓谷款银一定数量的给予相应奖励,包括授匾额和不同等级的慈惠奖章;各县公私仓储得由县知事根据具体情形拟定仓谷保管细则；省仓的借谷和平粜谷款必须及时上缴，未缴之前需妥善保管。[177]

同样，各县也相应制定规范各乡团保管积谷的办法。1921 年 10 月，长沙县拟定了《各乡团保管积谷章程》，其中就规定积谷不得提作他用，必须存放公仓；各仓推正直殷实绅士担任正副仓长，3 年一任；各团积谷每年阴历四月十五以后方允开仓出借，八月初十、二十、月底分三期归还；借户于定期内还谷普通息谷 1 斗，逾限被追始还者加息 5 斤；各团如有积谷积至千石以上者，得由团众公议报县核准，将千石以外之谷购置田产，并将息金办理地方他种重要公益，惟仍不得拨用基本财产；各团原有常平、育婴、社谷均附储积谷仓内，其保管、收放也照该章程办理。[178]另外，像慈利县议会通过《慈利县经营积谷简章》，南县拟定"办理积谷简章十条"等地方规章，力图重视和规范积谷工作，但实际收效是非常有限的。

总之，北京政府时期湖南积谷工作远不如前，其发挥的作用也大为逊色，结果导致灾荒的预防体系不堪一击，灾荒赈济难度更大。而造成积谷流失严重的关键因素在时局动荡、经济困难、社会信用不足等。

## 四、恤嫠

在传统社会，提倡嫠妇守节，设有相应的组织为嫠妇提供生活上的帮助。省城的保节堂、百善堂就是这类组织，其目的"原以周恤贫嫠，恐为强暴所欺凌，豪恶所夺志，于是居之室而给之粮。"民初，百善堂和保节堂合并为恤嫠局，每名嫠妇每月发给钱 1 串 200 文，携带子女或老姑另发一半粮。但到 1918、1919 年，情况大不如前：钱之变为纸币也（纸币贬值非常厉害）；粮之不符名实也（粮价上涨，口粮钱的实际购买力严重缩水）；以菜代米之不得也；饥寒之互相助虐;以针自给之困难。[179]米价腾贵,道光初年每升米只需钱数十文,光绪初年仍仅20余文,民国后则升至纸币1串多,原来每月所领的钱只够买米1升左右。嫠妇靠原来的那点钱根本无法活命。为此,时任保节堂主任史春霆向各善堂发出呼吁,请求挹注以增加嫠妇的恤费,同时承诺整顿嫠妇的行为,对与亲属来往过密的则严加取缔,并新增四条堂规,即严防出入、拒绝大子、取缔停枢、禁止冲锣。[180]湘绅彭清藜领衔的48人联名给省长兼督军张敬尧写信,请求保节、百善堂的款项由裕湘银行拨发现洋,曾削减的预款予以规复或另筹发给,并希望商会移零卖之米交给两堂主任派人经理,俾诸嫠就近购买。对彭清藜等人的吁求,张敬尧答应从1918年10月起在慈善总公所领取的3475元经费中搭发现洋2000元,但只拨发一次就没有了。商会在1919年3月11日则回复说米盐零卖局已经因经费原因停办,移零卖米至恤嫠局的计划落空了。到1921年,政府竟为筹军饷而将本属保节堂嫠妇月粮的榷运局盐斤包索费项下二成悉数提作军费,这使得数百嫠妇和孤儿幼女共计2000多人生活无着,且任期届满的保节堂主任史春霆也将去职,这使得嫠妇担心生计而痛哭流涕。

当然,恤嫠局仅靠消极的请求政府拨款和社会团体捐助只能是杯水车薪。百善堂和保节堂300多嫠妇的生计必须另寻出路。1919年3月11日,湘绅周福龄等拟邀请一些慈善大家,呈请省会警察厅指拨高升巷房屋设立一座保节工厂,但当时被湘东清乡司令部占作营房。保节工厂建成后,百善、保节两堂嫠妇除每月领取原来的口粮外,还可以靠做工得到相应工资贴补日用。拟定的保节工厂以刺绣、缝纫、绩麻为主科,织布、洋袜、绣花、糊盒、洗染等为副科。6月底,省长公署训令保节堂主任史春霆,支持筹办保节堂工厂,以为这样既可使嫠妇增强自尊更可减轻政府嫠费的不足。

　　1919 年 10 月 10 日,保节工厂开幕。该厂厂长由柳如乔担任,厂址在长沙北正街,开办时捐募所得约 3 万多元,张敬尧也拨助了 1 万元。该厂"以专收贫苦嫠妇,促进其技术智能,俾能自谋生活而全节操为宗旨",要求所招嫠妇年龄在 45 岁以下,学膳费一律免收,除有特别情形外,均须在厂寄住。嫠妇在厂内学习的科目包括刺绣、缝纫、编物、染织、制帽、制鞋、打带共七类,此外,嫠妇还可学习修身、家政、算术(附习课)和国文、图画(随意课)。保节工厂开办之初共招 130 多名嫠妇。保节工厂开办后运行良好,毕业的嫠妇"均能自谋生活,出品亦颇为社会欢迎"。[181]

　　本来保节工厂是招聘有劳动能力、年龄在 45 岁以下嫠妇学习技能并从事生产的场所,保节堂内老弱嫠妇依然保证支付月粮,也即保节工厂不是取消保节堂而是为增收另设的一个附属机构。但是到 1924 年,保节堂主任黄锡光拟将保节堂改为工厂,取消月粮,将所有月粮费作为工厂资本,老弱遣散仅留青年少妇做工,再按月给予相当的工价。为此想法,他专门致函慈善总公所说明理由,一是政府给保节堂的慈善补助款几付阙如,二是所收嫠妇有"养而不事、不无坐食之嫌"。[182] 保节堂的寡妇闻知此消息,群起恐慌,于 4 月 18 日推代表向慈善总公所及省议会、省长公署请愿,要求保留 3 串月粮,对于做工工价及原料资本,请另行筹款,不得以原有之月粮移作他用。慈善总公所最后答应了寡妇们的请求。保节堂也就没有完全变为工厂。但其经费困难局面始终难以解决,加之办保节工厂需款,慈善总公所因此在 1926 年 1 月呈请内务司每月给津贴洋 500 元,这一请求得到了政务会议的同意。

　　1926 年在工农革命风潮兴起的背景下,保节堂也发生了重大变化。保节堂的嫠妇发起组织"保节堂革新运动委员会",以谋解放,并推举汤荫奎等 30 人为筹备委员。1 月 8 日,筹备委员特召集各团体联席会议,决定发布宣言,使社会知晓革新委员会的成立及其功能。1927 年,更是有省城各慈善堂以顺应时代潮流加入革命战线为由,自行组织起慈善协会。1 月 21 日,特召开联席会议,决定改变从前一切消极事业并大加革新,与会者一致主张各慈善堂改办平民小学校及男女平民工厂,专力进行实业教育。

## 五、消防

对人口聚集的都市来说,民国时因城市规划的不科学、消防设施的落后、人们消防意识的严重不足,火灾时有发生,使得消防成为一大难题。慈善组织在火灾救助中发挥了不容忽视的作用。1918 年 12 月,长沙大西门外被火灾,延烧房屋数百家,皆系穷苦小民。青石井的觉化堂、织机巷的积善小补堂和西长街的至善堂联合商会,各自捐出赈款,设置数处灾民收容点,施衣发粥给钱予以救助。其他的善团也纷纷捐款,同善堂、保节堂、育婴堂也分别捐助票钱若干。1923 年 10 月长沙小西门外发生火灾,从上河口起至湘江神庙,共约延烧住户 1000 数百家,被灾人口约 2000 名。10 月 25 日,积善小补堂联合众善堂开会,商讨救灾办法,决议合组火灾临时筹赈事务所,分别从事发饭、发放棉絮棉衣、调查灾户和发给零钱证的工作。11 月 5 日,召开救灾结束会议,并议决将所剩捐款以作组织火灾因利局用。9 日再次开会,决定立即停止接收火灾灾民和散放赈款并适时发布征信录。随后,小吴门又发生火灾,于是决定将原本计划用于火灾因利局的 1000 元余款赈济小吴门火灾。1925 年 5 月和 10 月长沙南门外和北门外先后发生火灾,慈善总公所组织进行调查发给凭条,并按凭条上的数字定时定点领取赈款。

但仅有慈善组织临时的火灾救助是不够的,也是不可取的,更重要的是建立起相应的消防体系,购置消防设备,增强人们的消防意识。当时的官绅商和慈善团体逐渐在重视这些问题,它也大大促进了近代湖南消防事业的发展。早在清代,湖南的官办消防是比较发达的。1905 年湘抚端方在小东茅巷多佛寺设消防所,隶巡警道,消防队员 40 余人,是为长沙官办消防之始。[183]据 1910 年上半年统计,湖南全省共有消防队 37 个,队兵 647 名,省会长沙消防所 80 人。[184]但自民元以来,因经费紧张,官办消防大有瓦解之势。于是民间力量乘势整合原来公有私有的消防资源,组织各种救火会。这些救火组织为保证城市安全做出了重要贡献,但是官办和公办或民办消防组织之间时常出现冲突。

北京政府时期,湖南消防的突出特点是民间消防资源的整合。以常德来说,它是湘西的重要门户,很早就有了官办的消防队,但苦于经费紧张不能及时添置设备,功能也就难以正常发挥;同时民间公有私有的水龙加起来有 40 多架,但一般不主动拿到别处去使用。基于此,为整合消防资源,常德警察厅长于 1919 年 12 月底特召集公有水龙的首士和私有水龙的主管人磋商,商讨创设地方救火联合会,其开办费由警察地方费项下开支。最后与会者推举山西会馆首士王继昌为正会长,湖北会馆首士范徽林为副会长,常德救火联合会就此成立。

在长沙,情况也非常相似,官办的消防队因数月无饷可发,队兵纷纷辞职不干,这使得消防的形势更为严峻。于是在 1922 年12 月,慈善总公所的陈锡周提议与淮商公所、兼善堂、苏州会馆、端角福新团、长沙县劝学所、钱绸各公所原有水龙联手,另招消防队退伍队兵 40 名,训练成队,组成慈善救火会,以补消防队之不及。慈善救火会的发起人孙志焘、陈锡周等将拟好的简章(共 17条)呈送慈善总公所,并函知其发起成立民间救火组织的理由。

慈善总公所将此章程转呈省会警察厅和长沙县署，并获得同意备案的答复。1923 年 2 月 5 日，慈善救火会正式成立，会长李系纯，副会长李晋卿，先行成立第一救火队。慈善救火会还新购置水龙 2 具。慈善救火会成立后，成绩卓著，很快得到社会的认可，各处捐赠的常年经费也比较充裕。比如，王皇坪二号住户韩景苏就登报感谢慈善救火队在阴历二月二十日夜勇敢救火。到是年冬天，天气干燥，进入了火灾的多发期，为搞好消防工作，慈善救火会特邀请相关团体代表于 11 月 18 日在慈善总公所开会。会议以"省会区域阔大，一队能力有限"，决定成立第二救火队，而且筹划成立省会救火会联合会。1924 年的 6 月 1 日，经过半年多的筹办，慈善第二救护队成立。1925 年又成立了慈善第三救火队。经费由省市各团体及殷实绅商自由认定，分月捐、节捐和年捐 3 种。1926 年 6 月 1 日，慈善救火会因 3 年任期届满，进行换届选举。正副会长李系纯、李晋卿均获连任，并且修改章程，添设评议员 12 人，干事 10 人。改选后的慈善救火会主要职员见表 3—25。前已说明，民间消防组织的成立和积极作为是以官办消防的式微为背景的，但官办消防建制依然存在。它最初对慈善救火会的成立是持反对立场的，认为慈善救火队所有行动与义勇消防本意相反，要求予以取缔。消防警察队队长解九龄于 1923 年 3 月 13 日特呈请长沙县署，阐明反对的理由。解九龄认为警察是国家内务行政的重要机关，消防又是行政警察中的重要部分，文明国家都有明确的消防制度，揆诸种类，可分为常备、军队、义勇、义务和混同五种，其中只有常备和军队两类才有资格穿着制服，而义勇、义务的消防组织则往往佩戴腕布以作标识，过去湘省义勇消防队就没有着制服的。也就是说反对慈善救火会有统一制服。另外他还反对慈善救火会有队长、队员、教练员、目兵夫等,俨然官办消防队的设置,似军非军、似警非警。总之,消防警察队反对慈善救火队的服装制度、阶级制度,还要求其改名为慈善堂水会,并明确救火不得收费。到是年 11 月,警察厅还制定了《义勇消防队统一办法》(共 10 条),以规范救火时的行为,实现官办与民间消防力量之间的有效配合。

慈善救火会新任职员表[185]　表 3—25

| 职务 | 姓名 |
|---|---|
| 会长 | 李系纯 |
| 副会长 | 李晋卿 |
| 文牍 | 俞芳午 |
| 会计 | 刘伯衡 |
| 干事 | 滕阮铭、萧莱生、周季衡、陈敬仁、陈迪之、刘伯衡、麻静之、吴熙先(仙)、陈觐勋、俞芳年 |
| 评议 | 俞秩华、倪芷香、劳叙和、罗惠章、李兰汀、周石麟、杨衡齐、罗东阳、王伯钦、朱申亮、张达听、严朝章 |

## 六、年米、劝善和惜字

日常慈善中还有一项内容就是在年关向贫民发放年米。1919 年初,湖南义赈会在多处设立施粥局发放年米。恤无告堂则是每年都发年米,一般是发给米票,贫民持票向指定的粮栈碓户领取。省会警察厅则派人前往维持秩序。各善堂发放年米往往是单独进行,这样造成的一种弊病是贫民所得年米不匀,易造成遗漏和重复。为此,在 1920 年初,省城各善堂在散放年米问题上予以合作,实行分区担任。具体散放办法是各贫寒人户需领年米寒衣者,按照所住地点,向各善堂先期报告,听候该堂派人登门验放。散放区域的具体分工是:东北门内外所住之贫民小户归觉化堂担任,施放地点在青石井;南区所住之贫民小户归积善小补堂担任,施放地点在织机巷;西区所住之贫民小户归至善堂担任,施放地点在西长街。1923年初,因城内乞丐有贫民救济会收容,散放年米的对象主要是城厢内外及四乡无业贫民,青石井觉化慈善堂、织机巷积善小补堂、兴汉门通化宝善堂联合发布启事,呼吁社会捐助钱粮由善堂代发或由捐主派人通往查放。

1918年秋,因受美国总统威尔逊认为"一战"是道德教育战胜物质教育的影响,张鸿藻等人发起成立长沙洗心文社,张鸿藻任驻社主任。它的活动方式是邀集学者名家定期演讲,演讲的内容广泛,其宗旨乃"不谈政治,不入教争,不逞偏私,不尚攻击,而惟自尽天职,补助人群,共作洗心之研究",[187]主要目的在提倡讲道德。1919年3月30日,洗心文社举办演讲会,彭清藜、石广权、俞兆庆、杨树达、徐特立、杨祖农担任讲员。杨树森担任琴学,黄琴台担任棋学,唐景尧担任书学,黄澍泰担任画学。

为劝人行善,积善小补堂还专设善书流通所,主要摆设宗教迷信类书籍供人查阅。各善堂也步青年会和通俗教育馆后尘,在各街白粉墙上及各庙宇墙上以墨烟印刷种种格言,如"想子孙贤,凡事留有余地"、"虽情理正切,莫做事十分"、"抢杀奸淫终被人杀"等字样。[188]

长沙惜字会则是在1919年"为尊重文字起见"[189]成立的,成立之初因人手不够,于是通告呼吁人们见到堆积的字纸及时通知高井街熙乐园派人检收。此后,积善小补堂致函警察厅,要求其支持惜字善事:各分署岗警附带巡逻,并要求垃圾夫收集捡拾;并送各善堂可以按章领奖;如各铺户随意丢弃,则将被罚款。

　　10 月 20 日,长沙惜字会发出布告,发起为纪念孔子诞辰的征文活动,征文题目诸如:孔子诞辰颂、仓圣制字天雨粟鬼夜哭颂、秦始皇焚书坑儒论、惜字清源绝流论、金圣叹评西厢水浒陷大辟论、或谓墨烟有毒所刷报纸文字等件以之刮股毒气攻肠多生痔疮烂肛腐肠等症大害卫生说。这些题目表述本身不一定符合常识和科学,其目的明显是为了强调惜字的重要性。而且长沙惜字会还在布告中举了所谓惜字的奇效,比如说"赵申乔惜字而作巡抚、彭定求惜字而中状元、陆秀章惜字而富甲一乡、王宏修惜字而寿高百岁,是惜字之功德广矣大矣"。[190]这些所谓惜字效果的介绍无外乎迎合了普通百姓希望升官发财、长命百岁的心态。甚至还有罗壬、汪匡燮等动议于省城白马巷聚福园设立湖南全省总惜字会,各县设立分会。

## 七、施棺、义山和掩埋

　　省城同善堂的活动内容之一是为掩埋路毙无主尸骸施给棺木,而埋葬被杀犯人所用棺木则由省会警察厅每具棺木津贴半价,约票钱七串文。至善堂修培处就特别注意到有许多坟山的童坟因埋得过浅露在外面,特别惨目,因此派专人负责城外四处死童的安葬。为了让大家明白,它还以非常通俗的语言广布信息,其所拟的韵语是:"近日所葬童坟,每多随意堆成,以致猪拖狗嚼,见之惨目伤心。已于四城之外,特雇埋葬专丁。送往眼同埋葬,并不索取分文。"[191]长沙城外埋葬童棺的地点主要是:南门外大椿桥、铁路边、春华园;浏阳门外浏城桥;小吴门外石板桥陆军医院侧;兴汉经武门外流芳岭、喜鹊桥。

　　同善堂所属的保骼堂专门保护省城的义山。但城内居民常到义山挖黄土致使白骨暴露在外；而且城市修筑道路时常经过义山。为此，同善堂、慈善总公所和长沙总商会多次写信要求警察厅制止对义山的破坏行为。长沙小吴门外杜家岭有数处同善堂购置的义山，其中无主坟墓叠葬如邻，而且有官厅出示严禁破坏。但在1918年6月，据该区永安团报告，"忽有多数人役将所修培之义冢平毁百十余起，连日风尚未息。近邻阻止竟置不顾，尸体暴露，惨不忍言"[192]，为此慈善总公所致函警察厅请其保全枯骨。而且为解决居民掘取黄土的问题，同善堂专门在郊外购置数处荒山供其挖掘；当道路必须经过义山需要迁坟时，要求市政部门提前告知并支付迁坟费用。同善堂等多个善堂之所以强调保护义山，有人道和卫生的双重考虑。1922年，长沙市政厅修筑环城马路，涉及迁坟，众善堂表示强烈反对。1924年，市政公所在扩充南城麻园塘街道时，要求众善堂将有碍交通的义山围墙及孤坟自行拆卸迁移。但遭众善堂的极力反对，而市政公所责令其限期执行，双方一度气氛紧张。后双方约定将受影响的义冢前往市政公所新制的义山安埋。

1921年援鄂战争，慈善总公所因前敌战死官兵亟应及时掩埋，特组设掩埋队于8月16日乘车赶赴前线，各项经费由各慈善人士捐助所得。1926年北伐战争期间，"双方肉搏，伤亡甚众，蒲咸一带，尸横遍野，秋阳曝烈，腐臭刺人，若不从速设法掩埋，不仅有伤人道，亦且易成疫疠。"[193]于是湖南军事厅致函慈善总公所和长沙各善堂，请其组织掩埋队100人分途前往掩埋死尸。随即，慈善总公所召集积善小补堂、觉化慈善堂和各善堂开会，决定组织两批掩埋队，分别由周石麟、龚春江为主任。第一批共50人组成的掩埋队即日出发，以免尸骸久暴，妨碍卫生。但因慈善总公所和各善堂经费短绌，故请军事厅函知湖南赈务协会拨洋5000元以作专项费用。

## 第四节　红十字事业

中国红十字事业肇始于晚清日俄战争时期,1904 年 3 月 3 日,沈敦和等在上海创设东三省红十字普济善会,"它也可以看作中国红十字组织的先声"[194];3 月 10 日由中英发德美 5 国人士数十人在上海成立的上海万国红十字支会(后定名为上海万国红十字会)是中国红十字会之嚆矢。1908 年,清政府派驻英公使张德彝赴瑞士订盟,改名为中国红十字会,"是为我国正式红十字会成立之始"[195]。此时,湖南也曾有过长沙红十字支会之设,但具体活动情况不详。[196]湖南真正有全省性红十字会的创设是在辛亥革命时。北京政府时期,因战乱灾荒接连,作为以人道救援为宗旨的红十字会组织在灾荒救济中发挥了重要作用,它在经费拮据、社会对红十字认识不足、救援任务繁重的艰苦环境下,依然坚守信念积极努力,既赢得了时人的肯定,也在近代湖南慈善史上奠定了应有的不可忽视的地位,当时一些成功的做法和诸多感人事迹也是现在中国红十字事业进一步发展的宝贵历史财富。

## 一、各地红十字组织的成立

辛亥革命的发生使伤兵民救治成当务之急。为应急需,在长的士绅和传教士行动起来由粟戡时、聂其焜、颜福庆、梁家驷等人牵头草创红十字会。该会最初未获万国红十字会通行章程,只由发起人暂定简章,先行试办,名曰湖南红十字会,事务所暂设雅礼医院。随即自制佩章(白布上绣十红字)绕左臂上以作标识;刊启募捐,以筹经费;函请都督禁他人在省地另组红十字会及冒名募捐等；函告上海红十字总会及武汉红十字会，希获其承认。随后在阴历八月下旬，接到上海红十字总会的复函，承认其为分会，正式定名为"中国红十字会湖南分会"。当时会员 30人，其中中国绅商军学各界举 20 人，外国由旅湘西人举 10 人。1911 年 10 月 28 日（阴历九月初七）召开成立会议，选出 7 人担任理事，并决定一切重大事宜由理事会决定。这 7 名理事分别是会长颜福庆（雅礼医院医士，美国雅礼大学毕业，江苏上海人），副会长孟良佐（圣公会牧师，美国人）、曹典球（前实业学堂监督，善化人），书记员李达迩（雅礼医院医士，美国人）聂其焜（衡山人），会计员倪尔生（信义会医士，挪威人）、朱恩绂（乾益栈主，善化人）。为规范行为起见，湖南红十字分会还专门制定了《中国红十字会湖南分会章程》。该章程是在参考《中国红十字会试行章程》和《日本赤十字社章程》的基础上制定的。《章程》规定湖南红十字分会的宗旨是"战时救护战地伤兵难民，平时救助天灾时疫"，而且需抓紧设医学校及看护教练所，以培养医员及看护人，并广搜药品物料以备战时或灾疫之急用。红十字会会员分名誉会员、特别会员和正会员 3 种。名誉会员是指那些精勤劳瘁对红十字分会有功者、声望隆重赞助分会事务进行者、独捐洋 1000 元以上募捐 5000 元以上者；特别会员是指会员勤劳会务达 1 年以上者及独捐洋 200 元募捐 1000 元以上者；正会员则是缴纳会费洋 25 元者。

　　当时湖南共建立了长沙、常德、永州、宝庆、衡阳、岳州、新宁、宁乡、洪江、桂阳、津市、湘潭、耒阳、益阳、浏阳、衡山、平江、永顺、芷江、醴陵、桃源、靖县、郴州等 23 个分会。1912 年，中国红十字会总会在上海召开第一次动员大会，湖南 13 个分会应邀参加会议。[197]

1916 年 5 月,会同县知事覃学斌商同德国教士及地方商民组织会同红十字分会,以资救济。湘潭绅耆李润生、罗顺循与驻潭各国牧师组织红十字分会,并由湖南红十字会转达上海中国红十字总会承认。1917 年,因湘南战事吃紧,民荒异常,李、罗两人又会同阳惠舟集合绅商再次筹备组织红十字会,仍名红十字会湘潭分会,会长由萧云达出任,并附设救济会,专以救护战地人民出险为主义。1918 年 6 月,津市在南北军事冲突中首当其冲,当地绅商各界立即组织了中国红十字会津市分会。1923年 8 月,新化的杨幼耘、杨次伯、邹鼎价、李筑坤等,为救治疫病,发出通启,征求会员(每人须缴会金洋 25 元)50 名,以呈请设立红十字分会。

1926 年北伐战争打响后,湘潭首当其冲,当地各公法团援照前例于 5 月 18 日恢复成立湘潭红十字分会,定名为"中华红十字会湘潭分会",并确定了其主要职员,名单见表 3—26。红十字分会成立后,立即通电上海红十字总会及各处分会、各报馆机关团体及湘南各军官长,告知分会成立情况,并请相关方面给予交通电报等的免费待遇。上海红十字总会则在回复中以湘潭分会成立不符会章为由,要求其遵章改组。6 月 4 日,湘潭红十字分会召开各理事职员会议,实行改组,正式推举正副会长和理事长,与原来相比,任事各职员变动幅度超过一半,具体情况见下表 3—27。按照定章,正副会长须从会员中产生。入会者最后决定严格依据红十字总会所定章程办理,会员名额暂作 30 名,资格分三项:(甲)现在本会办事职员具有劳绩者,缴纳会金六成。(乙)前次民九分会有会员资格者,亦只缴六成。(丙)未在本会服务者则缴 25 元。[200]

### 湘潭红十字分会主要成员名单[198]　表 3—26

| | |
|---|---|
| 理事长 | 张先赞(县长)、李润生(商会帮董)、戴斐士、梅知理(美国人) |
| 救护队 | 队长:武文(美人);副队长:李润泉、陈涤泉<br>主任:姜璧臣、房宗原;理事:吉予观、陈云生、罗庆云、项履仁 |
| 医药股 | 主任:文大卫(西人);<br>理事:米西庚杜女士、贝女士(西人)、邓伦轩、万伟才、刘桂秋、萧振华、周大均 |
| 财务股 | 主任:周元恺<br>理事:萧云达、胡桂筠、傅兰苏、张鉴棠、胡谷生、朱赞口、曹口生、熊席琴、杨楚帆 |
| 交际股 | 主任:何翼臣<br>理事:徐松甫、阳九皋、唐子澍、林梅丞、周郁文、萨少云、蔡少卿 |
| 文书股 | 主任:彭荇芸<br>理事:沈衡云、冯云泻、魏香圃、廖毅口、夏毓麟 |
| 庶务股 | 主任:齐松林<br>理事:周子仁、阎澍霖、蔡淑芷、张永堂、赵鼎丞、罗子翘、胡咏秋、张峙衡 |

### 湘潭红十字分会改组后主要成员表[199]　表 3—27

| 职务 | 姓名 | 职务 | 姓名 |
|---|---|---|---|
| 名誉会长 | 张先赞 | 正会长 | 李润生 |
| 副会长 | 胡锡龄 | 正议长 | 周元恺 |
| 副议长 | 徐寿昌 | 救护队长 | 梅知理(美国人) |
| 救护队副队长 | 罗庆云、李润泉 | 医部院长 | 文大卫(西人) |
| 医部副院长 | 宋西庚 | 理事长 | 戴斐士(美国人) |
| 理事 | 周子仁、阎振启、何邦达、房宗原、姜宸、彭杏耘 | | |

## 二、战时救护活动

"红十字会者,救济战斗员之慈善事业也。"[201]1916 年初,护国战争在湘西边黔一带打得正酣,百姓颠沛流离、将兵伤亡重大,情形极惨,于是中国红十字会湖南分会立即筹办救济事宜,在常德设立了湖南红十字会驻常事务所。1917 年 9 月,刘建藩、林修梅通电全国,宣布独立,随即战事在湘南打响,也拉开了"护法战争"的序幕。湖南红十字会致电熊希龄、傅良佐等拟仿照 1916 年救湘西兵灾的做法,成立抚绥处。10 月初,衡阳红十字会遵章前往战地展开救护行动。而且为保护居民起见,特设立一红十字女会员寄宿舍,以保护衡城的妇女。只是入会者每人须纳入会金 70 余串,每人每日伙食费 500 文,结果士绅家眷入会者甚多。宝庆红十字分会则组织救护、掩埋各队开赴战地,并在城内设立医院 3 处,共计救护受伤军官兵民及掩埋引渡共逾千人。湘潭红十字分会则免费给为躲避战火身处美国益智学校、长老会礼拜堂等处的妇孺老幼提供茶饭;受伤兵民 100 多人治疗时的伙食、药料、添置、被褥及医士、看护薪津一切费用都由其提供;未受伤的数十名北兵也由其多方救护,供以饔飱,助以路费。这次兵事救助,湘潭红十字分会共用票银约 3 万两。[203]

湖南红十字会驻常德事务所职员名单[202]　　表 3—28

| 职务 | 姓名 |
| --- | --- |
| 正理事长 | 熊希龄 |
| 副理事长 | 李致桢 |
| 募捐干事 | 蔡正潜、徐亮寅、楼家贤、李致椿、李寿熙、饶高福、罗肇鼎、罗宾书、吴其林、曾春轩 |

续表

| 职务 | 姓名 |
|---|---|
| 文牍干事 | 余笠云、陈际翔、殷士奇、李期新、王伟麟 |
| 会计干事 | 高杰、杜毓贤、林丙荣、钱德涵 |
| 庶务干事 | 钱昌澜、胡善思、余明曦、张建鸿、李士心 |
| 医队长 | 罗感恩医士 |
| 副队长 | 薛受益 |
| 救护队长 | 廖名缙 |
| 副队长 | 张宏铨 |
| 文牍 | 田梓材 |
| 庶务 | 胡善志 |
| 会计 | 胥大诚 |
| 名誉董事 | 郭立兴、凯德、马义臣、蒋谦、涂德乐、卡斯威尔、罗感恩医士、张叔明、高桥新二君、戴展诚、余嘉锡、蒋国经、刘达璋、刘斌、郑绍康、毛希蒙、张伯良、王际春、王朴、吴友炎、贝允昕、陈锐、张柘、张立镛、吴江 |
| 驻常医院医士暨看护 | |
| 西医士 | 罗感恩、涂德乐 |
| 中医士 | 鲍为良 |
| 西看护士 | 罗美春女士、林德春女士 |
| 中看护士 | 段秀清女士 |
| 西看护生 | 傅守贞女士、李桂生女士、陈续光女士、陈绍光女士 |
| 中看护生 | 段理良、孔伯滋、陈子俊、赵三元、马竹名、崔禹三、戴普轩、鲍宝臣、杨树青、余声周 |

　　为救护妇孺,湖南红十字分会战时往往在各乡镇设立妇孺救济会分所。对于救济分所开办的程序及相关要求,湖南红十字分会专门制定了《中国红十字会湖南分会附设长沙镇乡妇孺救济会设立分所章程》[204],规定须设立救济分所的乡镇必须由各都团及地方绅耆出具请愿书,请愿书应包括这些内容:地点隐僻,距离大路至少在四五里以上;房屋宜宽阔,以祠堂寺观为上,民屋次之;拟设分所距省城距离多远;拟设分所附近十里以内有无分所,如有的话,不得增设;主办者的姓名。分所成立后,对红十字标识不得滥用,需特别注意卫生,并接受红十字会随时监督,其经费只能向当地殷实之家劝募或承办人独立承担。对进入避难所妇孺的行为也做了原则性规范:不得携带银钱及其他贵重物品或皮箱等件;不得艳妆修饰;不得时常出外;不得喧哗滋闹。

　　1920年6月11日晚,张敬尧在火光和爆炸声中乘军舰仓皇逃亡岳州。当天下午,谭、赵的湘军从四面入城,红十字会员在长沙小吴门外发现北军第二十师兵士数百人,因担心两军发生冲突,红十字会会员们劝该兵士将军械服装解除,再送入红十字会内予以保护。除保护北军兵士外,红十字分会还与各教会牧师会议设立妇孺救济会,将城内城外划为多个区,每区由各教会和教会医院负责设立救济所,共计64所。同时设立临时医院,收容伤病及溃难兵民。湘潭长老会送来的近200受伤北兵、湘军士兵、家眷及妇孺也被安排在红十字临时医院内。湘潭红十字会则把从火线上救出的数十人中伤重未愈者送到长沙、汉口等处医院医治,将俘虏800多人送往汉口,并给官长每人铜元10串、散兵每人4串的旅费。红十字会在护送俘虏和伤兵时要求他们身上不能携带银元、武器;在中途不得由船头或船窗观望,只能静坐船心;船抵市镇停驶时,不得上岸,所有交涉或采办悉由护送人员担任。[205]7月,张敬尧退处岳州,北军疯狂蹂躏当地民众,使得"此次兵灾较民国六年十倍过之"[206]。在此危难时刻,当地的福音堂、妇孺救济会以及岳阳红十字分会积极行动,救难民出水火。以下这些文字可粗略反映出当时红十字会的作为。"是日(即阴历五月十六日)东门外奸毙妇女四人,城内奸毙三人,均经红十字会掩埋尸首。""(阴历五月二十日)上午八时,鱼巷子放火,……延烧三数家,经红十字会督带敢死护送队十余人,拼命救护,火始熄"。"(二十三日)午后三时,放火延烧房屋,经红十字理事长督同夫役极力救护,拆去房屋数间,始熄"。[207]岳阳红十字分会在此次兵灾救护中收诊各路伤病官兵,内外号以八九千人计,前方掩埋1000多人。

1921年8月,援鄂战事正酣,湖南红十字分会为伤残将士医疗方便起见,特与市政公所合作将北门外旧马路工程局的房屋借作临时医院用,并请湘雅医院推派二名医师赴该院诊治伤残将士;并且组织多批救护队和掩埋队前往战区。浏阳红十字分会也在7月改组,扩大规模,创设医院,收容养伤兵士187名,在城乡开办妇孺救济会20余所,救全不下万人。在沈鸿英军队入城劫掠之际,鲁觉群会长深夜前往与沈军的邓佑文团长接洽,请其下令不得破坏红十字会设施。沈军退后次日,浏阳红十字分会就派员20多人分途前往火线调查,携带簿册赈条,即查即发钱米絮被和棉衣等件。

1923年,谭、赵间战事展开,湘潭红十字分会考虑到前线运回的伤兵陆军医院不能全部收容,特于10月19日在都正街席少保祠内设立临时医院,并增设掩埋地点,其款项则全由各慈善堂捐助。10月下旬,湖南红十字分会会同湘雅医院合组救护队前往救护。

1926年北伐战争打响后,恢复成立的湘潭红十字分会立即组织红十字救护队在得到交战双方安全保障的允诺后开赴战地展开救援;该会的医药部附设在长老医院。救护队长武文和梅知理随即率领队员数十人携带旗帜及各种药品等前往姜畲一带施救。截至 6 月初,湘潭红十字会共收诊伤兵达 300 多人,送往省会陆军医院和红十字总会医治的为数也不少。同时,叶开鑫与唐生智两军在平江大战,"战斗之烈,死亡之多,为从来所仅见"[208]。于是平江红十字分会成立救护队、掩埋队,共救护伤兵百余人,掩埋阵亡官兵数十名。北伐军攻克平江,北军死伤近千人,革命军也有 200 多人伤,于是该会设临时医院 3 处,救护南北伤兵 300 多人。

### 三、日常慈善行为

红十字会日常的慈善活动主要是给民众以医疗服务、参与水旱灾的救济以及给某些慈善组织以经费的援助等。

1911 年湖南红十字会成立后立即筹组医院,但当完成时战事已完结了,战地救护暂不需要,只好"仿照各国红十字会办法,改为永久医院,专治天灾、疬疫及贫苦无告之人"[209]。1912 年 5 月 1 日下午湖南红十字分会在东茅巷医院内开大会,重选董事订新章,一切规制程式仿照雅礼医院,并规定给贫病送诊施药乃至免费,"此为长沙红十字会医院创立之始也"。[210]湖南红十字分会多年来全面参与兵水旱各灾的救助,经费日见短绌,难以为继。截至 1924 年 7 月底,除将历年所存售药处本利金 5000 元挪用罄尽外,只存洋 63 元、铜元 16 串 880 文。"政府虽每月有三百元之津贴,然数年来领钱不到,通知书已有四千余元,援鄂之役,该院用款八千余元,而政府所认捐之二千元亦未领到"[211],红十字医院给贫苦病患的免费门诊和住诊服务,使得医院运转经费更为紧张。为度难关,红十字会决定放弃单独举办的做法转而与省城慈善总公所合办,并改名为仁术医院,其服务宗旨和内容依然没有变,医疗设备得以改善,服务质量得到一定提高。

**湖南红十字医院 1911 年到 1924 年门诊基本情况表[212]　表 3—29**

| 起讫时间 | 门诊（号） | | | 计（号） | 备注 |
| --- | --- | --- | --- | --- | --- |
| | 内科 | 外科 | 妇孺科 | | |
| 1911. 12—1912. 5 | | | | 264 | |
| 1912. 5—1913. 4 | | | | 13602 | 免费送诊 4720 号 |
| 1913. 5—1914. 4 | | | | 14966 | 其中送诊 3742 号 |
| 1914. 5—1915. 4 | 4356 | 10892 | | 15148 | 内免费 3822 号 |
| 1915. 5—1916. 4 | 2703 | 13954 | | 16657 | 内免费者 4164 号 |
| 1916. 5—1917. 4 | 4079 | 20599 | | 24678 | 内免费者 6169 号 |
| 1917. 5—1918. 4 | 4190 | 23381 | 378 | 27949 | |
| 1918. 5—1919. 4 | 5508 | 30198 | 2303 | 38009 | 内免费者 9502 号 |
| 1919. 5—1920. 4 | 3449 | 32584 | 2826 | 38889 | 内免费者 9723 号 |
| 1920. 5—1921. 4 | 2506 | 33767 | 3270 | 39508 | 内免费者 9877 号 |
| 1921. 5—1922. 4 | 2920 | 29214 | 8368 | 40502 | 内免费者 10125 号 |
| 1922. 5—1923. 4 | 2414 | 26266 | 8519 | 37939 | 内免费者 497 号 |
| 1923. 5—1924. 4 | 2704 | 22650 | | 25354 | 内免费者 5167 号 |

**湖南红十字会医院 1911 年到 1924 年住诊基本情况表[213]　表 3—30**

| 起讫时间 | 住院（人） | | 计（人） | 备注 |
| --- | --- | --- | --- | --- |
| | 内科 | 外科 | | |
| 1911. 12—1912. 5 | | | 259 | 其中:炮伤 230 名,外症 19 人,内科伤寒 4 人,痨症 1 名,痢疾 2 人,戒烟 3 名 |
| 1912. 5—1913. 4. | 588 | 264 | 853 | 内含免费 270 余名 |

| 起讫时间 | 住院（人） | | 计（人） | 备注 |
|---|---|---|---|---|
| | 内科 | 外科 | | |
| 1913.5—1914.4 | 663 | 475 | 1138 | 内含免费 484 名 |
| 1914.5—1915.4 | 352 | 775 | 1127 | 内免费者 287 名 |
| 1915.5—1916.4 | 294 | 652 | 946 | 内免费者 234 名 |
| 1916.5—1917.4 | 276 | 513 | 789 | 内免费者 197 名 |
| 1917.5—1918.4 | 218 | 526 | 754 | 内免费者 285 名 |
| 1918.5—1919.4 | 232 | 232 | 464 | 内免费者 181 名 |
| 1919.5—1920.4 | 193 | 222 | 415 | 内免费者 103 名 |
| 1920.5—1921.4 | 316 | 643 | 959 | 内免费者 239 名 |
| 1921.5—1922.4 | 173 | 309 | 482 | 内免费者 121 名 |
| 1922.5—1923.4 | 249 | 391 | 600 | 内免费者 119 名 |
| 1923.5—1924.4 | 231 | 390 | 621 | 内免费者 126 名 |

　　1924 年 7 月,颜福庆、赵运文等红十字会理事接受了湖南省城慈善总公所总董沈克刚、龙绂瑞、等提出的共同合组医院的意见。8 月底,医院董事龙绂瑞、艾德白、韩理生正式提议改良。在随即召开的董事会议上做出了三点决议,即正式会同慈善总公所办理,组织大规模医院,由慈善总公所每年津贴经费;医院名称改为仁术医院;改推王子玕为院长,外分 5 主任。并商定湖南红十字会拨出基金 12000 元作为改组经费,今后湖南红十字会和省城慈善事业总公所每年各津贴经常费用 4000 元。[214] 从 10 月 1 日起停诊 12 天进行扩充改组,10 日正式更名仁术医院,13 日重新开诊。[215] 当时,聘请颜福庆为院长。1926 年—1929 年,医院进行改扩

建,病床增至 120 张。1929 年划归湖南省区私立慈善事业产款管理委员会,1937 年又转至湖南省区救济院。1938 年"文夕大火"后迁往安化。1945 年抗战结束后迁回长沙,医院逐步恢复,且病床增至 190 张。1949 年 10 月,省临时人民政府接管仁术医院,改名省立长沙医院。

仁术医院 1924 年到 1931 年门诊号数统计表[216]　　表 3—31

| 区别/年份 | 1924. 10.—1924. 12. | 1925 | 1926 | 1927 | 1928 | 1929 | 1930 | 1931 年上半年 | 总计 |
|---|---|---|---|---|---|---|---|---|---|
| 内科 | 493 | 2278 | 9034 | 3497 | 4010 | 6709 | 10592 | 2375 | 32988 |
| 外科 | 4661 | 15805 | 15758 | 20156 | 23161 | 23400 | 25244 | 9976 | 138161 |
| 皮肤花柳病 | 717 | 6519 | 11947 | 11392 | 9916 | 8744 | 8714 | 5302 | 63521 |
| 妇儿科 | 819 | 18211 | 12924 | 18013 | 17509 | 22557 | 21961 | 12351 | 119344 |
| 眼科 | 350 | 2076 | 5206 | 4003 | 3600 | 5251 | 2766 | 1560 | 24811 |
| 耳鼻喉科 | 13 | 377 | 862 | 1221 | 1204 | 1060 | 890 | 762 | 6389 |
| 合计 | 7053 | 40266 | 49731 | 58282 | 59400 | 67720 | 70166 | 32326 | 384944 |

仁术医院 1924 年到 1931 年住院人数统计表[217]　　表 3—32

| 区别/年份 | 1924. 10.—1924. 12. | 1925 | 1926 | 1927 | 1928 | 1929 | 1930 | 1931 年上半年 | 总计 |
|---|---|---|---|---|---|---|---|---|---|
| 内科 | 80 | 313 | 289 | 242 | 478 | 384 | 325 | 184 | 2295 |
| 外科 | 84 | 304 | 267 | 412 | 304 | 234 | 297 | 105 | 2007 |
| 皮肤花柳科 | 22 | 77 | 97 | 139 | 150 | 99 | 68 | 49 | 701 |
| 妇儿科 | 13 | 5 | 4 | 5 | 36 | 40 | 78 | 85 | 276 |

续表

| 区别/<br>年份 | 1924. 10.<br>—1924. 12. | 1925 | 1926 | 1927 | 1928 | 1929 | 1930 | 1931 年<br>上半年 | 总计 |
|---|---|---|---|---|---|---|---|---|---|
| 眼科 | 2 | | 17 | 25 | 29 | 20 | 11 | 14 | 118 |
| 耳鼻<br>喉科 | | | | | 1 | 11 | 3 | 6 | 21 |
| 未详 | 11 | 80 | 72 | 65 | | | | | 228 |
| 合计 | 212 | 779 | 746 | 898 | 998 | 788 | 782 | 443 | 5646 |

**仁术医院 1924 年到 1931 年免费病人统计表[218]　表 3—33**

| 区别/年份 | | 1924. 10.<br>—1924. 12. | 1925 | 1926 | 1927 | 1928 | 1929 | 1930 | 1931 年<br>上半年 | 总计 |
|---|---|---|---|---|---|---|---|---|---|---|
| 门诊 | 全年<br>总号 | 7053 | 40266 | 49731 | 58282 | 59400 | 67720 | 70166 | 32326 | 384944 |
| | 免费<br>总号 | 1161 | 9059 | 11776 | 13551 | 16186 | 13985 | 14590 | 5408 | 85712 |
| 住院 | 全年<br>总号 | 212 | 779 | 746 | 898 | 998 | 788 | 782 | 443 | 5646 |
| | 免费<br>总号 | 171 | 227 | 258 | 287 | 122 | 134 | 175 | 83 | 1457 |

再如常德红十字分会在 1919 年时疫发生时,立即临时筹办时疫医院,名为"中国红十字会常德分会时疫医院",专治"急痧、霍乱、吐泻、绞口、吊脚、口瘰等症,不诊别项"[219],若城中有染疫之人急报,该会则派人抬床护送到院治疗。到该院就医者不论中外贫富男妇老幼随时施治,病人住院一律免费并无号金等各项名目,其有愿居特别病房者,须另自出资,概充医院捐款。病人医愈后如自愿出资酬谢,悉充医院捐款,不得私相授受,又并无别项需要。[220]

1924 年长沙水灾时,红十字会派员医治外南区和南区收容所灾民,并乘划巡巡视南湖港到新河一带。令划夫喊"红十字会送诊灾民,有病的请出来答应"[221],连日被诊治者共计 220 余人,持免费券住该院就诊者达 40 余人。

## 四、红十字会经费

巧妇难为无米之炊,善非财莫举,经费同样是红十字会需要解决的头等大事。湖南各红十字会组织的经费来源依然是以社会捐助、政府助拨和会员会费三类为主。

1916 年初,为救湘西兵灾,湖南红十字会发起募捐。发起人涵盖了当时湘省诸多社会名流,即汪诒书、王铭忠、朱恩绂、梁焕均、龙绂瑞、胡元俊、唐德萱、张学济、李文熙、蒋谦、黄式郭、李达璋、朱廷利、李致桢、高杰、聂其焜、熊希龄、颜福庆、易顺鼎、刘棣蔚、梅寿馨、黄本璞、危道丰、杨玉山、廖名缙、刘艾棠、黄重绩。截止 1917 年 8 月 24 日,为救湘西兵灾聂其焜共代募捐款本息银 15660 两,洋 5389 元,钱 3462 串 400 文。经熊希龄、常德红十字会代表刘艾棠、湖南红十字会董事王铭忠、李德斋和聂其焜商量,决定将这笔款项均分拨归湖南、常德两处红十字会作为常年经费。

1918 年 6 月,陆军第十六混成旅旅长冯玉祥捐助津市红十字分会光洋 300 元。12 月,上海方面捐助宝庆红十字分会 2000 元,湖南义赈会给其拨款 1 万元。1921 年,湖南红十字分会响应中国红十字总会的倡议,也决定邀请从汉口来长沙的游艺团演剧筹赈,券价光洋 5 角,所得券款一部分交给总会赈济被灾各省,一部分补助红十字分会的亏空。对已购票未能观剧者可以在票面标注期限内作为红十字医院特别挂号证用。

盛宣怀说:"红字会性质虽属义举,仍赖政府提倡。"[222]政府对湖南红十字会的津贴为每月洋 300 元,但在汤芗铭督湘时财政部一度将此津贴删除,后来沈金鉴任巡按使,以该会成绩卓著且军事未息,于是在 1916 年 3 月 15 日饬令财政厅依照原案,每月拨善款光洋 300 元给红十字会,以维善举。1920 年,北京政府应湖北省长的请求拨款 5000 元给岳州红十字会赈济岳州兵灾。同年 8 月,岳阳红十字分会理事长袁明翼、理事周嘉淦等致电北京政府大总统请其拨款赈济。电文谈到岳阳红十字分会慈善救济的主要成绩,如积极收诊各路伤病官兵、掩埋前方尸首,并且还持续施送药品、预备寒衣等需款甚繁。

湖南红十字分会常年经费向无的款,全赖会员所缴会费。到 1919 年,湖南红十字分会的经费收支两抵不敷之数达 4800 多元。当时的会员则已达 500 人。于是红十字分会发出公启,呼吁会员多缴会费,会员根据所缴会费不同享有不同权利。常年会员费每年以 10 元为最低,多缴欢迎。凡缴纳常年会费者可享有如下多项权利:发放白地红十字盖用钤记的证牌一张悬挂会员家门以示荣誉;由医院每年赠送诊病挂号免费诊券 1 册共 20 张;如遇疾病须红十字医院医生出诊者半价优惠,住院者特别优待;如缴纳常年会费 100 元者除享有前述权利外还可将其相片悬挂在红十字会堂内,以彰盛德。1924 年,湖南红十字分会经费支绌,"已属山尽水穷,日甚一日,大有不可支持之势",且红十字医院每年的门诊有 3 万多号,住院有七八百号,与别的大医院相比不相上下,但只有医师两名,看护 7 名,药剂师 1 名,学生 4 名,因而工作非常忙碌繁重,急需增聘医师和助手,医院也需要购置多种必需的器械。因此,不得不在 8 月 17 日晚开募捐大会。此次募捐预计筹 2 万元,募捐期 7 月底为限,募捐款 5 元起,募捐员根据所募款额可得相应荣誉,例如募满光洋 1000 元的则可以将名字刻在铜板上、赠其红十字特别会员金质佩章执照各 1 份还可将其相片悬挂在红十字大

厅作为纪念,认捐人员也根据其捐额有相应的荣誉和利益。

## 五、社会对红十字的态度

红十字自 19 世纪 60 年代国际红十字会成立以来就是人道救援、不介入政治的标志,在战争时期是难民寻求避难、伤员获得救治的象征,红十字运动推广的重要内容就是红十字知识的宣传,使社会对红十字具备应有的尊重。但是在北京政府时期,因湖南红十字会成立时间较晚,社会对它的认知依然粗浅,红十字标识的滥用误用时有发生,战时军队随意占用红十字驻地也时有耳闻。

中国红十字分会湖南分会成立后所有的佩章、臂章、旗帜、标志均获军方认可。也就是说,红十字的一切标识必须拥有相应的尊严,才能树立必需的信用。但是在 1916 年 5 月,长沙则有缴纳红十字会费的住户在自家门前悬挂自制的红十字旗,在湘潭则有人用天主堂的名义出售红十字券。这些都是违反国际红十字会条约及其精神的。为此,中国红十字会湖南分会特发出通告,"嗣后除本分会所办医院、事务所及临时救护所外,如有私悬旗帜、臂章未经本分会钤印者,本分会不予承认,以免混淆而辨泾渭",[223] 同时声明佩章、证书都只能由红十字全国总会颁领发给,并没有在外出售之事。1926 年,湘潭红十字分会为让战地人民知晓红十字会的宗旨,决定由文书股以浅近文字通告人民救济难民伤病将士是其宗旨。

1921 年 11 月 27 日,沈鸿英部数万将兵进入浏阳城,在浏阳红十字分会会长鲁觉群的努力争取下,"沈军虽为极残暴之军,而对于红十字之医院,及分设城乡之救济会,均无丝毫之骚扰"[224],其关键原因是红十字医院对交战双方受伤兵士一概救治,博得了北军的感情。看来,军队对红十字并不是发自内心的尊重,而更多是出于自身利益考虑且经红十字会人士苦口婆心解释才手下留情的。

　　1918 年 6 月,妇孺救济会第 50 分所的救济员唐云祥在履行职务时被兵士枪杀,第 106 分所的救济员林敬臣、郭少润、周寿生、王运生 4 人也被杀。针对救济人员屡次遭兵士射杀的惨剧,红十字会不得不多次呈请督军"通令各军妥为保护各该分所"[225],但难见效果,战地救护人员的生命照样时时受到威胁。10 月,望城乔口地方竟有兵士抢劫红十字会所组设妇孺救济会财物、捆殴办事干事,为此,湖南红十字会会长颜福庆和西人干事戈德白分别致函督军张敬尧,请其究办。

　　1924 年,岳阳红十字会医院被某军医院移驻其中,军法处也进驻该会。为此,该会致函岳阳县署要求得到保护,信函中写道"敝会为万国慈善法团,历承军政机关保护在案,自南北战事以来,从未借作别用,兹特函请维持,另觅他处,以维善举"。[226]1926年,汉口红十字分会来湘施救,7 月 20 日上海红十字总会办事处致电总司令唐生智,请其饬令前线各军队一体保护,27 日唐生智回复同意给予相应保护。

　　湖南红十字分会的出色工作也受到政府的肯定、社会的赞许。1917 年 1 月,北京政府总统黎元洪亲书并颁发"博爱谓仁"4 字匾额,以表彰湖南红十字会在 1916 年护国战争时在湘西的救助活动。4 月 16 日,在长沙举行隆重的悬挂匾额仪式。1919 年 10 月,湖南红十字分会自我评价道"自成立以来,黾勉从事,成绩昭彰,口碑俱在"。[227]1921 年 12 月,浏阳县参事会、教育会、劝学所、团商临时办公处、县城中立团局、农会联署登报对浏阳红十字会的人道善举表示感谢。[228]1924 年 8 月,上海红十字总会办事处给岳阳红十字分会副会长戴任三等纪念章,以表彰其"赤心服务,历数载之辛劳"。[229]美国煤油大王洛克菲勒 1925 年 12 月派代表顾临来湘，捐助湘雅医院常年经费 8 万元，同时因"仁术医院亦为长沙有成绩医院"[230]，18 日前往参观，也捐助巨款。1926 年 9 月 26 日，国民革命军司令部兼北伐前敌总指挥部总指挥唐生智、总参谋长张翼鹏应中国红十字会湖南分会理事长颜福庆等的要求，以"该理事长等组织红十字会临时医院专治重伤重病官兵，热心善举，殊堪嘉尚"[231]，特指令由长沙公债项下提成赈灾款内拨给洋 1000 元，以资津贴。而且因湖南红十字分会在武汉长沙铁路沿线救护战地伤残军民、掩埋死尸等表现突出，特批准给该会每月 1000 元，津贴红十字会临时医院。

## 注　释

1　　5　8　《湖南义赈会报告书》，长沙《大公报》1918 年 10 月 14 日至 26 日。

2　《义赈会致中央政府电》，见《义赈会电请和平》，长沙《大公报》1918 年 10 月 30 日。

3　熊希龄等：《致同乡诸公电》，北京《顺天时报》1918 年 4 月 7 日。

4　《义赈会致汉口总商会电》，见《义赈会之呼吁》，长沙《大公报》1918 年 6 月 24 日。

6　此表根据《湖南义赈会报告书》（长沙《大公报》1918 年 10 月 14—26 日）制作而成。

7　《中国济生会湘赈主任入湘报告（续）》，长沙《大公报》1918 年 11 月 17、18 日。

9　此表根据《湖南义赈会报告书》（长沙《大公报》1918 年 10 月 14—26 日）制作而成。

10　《黄国英报告湘省筹赈状况》，长沙《大公报》1918 年 8 月 13 日。

11　1859 年生，清时曾任总兵，民国时得到政府三四等嘉禾文虎勋章。

12　《醴陵县兵灾调查报告书》，长沙《大公报》1918 年 8 月 30 日。

13　《岳阳特约通信》，长沙《大公报》1919 年 1 月 26 日。

14　《株醴建造灾黎居留所》，长沙《大公报》1919 年 2 月 8 日。

15　《醴陵难民想住便宜房子》，长沙《大公报》1920 年 5 月 13 日。

16　此表根据《上海中国红十字会湘赈成绩》（长沙《大公报》1919 年 3 月 5 日）制作而成。

17　此表根据《上海各善团赈济醴株两处经过情形》（长沙《大公报》1919 年 6 月 1 日）

制作而成。

18　参见《冬赈办事规则》,见《义赈会开办冬赈》,长沙《大公报》1918 年 12 月 21 日。

19　《义赈会筹办施米局章程》,长沙《大公报》1919 年 1 月 18、19 日。

20　参见《注意湖南义赈会兑放长沙赈票限期截至启事》,长沙《大公报》1919 年 3 月 3 日。

21　参见《因利局章程》,见《义赈会举办因利局》,长沙《大公报》1918 年 12 月 21 日。

22　《岳阳因利局章程》,见《岳阳开办因利局之详情》,长沙《大公报》1919 年 3 月 6 日。

23　24　《追悼上海济生会黄春验先生启事》,长沙《大公报》1920 年 5 月 4 日。

25　《华洋筹赈会议事纪》,长沙《大公报》1921 年 8 月 8 日。

26　《布告》,见《筹赈会宣布结束》,长沙《大公报》1921 年 8 月 7 日。

27　《华洋会拍发各县要电》,长沙《大公报》1921 年 10 月 28 日。

28　《筹赈会不再招待饥民》,长沙《大公报》1922 年 4 月 21 日。

29　30　《长沙绅商与救饥问题》,长沙《大公报》1922 年 4 月 25 日。

31　《布告》,见《荒民救护队限期停办》,长沙《大公报》1922 年 5 月 21 日。

32　《临时荒民救护队致华洋筹赈会函》,见《各界否认荒民救护所停办》,长沙《大公报》1922 年 6 月 4 日。

33　《荒民救护队收束之会议》,长沙《大公报》1922 年 6 月 11 日。

34　《布告》,见《长沙赈济荒民会之宏愿》,长沙《大公报》1926 年 1 月 20 日。

35　此表根据《救护队发给荒民饭食人数调查记》(长沙《大公报》1922 年 5 月 13 日)和《荒民救护队报告近日荒民人数饭数》(长沙《大公报》1922 年 5 月 17 日)制作而成。

36　参见《筹赈会干事会议事记》,长沙《大公报》1922 年 5 月 7 日。

37　《长沙县知事公署呈省长文》,见《长沙知事怕了荒民》,长沙《大公报》1922 年 6 月 1 日。

38　《本会通告各县粮种及荒民应由各该县筹办赈济电》,《湘灾周报》第四号,藏湖南图书馆。

39　《民食维持会对付外县逃省荒民》,长沙《大公报》1925 年 6 月 3 日。

40　《刘厅长请制止荒民来省》,长沙《大公报》1925 年 8 月 18 日。

41　《省长严禁逃荒之电令》,长沙《大公报》1925 年 9 月 15 日。

42　《临湘沥陈荒民逃省之原因》，长沙《大公报》1925 年 9 月 15 日。

43　《省长勒令灾民回籍秋种》，长沙《大公报》1925 年 10 月 1 日。

44　参见《救护队议决资遣荒民办法》，长沙《大公报》1922 年 5 月 14 日。

45　参见《荒民救护队资遣荒民详讯》，长沙《大公报》1922 年 5 月 18 日。

46　此表主要根据《救护队遣送荒民之调查》（长沙《大公报》1922 年 5 月 24 日）、《近日资遣荒民人数之调查》（长沙《大公报》1922 年 5 月 27 日）制作而成。

47　此表根据长沙《大公报》1925 年 9 月至 1926 年 4 月相关数据制作。

48　《外北署一月间遣散荒民总数》，长沙《大公报》1926 年 4 月 10。

49　《官绅商遣散来省荒民之内容调查》，长沙《大公报》1926 年 1 月 22 日。

50　参见《民食维持会纪闻》，长沙《大公报》1922 年 1 月 21 日。

51　《慈善总公所将开救荒会议》，长沙《大公报》1925 年 5 月 22 日。

52　55　《昨日绅商维持民食之大会议》，长沙《大公报》1925 年 5 月 23 日。

53　54　《长沙城区民食维持会章程》，见《民食维持之会议》，长沙《大公报》1922 年 3 月 5 日。

56　《民食维持会购运谷米之大会议》，长沙《大公报》1925 年 5 月 25 日。

57　《关于维持省城民食之各方面消息》，长沙《大公报》1925 年 7 月 12 日。

58　60　《本会维持民食意见书》，《湘灾周报》第一号（1921 年 10 月 16 日刊行，湖南华洋筹赈会编）。

59　《布告》，见《筹赈会布告维持米荒》，长沙《大公报》1925 年 5 月 31 日。

61　《新化县署禁种烟苗维持民食之布告》，见《各县特约通信》，长沙《大公报》1925 年 10 月 5 日。

62　《湖南督军省长公署布告》，见《开弛米禁之文告》，长沙《大公报》1920 年 1 月 16 日。

63　《筹赈会致省长公署函》，见《筹赈会请卸米禁责任》，长沙《大公报》1922 年 1 月 22 日。

64　《聂云台致华洋筹赈会电》，见《赈务进行中之米禁问题》，长沙《大公报》1922 年 1 月 6 日。

65　《湘省灾民之生死问题》，长沙《大公报》1922 年 1 月 5 日。

66　《附湖南省议会议决禁止谷米出省办法》，见《湖南华洋筹赈会续办辛酉旱赈报告书》，藏湖南图书馆。

67　此表根据《筹赈会拟设米禁地点》(长沙《大公报》1921 年 12 月 1 日)和《筹赈会电请张福来协同禁米》(长沙《大公报》1921 年 12 月 15 日)制作而成。

68　74　《筹赈会致省长公署函》,见《筹赈会请卸米禁责任》,长沙《大公报》1922 年 1 月 22 日。

69　《省公署致华洋筹赈会函》,见《划一处罚充公米粮》,长沙《大公报》1922 年 3 月 1 日。

70　《湖南粮食出口阻禁监察团章程》,见《各公团组织米禁监察团》,长沙《大公报》1922 年 3 月 6 日。

71　《老关米禁委员舞弊骇闻》,长沙《大公报》1922 年 1 月 12 日。

72　《米禁委员报告困难情形》,长沙《大公报》1921 年 12 月 22 日。

73　《方本仁对于米禁之强辩》,长沙《大公报》1922 年 3 月 4 日。

75　《省长公署致筹赈会复函》,见《省署赞成筹赈会之米禁建议案》,长沙《大公报》1922 年 2 月 21 日。

76　此表根据《四区平粜局日渐拥挤》(长沙《大公报》1925 年 7 月 10 日)制作而成。

77　《叶督办召集湘西善后会议要闻》,长沙《大公报》1925 年 8 月 6 日。

78　《省长通告预防水旱两灾办法》,长沙《大公报》1925 年 8 月 13 日、14 日。

79　《义赈会请赈通电》,见《义赈会又通电请赈湘灾》,长沙《大公报》1924 年 7 月 18 日。

80　《湘籍国会议员提案赈灾》,长沙《大公报》1924 年 7 月 21 日。

81　《徐佛苏笔下的赈灾办法》,长沙《大公报》1924 年 8 月 6 日。

82　参见《水灾赈务处之进行》,长沙《大公报》1924 年 7 月 7 日。

83　《长沙水灾急赈分会昨日成立大会记》,长沙《大公报》1926 年 7 月 2 日。

84　《省垣各善堂分段放赈》,长沙《大公报》1926 年 7 月 3 日。

85　参见《警厅注意夏季卫生布告》,长沙《大公报》1926 年 7 月 18 日。

86　刘绩成:《读裁兵与赈灾之我见的我见》,长沙《大公报》1921 年 10 月 15 日、16 日。

87　《荒政》(社论),长沙《大公报》1916 年 4 月 12 日。

88　参见《本会西干事兼工程调查委员会委员饶伯士筑路代赈计划书》,《湘灾周报》第二十号,1922 年 3 月 5 日刊行。

89　《方永元等工赈路线建议书》,长沙《大公报》1922 年 2 月 12 日。

90　《昨日省署工赈大会议详志》,长沙《大公报》1922 年 2 月 10 日。

91　《省署对于工赈之函复》，长沙《大公报》1922 年 2 月 19 日。

92　《首传堂之建议案》，长沙《大公报》1922 年 2 月 12 日。

93　参见《高霁对于筑路之建议》，长沙《大公报》1922 年 4 月 28 日。

94　《潭宝路特约通讯》，长沙《大公报》1923 年 3 月 23 日。

95　此表根据《筹赈会之工赈招工办法》（长沙《大公报》1922 年 4 月 23 日）制作而成。

96　《潭宝路特约通信》，长沙《大公报》1922 年 12 月 26 日。

97　参见《附录潭宝路购地规程》，见《省议会昨日之议事会》，长沙《大公报》1922 年 9
　　月 8 日。

98　《省署对于湘乡路工风潮之严电》，长沙《大公报》1922 年 10 月 13 日。

99　《昨日省公署之欢迎会》，长沙《大公报》1922 年 5 月 31 日。

100　参见《总司令部协定工赈保路办法》，长沙《大公报》1922 年 6 月 4 日。

101　《筹赈会某君给北京某君的信》，见《关于潭宝路工之重要函件》，长沙《大公报》
　　　1924 年 3 月 28 日、29 日。

102　《省议会讨论潭宝路案之大争执》，长沙《大公报》1924 年 3 月 29 日。

103　参见《筹赈会代表出席省议会纪闻》，长沙《大公报》1924 年 4 月 12 日。

104　《政府设立省路局之大计划》，长沙《大公报》1924 年 5 月 24。

105　《赵省长欢宴筹赈会人员纪事》，长沙《大公报》1922 年 11 月 4 日。

106　《赵省长致北京陆军部外交部暨驻京日本公使电》，《见赵省长再电力争械款》，长
　　　沙《大公报》1923 年 3 月 18 日。

107　《湖南修路问题之大关键》，长沙《大公报》1924 年 8 月 27 日。

108　《潭宝路停工与省路之关系》，长沙《大公报》1924 年 4 月 7 日。

109　《章程》，见《义赈会举办因利局》，长沙《大公报》1918 年 12 月 21 日。

110　《大纲办法》，见《救济团拟设因利局之计划》，长沙《大公报》1924 年 7 月 26 日。

111　参见《湖南分会贷赈借款合同》，见《义赈总会对于贷款之慎重》，长沙《大公报》
　　　1924 年 10 月 29 日。

112　参见《义赈会筹办贷赈简章》，长沙《大公报》1924 年 9 月 20 日。

113　《宁乡农工贷赈会简章》，见《宁乡贷赈会组织成立》，长沙《大公报》1924 年 11 月
　　　5 日。

114　《湖南省会平民贷资所章程》，见《省政府核定平民贷资所之办法》，长沙《大公
　　　报》1926 年 1 月 16 日。

115　《各县设立贫民工厂之动机》，长沙《大公报》1917年4月4日。

116　《省议会提议整顿湖南救济贫民工艺厂案》，长沙《大公报》1917年4月25日。

117　《贫民工艺厂事务所致耒阳知事欧阳鼎函》(1912年5月15日)，见《湖南贫民工艺厂文牍底稿》，藏湖南图书馆。

118　《通电》，见《湖南贫民工艺厂文牍底稿》，藏湖南图书馆。

119　《贫民工艺厂事务所致湘潭县行政厅函》(1912年5月5日)，见《湖南贫民工艺厂文牍底稿》，藏湖南图书馆。

120　《贫民工艺厂事务所致民政司函》(1912年5月)，见《湖南贫民工艺厂文牍底稿》，藏湖南图书馆。

121　参见《贫民工厂之统计》，长沙《大公报》1915年9月23日。

122　此表根据《职员统计》(《全省贫民工厂之报告》，长沙《大公报》1916年3月4日)制作而成。

123　124　此表根据《收入款项》(《全省贫民工厂之报告》，长沙《大公报》1916年3月4日)制作而成。

125　《省议会提议及审查各案报告书》，长沙《大公报》1917年5月14日。

126　参见《张督军之治湘政策》，长沙《大公报》1919年2月26日。

127　参见湖南省益阳地区地方志编纂委员会编：《益阳地区志》，北京：新华出版社1997年版，第346页。

128　参见津市志编纂委员会编：《津市志》，北京：教育科学出版社1993年版，第516—517页。

129　《湖南私立公益贫民艺徒学校校长胡兆麟启事》，长沙《大公报》1920年6月25日。

130　《都督兼民政长训令》，参见《湖南政报》1914年3月25日。

131　刘克刚：《条陈改良贫民工厂上省长书》，长沙《大公报》1916年10月1日、2日、3、4日。

132　《省议会提议整顿湖南救济贫民工艺厂案》，长沙《大公报》1917年4月25日。

133　此表根据《贫民工艺厂之人数开支调查记》(长沙《大公报》1922年5月28日)制作而成。

134　此表根据《贫民救济会评干两部改选》(长沙《大公报》1924年4月30日)制作而成。

135　此件藏湖南图书馆。

136　参见《警厅现收各项税捐详志》，长沙《大公报》1915 年 10 月 29 日。

137　《维持肥料捐》，长沙《大公报》1916 年 7 月 14 日。

138　《各县特约通信》，长沙《大公报》1925 年 2 月 22 日。

139　《长沙县习艺所所董黄冀球、主任郑业中致慈善总公所函》，见《长沙县习艺所经费困难的历史》，长沙《大公报》1922 年 3 月 15 日。

140　《湘潭贫民工厂之成数》，长沙《大公报》1917 年 6 月 23 日。

141　《湘潭公民攻击贫民工艺厂》，长沙《大公报》1919 年 1 月 20 日。

142　《湘潭特约通信》，长沙《大公报》1923 年 11 月 15 日。

143　《长沙县知事呈省长文》，见《长沙县知事之救济贫民办法》，长沙《大公报》1917 年 3 月 11 日。

144　《长沙县知事呈省长文》，见《长沙县知事之救济贫民办法》，长沙《大公报》1917 年 3 月 11 日。

145　《沈克刚、李达璋等致省长函》，见《贫民救济会组织成立》，长沙《大公报》1921 年 12 月 19 日。

146　参见《贫民救济会将开办矣》，长沙《大公报》1922 年 3 月 5 日。

147　此表根据《贫民救济会进行记》（长沙《大公报》1922 年 4 月 20 日）制作而成。

148　参见《贫民救济会收容乞丐之计划》，长沙《大公报》1922 年 6 月 1 日。

149　参见《省城又将征收乞丐捐》，长沙《大公报》1922 年 9 月 17 日。

150　参见《救济会收容男女乞丐实数》，长沙《大公报》1922 年 12 月 30 日。

151　《贫民救济会昨日之评干联席大会》，长沙《大公报》1926 年 2 月 9 日。

152　《限令各县筹设孤儿院》长沙《大公报》1924 年 5 月 22 日。

153　154　《湖南孤儿院院长报告书》，长沙《大公报》1919 年 12 月 19 日、20 日、21 日。

155　《湖南孤儿院第二次报告院董暨各大善士书》，长沙《大公报》1921 年 2 月 4 日、5 日、6 日。

156　《南县筹设第二孤儿分院》，长沙《大公报》1925 年 10 月 22 日。

157　《维持孤儿院经费》，长沙《大公报》1919 年 2 月 26 日。

158　《孤儿院推广名额》，长沙《大公报》1920 年 1 月 26 日。

159　《内务司训令各县知事文》，见《限令各县筹设孤儿院》，长沙《大公报》1924 年 5 月 22 日。

160　《民国八年湖南孤儿总院收到各大慈善家捐款鸣谢》，长沙《大公报》1919 年 10 月 23 日。

161　《湖南第一贫女院启事》，长沙《大公报》1921 年 12 月 27 日。

162　《常德近讯》，长沙《大公报》1919 年 2 月 11 日。

163　此表根据《筹赈会分派各县饥儿》（长沙《大公报》1922 年 4 月 9 日）制作而成。

164　《内务司筹备填仓通令》，长沙《大公报》1923 年 2 月 2 日。

165　禹舜主编：《湖南大辞典》，北京：新华出版社 1995 年版，第 623 页。

166　参见《催缴各县欠谷》，长沙《大公报》1916 年 12 月 2 日。

167　《省仓谷不能借作军用》，长沙《大公报》1921 年 10 月 25 日。

168　《省城现存谷米调查实数》，长沙《大公报》1917 年 11 月 13 日。

169　此表根据《省垣各粮栈存谷之调查》（长沙《大公报》1925 年 5 月 30 日）制作而成。

170　《财政讨论会续议筹备仓储办法案》，长沙《大公报》1919 年 3 月 2 日。

171　《前商会总理左学谦致慈善总公所函》，见《义仓内容大披露》，长沙《大公报》1918 年 6 月 11 日。

172　张人价：《湖南之谷米》，1936 年铅印本。

173　176　《内务司筹备填仓通令》，长沙《大公报》1923 年 2 月 2 日。

174　《储备民食之训令》，长沙《大公报》1920 年 2 月 1 日。

175　《筹备积谷之通令》，长沙《大公报》1922 年 9 月 16 日。

177　参见《限期筹填仓谷之办法》，长沙《大公报》1923 年 2 月 3 日。

178　参见《长沙县拟定各乡团保管积谷章程》，长沙《大公报》1921 年 10 月 27 日。

179　参见《湘绅为嫠妇请命之公呈》，长沙《大公报》1919 年 1 月 25 日。

180　参见《保节堂加订堂章》，长沙《大公报》1919 年 10 月 19 日。

181　《湘省保节工厂鸣谢》，长沙《大公报》1921 年 8 月 20 日。

182　《保节堂堂长黄锡光致慈善总公所函》，见《保节堂将改为工厂》，长沙《大公报》1924 年 3 月 24 日。

183　参见刘吉芳：《救火的过去式》，《长沙晚报》2007 年 2 月 4 日。

184　肖建中：《湖南消防史略》，《时代消防》1997 年第 10 期。

185　此表根据《慈善救火会改选会长之大会》（长沙《大公报》1926 年 6 月 2 日）制作而成。

186　参见邹欠白编著:《长沙市指南》,洞庭印务馆 1934 年印。

187　《纪长沙洗心文社之讲演会》,长沙《大公报》1919 年 3 月 31 日。

188　《善堂也出格言吗》,长沙《大公报》1923 年 3 月 4 日。

189　《长沙惜字会通告》,见《惜字会通告收检字纸》,长沙《大公报》1919 年 9 月 5 日。

190　《布告》,见《惜字会重奖征文》,长沙《大公报》1919 年 10 月 21 日。

191　《众善堂注意童坟》,长沙《大公报》1919 年 4 月 9 日。

192　《慈善公所函请保全枯骨》,长沙《大公报》1918 年 6 月 8 日。

193　《军事厅致慈善总公所函》,见《军事厅函请慈善总公所组织掩埋队》,长沙《大公报》1926 年 9 月 15 日。

194　周秋光、曾桂林著:《中国慈善简史》,北京:人民出版社 2006 年版,第 251 页。

195　《中国红十字会湖南分会募捐启》,藏湖南图书馆。

196　参见《长沙红十字支会通过负责人更动及捐款名单》,《湖南官报》第 696 号,1904 年 6 月 29 日。此件藏湖南省档案馆,档案号 22—1—806。

197　参见《长沙市红十字会大事记(1908—1968)》,www. changsha. gov. cn/hsz/hhjj/200710/t20071031_29532. htm。

198　此表根据《湘潭红十字分会成立详志》(见《各县特约通信》,长沙《大公报》1926 年 5 月 22 日)制作而成。

199　此表根据《湘潭红会改组后举定之各职员》(长沙《大公报》1926 年 6 月 23 日)制作而成。

200　《湘潭红十字会之改组会议》,见《各县特约通信》,长沙《大公报》1926 年 6 月 5 日。

201　《为湘南乱事告各慈善家》(时评),长沙《大公报》1917 年 10 月 8 日。

202　此表根据《来函》(长沙《大公报》1916 年 3 月 13 日、14 日)制作而成。

203　参见《湘潭慈善事业之发展》,长沙《大公报》1918 年 5 月 31 日。

204　《中国红十字会湖南分会附设长沙镇乡妇孺救济会设立分所章程》,长沙《大公报》1918 年 9 月 23 日。

205　参见《益阳特约通信》,长沙《大公报》1920 年 7 月 22 日。

206　《红十字会致北京政府总统电》,见《关于湘赈之要电》,长沙《大公报》1920 年 8 月 15 日。

207　《张敬尧蹂躏岳州日记》,长沙《大公报》1920 年 7 月 9 日、10 日、11 日。

208　《万国缔盟中国红十字会平江分会公函》（湖南红十字分会手稿资料），藏湖南图书馆。

209　210　《中国红十字会湖南分会历年大事记》，藏湖南图书馆。

211　《昨晚红十字会募捐开幕式纪要》，长沙《大公报》1924 年 8 月 18 日。

212　213　此表根据《中国红十字会湖南分会历年大事记》相关记述制作而成。

214　《中国红十字会长沙分会最近十年工作纪略》，藏湖南图书馆。

215　《湖南慈善总公所、红十字会合组仁术医院通告》，长沙《大公报》1924 年 10 月 13 日。

216　217　218　《仁术医院七周年纪略》，藏湖南图书馆。

219　《中国红十字会常德分会时疫医院院内规则》，长沙《大公报》1919 年 9 月 19 日。

220　参见《中国红十字会常德分会时疫医院简章》，长沙《大公报》1919 年 9 月 17 日、18 日。

221　《灾民卫生状况之汇报》，长沙《大公报》1924 年 7 月 10 日。

222　《李致桢等来电》（民国五年三月十一日到），见熊希龄著：《熊希龄先生遗稿》（第二卷），上海：上海书店出版社 1998 年版，第 1726 页。

223　《中国红十字会湖南分会通告》，长沙《大公报》1916 年 5 月 24 日。

224　《红十字会之得力》，长沙《大公报》1921 年 12 月 16 日。

225　《督军抚恤妇孺救济会死难职员》，长沙《大公报》1918 年 6 月 5 日。

226　《红十字会迭来驻军》，见《岳阳特约通信》，长沙《大公报》1924 年 4 月 16 日。

227　《湖南红十字会会员诸君鉴》，长沙《大公报》1919 年 10 月 22 日。

228　参见《我浏红十字分会功德可纪》，长沙《大公报》1921 年 12 月 19 日。

229　《红十字会奖励会长》，见《各县特约通信》，长沙《大公报》1924 年 8 月 25 日。

230　《美国煤油大王代表顾临来湘》，长沙《大公报》1925 年 12 月 19 日。

231　《指令》（湖南红十字分会手稿资料），藏湖南图书馆。

# 第 四 章

# 慈善救济的运行机制

慈善救济是项系统工程,需要慈善机构和人士的积极参与。但徒有热情是不行的,必须有相应的机制保障,这就好比是支撑有机体功能发挥的软件系统。就慈善救济的运行机制来说,至少包含了筹款、查灾、采运、放赈等环节,只有每个环节都有效运转且配合默契才能使慈善救济功效最大化。当然慈善救济机构社会功能的发挥又与其内部结构和运转机制关系密切。

## 第一节　赈款筹集

"凡事进行,非财莫举","筹赈之难,莫难于筹捐"[1],这对北京政府时期的湖南而言更是如此,因为湖南本身工商经济落后,政府财政空虚。基于此,能否成功筹集到足够赈款对慈善救济的成败至关重要。于是,包括广大慈善救济机构人士在内的各方力量努力筹款,为慈善救济创造了一定条件。就赈款筹集的方式和机制看,主要有如下几大类。

## 一、向北京政府争款

北京政府时期湖南慈善救济机构所筹到的款项中,来自北京政府的拨款占据主要位置,如1921年华洋筹赈会办理旱灾,"几专恃北京赈款,别无来源"[2]。来自北京的款项大致分三部分,即交通附加赈捐、关税余款以及赈务处自办厘税赈票。争款方式主要是以函电方式表达诉求和直接派代表前往游说争取,有时还联合数个遭灾省份联电请款。

第一,争取赈捐附加票。1922年,赈务处打算就烟酒专卖及交通税项下配拨各省赈款,但不是现款,而是发行一种特别印花,由各受灾省份自行销售,所得款额专为赈灾之用。为搞好这项工作,赈务处专门设立了办理附加赈款票处。旅京湖南筹赈会获知此信息后告诉华洋筹赈会,希望其迅速正式向赈务处提出要求。华洋筹赈会就特派胡美晋京,并致电赈务处,要求发给此项特别印花票纸100万元,并先拨付二三十万元试办。

针对华洋筹赈会的请求,办理附加赈款票处1922年3月4日致电询问湖南是否已开征烟酒税,因为该处"此次发行附加赈款票,系由中央主管各部署,按照上届原办附加各省征收税额分别支配"。[3]但湖南因政治上的自治地位,此前开征烟酒税并没有向北京政府提出申请和备案。3月9日,华洋筹赈会回复附加赈款票处,就相关问题做了说明,告知湖南早已开征烟酒税。在复电中还说明请求自办烟酒税附加"实以灾情奇紧,就地无以赈款可筹,外援亦难随时接济"[4]。3月17日,附加赈款票处回电华洋筹赈会,就不能发给100万元附加赈捐票的原因做了说明,指出这次的办理是在原有应收烟酒税和交通税基础上附加一成作为赈款,征收时间在上届截止日以后续收一年。所有支配款额都以各省附征赈捐数目为标准,而且它与印花税不同,"每省应发票额均有限制,不能任意多发"[5]。来电还询问了湖南每年应征货物税能收多少,附加一成能否办得到。1922 年 6 月 26 日,赈务处致电华洋筹赈会告知本届附加赈款共征收 736800 元,中央从中扣除 66100 元用于办理义赈会和红十字会经费,余下的钱分给受灾的 14 个省区。从附加赈款的分配来看,湖南在自治的背景下,获得第二多的款额,客观地讲还算不错。这 67 万元赈款票中,湖南领回 30 万,余下 37 万由赈务处变现后拨付。

北京赈务处应征赈款支配表[6]　表 4—1

| 省份名称 | 支配数额 | 省份名称 | 支配数额 |
|---|---|---|---|
| 江苏省 | 939000 元 | 陕西省 | 335000 元 |
| 安徽省 | 939000 元 | 四川省 | 335000 元 |
| 湖南省 | 67 万元 | 贵州省 | 335000 元 |
| 山东省 | 67 万元 | 江西省 | 268000 元 |
| 湖北省 | 469000 元 | 甘肃省 | 268000 元 |
| 浙江省 | 469000 元 | 直隶京兆两省区(因去年旱灾元气未恢复) | 67 万元 |
| 河南省 | 335000 元 | 合计 | 6707000 元 |

在名义上获得这些拨款后,接下来关键就是催促及时拨付以便急赈。1922 年 7 月 19 日和 28 日,华洋筹赈会两次致电赈务处,请其能在支配湘省的款项内提前拨付现款 10 万元以救急。7 月 28 日赈务处回电,同意从应拨湘省赈款项下先行筹借 10 万元,然后再在京扣还。但直到 10 月底,尚有 27 万现款未拨付。于是在 11 月 1 日朱德全致电赈务处,请其尽速拨付湖南。12 月 27 日,华

洋筹赈会再次致电赈务处催拨款项,并派袁家普赴北京交涉,提出务恳在阴历年之前筹付十几万急用,否则潭宝路工将无法维持。1922 年底北京督办赈务处裁撤,所有暂留员司附属全国防灾委员会办理。尽管北京的赈务主管机构发生异动,华洋筹赈会依然致电催款,以期早日获得此款救活潭宝路工。

赈务处于 1922 年 7 月下旬来湘调查赈务,监督所拨付的附加赈款的支配情况。8 月 11 日,又来电询问湘赈款的具体用途。

在华洋筹赈会将北京政府续收烟酒税和交通税附加的决定告知湖南财政厅后,财政厅竟明确拒绝该要求。其理由是"以米、茶征厘无几,湘省财政支绌,军费浩繁,部分地区还征收饷捐,而且湖南商务凋敝,湘省为被灾特重之区"。[7]尽管如此,华洋筹赈会还是于 4 月 3 日致电赈务处希望将发给湖南的附加赈款票交给韩理生和袁家普带回。6 月 5 日,华洋筹赈会再次致函财政厅,告知赈务处已同意发给湖南 30 万元附加赈款票。为打破财政厅拒绝在烟酒及其他货物税基础上附征赈捐的僵局,并考虑到湖南确实商业凋敝税收不旺,华洋筹赈会做出折中的安排,将领回的 30 万元附加赈款票中的一半在武汉和上海分销,余下的 15 万元票带回湖南销售。最后,财政厅同意在湘分销赈款票 15 万元,并要求各县遵照《厘金杂税章程》进行,还专门拟定了具体办法五条。各厘局在征收货厘或烟酒税时照厘税附加一成,并发给赈票粘贴税厘票,加盖征收单位戳记。各货物不得在其他地方被二次征收附加赈款,每月将所收附加收入汇解一次,专款专用。

但是从附加赈款票在武汉、上海等地销售情况看,很不理想。曾托付刘艾棠在武汉销售的 5 万元票因其属附加税性质不能自由劝募,且湖北也有 17 万元的票待售,因此这 5 万元赈票无法在武汉销售,只得退回。退回的这 5 万元赈票分配给了灾情最重各县。[8]赈款票在宁波浙江上海等地也销售困难，熊希龄建议将整票换成零票销售。

自1922年8月1日起，省河厘金兼输厘征收局等陆续在定厘的基础上征收附加，但赈款票在省内各县遭到抵拒，原因之一便是商贸不发达。8月16日，华洋筹赈会干事会因此前支配给郴县等6县的8000元赈款票无法销售，只得按一定比例让6县配销，按7折计算。8月29日，干事会议定受配赈款票各县不能销售者，准予退还。新化销售3000元赈票非常困难，只得求助财政厅，希望其电令新化县属厘局、榷运局和淮商公司按要求销售。

但省财政司对代销赈票原初只是情不得已，所以执行起来也很不积极，从而使得附加赈款票在湖南的销售极不顺畅。对此，华洋筹赈会多次派人前往交涉。1922年9月6日干事会推派任修本、朱德全和胡德昌3人前往财政厅推销赈款票。11月24日，华洋筹赈会致函财政厅，希望其将支配各县的具体清单列出，以便共同催缴。1923年1月15日干事会议又推任修本、胡德昌向财政司交涉。4月3日再次派任福黎、任修本和饶伯师前往财政司严重交涉。尽管有这样的努力，效果依然甚微，这从各厘局迟迟未向筹赈会解款的状况可看出来。自1922年8月开征附加捐到1923年3月底，全省除除三汊矶、靳江河两厘局和郴县、浏阳两杂税局征解尚属踊跃外，其余各县局有少数缴解者，但益阳厘局，湘潭、常德、衡阳、澧县、岳阳、宝庆、会同、沅陵、祁阳、零陵、湘乡、攸县、平江、南县各杂税局和茶陵、华容、沅江、安乡、桂阳各知事公署均分文未经报解。出现这种问题大致有三种情况：或由政府提用，或系经手人饱入私囊，甚至前后任无移交。[9]对此，1923年4月8日，筹赈会致函财政司，请整顿各县局欠缴该会赈票款问题，并推派任修本、饶伯师于10日赴财政司商讨筹赈会草拟的救济办法8条。

1924年、1925年，中国义赈救灾总会湖南分会沿袭前法，继续通过附加赈款票筹措赈款。与过去的操作方法相比，除了依然加收一成赈捐和强调专款专用外，不同之处是报告征收结果的时间间隔由以前的每月一次改为每旬一次。在 1924 年，还一度尝试不经由省财政司收缴转给水灾急赈会，而是直接由水灾急赈会按册报数目赴各地厘局提用，以防止被挪用截留。但不管怎样改进，附加赈款总是难以及时收缴。如湖南赈务协会自 1924 年 9 月 15 日至 1925 年 4 月 15 日共征获洋 98783 元 7 角 3 分，缴会者 77186 元 9 角 3 分，未缴会者 21596 元 8 角。[10]

1926 年 7 月 11 日，湖南赈务协会发出通电，经赈务协会评议部决定，自当年 8 月 1 日起继续征收 6 个月，按旬解报赈务协会。这一续征赈捐的要求得到财政厅的同意。

第二，争取关税余款和交通附加赈捐。1921 年湖南春荒严重之时，湖南急赈会致电范源濂，请他转请北京政府仿照 1920 年救助北方 5 省旱灾的模式，从 6 月 1 日起，截留湖南应缴的交通附加赈款 3 个月作为湘赈之用。6 月 14 日和 23 日，各团体联电交通部及赈务处，希望从交通附加税余款中划拨数 10 万元给湖南救灾。但 7 月 5 日赈务处致电华洋筹赈会，指这笔款项共 80 万元已预先抵押给银行垫借款项支配华北五省春赈，早已用罄。赈务处只拨给湖南交通附捐 8000 元、义赈奖券款 1 万元用于急需，并承诺如果此后义赈奖券续收则与内务部、财政部商量将其作专款用于湘赈。

湘省各公团对这样的答复显然不满意，于是在 7 月 9 日联电要求在划拨 18000 元余款外，应照案续办数月的交通附加捐。7 月 13 日，华洋筹赈会还联合省议会、教育会等主要法团人一起致电北京赈务处，要求将 1920 年华北 5 省抽收的关税附加余款拨付给湖南赈灾。其理由是"湘灾惨重，视北五省当日情形殆有过之，且湘民既尽完税义务于前，而该项税款又系专为赈灾而举办，则此项要求与北五省受同等之待遇,亦在情理之中。"[11]7 月 15 日赈务处做出回应,余下的交通附加赈捐 80 万元也已尽数充作沧石、烟潍两路工赈费,实在无余款可拨付了,至于续办邮电路特别附加则超出了其职权所能,必须与交通部核办。接此电后,华洋筹赈会致函省垣各公团,恳请省议会和各公团再单独以各自名义分别拍发电报重申前请。7 月 18 日,省议会致电北京国务院、外交部等机构,重申了请拨余款救灾的要求,强调湖南人同样承担了纳税义务,应当与华北各省享同等待遇,而且附加赈捐是为赈灾专设的,湖南赈务艰难程度已达极致,无款补充就将停顿等。同日,筹赈会去电旅京湖南筹赈会,要求其协助争款。

在交通部和督办赈务处明确表明拒绝之意后,省内多个团体还不甘放弃,继续于 7 月 26 日致电请款。在这次联电中讲述了沉重的灾情,说道"现在各县饥民死亡日众,兼以久旱伤苗,早谷未及登场者尚三十余县,收获之望,至是已绝,无论善后问题绝无把握"[12],恳请援照先例,给湖南以救助。在电文中,各团体督促续收义赈奖券所得能及时拨汇湖南。

经过不懈努力,交通部、赈务处等同意再将路电邮暨厘金附加赈灾一成原案,照案延收一年,关税附加余款亦酌量拨放灾区。但基于湖南秋旱非常严峻,1921 年 11 月 25 日,省议会、省教育会、长沙总商会、慈善总公所、华洋筹赈会联署致电北京内务总长、督办赈务处和辛酉被灾各省救济联合会,请求在前列附加税中优先拨发急赈,之后在赈灾款分配中给湖南按特别灾区拨付。1921 年 11 月 21 日,赈务处配给湖南的赈款为 25000 元。1922 年 1 月 20 日,北京财务委员会决定给湖南拨款约占总数的 11%,折合现金 20 余万元。对所剩余的关余赈款 80 万元,旅京筹赈会在 1922 年 2 月再向财务委员会交涉。2 月 20 日,北京赈务处在分配这 80 万

**财务委员会分配各被灾省份海关余款数目**[13]　**表4—2**

| 省份名称 | 赈款数额（元） | 所占比例 |
|---|---|---|
| 江苏省 | 396000 | 18% |
| 安徽省 | 396000 | 18% |
| 湖南省 | 242000 | 11% |
| 山东省 | 220000 | 10% |
| 湖北省 | 176000 | 8% |
| 浙江省 | 176000 | 8% |
| 贵州省 | 154000 | 7% |
| 四川省 | 110000 | 6% |
| 河南省 | 66000 | 3% |
| 甘肃省 | 66000 | 3% |
| 山西省 | 66000 | 3% |

**北京督办赈务处分配第二批海关赈款情况表**[14]　**表4—3**

| 省份 | 数额（元） | 省份 | 数额（元） |
|---|---|---|---|
| 山东省 | 17 万 | 江西省 | 2 万 |
| 河南省 | 11 万 | 直隶省 | 1.5 万 |
| 江苏省 | 10 万 | 甘肃省 | 1.5 万 |
| 安徽省 | 10 万 | 陕西省 | 1.5 万 |
| 湖南省 | 10 万 | 四川省 | 1.5 万 |
| 湖北省 | 6 万 | 贵州省 | 1 万 |
| 浙江省 | 4 万 | 总计 | 80 万 |

元关余时,分给湖南 10 万元(具体分配情况见表 4—3),总计两次关余分配,湖南总共得到 34.2 万元。赈务处为加强对拨付给湖南的 34 万元赈款使用情况的监督,1922 年 2 月底决定由朱德全常驻华洋筹赈会并参加有关会议。朱德全在湘工作至 1922 年 11 月 21 日才离开,他对客观宣传反映湖南灾情争取更多捐款拨款以及加强赈务处与华洋筹赈会间沟通起了重要作用。

　　1924 年 6 月,湖南大水灾。省长赵恒惕致电熊希龄和闽、赣两省省长,希望联合请赈,向中央申请继续征收关税附加赈款。其实,1921 年辛酉旱灾时就是各受灾省份联合向中央请赈,当时还由 11 个受灾省份成立了辛酉被灾各省救济联合会。1924 年 7 月中旬,江西的督理蔡成勋同意这样的建议,随后福建方面也表示赞同。7 月 30 日,内务部致电湖南义赈分会,拟援照 1920 年北方五省旱灾的先例,续办附加赈捐。其项目包括常关附加捐、海关附加捐和邮、电、路、航政府附加三类。而 3 种附捐的把握不同,常关附加捐年约 200 多万元已经确定,交通部邮电路航四大政府附捐(年约 200 多万元)和海关附加捐(年约 400 多万元)正在进行且有希望,只是海关附加捐需要得到外交团的同意,好在正设法疏通。9 月初,海关税收附加赈捐已得到美国、英国、比利时 3 国的同意。1925 年 8 月 21 日,湘省特派驻京赈务代表刘馥回函赵恒惕,告知海关附税大约从 10 月份开始征收,并指出在海关附税分配中,北京财务委员会中的外国委员对各省的灾情特别重视华洋义赈会的调查报告,所以希望湖南义赈分会多宣传湖南灾情。1925 年 9 月 18 日长岳关监督及税务司奉到北京财政部及总税务司通电,定于 11 月 1 日起开始征收。

　　面对 1925 年旱魃成灾,由湖北的萧耀南领衔发出湘、鄂、赣、川、黔 5 省致中央的请赈电。联电要求"部迅与外交团磋商,将海关附捐立即恢复,一面并将交通及内地厘税各项附捐原案,继续征收,所有收得之款,专作本年受灾各省赈济之用。"[15]对于多个省份的请赈要求,北京政府同意继续征收各类附加赈捐。11月,附加赈捐分配结果出炉,湖南被列为一等灾区,获得北京督办赈务公署(成立于1924年——引者注)交通附加税5万元、海关附加税捐30万元。但海关附加税则迟迟未能拨付,于是湖南赈务协会派副会长彭允彝专程前往领款。后来得知北京督办赈务公署延不拨付30万的海关附加赈捐是因为湖南赈务协会的组织不符合它的要求。于是在1926年1月31日,赈务协会召集各部联席会议,决定修改会章,增加洋员,以示合作,而资取信。原来的监察部和赞助部因洋员较多,未作调整,只是将执行部改为主任1人、副主任2人(原来是主任1人,副主任1人),推举江隽为主任,加举韩理生(德国人)、谢国藻为副主任,设2名会计股长,其中洋会计股长由美国牧师包惠尔担任。

改组后,赈务协会迅即将结果报告北京督办赈务公署和财务委员会,请其速汇款来湘。1926年2月8日,熊希龄致电赈务协会执行部正副主任,告知已经汇寄了30万关税附加中的15万,其余15万尚未支付,但可以先向银行抵借。1926年3月1日,赈务协会收到5万元,3月19日收到10万,5月20日收到10万,6月10日收到4万,共计29万。[16]同时在6月11日湖南赈务协会还致电北京督办赈务公署恳请延长附加赈款,并能从优分配湖南和提前汇拨。

湖南赈务机构之所以多次要求向北京政府和湖南省政府提出要求延长征收附加赈捐的请求,主要看重它是成规模的款额,一旦得到批准就相对稳定有保障的。

## 二、索讨湖南公产

在工商不发达，省外筹款越来越难的情况下，能通过各方努力将原本就属于湖南的规模较大的公产讨回，对灾荒救济是非常有用的。这其中就以太平械款和米盐公股为代表。太平械款是张敬尧督湘期间为采购军火支付给日商太平公司的约 60 万元定金，后来军火贸易未成交，湖南人要求退还用于办理慈善救济事业。米盐公股是为商办粤汉铁路通过盐斤加价和米捐方式形成的数额达470 多万元的全省公产。晚清时政府实行铁路国有化政策后，经湘路公司和北京政府交通部协商，要求交通部共分 24 期归还的一笔资金。1922 年上半年，省议会决定将到期的约 90 万公股用作以工代赈费用。此后，湖南社会各界为了索讨这两笔款项，进行了艰辛努力，但令人遗憾的是最终并未如愿。可是这个索讨过程的曲折艰难本身就可反映出当时湖南社会、政府和各种慈善力量的贡献。

第一，争取太平械款。1922 年上半年，美国救灾协会同意捐出约 20 万美金采取以工代赈方式支援湖南救灾。华洋筹赈会经多方考虑决定先修潭宝公路。但仅靠美国援助的这笔资金，缺口还很大，于是省议会同意将到期的米盐公股用于潭宝路工，省政府同意太平械款直接交付湖南华洋筹赈会用于路工。

当然要争回太平械款，难度非常大。1922 年 2 月，胡美由京返长，告知了取回这笔款的艰难程度。日本驻华公使馆书记官告诉胡美要取回太平械款需要经过中日两国各自的陆军部、外交部，日本驻华使馆，张敬尧，湖南省政府和太平公司八个方面的同意，才能退回。但最难取得同意的是日本方面，中方的北京政府和湖南省政府以及张敬尧都表态支持取回该款用于湖南慈善。所以在历时约 1 年的时间中,主要的努力是多管齐下试图说服日本政府同意太平公司将该款退还湖南。从日方的态度看,经历了从软和到强硬的过程;从中方的努力看,经历了以情动人到以力压人的转变;从争款的主体看,经过了以湖南华洋筹赈会和旅京湖南筹赈会为主到各公团全面参与的变化;从索讨的方式看,经历了由北京政府间接索讨到湖南各界直接向日本方面索讨的转变,同时也把争款从单纯的商业活动上升到外交事件来处理。

　　1922 年 2 月,熊希龄在得知张敬尧也正在延聘律师索讨太平械款后,建议湖南湘军总司令明确告知陆军部以此款拨作赈灾的决定,并由湖南华洋筹赈会推派代表与胡美同往索要此款。接获此信息,华洋筹赈会和旅京湖南筹赈会兵分两路、共同努力,旅京筹赈会推派漆英、刘华式、梅馨、危道丰 4 人为代表与陆军部接洽,华洋筹赈会在 3 月份派韩理生和袁家普为代表晋京协助在京湘籍人士争取兑现米盐公股和太平械款。袁家普等人在京积极活动,陆续与陆军部、日本领事府接触,从反馈的信息看,事情似乎是朝积极方向发展。在 1922 年直奉战争结束后,张敬尧方面的阻力消失,索款可由陆军部直接与日方交涉,其理由是“此款此约均系张敬尧以地方官资格向日人交涉所成”[17]。因此,袁家普乐观估计 3 个月内就有望出结果。

　　但事件的进展并非预料的那样简单顺利。湖南春荒灾情日渐严重,赈款即将用罄,太平械款却依然没有结果。对此,6 月 15 日朱德全致电赈务处,希望其转告外交部与日本公使严正交涉,迅速将太平械款发回湖南救灾。6 月 19 日,华洋筹赈会及各公团、各机关、各灾区代表蒋育寰、郭庆寿、李鸣九等为争回械款,特致电相关方面,恳请加大力度,早日争回械款。电文认为“逾约退款,为世界交易之恒情,而恤难救灾在邻国有应尽之义务”[18],并警告如果太平公司重利轻义、捱延如故,湖南各界代表就打算把它幸灾乐祸的行为公诸世界以求公断。接下来,湖南多个团体直接致电太平公司或通过外交部和陆军部向日方严正交涉。而这些公团体的电文语气基本是缓和的,更多是让对方同情湖南灾难,搏感情,说还款赈灾是寓恤邻救灾于公平交易之中;日本商人在湘商务发达,对湘感情浓厚,不会见死不救。

　　7月8日,距离多个团体共同致电争款已过去20天,但依然没有消息,于是华洋筹赈会、各公团的代表蒋育寰、郭庆寿、李鸣九共82人致电日本公使,认为湖南灾情扩大,太平公司负有不可推卸的责任,"我虽不杀伯仁,伯仁由我而死"[19],对更多灾民死亡难辞其咎。电文还指出,太平公司不废约退款,是不顾商业信用、不恤友邦灾情、有意与湘人为难的行为,"全湘之奄息饥黎,断不能甘默就死"[20]。由此看来,这次争款电文的语气比前一次强硬许多,反映了社会各界对日方丧失了耐心。但这样措辞严厉的电文仍然没有打动日方,电文发出后沉默依旧。

　　7月19日,华洋筹赈会评议会开会商讨对策,议决多管齐下,由湖南交涉署向日本领事交涉,由筹赈会向北京陆军部和外交部交涉,并派人与张敬尧交涉取回其所持和约。8月28日,评议会决定采取更激烈的方式争回械款,邀请各公团法人机关定期商讨具体办法。9月8日,筹赈会评议会在教育会召开各公法团代表会议,达成三点办法,一是电请北京政府向日本公使严正交涉限期拨还械款,二是将日本人在湘的劣迹公之于世界各国请求公判,向其施加压力,三是整理湖南国货维持会。同时,呼吁全国一起抵制日货。10月21日,多个团体包括湖南华洋筹赈会评议部、教育会、红十字会、青年会等团体再次联电北京相关部院,恳求总统和国务院正式积极地向太平公司及日本公使交涉,要求其两个星期内废约退款。这次的电文有向北京政府下最后通牒的味道,告知如果湖南人不能限时取回械款,就会"誓与致我死命之日商作困兽之斗",并警告到那时"无论与在湘日商发生何种严厉对待,酿成国际交涉,则口自彼开,我湘民不负其责也"。[21]

多个团体和社会各界代表联署向北京政府和日方陈情施压,一方面充分表达了湖南人对争回械款的强烈吁求,但同时也造成头绪繁多、难于整合的困局。在强大民意展示后,争款还得回归到以华洋筹赈会为主体、旅京湖南筹赈会积极参与的格局。10 月 26 日,华洋筹赈会干事会推派韩理生、袁家普为太平公司械款交涉专员,1923 年 1 月下旬,筹赈会再派饶伯师前往北京与袁家普等一起争械款。饶伯师在京一个多月,与向太平公司经理、日本驻华领事、华洋义赈救灾总会中的日本干事等接触,并多次申述其参与争款的唯一理由是"此款退还后系利用饥民兴修马路,实一种慈善兼公益事业"[22],但最后进展只是"已有头绪,尚无结果"[23]。饶伯师回长沙后袁家普继续在那里争款。

可以说在一年多的争款过程中,基本态势是"有希望、没结果",但这种心存希望的局面在 1923 年 3 月份悄然结束了。饶伯师还在京期间,于 2 月 10 日邀约宴请相关人士,旨在寻求支持,希望帮助取回械款。在宴会上,太平公司经理把退款的球完全踢给日本政府,他答应只要收到政府的命令就归还;同时他也告知了"此项讨论所须解除之困难,即系筹赈会有无取得械款之必要"[24],也即日本政府不认同争款和赈灾间的必然联系。3 月 6 日,袁家普来电告知日本方面在还款问题上由过去暧昧沉默改为断然拒绝,以至于感慨"太平械款事,日人狡猾太甚"。[25]3 月 2 日,袁家普、熊希龄邀集相关人员共 30 多人在北京饭店请客,日本人道出了拒绝缴还械款的所谓四点理由:一是等到中国南北方统一后再照约交付军械；二是如湖南方面声请废约，定金非但不能退，还须赔偿违约金；三是担心湖南单独废约，其他方面效尤，太平公司损失更大；四是湖南救灾与太平购械废约不能混为一谈，须分别交涉。[26]日方并表示湖南以工代赈修建省路，日本人愿意尽力援助，但废约退款万难进行。客观来说，日本方面强调要按合同办事，单方面中止合同需承担相应损失；同时日本抓住了中国政治分裂的软肋，这是日本人的聪明之处。而湖南方面所诉诸的是张敬尧预定军械缴的定金是湖南全省公产，在灾荒严重的时候，取回械款用于赈灾意义重大；而且在日方尚未正式交付货品前，我方有权要求中止合同退回定金；更何况在军阀混战时期，督军张敬尧的决定不代表湖南全省人民。

在获知日本人拒还械款的几点所谓理由后，1923 年 3 月 16 日省长赵恒惕致电北京陆军部、外交部和日本驻华公使馆，声明省政府支持以太平械款拨充华洋筹赈会办赈费用，并特别强调退还械款是太平公司应尽法律义务，该项械款对全省路工和救灾至关重要。赵的电文说"据湖南华洋筹赈会报称，此款万不能即时收回，匪特路工形同瓦解，即招致工作之数万饥民，亦无法可以安顿"。"此项定款为该公司久应履行之债务，在法律上已无拒绝之可言，就事实论，则为全省路工及数万饥民生死之所关，尤应为仁人君子之所乐为捐助"。[27]

此后，袁家普在京还进行了多次努力，似乎太平械款的归还又露出一丝曙光。得知此讯息后，华洋筹赈会重燃希望之火，立即召开理事、干事和评议员联席会议，缄请政府拍发电报表达支持。但此后赵恒惕与谭延闿的纷争再起，无法及时回复。1923 年 6 月 1 日又发生日本兵在长沙枪杀饥民的事件。此后，筹赈会的工作中心之一就是如何尽速筹款延续潭宝路工，忙于以米盐公股证券与上海亚洲建业公司商谈垫款包工事宜。这一连串的变故使争回械款难上加难。在争回械款希望渺茫的情况下,筹赈会还是没有彻底放弃,在 1923 年 9 月 6 日,再次致电袁家普希望其迅速办理。但其实各方已不抱太多希望,仅靠个别人的独舞很难成气候。历经一年多争款的过程就这样谢幕了。

第二,争取米盐公股。1921 年大旱,旅京湖南筹赈会曾提议以米盐公股赈灾,但遭拒绝。同年 10 月,华洋筹赈会重提划拨米盐公股兑现救灾,但省议会只同意无息借拨到期米盐公股约 60 万元用于灾区购谷备荒,专款专用,借款期限为 1 年,到期由华洋筹赈会负责如数偿还。[28]但到了 1922 年 6 月,省议会改变了最初以米盐公股办国民银行的决定,转为拨充省路修筑费,这也意味着原来用于购谷备荒的公股不必按时偿还,到期的米盐公股悉数交给华洋筹赈会用作修筑潭宝公路。省议会的这一新决定招致省教育会、省工业总会、省农会和长沙县农会等团体的坚决反对,它们甚者还直接致电交通部,希望"将该项米盐公股保留,待解决后再行请拨"[29],"未经湘省人民公决以前不得处分"。[30]省内的这些不和谐为交通部拒付现款提供了借口。华洋筹赈会为向交通部兑现或抵现到期约米盐公股证券做出了艰辛努力,过程一波三折,最终还是无果而终。但是,与争取太平械款的过程一样,都反映了华洋筹赈会和相关方面为湖南慈善救济事业的宝贵付出。

1921 年 12 月 2 日,省议会、慈善总公所和湖南华洋筹赈会的领款代表胡迈、龙绂瑞和欧本麟前往领款,但交通部无现款,也因中交拥兑风潮,交通部证券只能抵现三成左右。领款代表觉得太可惜,后在胡迈和龙绂瑞因事提前回湘后,证券交由欧本麟保管。到 1922 年 4 月初,米盐公股依然无法筹抵现款。6 月,北京内阁改组,华洋筹赈会致电曹锟、吴佩孚和交通部,希望到期米盐公股早日兑现,可无论"各代表向北交部索款至于毁物拍桌,仍属无效"[31],交通部就是拿不出现款。

到1922年底,潭宝路工面临停顿的危险。恰在此时,退出政坛的邵阳籍知名人士马临翼在与赵恒惕晤谈时获赵氏的托请,希望能将米盐公股兑现或在京沪抵现。在北京多次努力无果的情况下,马临翼携米盐公股证券前往上海,与美商上海亚洲建业公司经理吴村晤面。双方达成以米盐公股作抵由建业公司垫款包工修筑潭宝路永丰至宝庆段。协议规定垫款无需利息,以到期股券80万元向建业公司抵押垫款50万元,将来由交通部分期偿还。垫款包工对于迟迟无法兑现或只能抵现三四成的米盐公股、潭宝路工等米下锅的窘状来说应该是个好选择。可这样的安排还是引发社会广泛争议,最后已签署的垫款包工合同因多方的反对无法履行。当时反对华洋筹赈会与亚洲建业公司垫款包工合同者主要来自京沪的湘籍人士和省议会一些议员。前者质疑的是马临翼等人从中拿回扣和红利,并有替赵恒惕筹款的政治用意;后者反对的理由主要是认为华洋筹赈会无权在未经省议会同意的情况下处置米盐公股,担心潭宝路主权落入美商亚洲建业公司手中,而且垫款修筑中路的潭宝路违背中西南三路同修省路的利益均沾的约定。在所有反对者中,来自西路南路的省议员最为激烈,以致1923年6月25日省议会开会就声明"米盐证券关系湘人民债权,任何方面抵押非经本会同意,不得处分。"[32]

因省内社会各界对米盐公股的支配方案难达共识,交通部也藉辞对已签署的垫款包工合同迟迟未予批准。在1924年华洋筹赈会忙于结束之际,它致函省议会和慈善总公所希望三方派代表取回。[33]省议会协议会决议在未确定好处分及保管的方法之前,不派代表前往,任何其他人也不能去,继续由欧本麟保管直到省路工程局决定兴工需款的时候。筹赈会对此提出声明,要脱卸保管的责任,"其原有湖南华洋筹赈会代表保管证券之资格应予受省议会委托之日起即行消灭,以后关于此项证券之一切责任,概由欧君个人直接向省议会担负,以清权限,而重职责。"[34]省议会专门于6月7日开会就米盐公股保管问题进行讨论,决定函复华洋筹赈会,说明欧系筹赈会代表,故仍请负责,俟省路章程通过,再会同派人往领。[35]同时又说,如果筹赈会认为责任重大,恐事久生变,实有领回之必要,省议会亦可推派代表,同往领回。[36]在筹赈会的坚持下,省议会选出了晋京领回证券的代表,分别是中路的伍岳、西路的黄钺、南路的贾悌青。筹赈会和慈善总公所分别推定饶伯师、罗兆麟前往。此时寄存在北京某银行的证券共计89.469424元,另外1万元的证券在1923年的5月交予上海亚洲建业公司作为样本了。

在米盐公股由欧本麟交给省议会三代表后,旅京湘人以湖南水灾严重,一时难筹巨款赈灾,于是再次提出以米盐公股抵现的意见,上海湘省水灾义赈会、湖南同乡会也赞成这一提议,认为"米盐公股久成画饼"[37],若能抵现则是化无用为有用之举。为此,三代表致电省议会请示应对办法。省议会随后指示在京领款省议员,要求设法将到期的证券兑现带回存入汉口的中国银行或交通银行,未到期之证券务必抵借现款在七成以上,具体用途由省议会日后再商定。这也就意味着省议会以实际行动更改了此前将米盐公股用于路工的决定。为此,华洋筹赈会要求省议会发还此前筹赈会开具的收条,并决定将曾交给上海亚洲建业公司作为样本的1万元股券交还给省议会,以清算筹赈会与省议会围绕米盐公股发生的责任关系。但要三代表短时间内兑现或以这样高的成数抵现其实是不具可行性的。他们并没有直接将股券带回,主要有三点考虑，一是因旅京湘人强力主张以证券抵借现款，二是津浦路匪氛炽烈不安全，三是交通部还有兑现希望。无奈，三代表只好以私人名义将这批股券暂时交给钟伯毅保管，并请他设法在 15 天内兑现或抵现，如不能达致目标则届时如数交回省议会。而且特别强调钟伯毅和三代表之间关于股券的保管完全是私人间的关系，一旦有事，责任由三代表承担。这种个人间私相授受的做法引来部分省议员的严厉批评，认为这是对米盐公股证券的不重视，远不如老一届省议会妥善地交由慈善总公所保管。钟伯毅靠个人的力量拿着证券向交通部兑现或向银行抵现也不切实际。钟伯毅几次的努力以失败告终，他只好诚邀中国华洋义赈救灾总会出面帮忙，代为向交通部请求兑现。但义赈总会以未获省议会授权加以回绝，"无论如何，非经省议会议决持有议会正式缄电，决不为之帮助"[38]，而且明确告知它出面的前提是兑换出的款项用于以工代赈并必须有中国华洋义赈救灾总会湖南分会参与。面对此种情况，钟伯毅只得再次致电省议会以获其授权，赵恒惕也于 8 月 29 日致电熊希龄请其与义赈总会沟通，将米盐公股交由义赈总会负责向交通部争款。

　　义赈总会提出的要求被满足后随即致函交通部，希望其"速将该公股本息筹还，以资全活，万一不囗囗拨巨款，亦望厘定分期偿还办法，确实担保，以转向他方抵借现金，以应急需"。[39]但交通部依然以"部款支绌不便允办"回复。交通部在覆义赈总会的函中诉苦道"本年灾区遍及全国，本部财源亦日益枯窘，凡国内外借款，到期本息，亦多有数年未能应付者"。并告知自铁路国有化后，"各路官商股款，积欠不下三千数百万，来都追呼者，日有数起，亦有以充赈为言者，本部均无法处理"。对湖南要求兑现或者抵现米盐公股的要求，断然回绝，说"拨还现款，势固难囗办到，若担保借款,既无的款可以指还,亦未敢贸然承诺。至附加赈款扣还一节,其间窒碍甚多,本部亦断不能相强也"。[40]至此,交通部完全关上了兑现和抵现米盐公股的门。

在省内各行业各路界围绕可能兑现或抵现的款项支配纷争不休和交通部确实无款可出的情形下,经过旅京湖南筹赈会和华洋筹赈会等3年多的争款努力,人们原本充满期待的米盐公股终究还只能是一纸几成烂票的凭证,对湖南的慈善救济来说,只不过是理论上的款额,以及偶尔让人产生期待和幻想的引诱物罢了。

## 三、向省外广泛募捐

湖南灾害连年,财尽民穷,"地方元气刮洗罄尽,一钱一粟,本省皆无从筹措"[41],向省外筹款是无奈又可行的选择。向外募捐的目的地和对象,一是富庶之区如上海、北京、广州、天津、武汉等地;二是欧美的慈善机构如美国救灾协会和美国红十字会。向外募款一般以省县政府、慈善机构和社会名人的名义进行。向外募款的方法基本上是发表通电,有时辅以寄送捐册和能反映灾区情况的刊物、图标、照片等,有的慈善机构为了加强募捐工作还设立专门的机构,聘请知名人士担任赞助员等职务。募捐一般不是盲目进行的,他们会有意识地向那些长期捐助湖南的个人和机构发出求助信息。这些募捐尽管从总体上不是湖南赈灾款的最主要来源,但它除了援助赈款的实际作用外,同时也能够让更多的地区和人们了解湖南灾情,扩大影响。

第一,向省外政商募款。在每次灾荒发生后,基本上都会有不同的主体向省外发出求助电函,尤其是湖南省省长和湖南华洋筹赈会(后来的湖南义赈分会),而被求助者往往是京津沪等地知名

的政要商贾和有代表性的慈善救济机构,从下面这张不完全的统计表可看出当时募捐的努力方向和省内请求募捐的主体是哪些。向省外募款的对象有三类:一是政要,如北京政府的总统、总理和内阁部会成员以及各省高官;二是湘籍知名人士,如熊希龄、范源濂、马临翼、谭延闿、程潜、聂云台、洪兆麟等;三是上海等地的慈善组织,如中国济生会、上海义赈会、上海女界义赈会、义赈总会、旅京湖南筹赈会等。从多年收捐的结果看,政商个人、慈善社团、同乡会和企业都有捐助。所收捐赠有现款和物资,有一般捐赠和定向捐赠。表4—5是长沙《大公报》上刊登的北京政府时期接收的来自省外的部分捐赠。请求募捐的通电一般包含三个方面的内容:说明经济拮据无法筹到巨款、介绍特别严重的灾情、恳请积极劝募和捐助。1922年筹赈会在给赈务处的电文中说湖南"就地赈款丝毫无从筹措"[44];在另一通电募款电文中说"天祸吾湘,本届灾荒较去年(指1921年)紧急百倍","甚至饿死之尸,即为饿而未死之人所烹食,以人食人,实为千数百年来所未见之奇惨"。[45]而在给旅沪湘绅的电文中尤其强调"沪上各慈善家设法劝募赈款实为唯一救急之法"。[46]

为加强宣传,让更多的人知晓湖南灾情,华洋筹赈会还专门成立劝募部,它下设宣传和筹募两股,宣传股负责编写《湘灾周刊》和及时汇编相关灾情资料;筹募股则负责印刷并向外省相关方面寄送中英文募捐启和捐册等。同时出于号召更多人参与湘灾募捐的需要,像华洋筹赈会还在京省及各繁盛商埠临时委派代表分途劝募;1924年,湖南急赈会还专门设立赞助部,聘请饶伯师、任修本、戈德白、韩理生、袁家普、雷飞鹏、谢国藻、任福黎、赵运文、曾约农、郭贞坞等为名誉赞助员,协助劝募。湖南急赈会还把编好的灾区照片集寄送给京汉沪等地。

募款的主体和对象一览表[42]　表4—4

| 时间 | 求助的主体 | 求助的对象 |
|---|---|---|
| 1922 年 2 月 25 日 | 湖南华洋筹赈会 | 两广的军官，上海的慈善机关如中国济生会、华洋义赈会、女界义赈会及各慈善堂、旅沪湘绅。 |
| 1924 年夏 | 省城慈善总公所的沈克刚、华洋筹赈会的袁家普 | 上海总商会、华洋筹赈会、慈善总公所聂云台并转盛庄夫人，北京中国义赈救灾总会、旅京湖南义赈会并转熊希龄、范源濂、马临翼等，汉口西门子洋房朱芑臣 |
| 1924 年 | 湖南省政府 | 北京的熊希龄、范源濂，徐佛苏，夏午贻，刘揆一，马临翼。上海余肇康、章士钊、聂云台、袁伯揆。天津郭侗伯、傅良佐，杭州汪诒书、广州谭延闿，程潜，汕头洪兆麟、尹骥 |
| 1924 年 | 省长赵恒惕 | 天津的段祺瑞、天津的傅良佐、曹汝霖、北京的(世界红卍字会)王芝祥、江朝宗、熊希龄、上海的李仲珊先生、汕头的洪兆麟和尹骥 |
| 1924 年 7 月 13 日 | 醴陵水灾急赈分会驻省事务所 | 北京内务部督办赈务处、中国华洋义赈救灾总会、熊希龄，汉口华洋义赈会、西门子洋行朱芑臣，上海中国济生会冯梦华、女界义赈会盛庄夫人、聂云台 |
| 1924 年 7 月 17 日 | 湖南义赈分会 | 北京大总统、国务院总理、各部总长、督办、服务处冯检阅使、中国华洋义赈救灾总会、旅京湖南筹赈会、孙宝琦、熊希龄、范源濂、郭侗伯、马临翼、徐佛苏、刘揆一 |
| 1924 年 9 月 20 日 | 湖南义赈分会 | 北京大总统、国务院总理、内务部总长、督办赈务处、全国水灾募捐大会、中国华洋义赈救灾总会、旅京湖南水灾筹赈会等 |
| 1926 年 4 月 5 日 | 省长唐生智 | 各省军民长官、各省赈灾慈善公团、各报馆、天津熊希龄、北京范源濂、郭侗伯、章士钊、徐佛苏，广东谭延闿、程潜、李伯渠先生、上海聂云台、葡云苏、陈拓静先生、各省湖南同乡会 |

| 时间 | 求助的主体 | 求助的对象 |
|------|-----------|-----------|
| 1926 年 7 月 27 日 | 湖南义赈分会 | 上海华洋义赈会、冯梦华、盛庄夫人、聂云台等,北京熊希龄、范源濂、郭恫伯、马临翼、刘奇甫等,汉口刘艾棠等,广东谭延闿、程潜等 |

### 北京政府时期省外捐赠的部分情况[43]　表4—5

| 年份 | 捐(募)款人或机构 | 款(物)数额 | 备注 |
|------|----------------|-----------|------|
| 1916 | 盛宣怀 | 1000 元 | 捐给常德红十字会 |
| 1918 | 旅宁湖南筹赈会 | 1610 元 | 该会主要负责人是欧飞焘、罗恩绶等 |
| 1919 | 旅京湖南筹赈会 | 930 元 | |
| 1921 | 刘揆一 | 2210 元 | 定向捐给衡山急赈分会 1000 元 |
| 1921 | 南洋兄弟烟草公司 | 2500 元 | 由上海湖南商界协会转交 |
| 1921 | 汉冶萍转运公司 | 2000 元 | 由总司令副官处代缴 |
| 1921 | 上海广仁堂义赈会 | 5000 元 | 定向捐助醴陵 |
| 1921 | 上海各善团 | 100000 元 | 由熊希龄牵头凑垫的 |
| 1921 | 胡兆麟 | 2000 元 | |
| 1921 | 张作霖 | 500 吨 | 高粱 |
| 1922 | 吴佩孚 | 2000 元 | 大洋 |
| 1922 | 李炳荣 | 1000 元 | 广东惠州,旅长 |
| 1922 | 萧耀南(湖北省长) | 3000 元 | |
| 1922 | 聂云台 | 4000 元 | 其中三千元定向放赈麻阳 |
| 1924 | 冯梦华 | 1000 元 | 定向捐助宁乡水灾 |
| 1924 | 王承斌(直隶省长) | 2000 元 | |

续表

| 年份 | 捐（募）款人或机构 | 款（物）数额 | 备注 |
|---|---|---|---|
| 1924 | 各省联合救济处 | 2000 元 | 由世界红卍字会组织的机构 |
| 1924 | 上海筹赈分会 | 6000 元 | 定向捐助醴陵 |
| 1924 | 洪兆麟 | 12000 元 | 捐助宁乡 |
| 1924 | 旅沪同乡会 | 6000 元 | 捐助宁乡 |
| 1924 | 段祺瑞 | 5000 元 | 凑垫 |
| 1924 | 汪诒书 | 1000 元 | |
| 1924 | 刘镇华（陕西省长） | 1000 元 | |
| 1924 | 萧耀南（湖北省长） | 10000 元 | |
| 1924 | 天津湘省水灾协济会 | 2000 元 | |
| 1924 | 甘肃省城两湖会馆 | 1000 元 | |
| 1924 | 旅皖同乡会 | 1000 元 | |
| 1924 | 刘广文 | 1000 包 | 用于救济时疫的灵丹 |
| 1924 | 郑士琦、熊炳昆 | 1000 元 | 分别是山东督理和省长 |
| 1924 | 黎元洪 | 5000 元 | 为北京流通券 |
| 1925 | 冯玉祥 | 1352 石 | 捐助的是从芜湖购置的赈米 |
| 1925 | 聂云台 | 3000 元 | 用于救旱灾 |
| 1925 | 上海赈务协会 | 10000 元 | 定向捐助临湘急赈 |
| 1926 | 余肇康 | 6000 元 | 劝募和自捐的 |

　　总体上看，湖南赈灾的社会捐助绝大部分来自省外，这从湖南义赈会 1918 年 4 月至 9 月 15 日所收捐款情况可见一斑（见表 4—6）。

**湖南义赈会收捐概数表（1918. 4. —9. 15.）**[47]　　**表 4—6**

| 捐款来源 | 数额 | 备注 |
|---|---|---|
| 旅京湖南筹赈会 | 光洋 95,650 余元 | |
| 吉林孟督军、郭省长 | 光洋 8000 元 | |
| 安徽南陵县湖南会馆 | 光洋 272 元 | |
| 南京旅宁筹赈会 | 光洋 450 元 | |
| 云南湘省兵灾募款处 | 光洋 500 元 | |
| 旅鄂学界 | 光洋 18 元 4 角，南台票 209 千 600 文，北台票 131 串 300 文 | |
| 江西沈东流 | 光洋 10 元 | |
| 两湖义赈会 | 铜元 2 万串 | 此款由朱恩绶折换成光洋 14000 元 |
| 湖南省内募捐 | 流通票纹 25700 余两，票洋 1230 余元，票钱 2770 余串文，光洋 50 余元，现洋 760 余元 | |
| 总计 | 现洋 120,510 元 4 角，本省票洋 1150 余元，票钱 2979 串 600 文，北省台票 131 串 300 文，本省流通票纹 50,700 余两 | 此不包括代收红十字会的捐款 |

华洋筹赈会"所得赈款多自外省外国捐来"，[48]但因国内多处发生灾荒，有的地方比湖南还严重，各种请捐函电交织，捐事不断，再加上经济整体萧条，京沪等地慈善人士多次向湖南捐款，希图无节制地从全国其他地区募集款项变得越来越不现实。

第二，向美国救灾协会和红十字会募捐。在国内难筹巨款的情形下，熊希龄等人建议向海外募款，主要是向美国募捐，也有提出在海外华侨中募款的。向美国请求募捐主要是邀请在华的美国外交官、在湘的传教士和中国驻美公使馆来间接进行。这样的求助捐赠活动在北京政府时期至少有两次，一次是1922年得到美国救灾协会20万美元的捐助，用于潭宝路工（前已述及）；另一次是1926年向美红十字会募捐的努力。

1926年全国春荒、旱灾严重，中国驻美公使希望得到美国社会的援助，于是邀请美联社前来中国采访，报道各地灾情。但美联社的报道对湖南赈灾过程提出了严厉批评，且认为湖南粮食充足，粮荒是因战事导致无法正常流通所致。美联社1926年1月24日发自湖北的消息说湖南"所有赈款被官吏侵吞，即粮食等物，亦被扣留，长沙电码不明，曾有一车米粮，运往湖南灾地，乃为吞没。总之凡运往灾地之粮食，鲜有能运到者"。1月26日来自河南的报道则指湖南"粮食堆积不少，惟战事频仍，交通阻梗，不能运往灾区为憾，且在内地各河，不准有汽船往返"。[49]

既然媒体对湖南灾情和救灾情况持这种看法，要由美国红十字会代募款项就很困难。为此，驻美公使施肇基建议一是设法让美联社改变对灾情的报道，二是华洋义赈会、中国红十字会及其他机关联电详细陈述灾情及当前救灾的体制和状况。对此情况，熊希龄要求迅速与湖南各教会联系，对照施公使来电的要点，详细回复施肇基或者由湘中美国友人致电美国红十字会说明真实情况。随后，省长、省议会、各公法团、饶伯师、米赫德（美驻湘领事）陆续致电中国驻美公使或美国外交部请转知美国红十字会，希望能捐助湖南100万美元赈济春荒。1926年2月27日，湖南赈务协会致函美国驻湘领事和湖南义赈分会，称赞说"贵国（欧美各国）红十字康济为怀，无分畛域。"[50]1926年3月22日，省议会、总商会、慈善总公所、青年会及各团体联电驻美公使请其转告美国红十字会,郑重声明,"惟前次汉口美国联合通讯社所传湘灾消息,全非事实,务祈代为声明,以坚邻国助赈之念。"[51]这次向美国红十字会请求捐款最后没有成功,但反映出各界对募款救灾的投入。

## 四、以义演等方式在省内筹款

北京政府时期湖南慈善救济机构在省内募捐难度很大,但考虑到并非所有地区和个人同等遭灾,且为了体现湖南人互救的精神以更好地向省外募款,一些慈善组织开展了多种募款活动,比如举办游艺会、电影放映、戏剧表演等,通过出售门票筹款助赈。其中游艺会这种方式比较常见,它是由学校、赈灾组织、同乡会等主办的综合性游乐活动,通过出售入场券以及义卖等方式筹措赈款,有代表性的如 1921 年 6 月省城学界游艺会、11 月新化旅省筹荒会举办的菊花游艺大会和 1922 年华洋筹赈会负责组织的游艺会。

1921 年 6 月 10 日至 12 日,学界筹赈游艺大会在省教育会前坪举行。为筹办此次活动,从各校抽调约 30 名职员负责筹备,筹备会共设事务和艺术两部,事务部设六股(庶务、文牍、交际、贩卖、艺术、广告),艺术部下又分 11 部,具体负责演讲、音乐、戏曲、运动、赛球、技术、电影、古物陈列、博物馆、宝物助赈、书画助赈等事宜。筹备会主任由蒋育寰担任,会计由陶斯泳担任,毛泽东也参加了此次活动的组织工作[52]。活动所有工作都是由学生义务承担,各项表演也基本上由来自各校约 200 名学生完成。印制的入场券包括:特别券 2091 张,甲等券 2616 张,乙等券 12442 张,古物券 600 张,不免费赠送入场券。券价大致如下:头等特别券每张百元,优等特别券 20 元,特别券 1 元,甲种券铜元百枚,乙种铜元 50 枚。3 天的游艺会共筹得4800多元,支出500多元(不包括工钱、赔偿损失和租金等费用)。游艺会结束后,公推张唯一编辑游艺会报告书,以便发行单行本,或者刊登《教育杂志》,征信于社会。1921年11月5日至6日,新化县旅省筹荒会则在储英源楚怡学校举办菊花游艺大会。

**1921年湖南学界游艺大会收入情况(单位:光洋)[53]    表4—7**

| 收入项目 | 收入数额 | 备注 |
| --- | --- | --- |
| 售券收入 | 3600.6元 | |
| 三女校捐赠 | 150.88元 | 三女校是衡粹、崇实、建本 |
| 南洋公司义卖 | 557元 | |
| 名人书画义卖 | 113.58元 | 尚有部分书画未出售完 |
| 捐款助赈收入 | 76.472元 | |
| 卖报收入 | 4.927元 | |
| 实业学校学生作品出售 | 175.4元 | 尚有建本女校部分作品未售 |
| 贩卖余利 | 124.97元 | |
| 实物助赈 | 13.68元 | |
| 总计 | 4811.47元 | 还有部分款项未收齐 |

**新化旅省筹荒会菊花游艺大会项目清单[54]    表4—8**

| 项目名称 | 承担者 |
| --- | --- |
| 菊花 | 楚怡小学教员 |
| 旧戏 | 票友团 |

续表

| 项目名称 | 承担者 |
|---|---|
| 昆剧 | 南雅社 |
| 国乐 | 青年会、朱宣三 |
| 火棍 | 朱宣三 |
| 电影 | 青年会 |
| 电棍 | 夏义可 |
| 乒乓球 | 楚怡教职员 |
| 新式拳术 | 雅礼学生 |
| 茶馆 | 魏老太太 |
| 咖啡馆 | 魏老太太 |
| 字画 | 唐、吴、胡、傅、袁（没有指出具体的名） |
| 新剧 | 青年会、第一师范学生、高等工业学生 |
| 跳舞 | 稻田女生 |
| 唱歌 | 周南女生、福相女生、音乐传习所男女生 |
| 国技 | 唐季三、黄景华等 |
| 双簧 | 杨怀仙与蒋宝珊 |
| 魔术 | 第一中学学生杨笔均 |
| 篮球 | 青年会、楚怡教职员 |
| 科学游戏 | 谢祖尧、谢楚良 |
| 滑稽辩论 | 明德学生 |
| 抽奖 | 稻田、周南两校女生 |
| 贩卖 | 福湘、周南两校女生 |
| 围棋象棋 | 各来宾 |

　　1922 年华洋筹赈会发起游艺会主要是基于当时所得筹款多来自省外,考虑到"他人之视湘省乡邻也,湘人之视湘省同室也。乡邻闵念灾情尚有殷勤求救,同室目视浩劫,岂容漠不关心"[55],因此计划邀请军警政学绅商工各界暨驻湘各国领事、教会、各团体组织赈灾游艺大会,以向外省传递湖南人也在积极捐款互救的信息,当然筹款本身也是具体目标之一。4 月 2 日,华洋筹赈会召开各界会议,决定组织名为湖南赈灾游艺大会的筹赈组织,内部分设总务部、游艺部、募拍部,贩卖部、赠彩部和广告部。

湖南赈灾游艺大会主要职员情况表[56]　　表 4—9

| 职务 | 姓名 | 职务 | 姓名 |
|---|---|---|---|
| 坐办 | 雷飞鹏、欧本麟、龙达权、杨怀僧、田凤丹(注:此为 1922 年 4 月 9 日游艺会干事会议增补) | 赠彩部主任 | 李吟樵 |
| 总务部主任 | 蒋育寰 | 广告部主任 | 王同口 |
| 游艺部主任 | 蒋宾三 | 文牍 | 梁良士、雷恭文 |
| 募捐部主任 | 陈阜源、龚翼(为 4 月 9 日增补) | 会计 | 朱寿禄、祖应麟 |
| 贩卖部主任 | 宁翔、宾步程(为 4 月 9 日增补) | 庶务 | 刘子臣、李懿初 |

　　本次游艺会的入场券分普通券和特别券两种。普通券数量多,价格分 5 角、1 元、2 元、3 元四种;特别券则面额大,数量少,共分百元(50 张),三百元(20 张),五百元(10 张),一千元(5 张),三千元(3 张)五类。并规定对认购百元券及以上票额者,除向北京政府内务部请奖外,还配赠一定数量的小额普通票。游艺会能筹到多少款,关键得看入场券销售情况。因此,销售入场券成为筹

备工作中的重中之重。4 月 21 日,筹备会研究制订入场券销售方案,决定先分界推定负责干事,再由干事邀请热心人士分销各界。其劝销的方法:除特别券请各公司(如华实公司等)、公所(淮商公所等)、洋行、会馆、军政长官认购外,其余普通券,则派各团总分销、商号代销、学校学生劝销、妓女代销等多种形式进行。4 月 22 日,销券干事 40 多人开会议决先确定各界各公团派销券额若干,再由各界各公团召集相关人士照数摊销,只能多不可少,暂定商界派普通券洋 2 万元(特别券除外),学界派 3000 元,淮商公所 3000元,中华工会 200 元,律师公会 200 元,各大公司洋行会馆均应承销特别券。4 月 25 日,省署召开政商要人筹赈茶话会,赵恒惕认购 3000 元特别券 1 张,其他多位政要各捐 100 元。已认购特别券的机构,可继续派销散券。为更多地销售普通券,筹备会还决定派专人到省会长沙 254 团口走访宣传,4 月 30 日,还派杨树臣等到各县销券募捐,到湘潭靖港及其他繁盛之区散发传单,加强推广。

　　为扩大宣传,赈灾游艺会还进行游街。4 月 25 日上午 9 时,游街开始,传教士夏义可肩扛大旗,率领青年会全部职员各扛饿莩牌一块,青年会军乐队走在队伍前面表演,由府正街八角亭坡子街等,遍游省垣各要道一周,并散发《灾民哀号传单》和《贩卖部传单》。这两种传单以非常口语化的语调将游艺会的基本项目加以解说,并呼吁大家届时踊跃前往参观,"一可以赈灾,又可以看热闹,岂不两全吗"?[57]

　　游艺会的内容设置体现多样化,种类包括:京津坤剧;化妆讲演;本省坤剧;滑稽游戏;学生歌舞;魔术;投书串戏;新奇焰火;中外球战;电影;中西音乐;昆曲;武术比赛;汉剧;票友化妆;文事俱乐。[58]为了制造卖点,筹备会还设法邀请当时国内的顶尖艺术大师前来献艺,初步计划邀请的名家包括戏剧家梅兰芳、欧阳予倩和魔术师韩秉谦，预估他们的到来对筹款极为有利，"兰芳若来，必能倾动一时，以数日之力，而筹三数万金，必非难事"。[59]最后成行来湘的只有欧阳予倩。欧阳予倩来湘共支取 3180 元，并送给他湘绣、醴陵瓷器和竹器等物件。在游艺会内容安排上，除艺术表演外还在文事俱乐部组织书画门，邀请各书画名家送字画出售，所得款项或全数捐助或部分捐助，余额则返还给书画作品所有者。筹备会对商家在游艺会会场做广告的类型和收费标准也做了安排，广告分粘贴广告、电影广告、传单广告三种。粘贴广告按位置和所占面积定价，电影广告每晚收洋 5 角，在会场内散发传单广告，会期内收费洋 2 元，传单散发者需另购票入场，不过有在场内贩卖商品者不在此列。

　　游艺会原本预计 5 月 1 日开幕，会期 3 天。后来因会场布置未能按时完成和许多名伶未届期到达，筹备会决定将开幕时间延后一周，5 月 8 日开始。5 天的游艺活动收支相抵后共盈余光洋 4069.64元，光洋 201.5 元，烂洋 311 元，小洋 270 角，铜元 37 串 900 文。

　　1922 年 5 月 23 日，游艺大会正式结束。但在 27 日，就有公民萧荣爵等请愿省议会，声言赈灾游艺会"会计梁良士、庶务唐伯銮狼狈为奸，弊端百出"[61]。请愿者指责他们从游艺会发起开始就在樊西巷吃酒抹牌召妓，无日不有；其贪污钱款的方法主要是伪造账目和收据，以少报多。6 月 17 日，游艺会组设查账员，分别调查特别捐款、普通捐款和零星捐款。最后查账结果未见公布。但是从参观过游艺会的人之观感来看，游艺会还是存在不少问题，如办事人徽章发的过多、大开宴席吃饭、浪费钱财、门卫把守不严，[62]总的印象是组织有点乱，所募款项不能及时到账，游艺会结束时公共募捐约在 7 万元，但实收只在 2 万多元，不得不多次派员到各处催款。

## 游艺会收支账目表[60] 表 4—10

| 收入 | 支出 |
| --- | --- |
| 一、特别捐：光洋 15685.4 元，常洋 1240 元，烂洋 160 元，铜元 52 串 850 文。<br>二、入场券：光洋 9783.54 元，常洋 1772.5 元，烂洋 1181 元。<br>三、特别场门券：光洋 2997 元，常洋 97 元，铜元 215 串 150 文，小洋 190 角。<br>四、特别场售花：光洋 2635 元，常洋 5 元。<br>五、校书场门券：光洋 882.5 元，常洋 5 元，铜元 1 串。<br>六、校书场点戏：光洋 1640 元。<br>七、汉坤场点戏：光洋 57 元。<br>八、书画门：光洋 185 元，常洋 3 元，小洋 37 角，铜元一百口十串〇二百二十文。<br>九、贩卖部：光洋 1310 元，常洋 17 元，小洋 43 角，烂洋 10 元，铜元 198 串 490 文。<br>十、广告费：36 元<br>十一、临时电话：8 串 900 文。<br>十二、庶务课拍卖物品：光洋 81.4 元，铜元 31 串 290 文。<br>十三、商会捐：加光洋 500 元。 | 一、本会庶务课光洋 5635.65 元，铜元 30 串。<br>二、筹赈会计课 14650 元，常洋 2938 元，烂洋 1032 元，铜元 560 串。<br>三、伍小亭接送欧阳予倩及予倩取用光洋 1980 元。<br>四、王伯簪招待欧阳予倩用费光洋 660 元。<br>五、劳子乔采买欧阳予倩用品及花支光洋 400 元。<br>六、付汇水 15 元。<br>七、劳子蔚赴汉接坤角光洋 520 元。<br>八、方虎溪赴汉接欧阳予倩 17.54 元。<br>九、淮商指放口溪现款 1500 元。<br>十、安化谷价 5900 元。<br>十一、第六日请客及寿春、初舞两园赏号光洋 80 元。<br>十二、特别台班底及场面光洋 101 元。<br>十三、汉女伶回汉川资光洋 15 元<br>十四、校书献技五日总计第一名金奖章 24 圆。 |
| 总计<br>共收光洋 35593.84 元，常洋 3139.5 元，烂洋 1353 元，小洋 270 角，铜元 627 串 900 文。 | 总计<br>共支光洋 31524.298 元，常洋 2938 元，烂洋 1032 元，铜元 590 串。 |

1921 年 7 月 7 日晚,湘乡旅省人士在育婴街第一新剧团开筹赈游艺会,1922 年 5 月 16 日晚宝庆在武学宫及刘家花园开游艺会,1924 年 7 月驻省湘潭水灾筹赈事务所在长沙普天春开游艺会,1925 年 11 月浏阳旅省学友会在长沙发起浏阳拯救旱灾游艺会。这些游艺会的内容和方法基本相同。

在开游艺会这种大型的募捐形式之外,还有比如专门的演戏和放电影、军政官员抽薪助赈、捐出筵席礼金、召开茶话会等募捐会议专门发动,另外社会人士的自由捐赠和政府抵借拨款等都对筹措赈款有帮助。

1924 年湖南大水灾,明德学校的教职员暑期俱乐部借用东牌楼遵道会连放电影 4 晚,电影票价分 3 角和 5 角两种,券款扣除开支悉数用于赈灾。青年会也采取电影票搭售捐款券和演剧助赈的方式帮助募捐。1921 年湖南急赈会提出由省城主要剧团演剧助赈。在未开演前,由音乐队发传单 3 天作为宣传,戏券的制作、现场的秩序维持、收支的管理、验券收券、戏券及传单式样等工作主要由急赈会承担,现场保安由警厅为主。湘春园和平新戏社自 1924 年

**省城主要剧团演剧助赈安排表[63]　表 4—11**

| 演出机构<br>名称及人士 | 地点 | 演出时间 | 备注 |
|---|---|---|---|
| 第一台、同乐团(两坤班)、青莲堂歌妓 | 第一台 | 1 天 | |
| 回春、湘春(湘班) | 湘春园 | 2 天 | |
| 新剧团 | 育婴街 | 1 天 | |
| 清香堂各歌妓 | 第一台 | 1 天 | 清唱,仿上海书场办法 |
| 胡林翼宅清客 | 左文襄公祠或第一台 | 1 天 | |

阴历六月十七日至二十三日晚,在长沙坡子街乾元宫演戏助赈,所得款额交由长沙水灾救济团散放。和平新戏社的这次活动共计收入戏捐及乐捐铜元771串550文,除开支铜元346串550文外,实存铜元425串文。[64]1922年春荒,驻宝庆的镇守使吴学剑号召官兵捐出薪金的1/20。1924年岳阳急赈分会成立后,筹款的方法之一是拟由各机关人员抽薪捐十分之一二。湖南陆军蒋锄欧致电急赈会捐薪赈灾,"凡上尉同等官捐一月薪三分之一,上校捐一月薪三分之二,少将捐月薪一月,约可得洋二千元,即由省兑交"。[65]当然抽薪助赈有时也遭到反对,如在1921年湖南急赈会邀集军政界代表开筹赈会议,赵恒惕建议军政界的人捐出一个月或半个月的工资,但与会者主张自行认捐若干。中国济生会会长王一亭的弟弟王雨亭将1919年新年筵席费光洋100元捐给湖南义赈会。督办叶开鑫将1924年生日所收寿礼捐给宝庆筹赈处救灾。株萍铁路局局长谭道南将其儿子生日所收礼金327.9元和酬宴之资100元捐给醴陵。

　　除借助特定形式筹捐外,由各行业或组织召开会议发动也是一种较常采用的方式。1921年5月26日,湖南急赈会邀集在湘主要外籍人士开茶话会,这些被邀人士包括美英日驻湘领事,青年会、遵道会、雅礼会、圣经会、长老会、内地会、醴陵遵道会的牧师代表,驻湘商家、医院、学校的外籍人士及其他领域有代表性的人士共60多人。此后,分别邀请军政界于5月27日、省议会于28日开筹赈大会。6月6日,急赈会邀集女界代表开筹赈会议,到会者四五十人。1924年水灾后,湘省教育会于7月13日召集省垣各校校长与教员联合会、保管委员会等职员开会,商讨筹赈办法;7月14日,省律师协会也召开筹赈会,除捐助200元外,还特别提出愿提供对赈款使用情况的监督服务。1926年2月27日,在湘的外国人在北门外雅礼学校开会,商筹款办法。

　　慈善救济组织也时常致函电或邀集商家聚集,以期获得商家的支持乃至指定分配捐款任务。1924 年,湖南急赈会经多方努力赈款尚有相当缺口的情况下,不得已直接向钱绸、金纸、南货、洋货、药材各殷实商店募赈,如天申福绸庄指捐 5000 元。1926 年,因长沙赈济荒民会赈款严重不足,有与最初预算相差 16 万的缺口,于是在 1 月 31 日由史春霆、周季衡、郑漱石、傅南轩等邀请各钱商、盐商、绸商在曲园设宴请赈。商号南洋兄弟烟草总公司、裕泰长、怡昌隆、福记、同丰金号、湘盛、同和长都给长沙赈济荒民会数量不等的捐助。

　　学界则在 1921 年赈灾时开展挨户捐。1921 年 6 月 7 日,省城男女各学校分别推举 4 名学生代表在湖南学生联合会集会,决定游街募捐,散发传单,沿途有童子军军鼓乐伴奏。学界开展挨户捐的正式名义是"湖南学生联合会募赈救荒团挨户募捐队",他们按照省会警厅所划定的各区分驻所划分募捐区域 22 段,每段归一校或二校以上募集,不同地段由不同学校学生负责。并且还制定了《湖南学生联合会募赈救荒团挨户捐条例》,其中要求各学校学生向湖南省会铺店住宅或个人挨户劝捐以资赈济,募捐期限为一星期。但学生联合会组织挨户捐的做法受到华洋筹赈会的批评,认为这只是"徒滋纷扰"[67]。

　　1919 年湖南义赈会任福黎策划了"征彩助赈"的办法,也就是广泛征集各种珍宝、古玩、古书、名画、古磁、金器具及衣服什物、精良百货,然后汇聚在一起,择期售票供人参观,以所得票资助赈。任福黎首先带头,拿出了他最新文官大礼服一套、燕尾服一套、新募本面白羔裘一件、三等文虎勋章、四等嘉禾勋章各一面。[68]安化贺筑笙则慨捐口五峰山水立轴一幅、刘石庵手卷一件、翠玉扳指一个、鼻烟壶一个,它们都是稀世珍宝。[69]

湖南学生联合会募赈救荒团挨户捐学校分配一览表[66] 表 4—12

| 区界 | 地段 | 学校 | 区界 | 地段 | 学校 |
|---|---|---|---|---|---|
| 东区 | 第一分驻所 | 商业、崇实女校 | 西区 | 第一分驻所 | 复初中校、周南女校 |
| | 第二分驻所 | 公立法政、艺芳、宁乡中校 | | 第三分驻所 | 培德、船山、育才 |
| | 第二分驻所 | 群治法政、建本女校、十三联合中校 | | 第三分驻所 | 达材法政、民本女校 |
| 南区 | 第一分驻所 | 湘乡中校、第一女师 | 北区 | 第一分驻所 | 长沙师范、衡粹女校 |
| | 第二分驻所 | 第一中校、涵德女校、景松学校 | | 第二分驻所 | 楚怡工业、自治女校、岳云中校 |
| | 第三分驻所 | 第一联中校、女子蚕业 | | 第三分驻所 | 兑泽中校、养能女校 |
| 外东区 | 第一分驻所 | 甲种工业学校 | 商埠 | 第一分驻所 | 明德中学校 |
| | 第二分驻所 | 第一职业学校 | | 第二分驻所 | 青年中学校 |
| 外南区 | 第一分驻所 | 妙高峰中学校 | 外北区 | 第一分驻所 | 雅礼学校、湘雅学校、福湘女校 |
| | 第二分驻所 | 第一师范学校 | | 第二分驻所 | 甲种农业、蚕业讲习所特派所水陆洲高等工业、漹湾市茶业讲习所 |

1924 年水灾后，湖南全省工团联合会打算在全会范围内组织赈灾委员会，发起募捐。该会所属的安源路矿工人俱乐部和其他

工会参加了捐款,同属其会员的长沙人力车工会拟仿照1921年华北5省旱灾时上海学生的做法,通过《长沙人力车工会募赈规则》,持竹筒募捐,也就是将竹筒密封挂在人力车一侧供乘车者捐款。只是最后警察厅未予批准,其拒绝的理由是"人力车夫均系劳动营生,自顾不暇,何能从井救人,纵令劝募,所得当亦无几。倘各乘车者,视为畏途,徒步而行,将于车夫生计,尤多妨害"[70],而且工团联合会还未呈准备案实为非法组织,以此名义募捐觉得不妥。

当然,政府的财政拨款和要求盐商助赈所得都对缓解赈款不足的压力有帮助。社会名流和一些善堂和公益团体的捐助,以及政府相关部门给予慈善救济机构电报免费和免费运送赈灾物资都是赈款的一部分。尽管当时湖南赈款的主体来自北京政府的各类拨款,但其他形式的捐赠和募赈都对营造社会关心赈灾活动、制造有利于救灾的社会舆论有帮助。

## 五、发行彩票

彩票在清末由西方传入,最早是张之洞批准发行的"湖北签捐票"。但晚清全国掀起了禁彩运动。到1911年底,全国发行的还只有"湖北签捐票"(其前提是逐年减量销售),其他各省彩票一律禁绝。民初的《中华民国临时约法》明令禁止发行彩票,违者重罚。但实践中突破法律限制重新发行彩票筹款的要算1918年旅京湖南筹赈会申请在上海发行的湘赈慈善救济奖券。此后,各省纷纷效仿,发行各种以"善后""救灾""慈善"为名的奖券,从而出现"举国若狂,小民投机,几成赌国"[71]的局面。针对这种情况,内务部呈请国务院专设机构筹赈,发行义赈奖券正副两种通行全国,筹款救助北五省旱灾,同时原来各地发行的奖券停止发售,以求整顿规范。1920年12月,北京政府大总统徐世昌批准了内务部的请求。但在内政部发行义赈奖券后,各地各类奖券非但没有停售而且还新发许多,正常的工商活动受到干扰,很多一心想发财的贫困者生活陷入绝境,社会秩序受到威胁。这让奖券发行销售的集散地上海工商界人士叫苦连天,于是他们发起了大规模的禁彩运动。最终,北京政府大总统黎元洪在上海工商界人士禁彩运动的压力下于 1922 年 9 月 2 日正式下令禁止彩票销售,但各地依然有各种名义的奖券。到南京国民政府成立后彩票发行才结束无序的局面。所以,就民国时期彩票发展的历史看,湖南实为"作俑者"。

第一,发行湘赈慈善救济券。1918 年 7 月,旅京湖南筹赈会成立后,因在京津等地筹款异常困难,"湘赈筹捐已成弩末,……迄今数月,不及八万,其竭泽可以想见"[72]。为此,熊希龄等人决定仿照上海以前办义赈的做法,发行奖券筹款。初步设计的办法是:定额发行 200 万元,分为 6 期,第一期发行 30 万元,第二至第六期根据销售情况再定数额;销售仍然委托原来办义赈奖券的上海慈善救济会承办。旅京湖南筹赈会将此申请连同《湖南义赈慈善救济奖券章程》提交给内务部,所得到的答复是"业经核准,令由湖南筹赈会拟具章程报部,通行各省保护。"[73] 上海护军使卢永祥承诺给予保护。旅京湖南筹赈会委托王叔口作为在上海接洽湘赈券的代表,并拟委托上海慈善救济会的朱葆三在彩民的奖券上签字。卢永祥在与绅商讨论后只答应作名义上的董事,具体签字事项应由旅京湖南筹赈会负责。不过,后来卢永祥同意在奖券上只盖上海慈善救济会图章不必另行签字。而且上海济生会致电熊希龄,建议每期的票数由原来的 3 万张增至 5 万张,每张售价由 10 元减为 6 元,这样可以使覆盖面增大,获奖几率提高,有利于彩票的销售。据变通后的情况预计,奖号共计 3394 张,奖金 125735 元。[74] 熊希龄等人同意这一变通处理。

　　至于彩票售款的收益,须先扣除各种开支并以五成充做奖金,再将余下的用来分配。上海慈善救济会原来拟定的章程第七条规定提三成作为上海各慈善团体补助金,熊希龄认为比例过高,最后议定提二成用于上海慈善团体的费用,八成用于湖南义赈。旅京湖南筹赈会从湘赈慈善救济券第一期共获益 9 万多元,用于湖南的赈灾。

　　湖南发行彩票筹款带动各省纷纷跟进,此后这股风潮日益扩大。湘赈慈善救济券的销售越来越困难,第三期奖券只卖出约 3万号,扣除奖金和开支,所剩无几。面对彩票发行一窝蜂、名目五花八门、格局杂乱无章的局面,旅京湖南筹赈会率先决定放弃这种实为赌博的筹款方式,于 1919 年 3 月 5 日致电北京政府大总统徐世昌,决心停止发售慈善救济券。电文称以彩票办湘赈,原属万不得已之举,但没想到办到第三期的时候,湖北堤工、内务部利济、湖南惠民券等奖券纷纷成立,国人赌性膨胀,"其祸将与鸦片烟土相等"[75]。旅京湖南筹赈会商议自愿停止慈善救济券第 6 期的发售,以期减免愆尤。继熊希龄之后,饶伯师在 1921 年 6 月也公开建议取消急赈奖券。湖南急赈会打消了发彩票的想法,并要求政府禁止一切彩票在省内销行,以维护经济秩序。

　　第二,发行湖南义赈正副券。旅京湖南筹赈会停止发行彩票后,各地依然前赴后继地发行各种奖券,筹款办公益或者是以此敛财。1920 年 3 月,仅在上海就至少有六种奖券在销售,即湘赈慈善救济券、浙江萧绍塘工券、湖北军事善后券、安徽皖河工赈券、河南救济券、绥辽工赈善后券。而且每一种奖券又发行正副券两种,所以市面上销售的其实至少有十二种。湖南省内也有多种奖券在发行,其中最具代表性的是湖南义奖券和湖南水赈奖券。1918年,汉口筹办两湖义赈会仿照上海慈善救济券发行副券,每张 2

元,湖南义赈会答应承销 2000 张,政府鼓励民众购买,说这"在购券者既存行善之心,复有得奖之望"[76]。湖南省内购买这种副券者如中奖,可直接到长沙织机巷湖南义赈会内兑取。[77]

1919 年,湖南全省善后筹备处拟定的善后办法其中一项是就"救贫工艺厂宜速办"。为筹经费,善后筹备处决定发行湖南义奖券。义奖券共发行 5 万张,每张面额银洋 5 元,其中得奖的为 1 万张。义奖券销售艰难,到 11 月 4 日,所有奖券"除省会各机关及各县公署派销二万余张外,尚余二万余张,无人承受"[78],为此,只得推迟开奖日期至 12 月 20 日。而且省督办还拿出其中 2 万张强行要求商会各行业承销,在致商会的信函中还附上一副对联,即:本督办为民请命故不惮舌敝唇焦;贵会长素具热忱量不忍目瞪手袖。尽管湖南义奖券销售不畅,但善后筹备处还继续发行义奖券副券,额定 6000 张,每张 10 号,每号售洋 2 角。

湖南救贫工厂义奖券总发行处为发动大家踊跃购买义奖券及副券,多次在报纸上登广告,以广人知。广告语伪称所剩"券额无多,各处购销转瞬立尽,诸君欲购从速",并言购义奖券是"最有信用最易发财之绝好机会"。[79]可尽管有政府的强制分摊和广告的发动,义奖券销售状况依然很惨。面对极不理想的销售情况,总发行处单方面临时改变兑奖办法,除一至五等奖照常兑出外,对六到十等奖在原有基础上减半开签。

第三,发行湖南水赈奖券。1920 年 1 月 1 日,为以工代赈疏浚洞庭湖而组织的筹办湖南水赈奖券事务所正式成立。该事务所援照湖北、浙江、安徽等省士绅承准发行奖券的先例,筹办湖南水赈奖券,该券额设 5 万张,每张售价洋 2 元,按月开奖一次,总事务所设在上海。对所得款的预定开支是专门用于水灾救患并从余利中提取部分基本金创设湖南公质局帮助恢复省城的典当业。

在北京政府重申禁止彩票发行、关键是民穷财尽的环境下,彩票筹款的效果是非常有限的。本来购买彩票重在捐款献出爱心,但在赌性的驱动下,彩票反而成了部分人敛财的手段。

## 六、省内特种捐

北京政府时期,湖南省府财政困难,各处请款电函不断,为缓解彼此矛盾,总是喜欢开征特种捐。这些特种捐最常见的用途是用于日常慈善机构的经费,也有的是急赈的需要,有时竟然为军食需要强行向收成较好地区征收所谓互济捐。这种特种捐对政府来说是应付财政困难和从民间敛财的重要途径,对老百姓来说很多是不情愿的,而一些慈善机构要维持运转又不得不向当局申请开征。一句话,特种捐的开征充分说明慈善救济是以社会普通群众的钱帮助特定人群,政府在此过程中则时常搭车收费,从而进一步加重了老百姓负担,所谓"附加税捐无异挖肉补疮"[80]。

1919 年,长沙县政府同意恤无告堂实抽慈善捐的请求。该堂同治初年成立时就开征慈善捐,即在各行货物贸易时,每银 1 两抽收 2 厘,每钱 1 串抽收 2 文,按月收缴作为固定经费。可是历经多年商贸发达了,而抽收额度依然没有变。为此恤无告堂要求按实数抽收,长沙县知事最后同意了,认为这样"于商民所出负担甚微,于慈善公益两途裨益匪浅"[81]。1921 年湖南急赈会为筹款临时征收电报附加赈捐,规定每通电一次,本省的加 1 角、外省的加 2 角,外国的加 3 角,不论哪个机构拍发电报,一律加收,时间自 6 月 1 日起到 9 月 1 日止。1921 年 12 月 26 日,湘西将领蔡巨猷、陈渠珍等致函省署赞同从 1922 年 1 月 1 日至 9 月底在辰州关、沅陵洪江托口厘金局、洪江军事检查所征收附加捐 1/10,用于湘西救灾。所有旅馆则需按月缴纳旅馆捐,1925 年 11 月,警察厅重申各旅馆必须在每月 10 日前前往警厅捐征处如数缴纳,制取捐照。1926
年,省长赵恒惕就长沙民食筹备会主任沈克刚呈请征收房捐 1 月
及附加田赋三成的请求发布命令,同意在省警察厅整理房捐完结
后,再由长沙县署会同省会警察厅按册载各户,每月房屋赁金在 5
元以上者,抽收半月,东佃各半,分作两个月抽收。田赋附加三成
则立即进行。政府还委托淮商公所代收慈善附加盐税,1926 年 5
月,共代收 3844.5 元。

　　总观湖南慈善救济机构的筹款,分为对内和对外两个方面。
对内主要是以各种方式发动民众自愿零星捐款,以政府的名义在
货税及交通税基础上附加赈捐,还有就是向比较殷实的商家分摊
具体的捐款任务;对外则是政府和社会机构、个人向北京政府争取
拨款救灾,以及向各省政商尤其是发动湘籍在外省的人士自捐或
者募捐。另外,政府对救灾物资免厘和铁路、航运对救灾物资减免
运费、银行减免赈款汇水、电报局对慈善救济机构拍发电报免费
等,都是筹赈的特殊形式。从筹款的结果看,真正到位的款额来自
北京政府关税余款和交通附加以及货税附捐等;相反从湖南省内
筹到的款额不多。在筹款的主体中,新型的官办、民办机构成了主
角,如湖南义赈会、湖南急赈会、湖南赈务协会和湖南筹赈会、湖南
义赈分会等。政府对慈善筹款的影响,一是财政拨款,但这非常有
限;二是以盐税、矿价收入向银行、钱号抵押借款,还有就是向殷实
商号直接分派捐款任务。在捐募活动中,外国人特别是在湘的一
些传教士贡献不小,如饶伯师、胡美、韩理生等。在筹款中最大的
困难包括:一是外界对湖南灾情产生质疑,特别是灾荒之年还有谷
米出口,使外界认为湖南的灾荒是人为造成的,因而不愿救助;二
是本省工商凋敝、筹款不力,这也使得外人捐款的积极性大打折
扣;三是北京政府时期整个国家经济不景气,上海等富庶地经各省

多次募捐已经搜罗殆尽,且湖南持续多年在外募捐,很多人已经热情不再;四是省内慈善救济机构各自为政缺乏整合的状况持续得不到解决,也成为在外湘籍人士募款时的一大难题。

各捐赠者对赈款的流向特别关心,这也一直是社会舆论关注的焦点。省内筹赈机构绝大部分做到有意识地及时披露收捐情况,将其在省内外主要报纸上刊登,以广人知,增强筹赈机构的公信力。如驻省湘潭水灾筹赈事务所、宁乡水灾筹赈事务所、长沙赈济荒民会等都会不定期将所收款项向社会公布。而湖南华洋筹赈会和湖南水灾筹赈会(后来的湖南赈务协会)因所筹金额大,细目繁多,不能及时向社会公布,常常招致社会的批评声。华洋筹赈会迟迟未能对赈款收支状况及时披露,这成为筹赈会评议会对干事会批评的主要事由。

## 第二节　灾情调查

慈善救济的最佳效果是能将千辛万苦筹集到的款物发放到真正急需者手中,以工代赈的机会给确实贫穷且有劳动能力者,而这都必须以掌握被救助者情况为前提。"周官为政,重在周知民数,欧美最讲统计之学,以为施政之根本,盖无中外一也"。[82]如果说传统型小规模的日常慈善活动所需的情况摸底还相对比较容易的话,那么大范围水旱兵灾的灾情调查难度就非常大,因为"中国从未特设调查机关施行登记登录之法,欲以短期中调查确实,实办不到"[83],北京政府时期全国"盖向无确实之人口土地调查统计"[84]。由于没有权威且可共享的灾情信息,参与救灾的各慈善救济机构为了向有关部门请款、向社会募款,为了赈灾钱物分配有基本依据,必须派人前往灾区调查。当时在灾情调查方面,基本是混乱的、仓促的,调查所得结论的公信力不高。由中西人员合组的中国华洋义赈救灾总会倾向于相信西人传教士的灾情报告。正因为灾情调查这项基础性工作没有做得令人满意,所以在赈灾物资分配和对外请款筹款时经常引起纷争和怀疑。

## 一、灾情调查的重要性

北京政府时期湖南灾患不断,省内民穷财尽无法筹到成规模赈款,只得无数次向北京政府争款、呼吁外省慈善机构和官绅商名流募款,可见,慈善救济机构所筹到的每一分钱每一粒粮都是非常宝贵的,因此都希望赈灾款物能真正让灾民受惠,取信于社会,使款物不虚糜。

在筹款赈灾的同时,经常发生放米出口事件,因而给外人一种湖南灾情并不严重的错误印象。所以,在筹款中如何让人真正接受湖南遭大灾的事实是第一步的工作,这就全靠及时全面客观的灾况调查,通过照片、图表、文字等形式使人建立起对湖南各级政府和慈善救济机构所报告灾情的基本信任。

另外,北京政府的赈务处、华洋义赈救灾总会以及熊希龄、聂云台等名流都不断要求湖南主要救济机构及时全面地汇总发布灾情,以便赈款分配和筹措。1920 年 9 月,为方便筹款,上海义赈会致函督军谭延闿,希望其饬令被灾各县将灾情随时报告给它,因为"对于募捐必须有实在灾情,方足感动人心"。[85] 1921 年 9 月 28 日,旅京湖南筹赈会致电催华洋筹赈会尽快将各县被灾人口、秋收成数、详细灾情等分栏注载,编送外交团及政府,11 月 14 日又来电希望华洋筹赈会绘制湖南灾区分色地图送缴辛酉被灾各省救济联合会。1924 年 8 月 16 日省长赵恒惕在调查委员会议上特别强调灾情调查的重要性,说湖南灾情重、区域广、须用赈款多,非湘人能普救,因此不能不向各方设法募集,"各方捐助赈款,必以灾情报告之轻重定赈款多寡,即北赈务处关税交通附捐之支配,亦必酌量各省灾情而定。但各方亦多有人在湘调查,我方报告,一涉虚夸,则全受影响。故灾情调查报告,关系赈务前途,极为重要"。[86]1924年12月10日,北京督办赈务公署来电要求将灾况和施赈情况随时告知。中国华洋义赈救灾总会在1924年8月要求湖南分会将各县被灾地名、面积、人口与受灾轻重成数、粮食有无缺乏情形、放赈以何为宜等事项迅速上报。次年8月义赈总会同样致电湖南分会,要求将旱灾的现状和未来可能的情况及时上报。1926年1月,湘雅医院的颜福庆在回复熊希龄的电文中认为,要真正能使美国红十字会愿为湖南赈灾筹款,"须有精密调查方有效力"[87]。另外,灾情调查是散赈的基础,必须有全面客观的调查才能让赈灾物资的作用最大化;相反,调查若"一涉冒滥,则赈款至于虚糜,一有遗漏,则实惠未及灾黎"。[88]

总之,及时获取灾情实况是赈灾的基础性工作,从根本上决定了筹款、放赈的效果。

## 二、灾情调查的基本流程

一般来说,省内外救济机构都会派人调查灾情,但受人员和时间限制,外省的救济机构要么借助湘省内主要救济机构的调查结果,要么象征性地派一两人来湘查勘灾情。真正承担灾情调查重任的是省内的救济机构,像湖南义赈会、湖南华洋筹赈会、湖南水灾急赈会、湖南义赈分会等。为搞好调查,这些救济机构一般会事先制定相应的规章制度,就调查区域的划分、调查人员的选定、调查费用与津贴及其他具体要求做出明确规定,力争做到有章可循。

灾情调查一般是受灾县知事、县议会、县内各公团或者该县旅省公民代表等向省政府、省议会或者省内主要慈善救济机构报灾之后才启动。各县出于地方利益考虑，一旦灾情发生，往往会夸大严重程度，有时出现全省七十五个县尽为灾区的笑话；而且那些报灾函电多是一些感性的文字描述，没有具体详细的灾害损毁数据。为改进这种状况，1924 年 8 月，湖南水灾急赈会以"现在华洋义赈各会及京津沪汉等处函电交询，亟须调查实数，以资答复"[89]为由，专门制定了统一的报灾格式，其内容包括被灾范围、人员死亡、田亩堤垸建筑物牲畜货物损失情况、收成预计以及施赈情况、善后方法、附记共计 14 项。同时，湖南内务司向各县知事发布训令，要求如实填写水灾调查表，其内容涵盖地名、被灾户数、死亡人口数、漂没庐舍、损失货物牲畜、公私仓谷、桥梁及其他公共建筑、堤垸溃决数及其丈尺、淹没田土之面积、被淹面积与全县面积之比较、该县秋收预计尚有若干数、临时救济与善后办法若何等，共计 12 项内容。内务司的训令强调，"倘有以无报有，以轻报重，或匿灾不报等情事，一经覆查得实，定于从严惩处不贷。"[90]尽管如此，各县笼统抽象报灾、夸大灾情的现象依然突出，慈善救济机关为核实灾情、获得更具说服力的各项数据，还是得派调查员前往各报灾县，一则可为督促各县按要求如实查报，二则可对调查结果进行复查。

北京政府时期湖南灾荒的特点之一就是范围广。为了在短时期内将灾情摸清楚，慈善救济机构经常吁请地方官绅参与调查，然后派出多路调查员前往复查。这些调查员的职责不外乎"了解灾情状况，究竟需款若干，应施何种救济方法，施放之际是否惠及灾民，经理者有无情弊"。[91]调查员出发前必须划分责任区，一般是每一位调查委员负责两三个县，也有的大县专门安排 1 人调查。同样，在具体某个县灾情调查也是分区进行的，每个县分割为数区或十数区。1924 年的水灾,湘潭县急赈分会对本县的灾情调查分两次进行,初次调查责成各灾区都团担任,复查由急赈分会派员前往。湖南义赈会的灾情初步调查主要由各县官绅完成,"其调查户口、拟定赈数均由各地团绅负责,如有不公不正,即惟该团绅是问"[95],而 1921 湖南华洋筹赈会成立后,立即向各县教会发出英文电报七通,委托各地教会调查,筹赈会派员前往各区协助,这样一来,灾情调查就变为由地方官绅和该县教会人士共同完成,以昭信实,增强调查报告的可信度。

湖南华洋筹赈会灾区调查安排一览表[92]　　表 4—13

| 调查区域 | 所属各县 | 调查员姓名 | 被协助外国教士 | 调查完竣时限 |
|---|---|---|---|---|
| 第一区 | 长沙、湘潭、浏阳、醴陵、攸县、茶陵、宁乡、益阳 | 莫寿森 | 各该县教会外国教士 | 两个月 |
| 第二区 | 湘乡、宝庆、新化、安化、新宁、城步、武冈 | 蒋炳炎 | 湘乡西牧师、宝庆包牧师、武冈文牧师 | |
| 第三区 | 湘阴、岳阳、平江、临湘 | 喻赢林 | 岳阳惠牧师及平江循道会外国教士 | |
| 第四区 | 永顺、保靖、古丈、大庸、龙山、永绥、桑植 | 彭瀛 | 永顺信义会吴牧师 | 三个月 |
| 第五区 | 桃源、沅陵、泸溪、辰溪、溆浦、乾城、凤凰 | 杨继勋 | 沅陵复初会何牧师 | 半个月 |
| 第六区 | 芷江、黔阳、麻阳、晃县、会同、靖县、通道 | 张荫湘 | 洪江何牧师、芷江保牧师 | 三个月 |

| 调查区域 | 所属各县 | 调查员姓名 | 被协助外国教士 | 调查完竣时限 |
|---|---|---|---|---|
| 第七区 | 澧县、临澧、慈利、石门、安乡、南县、汉寿 | 章焕 | 津市信义会柯牧师 | 一个半月 |
| 第八区 | 衡山、衡阳、耒阳、永兴、安仁、酃县 | 同寿龄 | 衡阳长老会葛牧师 | 两个月 |
| 第九区 | 常宁、桂阳、新田、嘉禾、临武、蓝山、宁远 | 李惟荪 | 衡阳魏牧师 | 两月半 |
| 第十区 | 祁阳、零陵、东安、道县、江华、永明 | 洪勋 | 零陵任牧师 | 两个月 |
| 第十一区 | 郴县、宜章、资兴、汝城、桂东 | 舒永咏 | 郴县长老会梅牧师 | 两个月 |

**湖南水灾急赈会委员调查灾情一览表[93]　表4—14**

| 委员姓名 | 调查区域 | 委员姓名 | 调查区域 |
|---|---|---|---|
| 刘树森 | 长沙 | 李口梯 | 桂阳、汝城、资兴 |
| 彭荫 | 湘潭、湘乡 | 欧阳国华 | 永明、道县 |
| 吴亮齐 | 宁乡、益阳 | 王模 | 新田、宁远 |
| 刘沛光 | 醴陵、攸县 | 陈鹏谟 | 澧县、临澧、安乡 |
| 黄简民 | 湘阴、沅江 | 晏忠简 | 常德、汉寿、桃源 |
| 邹涛 | 华容、南县 | 王克荣 | 溆浦、辰溪 |
| 刘建勋 | 新化、安化 | 杨克恭 | 会同、靖县 |
| 郑堵良 | 宝庆 | 吴达三 | 绥宁、通道 |

| 委员姓名 | 调查区域 | 委员姓名 | 调查区域 |
|---|---|---|---|
| 杨开育 | 武冈、新宁、城步 | 张荫湘 | 保靖、永绥、永顺 |
| 陈宗兰 | 茶陵、安仁 | 黄觐光 | 龙山、桑植 |
| 张汉藩 | 衡山、衡阳 | 罗直中 | 沅陵、泸溪 |
| 刘校青 | 耒阳、永兴 | 蔡愚安 | 麻阳 |
| 雷风恒 | 宜章、郴县、桂阳 | 刘严 | 岳阳、临湘 |
| 陈国钧 | 常宁、祁阳 | 王子健 | 浏阳、平江 |
| 严宾昌 | 零陵、东安 | 余宗莘 | 慈利、石门、芷江、黔阳 |

**中国华洋义赈救灾总会湖南分会调查灾情任务分配表[94]　表 4—15**

| 调查员姓名 | 调查区域 | 备注 |
|---|---|---|
| 杨裕安 | 长沙、湘潭、湘阴 | |
| 陈瑞荄 | 宁乡、安化 | 由长沙到宁乡 100 里,由宁乡到安化 200 里,由安到益 200 里,由益坐轮回长 |
| 周石梧 | 沅江、益阳 | |
| 萧口之 | 宝庆、新化、武冈、新宁 | 由长到潭坐轮,由潭到宝 380 里,由宝到新 180 里,由新到潭 410 里,由潭坐轮回省　由长到潭坐轮,由潭到宝 760 里,由宝到宁 120 里,由新回潭 880 里。 |
| 李梅菲 | 湘乡、衡山 | 由潭到乡 90 里,由乡到衡 240 里。 |
| 刘佐甫 | 衡阳、耒阳 | 由衡到耒 150 里 |
| 沈桢士 | 常宁、祁阳 | 由松柏至长 60 里,由常至祁 100 里,由祁到衡 180 里 |
| 刘子欣 | 醴陵、攸县 | 由醴到攸 170 里 |
| 周寿林 | 汉寿 | |

调查员在各县查灾时的基本方法是相近的。1926年阴历正月十三至十九日，省政府派苏鹏前往岳阳视察赈务情况，返回长沙后他写了《岳阳视赈记》，介绍赈务协会调查灾情的基本方法："先由当地团绅段长门长等造具灾户清册，注明老幼几丁，壮者几丁（壮者不给赈）并分户注明次贫极贫，调查员即根据清册门户查验，视其居室服物食品，检查其藏贮后，分别准驳某户赈几丁，汇单分团分段榜贴通衢，如有失平之处，准当地人民指摘。其受赈之户，发给赈券，亲赴岳城给赈处领取高粱。"[96]由此看来，查灾的关键环节是灾况摸底、查实灾情、填写赈票、持券领赈。

1918年底，湖南义赈会为办冬赈，制定了《冬赈办事规则》，对调查工作做出具体部署。湖南义赈会查放委员抵县后立即请知事召集城乡正派绅士开会，以确定施赈的区域。因寒冬腊月临近，冬赈必须迅速展开，因此特别强调调查速度，无论是湖南义赈会调查委员还是灾县各区委派调查任务的正绅和诸团绅上报调查结果都有具体的时限要求，若超过时限则须缴纳数额不等的罚金。查放委员和助手则根据复查的情况要么发给"某区某团办讫无误函"，交由各区团总带领灾户代取赈票以向县城兑赈处照兑，要么在相关凭证上注明。1919年的《湖南义赈会议决九年兵水两灾赈济简章》也同样规定由义赈会派员亲临灾县会商官绅公同负责办理查灾等事项。《查放细则》要求在义赈会委员未到之前，应先在县城召集城乡士绅讨论灾情轻重。调查人员必须入户察看，其关注点包括"查栏栅有无牲畜，瓶瓮有无储蓄，甑釜所余何食，床榻所拥何衣，并其家人面色枯润及病废老壮"。[97]如果灾民中有下列情况者则适当增加赈款赈物，这包括：死伤不能掩埋及无力医治者；房屋被焚无处栖止者；因灾毙命之家无谋生计者；耕牛被劫实在无力租借者。调查一户完竣，填发赈票（赈票须注明灾户地点姓名、大小口数、施赈等第和查填日期等项目），再须询问邻里，听听周围群众的反应，然后把汇总的存根交给义赈会派出的调查员查核，如调查绅员和义赈会委派的调查员都发现有疑问，则可采择舆论酌量变更。

1921 年华洋筹赈会制定的《湖南华洋筹赈会派往各灾区调查员暂行规则》根据所调查区域的面积和路途距离，规定了查竣的期限；根据受灾户口数、常年谷米产额、常年杂粮产额及种类、本年谷米产额、富户次贫极贫数和积谷状况等来确定灾县的放赈等第。《暂行规则》还规定每区的调查员华洋各派 1 人，公丁 1 人，要求调查员务必亲自前往调查，"无论天寒路险，均须实地履勘"[98]，并在最短时间内将调查所得邮寄回筹赈会，不能一县完全查竣再报告。在 1924 年调查水灾时，湖南义赈分会先就最重要灾区派员调查，随后再行推广，交通不便的湘西地区则就近委托当地官绅或传教士进行调查。同时要求调查员每到一县，立即由该县的地方官或者赈务团体组织调查团，指定最重要灾区，酌派负责团员引导所派调查员，亲往调查。每个县调查完竣后，所有该县所临时设立的调查团立即撤销。

要做到短期内基本查清灾情，仅靠派往灾县的调查员是绝对不够的，必须紧紧依靠地方社会的配合，为了让调查结果令人信服又必须在显眼处张榜公示。另外，相关的规定还对调查人员的津贴和费用加以规定，总的原则调查人员的费用津贴由救济机构和地方社会分别承担，不允许外派调查员给地方增添麻烦。1918 年湖南义赈会的《冬赈办事规则》规定调查委员的津贴比照当年办急赈时调查长的津贴标准，每月 10 块，灾县区域过大必须聘请助理员的，在得到义赈会同意后，每名助理员月津贴 8 元，书记员津贴 4 元。计算日期从出发之日到结束日止，按日计算，最长不得超过两个月。工役每人每月工资大洋 1.5 元。同时调查人员车马费开销以节俭为原则,不得随意坐轿或买高档次的车船票。在伙食标准方面,委员的伙食每天开支大洋 3 角,工役开支 2 角。调查委员等对地方社会"稍有骚扰,即行政公署及地方公团饮食宴会亦不得与,各公署公团亦不必强委员等饮食,以为雅意"。[99]1920 年赈济兵水灾时,湖南义赈会规定"各县调查放款之绅员开支,由各县就地另筹。本会委员开支,由本会发给,不受地方供应,彼此交付各别,以清权限,而免混淆"。[100]1921 年华洋筹赈会给每位调查员每人每天伙食川资费以两元为限,且须实报实销,津贴每月 20 元,跟丁每月 6 元,膳食费包括在内。1924 年,湖南义赈分会也特别强调调查员的津贴旅费由该会开支,不得由地方及灾民供应。各县所组织调查团的伙食费和办公等费用则由地方筹办,也不得由灾民供应。

### 三、灾情调查的基本项目

为了让调查结果具有可比性,以为未来灾区等级评定、赈款发放提供依据,救济机构一般会要求调查人员在查灾时突出重点、兼顾其他,有时还规范统一的表册格式。1918 年在调查兵灾时,湖南义赈会要求查灾报告书应包含如下内容:各处被灾的年月及灾情轻重,人民颠沛流离的情形,被灾各区还须注明是两军交战地还是军队驻扎及通过之地或者是溃军土匪窜扰地;灾后疫病及民食商业农田状况;其他的如民生政治实业及慈善等事也需择要登录。而且要求查灾报告书以县城为中心,注明方位和距离。湖南义赈会在 1919 年征集各县灾情广告中也要求将兵匪水旱虫灾发生的时间地点、房屋田地损毁、人员牲畜伤亡等具体数据以及各个地方的金融和民食状况加以汇总。[101]湖南义赈会在赈济 1920 年的兵水灾时,还专门制定了兵、水灾调查表,具体格式如下[102]。

调查　　县兵灾一览表

| 城镇乡村 | 杀伤人口 | 户数 | 口数 | 焚烧房屋 | 劫掠财物 | 经过军队 | 被灾日限 | 备考 |
|---|---|---|---|---|---|---|---|---|
|  |  |  |  |  |  |  |  |  |

注意：户数如某处有若干家查明开载口数，应将男女若干名分别注明。

杀伤因何起衅，或由救护亲友，保守资产，或由拒奸，或由误伤，如经调查明确，应详叙于备考栏。

凡牲畜用品及银钱重件，均酌估分注财物栏，溃兵由何县入境，隶于某军，应填注于备考栏。

调查　　县水灾一览表

| 城镇乡村 | 淹毙人民 | 户数 | 口数 | 漂折房屋 | 溃决堤垸或田亩 | 损失财物 | 地域面积 | 被灾日期 | 备考 |
|---|---|---|---|---|---|---|---|---|---|
|  |  |  |  |  |  |  |  |  |  |

注意：大水起于何处、流入何处，或因出蛟或因久雨，或因西水，均应叙于备考栏。其余各项与调查兵灾大同小异，可以类推。

1921 年华洋筹赈会在续办旱赈中要求调查以旱灾为主，水虫等灾次之，"其他兵匪各灾原非本会宗旨，但得附带调查，借以测知其影响于饥民之程度"，同时"除调查灾情外，各该县有无种植鸦片烟苗，得附带调查以免荒废粮种"[103]。1924 年湖南水灾急赈会要求各调查员在调查报告中详细记录各县被灾户数与死亡人口数及货物庐舍牲畜公私仓谷桥梁堤垸建筑物等损失的数额，再就是被淹面积与全县面积之比较情况。另外各县现存仓谷多少、秋后收成预测、是否须购谷备荒等情况则要求填入备考栏内。在 8 月 16 日召开的调查员会议上，急赈会坐办张润农特别强调除调查表内的数据外，还需要绘具各县面积与被灾面积比较图，上缴查灾日记。同年，湖南义赈分会的调查表包含的细项共计 14 项：（一）

灾区城镇乡分区查填,以受灾最重者为限。(二)水灾冲倒房屋若干所,公屋、民房分别查填。(三)冲倒民房确系业户无力修复者若干所,业户尚能勉强修复者不填。(四)冲洗田亩颗粒无收者若干亩,水退而尚有几成收者不填。(五)田亩冲洗堆积砂石不能耕种者若干亩,冲洗而尚可耕种者不填。(六)田亩堆积沙石确系业户无力修复者若干亩,业户尚能勉强修复者不填。(七)冲倒堤垸若干处。(八)各垸历年被水修筑历史若何。(九)被水灾民确系非赈不生者若干口。(十)附近灾区地方收成若干。(十一)水灾外有无虫耗等灾及其程度若干。(十二)灾区内已否受他赈团或本地工团散赈及散赈情形若何。(十三)灾区内有无确实负责办理公益团体。(十四)灾区内善后事业以何种为紧要。[104]

## 四、存在的主要弊病

尽管各救济机构都非常重视灾情调查,但限于时间、人员、经费等多方面的制约,调查中不尽如人意的地方很多,大致有这么几方面:

首先,调查大多不能在规定时间完成。"救人如救火,迟则无及"。[105]灾情发生后,救济机构都希望快速将灾情实况调查清楚,以便请款和定级分发赈灾物资。但由于报灾范围广、查灾人手少、农村缺乏土地人口的基本数据、基层组织也不健全,再加上不时受到匪患和暴雨的阻挠,何况查竣时限确定的盲目性和有的调查员没有尽心尽责,都使得调查往往逾期无法完成。1918年10月,湖南义赈会就批评义赈会岳州分所,质问"岳阳平江开办最早,何以至今尚未调查明晰?"并怀疑袁明翼"岂以地方义务,遂不乐为耶?"[106]1921年湖南华洋筹赈会因湘西灾情调查进展缓慢,于是在原来派出张荫湘和杨继勋的基础上决定由辰州牧师何龙蔚加派人手,费用由筹赈会负担。1922 年 2 月 17 日,华洋筹赈会干事会议针对前派各调查员多有逾期没有查竣的事情,只得再次电催其从速调查,限期查竣,回省销差。正因为迟迟未能将灾情调查清楚,等到整个查赈筹款放赈等环节走完,"已非急时也"[107]。

其次,调查难以做到彻底。因赈款有限,只能救急不救贫,于是许多荒民抱怨调查过严,时有遗漏;而且有很多荒民外逃未归,错失领取赈票者。在匪患炽烈的地方调查员也无法前往,义赈会曾派调查员前往醴陵调查,但"因乡下危险,处处兵匪阻斥"[108],调查员只好调查完城区就返回了。有时还遭杀身之祸,如湖南义赈会平江调查蒋口奇就死于匪徒手中。而这些地方可能恰恰是最需要救济的区域,也最容易成为调查的盲区。根本的原因是灾区幅员辽阔,时间紧,仅派几名调查员要求其短期内查清灾情,"一人于一二个月内须查四五县",[109]这本身是不太现实的,他们只能是走马观花式的,很难得到灾情的真相。

再次,重复调查的情况严重。北京政府时期湖南救济的重要特点之一就是多个救济机构并存,各自为政,尽管有省外湘籍名人的大声呼吁,都无法解决这一多头杂陈的局面。因此,每有灾荒发生,各救济机构多派出自己的调查员调查灾情,也有提供主要赈款的北京督办赈务处(后来的北京督办赈务公署)派出查灾代表。如 1918 年兵灾,湖南义赈会和上海中国济生会等各自派人调查;1924 年水灾,湖南水灾急赈会委派 30 人分赴 62 个县查灾,湖南义赈分会派出 9 名调查员。1924 年 8 月,北京赈务处派陈澍恩(湖北来凤人)、张祖襄(江苏铜山人)等 3 人来湘查灾。这种杂乱局面造成的直接结果是资源浪费,而且因调查结果各不相同,反而让外界不知相信哪一机构的,而由中外人士组成的决定海关附加税收分配的财务委员会中的外方委员就特别相信各省华洋义赈会提交的报告。调查力量的分散使得任何一个机构都很难在短期内深入了解到灾情。

最后,很难找到合适的调查人员。谢国藻作为多年从事赈务工作者,深感专业敬业人员的缺乏,他认为民国时期湖南"办赈人员多系临时凑合,竟有作为差事营求者,其于赈务有无经验知能,概非所问,但凭良心,不求改善"。[110]所以,各种赈务能否成功,关键还是在人才,"惟办赈得人不易,欲求实惠及民,须求地方廉正士绅,协同办理较为安妥"。[111]姑且不论调查人员社会调查方法的训练,就以慈善救济事业所必需的热心敬业而言也是参差不齐。为此,救济机关在办事规章中多次重申调查员必须躬亲灾区调查,不得给灾县增添麻烦。湖南急赈会要求派遣前往办平粜及散放人员必须是殷实中干之人,"出发之日均须恭设香案,露天宣示,务期实收实放,毋得丝毫侵蚀,并不得假手于人,以致踏实惠虚沾之弊"。[112]在调查委员出发前,湖南义赈会郑重要求其不得骚扰地方,政府和公团也不得宴请委员,因为担心调查的各种费用变相由灾民承担,或者从赈款下开支。华洋筹赈会要求"调查员及所带公丁不得向地方需索用费"。[113]1924 年,湘潭急赈分会为搞好灾情调查,专门拟定了八条办法,其中第三、第四条专门强调了调查员的纪律:"各区初次调查员与本会覆查员务宜躬亲其事,认真办理,不得委人庖代,敷衍了事。""调查各区灾民,须本良心之主张,不得挟嫌隐匿不报及徇情浮冒混入,或颠倒轻重,延误时期"。[114]1924 年 8 月,省长赵恒惕在调查员会议上发表谈话,要求调查员"到各县后,既属被灾之区,决不能稍索供应"[115],并且不准随从需索酒资。

但尽管如此,还是不时传出调查员过于计较旅费伙食津贴、接受地方宴请乃至受贿的情况,以致在 1922 年 3 月 24 日华洋筹赈会召开的干事会议上，朱德全得出"本会调查员在外，弊端甚多"的印象。[116] 苏鹏则得出如是印象："大抵委员下乡，随地问地方苛索夫马火食，已成惯例，可堪遗憾。"[117] 1925 年 11 月 2 日，在筹赈大会议上，湖南水灾筹赈会副会长彭允彝报告办赈情形，总的感觉之一难以找到合适的办赈平粜人员，"几是无人不争旅费"。[118] 当然也有调查员兢兢业业获得各方好评的情况，如省政府派去岳临湘三县复查长沙赈济荒民会调查施赈情形的三名代表之一刘家正在 1926 年 3 月 7 日致函长沙赈济荒民会，盛赞该会派往各地的办赈人员，说他们"公允覆实，殊属难得，造福灾民，实非浅鲜"[119]。

正因为灾情调查中出现许多的问题，谢国藻建议不要轻言派员调查，不可轻信调查报告，而宜采"自由心证"主义。但这在当时资源匮乏、社会互信缺失的情况下，要各灾县做到如实报告灾情，其实也是不可能的。灾情调查是必需的，关键是改进方法，以获得真实情况为日后的放赈等工作奠定必要的基础。

## 第三节　赈灾款物发放

放赈是查灾之后的环节，放赈能否合理及时很大程度上取决于查灾结果。放赈同样是需要大量人手和时间才能完成的。而且，对灾民和救济机构来说，顺利完成放赈工作才具有根本的意义，其他环节都是为其做准备的。可是在诸多环节中，放赈又是聚诉多、困难大的部分，因为款项分配直接关系到物质利益。慈善救济机构对此都非常重视，除非情不得已，一般会亲自派人放赈或者监督放赈。但是，不管救济机构如何强调要用良心来办赈、做到自律，还是出现一些挪用、截留等不如意的情况，各灾县围绕赈款分配是否公平不时发生口水战。在 1921 年华洋筹赈会成立后，湖南灾赈的重大变化就是西人传教士与地方士绅联合办赈，可是彼此之间缺乏应有默契，出现了不少新问题，比如地方社会容易形成教会人士分配赈款赈物时过于专制独断的印象。

## 一、放赈的基本程序

放赈的程序大致分为灾县定级、款物发放和情况反馈三个部分。灾县定级主要是由各慈善救济机构根据灾县报灾请赈报告、专派调查员查灾报告和教会调查报告等综合确定的，这一步决定了各灾县能获得的赈款赈粮总额。在偏灾年份，一般的慈善救济机构根据自己判断就决定了款物的分配，由于这些款物来自民间捐献，受赈灾县也没理由提出异议。1918 年冬赈时，湖南义赈会就根据各地区在兵灾中的受损情况，将灾区分为四等，即两军战线地为一等，军队通过区为二等，土匪滋扰地为三等，水旱虫灾地为四等。但是在大灾之年，因赈款主要来自政府的拨款或者是各种附加，这时围绕赈灾款物的纷争就比较突出。一般来说，大部分救济机构在灾县定级后随即发放款物不会引发什么争议，但从 1921年 10 月 7 日湖南华洋筹赈会改组并设立评议会续办旱赈开始，因湖南华洋筹赈会、湖南水灾急赈会和湖南赈务协会所支配的赈款主要来自政府，围绕赈款赈物分配引起的争论多起来了，有时还因为争论过于激烈无法及时将款物分发下去而错失荒期，使得赈灾物资失去了本来的作用，成为各方角力的载体，最终受害的当然是广大灾民。

1918 年湖南义赈会在办急赈时，共赈济了 12 个县，每县获得数额不等的赈款，少则数千元，多则一二万。这种根据灾情轻重实行不均衡分配是比较专业和合理的，没有招致大的异议，这其中的因素可能包括兵灾发生的区域比较明确，主要是株洲醴陵岳阳等地;任福黎等人前一年刚从事完京畿水灾赈济,经验比较丰富;三是湖南义赈会的放赈款主要来自旅京湖南筹赈会的社会筹集,如何分配主要听取旅京湘籍人士意见。1920 年赈济兵、水两灾时,湖南义赈会"除岳阳、安化作特别灾区外,分为甲乙丙丁戊己六等,甲等规定六千元,以下每递减一千元,己等一千元为止。"[120] 1921 年 6 月湖南华洋筹赈会成立办理春赈,对钱粮分配方案采取联席会议讨论的方式。7 月 10 日华洋筹赈会开会讨论从芜湖、汉口以及常德购置的大米蚕豆的分配情况,经讨论给受灾严重的五县永顺、保靖、龙山、桑植、永绥各 300 石,给会同等 19 个县各 200 石;在讨论支配熊希龄等从上海筹集的 10 万元赈款时,围绕如何确定灾县等级展开激烈讨论,有主张设立专门审查会决定的,有主张根据各县报灾情况定级尽速发放的,有提议根据交通便否、当地米价、收成迟早、特别情事四个抽象方面来确定的。最后与会者确定头等灾县 12 县,二等灾区 13 县,三等灾区 14 县。三等灾区内又分甲乙两个次等级,甲等 11 县,乙等 3 县。[121] 以上分配赈款合计洋 96600 元,余下的 3400 元用于增发各灾区之用。从这些款物分配中不难发现,华洋干事等共同参与决定款物分配,并且在不同等级的灾县间拉开差距,同一等级的灾县实行平均分配。

　　华洋筹赈会评议会 1921 年 12 月 24 日成立,因其成员主要是各县代表,他们在讨论灾县定级时争论激烈。1922 年 5 月 17 日,评议会开第十一次临时会议,其中的一项议题就是"支配各县赈粮标准案",最后达成一个共识,就是支配赈粮得先由评议会确定一个支配标准,具体负责赈放标准审查的由三路推举的 15 位审查员负责。接下来,华洋筹赈会的评、干两部间围绕灾县等级的调整搞得关系非常紧张,评议会要求按既定的五个等级散放北京赈务处拨付的 10 万元,而干事会根据赈务处新的放款精神即"此项垫款务须守定非赈不生之标准，倘稍有含糊，即将赈款停汇"，计划将灾县等级改为甲乙两等。这里争执的关键就是灾县等级的确定最终是由干事会还是评议会说了算。这种争论使双方互不妥协，到 9 月 11 日，评议会甚至下最后通牒，要求干事会在一个星期内必须按原定的等级执行，"否则即行通电全国，宣布干事会之种种专横"[122]。

灾县等级确定后，根据既有款物数额做相应的分配，因款物是陆续筹集到的，所以会对灾县在初次支配后再行追加，一时尚未支配的灾区则在权衡缓急之后随时另筹接济。

款物拨付需要救济机构的干事和会计共同签字再从赈款所存储银行取出交付给领款人。1922 年 10 月华洋筹赈会续办旱赈时规定："本会一切赈款均交会计干事之手，会计发出款项时须照执行干事会议案由指定发款，中外干事开单签名通知会计为凭。成灾县份由本会委托会计一人经管该县赈款，遵照本会执行干事会议决案及公文函电通知动用款项。"[123]领款人一般包括知事、旅省代表人物、各该县教会人士，在设立分会组织的地方由分会负责承领散放，为督促各地尽快建立分会甚至严格规定没有设分会的县不得具领。1921 年底华洋筹赈会支配旅京湖南急赈会汇拨的14000 元赈款给一等灾区 21 个县，就议决该款应由华洋筹赈会分会具领散放，分会尚未成立者，即希望该县官绅、教会立即照章成立分会，以便对口顺畅开展工作。可是这样严格的规定不利于及时将款物发放下去，因此只得在特殊情况下就领款方法做一定变通，1921 年 6 月 25 日，赵恒惕就建议已分配赈款的县份，只要声明同意与教会合办，就可以先由在长的省议员或宪法审查员领回；为杜弊端，同时将领款情况通电各县，并电各该县教会切实稽核。1925 年改组成立的湖南赈务协会限制规定各县分会必须由外国人出任会计,否则将移赈他县。但灾县无外国人的尚多,于是在 1926 年 4 月下旬,省议会咨请新任省长唐生智要求凡无教堂及外国人驻扎地方仍应一律散赈,并得到省长的同意。

总的来看,自 1921 年开始华洋合办赈务以来,领取赈款赈物有两个明显特征,一是财务基本上由各县教会牧师控制,二是无论是华洋筹赈会还是赈务协会都明确规定由各县分会具领。

在领取赈款后,各受赈县的官绅与教会人士联合决定具体散放。每个县款物发放也同样根据灾情将各区分为不同等级。各县办赈人员根据公示过的查灾结果给灾民数额不等的款物。原则上支配灾户款物时要体现救急不救贫的准则,不能均分赈灾款物,各区之间士绅在确定具体数额时不得有界域之分,急赈那些非赈不能生者。款物发放前一般会提前几天通知领取的地点和时间,灾民届时可以持赈票前往领取,款物发放结束后办赈人员则及时汇册上报散赈情况。有时救济机构还会派稽查人员前往检查。

1920 年湖南义赈会办兵水灾赈济时,对发放赈款等做出具体规定,如要求赈款定期散放,必须在发放前 5 天将各领赈人的姓名及所领数额张榜公布,原则上由本人持票亲自前往领取,散放时如发现赈票上的数额与赈票存根上的数字不符以存根上的数额为准。1922 年 7 月发放赈务处拨给的 10 万元赈款时,就要求各县将受赈人数、男女老幼、残废详细区别,绘成表册,张贴通衢,以为广知。有时为了更好征信于社会还将放赈结果登报宣布。1924 年湖南水灾急赈会还专门规定了各乡镇具体散放赈款办法:灾县根据各区灾民数支配,赈款由各区都团总具领并填写收条,都团领款后按照灾民册发放,并制取受赈人收据交急赈分会备查,发放结束后由都团开列发放总数和细目张贴在通衢以供纵览,然后将散放情形和数目写成报告分送县公署和该县急赈分会。[124] 1924 年大水灾后,湘阴水灾急赈分会支配赈款约 7000 元,它将灾区分为三等,围垸完全溃决的,列为头等灾区;围垸未尽溃决而被积水伤害过多的列为二等灾区;至无围垸而受灾较重的列为三等。新化急赈分会支配所获得的赈款 7300 元,按照被灾 9560 余户计算,每户平均可得洋 7 角,然后根据各镇乡灾户之多寡支配赈款。再由分会依据该区调查灾册,以灾情轻重分别免赈及特别赈、普通赈三种,估计赈款、灾民数,酌量支配,限期将灾民实得受赈数目榜示该区,定期派一放款委员携款前往,按名发放,不假手于团村甲长,[125]以防中饱私囊。

在各县赈款发放结束后,需及时上报具体散放情形,以便救济机构向捐助者披露赈款具体发放情况,取信于社会;同样上报办赈情况也是赈灾过程的最后一道工序。因此,几乎所有的救济机构都高度重视这一环节。可是,各县办赈人员恰好在这部分总以各种借口迟迟不予上报。1921 年 10 月,华洋筹赈会改组时,就把办春赈的收支表在会场散发;同年 12 月,在散放完旅京湖南急赈会拨汇的一万四千元后,立马将具体情况以函件方式进行汇报。1922 年 3 月,在华洋筹赈会准备结束春赈时就通函要求各属将相关情况如各本属所领赈款何时收到、何时散放以及支配地点、经手员名、现时有无亏挪及移作办理秋赈情形造具详细表册报告。[126]1924 年湖南水灾急赈会将每次放赈情况刊登在本省的主要报纸和该会发行的《水灾周刊》上。针对 1924 年发给水灾赈款的衡阳、衡山等 17 县迟迟没有上报散赈情形,湖南义赈分会不得不于 10 月 17 日致函各该县知事和急赈分会,要求将赈款"散放各灾区地点,及每区受赈灾民户数,及每日散给赈洋若干或折发铜元及谷米若干,并每区内经手散放人姓名职业,造具详细表册并取具各区经手人承领散放证据,准于本月内赍送到会以凭转报,而昭信用。"[127]

## 二、放赈中的主要特点

在放赈过程中呈现出的特点包括灾情严重程度与所得赈款不完全成比例；各灾县对赈款的争取激烈；在 1921 年华洋合组筹赈会后，西人在放赈中起主导作用；关于赈款是纯粹平均散放还是用于办因利局、疏浚河道等积极慈善时起争论，最终依然以均放为主体。

首先，各县所得赈款多少与该县灾情宣传和款项争取的努力程度及方法有密切关系，应赈和实赈之间时有落差。因没有省内外、官民间统一的放赈机关，灾荒出现后，救济机构间缺乏机制上的协调，赈款发放的重复或遗漏是常有的事。尽管像 1918 年兵灾期间湖南义赈会和中国济生会等组织间的合作放赈、1924 年湖南水灾急赈会和长沙水灾救济团间工作的配合，但毕竟是临时性的。这样一来，灾县所得赈款就并不是完全依照灾情而定，有时更看该县籍人士的活动能力，以致在 1922 年旱赈中，湘南各县感慨所得赈款总和甚至比湘西某一县的赈款还要少，1924 年水灾时，宁乡县因积极向乡籍人士筹款所得款额要远远大于位处同等的其他灾县。所以，放赈者所企盼的"惠及灾民"的愿望难以实现。

其次，各灾县围绕赈款争夺激烈。赈济分普赈和定向赈济两种，后者没有什么可争的，因为尊重捐助者意愿是易于得到理解的，如 1920 年旅京湖南筹赈会就定向放赈安化蓝田、宁乡和宝庆三处兵灾严重的地方。1921 年上海济生会定向捐赈安化等 9 个县。1924 年上海济生会的冯梦华以 7000 元专办临湘、平江和岳阳 3 县的想法就完全得到湖南水灾急赈会的理解与支持。

但是对于未明确规定支配方向的赈款，各县争夺就比较激烈。

在地方自治和界域鲜明的背景下,围绕赈款的争夺是赤裸裸的,因这关乎直接的经济利益。湖南义赈会在办 1918 年冬赈时,将岳州定为乙等县,其理由是长沙士绅曾在该县放过巨款。但岳州义赈分所则致函湖南义赈会表示不解,认为该县并没有领取到如义赈会所指称的那么多赈款,总会将其定为乙等,是未查实的结果。1922 年春赈,来自多个县的评议员对华洋筹赈会干事会拟定的赈粮分配方案表示不满,在 6 月 1 日评议会会议上,有评议员气得拍桌打椅子,说太不公道,有的气得连话都讲不出来,退席回家。主席只得极力维持,最后决定组成赈务审查会审查各县灾情,审查会由每路各派代表 10 人组成。6 月 3 日召开的赈务审查会议决以浏阳等 14 县原支配表漏列应行补入,以东安等 10 县原支配表已列应行提级,并函请干事部按此标准分配赈粮,且不得更改。后来关于赈粮支配几经修改,最终经干事会议决,按照原列表,应升级者 27 县,应补入者 16 县。[128]这些灾县等级的调整除了新的灾情报告因素外,与各县评议员的争取是分不开的。甚者一些慈善救济组织的负责人因难以协调各方争执干脆挂靴离开。1924 年湖南水灾急赈会坐办张润农在该会成立没多久就提出辞呈,重要原因之一则是“款额支配困难既多,稍一稽迟,责问纷来”[129]。

再次,1921 年华洋合办赈务后,赈款的领放以西人为主导。华洋合办赈务是因为省内外筹款艰难不得不借重于西人。后来数年中因赈款主要来自北京的关余附加,而争取到这部分需要西人的参与;同时为了让赈款发放更显公平透明,邀请西人加入也是必需的。西人参与进来后,对赈务最大的影响是西人在放赈中起主导的作用。华洋筹赈会和赈务协会的分会会计都由西人担任,赈款赈粮由各县教会牧师领取散放;在决定给灾县直接发放赈款或代购谷米输运时,也往往采纳办赈西人的意见;确定灾等时主要也以西人牧师的报告为主。在 1922 年 3 月 24 日华洋筹赈会干事会议上,朱德全代表指武冈等处赈款直接由西人作主发放,根本不与地方官绅会同办理,这违背了《续办章程》的规定。新宁牧师也不愿与地方官接洽。对此指控,饶伯师解释道,因 1921 年发放给武冈县的赈款 800 元被地方劣绅所垂涎,因此不敢再与地方官会办,并说"对于赈款,本不愿独断,愿与地方会同办理,然地方不负责"[130]。但事实上,饶伯师把不同的问题混淆了,教会与地方官绅合作是续办旱赈的修订章程所载明的,而地方官绅消极乃至破坏赈务属于他们职责的缺失,西牧师不能因此也破坏规章。正是所谓西人在办赈中的专断使人们对华洋筹赈会中方干事的作用产生怀疑,甚者担心西人掌控了主导权。

最后,关于赈款的具体使用时起争议。在放赈中,除灾情定级、赈款分配等事项上时起争论,其实在赈款的使用方面各方也时有歧见,主要聚焦在赈款是直接发放用于急赈,还是集中款项从事工赈善后。总体来说,北京政府时期湖南赈务以消极放赈为主。1918 年冬赈中,华容县知事与湖南义赈会就分配给该县的 3000 元赈款的使用有严重分歧。事情起于华容县知事夏逢时写信给湘江道尹吴耀金,控诉湖南义赈会调查员诬称其正在进行的护城堤垸修复是"在工绅董图饱赈款",导致在工绅董纷纷要求退出堤工。对此,湖南义赈会提出了其反对用赈款补助修筑堤垸的原因:一是"敝会因灾区广阔,赈款无多,零星凑集,不过救济被灾老弱妇孺,权策一时,非能大举为工赈之事也"[131];二是施赈计划不能随便更改,须得经过旅京湖南筹赈会同意,如擅自拨赈款资助堤工与章程不符;三是华容县灾区占全县的 6/10,不仅仅只有护城一隅,如以赈款修复堤垸有本末倒置之嫌;四是认为堤工是恢复富人产业,"乃按亩摊钱,匪独经董毫无损失,而薪金饮食种种报销,堤董往往借此兴家,此各垸之惯例也"[132],而赈款是专济老弱妇孺的。正因为这个分歧的存在,3000 元赈款在汇寄岳州后,华容县知事没有支取,将其汇回长沙存入淮商公所。从义赈会与华容县关于赈款使用的分歧可见,湖南义赈会坚决主张办急赈,这其中的关键是湖南义赈会是因急赈兵灾而起;另外就是赈款本来就数额少且来之不易。

1924 年湘潭水灾,长沙水灾救济团给湘潭支配赈款 4000 元,城乡各得 2000 元,城区极贫灾民有 28333 名,每人只能分得七分钱,难起多大作用。为此,湘潭县水灾急赈分会于 8 月 22 日假育婴堂开支配水灾赈款会议,就尚余的 2000 多元分配问题加以讨论。驻省水灾筹赈会事务所认为以这笔赈款在全县二十四五万灾民(其中极贫者有 15 万左右)中发放,各人所得无多;更何况当时已过了急赈的关键期,进入善后阶段,因此提出以该款设因利局,给小商贩提供小额贷款,这一提议获得多数代表赞成。于是推举因利局章程起草员着手准备。但这一提议却遭到四乡都甲团的坚决反对,其理由是城区已发,乡村也要发放现款。最后剩余的 2000 元依旧按每位灾民 7 分的标准发放。

另外,1924 年湖南水灾筹赈会赈后尚有余款 10 余万元,省长赵恒惕计划以此款来疏浚洞庭湖或者培植森林,做长期的灾害预防准备,但遭省议会许多议员反对,其理由主要是"赈款系为灾民募来,当然应用之灾民。疏湖培林,固属正当事业,但应由政府另筹经费举办,不能动用赈款"。[133]最后省议会决定致函省署尽快支配剩余款项。

看来,一部分人已注意到了单纯给灾民按人头平均发放赈款的缺陷,希望通过积极慈善的方式加以改变。但在僧多粥少、灾情接连的环境下,大家最关心的是怎样渡过眼前难关。因此,任何有助于改善眼前窘况的办法,当然包括直接散放款物和设立粥厂,自然受到灾民欢迎,而那种从根本上有助于防灾减灾的做法则难被采纳。

### 三、放赈中的不足之处

放赈中的不足之处既与调查的不彻底、不及时有关,也与支配赈款时的争议、放赈机构的制度安排、军事冲突匪患四起和灾县路途遥远、交通不便等因素有关。放赈中凸显出来的缺陷和不足是整个赈务系统机制不顺、办赈人员专业素质和敬业精神不够、地方组织不完善、地方官员不积极配合等综合因素的反映。其不足之处主要有如下数端:赈款发放屡屡被延迟,错失赈济的最佳时机;赈灾物资分配中平均主义非常严重;办赈人员侵吞赈款的现象屡禁不止;西人在赈款分配中的"专断"引发中方人士的不满等。

首先,赈款不能及时发放到灾民手中。放赈特别讲求时效性,能快速将赈款散放到灾民手中,解除其倒悬之苦,应该是赈务人员的最大快乐和理想。但很多时候赈款却是在最严重灾情过去后甚久才到灾民手中。如果是因匪患和交通不便所致,对办赈人员来说还情有可原的话,那么因各方为私利进行无谓纷争、查放机制不科学以及查放人员不尽职等主观因素导致的延误,则难以得到社会的原谅。1918 年冬赈时,湖南义赈会给新化分配赈洋 2000 元,寒衣 3000 件,絮被 400 床,但因兑赈时间过短,领取赈物的地点过远,新化公民代表要求做相应变通。熊希龄也认为不必固守先查后放、查放分离的模式,必要时可携带款项,对有绝食者先给一半应得赈款,另一半待查竣后再发放。不过这受制于现实因素,担心查赈即放易遭到盗匪的破坏,必得请兵保护,如时间过长,这又是一大笔开支。1921 年 6 月 21 日,华洋筹赈会在开常会时,来自湘西各县的请赈代表和学生 20 多人进入会场,反映"先调查后放赈"的做法速度太慢。对此,雷飞鹏提议给偏远的交通不便的地区以发赈款为主,再由各县自行购粮散放,从而提高办赈效率。1922 年赈务处支拨 10 万元赈款给湖南,并要求务必在荒歉期内(最多以 1 个月为限)散放完竣。可因华洋筹赈会评、干部之间争执不休,使得荒期过后很多县没有领取(此款共支配给 24 个县,其中有 11 个县未在荒期领取)。最后,筹赈会干事会做出决定:有西人会计的县如数发给赈款,没有西人会计的县则代购谷米存储省城以备饥荒。

其次,赈款赈物支配时平摊现象严重。办赈中博施普济,是不可取的,也是不可能的。赈灾时必须"钢要安在刀刃上",恰到好处,不能遗漏也不能泛滥。可是在北京政府时期,因灾情调查报告缺乏应有的公信力,各县籍要人泛滥式的请款函电以及各地对地方权益偏执性的理解,都迫使湖南救济机构往往大面积施赈,差异性对待不突出。这样就导致来之不易的赈款救济功效难以优化。例如,1921 年在支配旅京湖南急赈会的 14000 元赈款时,平均摊放给了 21 个县,每县均得 660 元;1924 年,湖南义赈分会在分配 20500 元赈款时分为四等,衡阳、宁乡各三千元,湘潭、长沙、祁阳各 1500 元,衡山、常宁、醴陵、宝庆、新化、湘阴、湘乡、益阳、汉寿、沅江各 1000 元。这样的分配差异性有所体现但还不够。其实放赈时应差异性对待从理论上讲是合乎逻辑容易被接受的,但具体到实际利益,尤其是在界域对垒鲜明的困难时期,理性的思考似乎是多余的。华洋筹赈会 1922 年支配赈务处支拨的 10 万元关余赈款时,就提出要侧重放赈重灾县,并言"若必如前数次之分款为主义,则绝失救济灾民之本意,殊非言慈善者之所宜谈"[134],但是此类理想状态缺乏实现基础。

　　再次,办赈人员侵吞、挪用、拖延发放赈款的现象时有发生,赈济机构多次重申严查严惩,但难见效果。如果真如谢国藻所言,有办赈人员以此为营生的话,自然就谈不上用心去投入;相反,看到许多款物自己经手,冷不防就会起私心,企图从中牟取不当利益。所以说,"历来放赈恒苦办理不得其人,灾民难沾实惠。"[135] 1919年,永顺领运代表萧泰熙领到办平粜的义赈谷 1500 石,他为了竞选议员,竟将其中 300 石卖掉了,剩余的米延迟运送到永顺,此时已临近秋收之际,他却要以高出市面 2/5 的价格出售,结果甚少有人过问,造成了谷米霉变。1921 年 8 月 21 日,华洋筹赈会通令各县知事、各教会和各团体,指出"各县经手放赈人员间有从中舞弊、任意侵吞等情,似此忍心害理,假公济私,不啻间接置灾民于死地"[136],尽管这些侵吞赈款的现象只是少数,但若不及时查处制止,对挫伤捐助者积极性和摧毁办赈机构公信力的杀伤力是非常大的。

　　最后,华洋合办赈款中,某些县西人牧师的行为有专断独行之嫌,时常引起中方办事员特别是地方社会的不满。在具体查放过程中,华洋合组的救济机构都强调要地方官绅与教会人士通力合作。但由于彼此合作共事机会少、缺乏应有的互信和默契,双方真正要做到会办是困难的。不容讳言,地方官绅在参与办赈活动时显得生疏,甚至内心就没有多少兴趣与西人牧师共事。久而久之,西人牧师在赈款具体发放等事项中也会不愿与中方人士沟通交流。且因相关章程规定了赈款的领取由西人牧师负责,他们在确定具体散放方案时也就习惯了自作主张,从而使得中方人士强烈不满,西人控制湖南赈务的社会印象就更深了。1922 年 7 月 4 日华洋筹赈会的干事会议针对耒阳分会指汤牧师赈款赈粮分配办法不妥的意见,放话说耒阳分会如果节外生枝,就将该县赈粮运到其他县去应急。这说明西人牧师自恃经验和地位，往往对中方官员和办赈者以不完全平等姿态看待；而中方人士因需借重于西人的力量，当灾县批评西人牧师时只好出面维护其形象。

## 四、赈粮采购和运输

北京政府时期湖南几次大灾荒主要表现为滨湖粮食主产区歉收造成的米荒，因此赈灾工作的重点就是如何购运谷米杂粮进湘以补供给。各受灾县基本上欢迎直接发赈粮，如因匪患和交通不畅造成赈粮运送危险，则会委托救济机构代购粮食存储省城，以备饥荒。为适应这种需求，救济机构把采运赈粮列为重要工作之一，例如，湖南华洋筹赈会在办 1922 年春赈时专门设有采运部，该会评议会拟定的《采运办法》就规定"本会现存之款及将来筹得之款无论多少，以十分之八专办采运，以十分之二完全施放"。[137] 筹赈会之所以如此重视赈粮采运，其主要理由是：筹赈会为救荒非救贫设立，米荒远比钱荒严重；购粮以低于当地市价 1/10 价格出售比纯粹散放赈款容易实惠及民，且可较好防弊；未列入灾区的并非无灾无荒，若行采运可以让利益更普及；施放的款项靠募捐，采运所需款项可借贷，借贷比之募捐较容易，且可以收回的款额循环进行；采运是买贵卖贱，依然是慈善性质而非商业行为；时值阴历二月离新谷登场尚远，采运才能以数量有限的赈款维持更长时间。[138]

赈粮采办地点以省外为主，地点主要是芜湖、汉口、九江、张家口等地。如 1921 年，湖南义赈会平粜局办公处决定在汉口采米3000 石，在湖南津市采办蚕豆 5000 石；同时，华洋筹赈会从湖北购米 5000 石，从常德采办蚕豆 2000 石。购运一般会派专员前往，但有时也委托当地的某些人士和机构代办。1922 年 3 月 31 日筹赈会干事会议决定委派罗遵华为采办员。确定从某处采购后,就会派员携款前往商洽购运。1926 年 3 月,湖南赈务协会委托驻省兴记粮栈代为从大连购办高粱 24000 石。在采办之前,就会向相关方面联系,争取赈粮运输的免厘、免票和得到相应的保护。

　　赈粮采运中碰到最突出的问题就是交通不畅和当地政府的拦阻。1918 年 9 月,湘绅吴家瑞等 39 人具名呈书省长,要求政府"缓弛下游关禁,严饬内地流通"。[139] 1922 年湖南华洋筹赈会委托六省救灾协会在奉天代办的高粱就因直奉战争造成道路运输中断无法及时运湘。赈粮运输中最担心的就是遭匪劫掠,像华洋筹赈会常德转运部运往辰州的赈谷多次被匪徒劫夺,以致筹赈会干事会不得不请求湘军总司令赵恒惕出面保护放行。针对赈粮运输安全得不到保障的情形,在 1922 年 1 月 14 日筹赈会评议会召开的第一次临时会议上,评议员江天涵提议请求政府对散放赈粮及经过的地方严令军队特别保护,如有损失应由各该管驻防军队负赔偿责任。

　　另一个重要问题就是省内之间的流通不畅,"各属对于邻县采运,纷纷禁阻",[140] 加剧了粮荒情形,这主要是产粮县的地方官绅担心谷米被运出境会危及本县的粮食保障。其实,救济机构多次分析指出省内粮荒除了粮食总量确实不足外,再一个因素就是省内流通不畅人为造成供需不平。为此,省政府多次通令要确保省内粮食的顺畅流通,不得阻遏省内粮食采运。1922 年华洋筹赈会出面要求醴陵厘局渌口分卡从速放行湘阴绅士陈子凡等在该地采购的 600 石谷米,因其持有采运谷米的护照。省长电令湘潭知事放行湘乡寄存的 67000 余石谷米,不得阻赈米。筹赈会也致函湘潭县知事和该县民食维持会等各团体,指责其"对于邻县寄存之谷米,一律予以阻截,殊失平允"[141]。李鸣九评议员也提出要求

"政府严令各县不准阻禁谷米,总须使交通繁盛之地流至荒僻之地"。[142]2月14日筹赈会干事会议决议致函总司令部严饬沿途各军队、各关卡、各知事对持有筹赈会签发采米护照者不得阻挠,如有违抗随时函请撤办。

为加强谷米的省内流通,省政府一般会应请在特定时段免抽收厘金。为鼓励商民从事谷米贸易,赈济机构有时会对相关商家以一定的运费补贴,并吁请政府对商旅提供保护,从而增加运湘谷米。1922年3月22日的筹赈会干事会议上,彭国钧提出鼓励由茶商带运米的想法,筹赈会认为可以考虑由筹赈会发护照,并请军队政府保护。

重视采运谷米杂粮是充分考虑到湖南灾荒特点之后的应对之策,对有效使用赈款尽可能满足灾民的期望是必不可少的。但是在全国多个地方同时出现灾歉的情形下,到省外采购的成本也是很高的,再加上运输中可能遇到的不可测因素,使得谷米采办难度非常大。

## 第四节　结构类型和运转方式

北京政府时期,湖南的慈善救济组织甚多,有由传统组织改组改造转型的,也有新设的;有常设和临时、全局和局部、官办和非官办之别,办赈内容和经费实力也多有不同,它们对灾难频仍的湖南社会而言是重要的维系力量。各类慈善救济组织内部的结构模式各有不同,彼此之间尽管没有完成有效整合,但面对特定灾赈也时而有事实上的相互配合。全省性的慈善组织比较重视在各灾县设立分会,同时灾县旅省人士也自发组织起临时救济机构。另外,慈善救济组织收支账目是其自我评估的重要依据和社会监督的重要方面,受到广泛关注;而每当慈善救济组织完成某次重大灾赈或者行将停办时,就会依章向政府请奖乃至举荐人才。

## 一、内部结构的几种类型

北京政府时期,慈善救济组织与过去相比一个鲜明的特色就是内部的角色分工更加清晰,仿行权力制衡模式。就其内部结构的模式来说,主要有会长制、理事制、董事制几种,它们并非按先后顺序演进,而是杂陈并列的。

第一,实行会长制的主要是 1921 年 10 月改组前的湖南华洋筹赈会、1924 年改组而成的湖南水灾筹赈会和 1925 年成立的湖南赈务协会。改组前的华洋筹赈会设双会长,一个驻省,由省长赵恒惕担任;一个驻外,由熊希龄担任。前者主要负责为救灾提供政策支持、安全保障和协调关系,后者的唯一任务是尽可能多的请款和筹款。熊希龄有丰富的办赈经验,从省外筹到大量善款,在 1921 年春赈中发挥了关键性作用。为广筹赈款,还设立了没有名额限制的名誉会长。会长基本上不负责具体事务,具体事务由各团体代表合组的干事会及各职能部门负责。湖南水灾筹赈会也是实行会长制,但与改组前华洋筹赈会的会长制是不同的,一是水灾筹赈会只设 1 名会长,由各团体推举产生,事实上依然由省长兼任,二是此时已经设立了有决策权力的评议会。三是负责具体事务的部门改称执行部。也就是说,同样是会长制,但根本区别是设置具有决策权的评议会,这对干事会是一个很大的制约和监督。赈务协会则专门设立了赞助部,目的是减少外方对湘省灾况的疑虑,宣示赈款的合理使用。

第二,实行理事制的主要以 1921 年 10 月改组后的华洋筹赈会为典型。华洋筹赈会之所以改组后决定实行理事制,是因为这样可以扩充参加人员尤其是西人理事,更好地筹款查放,而会长制有个限制,就是不能设太多的会长,名誉会长又不负责任。同年,旅京湘籍人士设立的旅京湖南旱灾急赈会也是采行理事制。1924年7月4日成立的长沙水灾救济团在内部也是实行理事制,理事分别由参与水灾救济团的6个团体各派1人担任,总商会推2人担任。理事制体现了各参与团体代表在重大决策中的平等权,也更能起到集思广益的作用。

第三,实行董事制的主要是湖南省城慈善总公所和1924年改组成立的中国华洋义赈救灾总会湖南分会。湖南省城慈善总公所董事会由8人组成,彼此互推2人出任主任董事,下设具体职能部门向董事会负责。华洋筹赈会在1924年7月实行改组,内部机制由理事制改为董事制,出任董事的依然是原有的中西理事各6人。在召开董事会时如有董事出缺则由其自己委派的代表出席。董事及义赈分会出席总会年会的代表每年补选一次。董事会负责审查年度预决算、推举干事等事项。

第四,实行委员会制的则以1925年12月13日成立的旅京湖南旱灾赈务会为典型。该会设监察委员会和执行委员会。监察委员会负责该会的出纳事项,由湖南旅京各县各推1人充任监察委员;执行委员会设委员长1名、副委员长2名,委员30人,正副委员长由中、西、南三路各推1人出任,委员则由每路分别推10人充任。执行委员会负责执行本会一切事务。关于赈务的重要事宜,则由监察、执行两委员会召开联席会议决定。

旅京湖南旱灾赈务会执行委员会职员表[143]　　表 4—16

| |
| --- |
| 委员长：熊希龄 |
| 副委员长：范源廉、刘揆一 |

| |
| --- |
| 文书部主任：赵廷口。委员：许俊才、罗鼎、周业巨、何清华、刘瑛 |
| 庶务部主任：武绍程。委员：陈德基、黄镜、张清寰、何畏、谢芳芹 |
| 会计部主任：向乃祺。委员：陈滢冰、周砥道、刘健、黄耀秋、曹尚毅 |
| 调查部主任：王毅。委员：贺中杰、吴凌云、苏昭桂、谭自雄、王湘 |
| 筹赈部主任：周渤。委员：梁家义、杨岳、瞿贵春、旷运文、王建中 |

不管是会长制还是理事制、董事制还是委员会制，都是实行集体决策，一般只就重大问题做出部署。具体事务由所设的相应职能部门负责，而且职能部门间都实行权力的分割，普遍设立干事部（或称执行部）、评议部、监察部等，唯一区别是在具体事务中起主导作用的部门不同罢了。

## 二、慈善救济组织的分会

北京政府时期湖南灾荒往往是成片出现，面对多个灾区需要在尽可能短的时间内完成赈灾，难度可想而知。这单靠慈善组织是无法完成的，大量繁琐的基本工作如查放、采运等需要各县组织力量参与进行。在灾县设立慈善救济组织的分会可以较好地解决该问题，而且还可让赈灾活动更具可信度，防止赈灾款物被挪用滥用。因此，慈善救济组织一般非常重视分会的设立。为督促各灾县相应成立分会组织，很多慈善救济组织都有类似规定，即如果某灾县不设立分会组织则不发给赈款等。

1921 年 12 月 1 日，改组后的华洋筹赈会明令要求各地设立筹赈分会，告知"以后关于各该县赈务事宜，应以分会名义与该处接洽"[144]，要求各属一律设分会，举定职员会计，以便款到就可散放。《湖南华洋筹赈会续订办事章程》第八条规定"成灾县份均应由各该县官、绅、商、学及外国教士之代表组织本会分会，名为湖南华洋筹赈会某县分会。"依据《续订办事章程》所制定的《湖南华洋筹赈会各县华洋筹赈分会章程》规定，各分会设名誉会长1人，由各该县知事担任；各分会的执行部由分会会长、总务、调查、放赈3部主任以及总会委派的会计员5人组成；会计员掌管各该分会一切收支簿据，并按照总会命令支应总会所发的赈款。各分会也设立评议会，由各界大会推中外正绅为评议员。同时要求各分会负统筹各该地方赈务之责，并须设法筹募赈款，不能专恃总会拨款。各分会执行部与评议会发生争执，得由双方将事由呈交总会开干事会议裁定并令执行。分会的一切费用不得从总会所颁赈款中开支。

1924年，湖南水灾急赈会改组为水灾筹赈会也同样要求成灾各县组织分会，并呈报政府及总会核准备案，分会的名称统一为"湖南水灾筹赈会某县分会"。1925年11月赈务协会改组成立后，就饬令各县设立赈务协会分会，以重赈务。赈务协会分会也主要是县域内各主要团体的代表组成，内部组成模式与总会相似，也设会长1人、副会长2人，然后分股办事，只是开会的要求不是那么严格，没有固定的会期，会长认为有必要时才召开会议。分会的功能主要是调查灾情、领取散放赈灾物资，有条件时也在当地进行募捐的活动。

慈善救济组织分会的成立既方便总会查灾放赈，也是调动灾县地方社会积极参与自救的举措，更重要的是形成了社会的整套网络，实现上下联动。分会的运作模式大致是对总会的复制，同样体现的是权力的分割与合作；也主动欢迎西人参与进来，增加查灾和放款的可信度。

### 三、湖南华洋筹赈会干事会与评议会的角力

1921 年 10 月华洋筹赈会改组续办旱赈并加设评议会以后，评议会与干事会围绕权力划分展开持久的博弈。起初引发两个部门激辩的是关于评议会拟定的章程草案，然后双方在工赈的计划与预算、赈款分配、干事会职员设置等议题上产生分歧。根据最初改组时的设想，评议会只不过是让干事会更好地了解全省灾情的管道，筹赈会的决策权毫无疑问在干事会，但自 1922 年上半年开始，在权力争执中，事实上逐渐改变了评议会的咨询顾问角色，俨然变成有实际决策权、监督权的机构，相反干事会则成了不得不接受评议会决议的纯粹执行机构。

1921 年 10 月 7 日筹赈会改组会议召开，这次改组最大的不同是会长改理事、加设评议会和要求各属一律设分会。加设评议会主要是西人干事的要求，因为他们觉得会内人士对周遭灾情了解不全面深刻，加入省城各团体机关和各受灾县人士之后，更有助于对灾县合理定级和放赈。西人干事最初提出设立评议会的动议毫无疑问是纯粹把它当作备询的角色，会内一切事务最终由干事会负责，这样的分工看似没有任何问题。12 月 24 日，评议会开成立大会，中方干事袁家普在会议上专门就评议会的角色转述了西人干事的声明："无论何事须由干事会议决后方能执行。"也就是说，干事会对筹赈会所有事务有当然的最后发言权，筹赈会的评议会与其他组织的评议会的性质是完全不同的，评议会议决的案件必须交干事会认可后方能提出，否则即行打消，评议员的角色仅仅是补干事会不足，起纯粹配角功效。在成立大会上，决定由 5 人负责起草评议会章程。

评议会成立之初,主要工作是制定相关准则。起初,各评议员严守干事会对其所界定的功能分际,认真扮演咨询者、建言者角色,积极配合干事会。1922年1月10日干事会议议决请评议会设法开各公团大会、共同提出政府应尽力维持赈务的要求。评议会完全呼应干事会的提议并约定1月16日在教育会开公团大会。在1922年1月14日评议会第一次临时会议上,评议员汪天涵和欧阳中刚分别就边远灾区提前发给赈款并请总司令派兵保护采运以及预防粮价暴涨的问题提出自己的看法。2月13日第二次临时会议则重点讨论工赈路线的建议案。3月9日评议会开会就牧师提出的地方官员敷衍赈务一事,建议干事部电令各地官绅认真办赈。从这一阶段评议会的作为看它是接受了干事会给其设定的角色。

但从1922年3月23日评议会会议开始,则就相关权限与干事会展开交锋。首先拿来说事的是关于干事会所定赈款分配方案,评议会认为根据其章程应先由评议会审查,但那次支配赈款干事会没有告知评议会。为此会议议决函请干事部以后分配赈款须告知。其实,我们从评议员大部分来自各灾县的情况就能理解为什么评议会与干事会的角力首先从赈款分配案开始。

针对评议会先斩后奏的做法,干事会大为光火。4月5日干事会开会审查评议会章程草案,最后议决指出"评议会乃建议机关,以补本会之不及,非立法机关,非监督机关,其草案颇有逾越范围之处,应请再行修改"。[145]为当面解释评议会需修改章程草案事,干事会议还决定派任修本和曾约农出席评议会会议。应评议会要求,4月15日干事会议决将评议会章程草案中与《续订办事章程》不符的地方函告评议会。干事会提出的应修改之处共有五处,分别是评议会章程草案的第五条到第九条,就其中提到的"审查""审查支配""交干事部执行""全会"等具有决策监督权意味的字眼要求做明确界定,并反对将协商性质的评干联席会议作为按多数原则操作的表决机制,如就议案表决,从评、干两部人数的悬殊就可看出对谁有利。

4月24日,评议会开第九次临时会议,讨论评议会章程应否修改及如何修改的问题。因到会人数只30多人不足法定人数,不能就干事会修改章程的要求做出答复。但在会上多位评议员就有关议题表达了自己的想法。评议员雷铸寰认为章程修改与否先得对评议会是顾问或评议的性质正名后再议。唐虞则设想评议会和干事会一任讨论、一任执行原本很好,并抱怨评议会没有实力。这些言辞流露出的是对评议会备询顾问地位的不满,事实上是对《续订办事章程》所定评议会角色的挑战。

5月2日,评议会开第十次临时会议,明确表态评议会章程不能修改,并由评议会主席提出了四点理由,分别从时效关系、法律关系、事实关系和价值人格关系四方面立论。也即在章程1921年12月生效数月之后再提修改已过时效,章程修改有法定的表决程序才能修改,过去评议会依据该章程通过多项议案干事会没有提出异议视为事实上认可了该章程,评议员由各县各高级文武衙门各高级公法团之正式推举的,评议会的组织比省议会还要完善,更何况"评、干两部同是人民举出,岂干事会独得人民付托之重,赋予神圣特权,但评议会诸事不能过问,断无是理"。据以上理由,评议会认为章程没有修改的必要。评议员郭庆寿在发言中以略带威胁的口吻说,若干事会再要求修改,则"直认干事会对于赈务一口已足,无需乎评议会之存在,则本评议会既无权限之可言,亦无义务之可尽,可以发出一种宣言通电全国,自行解散,……即将来赈务上有不是不尽之处亦可免全湘父老之责骂、全国人士之讥评"。[146]同时,为了给干事会台阶下,评议会决定由罗大凡、赵恒起草公函就相关疑点做出解释。干事会在收到评议会的解释函后,没有提出具体的再反驳,态度也相对软和些,不过5月6日的干事会议仍然要求评议会将章程修改完明。为回应干事会的新表态,评议会在5月17日召开第十一次临时会议上就两处稍作文字修改,以避歧义,同时也是照顾干事会的颜面,这两处修改是分别在章程第七条"干事部"三字下加"通过"二字,第九条"有修改全会章程"之一语上添注"协同干事两部"六字。[147]

客观来说,评议会对干事会质疑的回复比较有说服力,应对干事会质疑的技巧也是较成熟的,为顾及对方面子做出微修,又不损及评议会争得的权力。正因为评议会在与干事会这一轮较量中胜出,它就乘胜反击,要求干事会就赈粮支配的问题做出说明,顺势把球扔给干事会。从此之后,评议会在与干事会互动中变得较为强势,最后俨然成了决策监督机构,对灾区等级变更、工赈用人用款、赈款往来账目等问题抓住不放,使得干事会颇显被动,不得不应势对机构人员予以适当裁减、对账目迟未公布多次做出解释。所以,从整个评议会与干事会的角力看,评议会是稍胜一筹的。

就评议会按章要求答复的建议工赈路线和分配转运散赈成分办法一事,干事会在5月5日函复工赈具体由工赈部负责,并说明当时无多少款粮可支配的窘境。当然,干事会也顾及到评议会无案可议的尴尬,应请把从张家口购运的500多吨高粱的支配比例草案拟订的事交给它去办。实际上,干事会本来是不情愿的,因为此前在支配赈务处拨汇的赈款时干事会是函请朱德全、饶伯师、戈德白和欧本麟审查支配赈款案来弥补干事会自身拟定分配方案之不足。

接着,评议会接连向干事会发难,5月6日的常会上,有评议员就要求干事会公布往来账目和指摘干事会用人过滥应行裁减。这次会议议决干事会应将自 1921 年筹赈会办赈以来的收支数目详细报告且以后的预决算应每月报告一次；吴家任评议员临时动议因社会舆论抨击筹赈会冗员过多干事会应行精简。5 月 9 日，评议部函知干事部将评议员们的想法转知并希望其做出答复。在函件中，从四个方面举出了干事会用人泛滥、开支过多的现象。

后来，评议会决定由干事会总务部对采放、劝募、工赈三部裁减富余人员；评议会对干事会送交的收支总数表和支配各灾区赈款数目表以及当月开支预算情况，决定分别由 3 路每路推举 3 人清查数据及账目。1922 年 7 月 1 日的干事会决定从 7 月 4 日起缩小范围，节约靡费。裁减人员从采放部开始（因受到评议会的批评），7 月 21 日，召开裁员委办会，决定取消除工赈部之外各部的名称，被裁人员陈请政府酌量录用。25 日，裁员方案获干事会通过。1923 年 10 月 1 日，筹赈会召开收束会议，决定裁减人员。这些决定都从 11 月 1 日实行。1923 年 11 月 5 日，评议会致函干事会，除对其裁政减员表示赞赏外，依然要求其公布自 1921 年赈灾以来的账目，并言"本评议会受全湘父老之托，赋审查决算之权，职责攸关，未便放弃"[148]，于是要求干事会在最短时间内将散放各县的粮款和潭宝路工的一切收支细账汇报给评议会审查。

经过这一番较量后，评议会自我角色意识更加明确，自认"本评议会受父老委托，对本会一切事务，负有监督责任"。[149] 而干事部也事实上认可了评议会的重新定位，很多事情按照评议会的要求去做，如在 1922 年 5 月 11 日的干事会议上，伍坤等转函请赈零陵案也先将原函送评议会审查后再议；5 月 27 日干事会议决将久存长沙高粱霉变一事交由评议会审查。而评议会也积极对赈粮支配标准案、资遣常德饥民问题等加以讨论决议，不再是最初的辅助配角形象。在权力增大后，为提高效率，评议会对会务予以整顿，致函各评议员，要求不得随意缺席会议，这样做的目的主要是为了每次开会有法定人数，使得议案能随时解决。

6月28日，评议会在第十五次临时会议后致函干事会，就中方干事的权利地位和工赈为何从灾情较轻的湘潭开始的问题提出质疑。评议会要求今后关于工赈之进行计划书，以及路工修筑费、夫役工人薪津、工食费之预算表，均应先送审查；并公开挑明西人主导筹赈会的问题，言"以公共之慈善事业，任少数人之一意孤行，究竟受有何方付托，根据何种法律，取得专办资格"。[150]另外，评议会认为路赈始于湘潭只是"有工无赈"、"偏重交通忽略饥黎"。评议会特别阐明其质疑的理由：一是事关湖南灾民的性命，二是认为此属于筹赈会全体的职权。1922年11月初，评议会要求干事会将潭宝工赈以来每月收支情况予以汇报。

另外，评议会对干事会更改灾县等级和对1923年长沙火灾未施救援表达强烈不满，甚至不惜撂下重话。1922年8月，干事会将审定的把灾区分为四等的方案送交评议会审查，评议会在8月18日第十九次临时会上以此为基础将汉寿等8个县列为第五等灾区，这样，灾县就分为五等了。但后来干事会在接获赈务处新的通知后，又告知评议会原来灾县分为四等乃至五等的成案作废，重新划分为甲乙两等灾区，甲等7县，乙等17县。对此评议会非常不满，并提出四点驳斥理由：过去分划分灾县等级从来就是依据"非赈不生"标准进行的，现在干事会出尔反尔随意改为两等让人不解；无论是干事会前次将灾区设为四等还是现在的两等，赈务处代表朱德全都在场，显然前后自相矛盾；干事会对既定的灾区等级划分案延不执行而以赈务处的意见为转移，是视评议会为儿戏的表现；散赈所以救死非所以救贫，非赈不生之标准，本会早应坚持，不能因赈务处一电就改变。最后评议会严正要求干事会按评议会议决的原案(即灾区划为五等)执行。但干事会拒绝了评议会的要求,到9月11日,评议会限定干事会在一个星期内按五等灾县支配赈款,否则就通电全国宣布干事会的专横作风。12月13日,评议会致函干事会要求按五等灾县方案支配奉天捐助的5000石高粱,并言"如仍置之不理,则本评议会认为贵干事会不惜一再食言自肥,推翻前案,本评议会虽欲委曲求全,终不可得,只得将此案经过情况诉诸国人,请其公判,以卸责任"。[151]

1923年10月长沙发生大火灾,延烧400多户,灾民2600多人。对此评议部主席郭庆寿要求干事会施赈。但干事会以无款可赈回绝。1923年11月11日,评议会以书面形式质询干事会,认为干事会的答复站不住脚,并提四点反驳:一是筹赈会无款可以筹措;二是从1922年秋季起通过多种途径存储赈款在16万以上,无款是假;三是筹赈会还在变卖奉天捐助高粱和南县提充谷米;四是"以有限之赈款营不及之路工,对于目前惨灾,视若无睹,此尤不知贵干事会用意之何在"。[152]对评议会的质疑,干事会的解释是自从1922年冬天放赈就结束了,其他请赈要求一概不予救济。

自1921年10月筹赈会增设评议会一直到1924年筹赈会改组为中国华洋义赈救灾总会湖南分会,评议会与干事会之间在许多问题上存在着分歧。评议会的地位也由最初的顾问备询角色逐渐成为具有决策监督权的重要部门。造成这种关系格局中心位移的原因有多种:一是干事会中西合组以及中方干事整体的不积极、不专业使得西干事主导诸多事务,这让评议员总以赈务主权说事;二是评议会成员多,特别是来自各县的代表,他们将自己定位成该县百姓利益的维护者甚至认为是百姓选出的可以与省议员比拟的民意代表,为了自县利益特别活跃;三是评议会整体的办事能力强,在关于修改评议会章程和灾县等级变更等的交锋中评议会提出的论证充分、思路清晰,让干事会难以找到破绽;四是干事会自身本来就存在许多问题招致多方批评,比如用人过滥、财务迟迟不公开、很多干事对赈务态度不积极等,都使其在评议会咄咄逼人的质问下显得难以招架;五是在省自治的思潮影响下,三权分立式的组织架构成为社会较普遍的现象,社会也容易将评议会为决议机构、干事会为执行机构来看待。

### 四、灾县驻外救济组织及其他救济组织

灾情发生后,很多灾县旅外人士往往会自发组织起来,为赈济家乡灾荒出力。因旅外人员主要以省城长沙最集中,所以这些乡民组织的救灾机构主要分布在长沙,当然外省某些乡人较为集中的地方也偶尔会成立。1924年水灾和1925年旱灾,除了常设的中国华洋义赈救灾总会湖南分会和湖南水灾筹赈会外,还临时成立了多个救灾组织(详见表4—17、表4—18)。

**1924年水灾发生后各县驻省救灾组织简况[153]　表4—17**

| 机构名称 | 成立时间 | 办公地点 | 主要职员 |
| --- | --- | --- | --- |
| 驻省宁乡水灾筹赈事务所 | 1924年6月21日 | 东茅巷梅公馆(后迁至朝阳巷十口号口记粮栈) | 梅严宣、陶鼎勋、刘毓卿 |
| 驻省湘潭水灾筹赈事务所 | 1924年6月30日 | 紫东园 | 言焕纶、程起源、赵声煦、张致元、毛宪、胡承烈等 |
| 衡阳水灾急赈驻省事务所 | 1924年7月7日 | 种福源衡清试馆王船山先生祠内 | 理事长:萧度;理事:谭炳莹、彭济昌、罗诚、曾铨 |

续表

| 机构名称 | 成立时间 | 办公地点 | 主要职员 |
| --- | --- | --- | --- |
| 衡山急赈分会驻省事务所 | | 府后街十五号 | 主任干事:周子贤;驻所干事:袁雪松、唐寿林、周庶平、唐介祺;干事:邓石文、唐乾成等30余人 |
| 醴陵水灾急赈分会驻省事务所 | 1924年7月9日 | 落星田灵官巷三号张宅 | 袁家普、寥函瀛、朱侣云、傅熊湘、胡燮槐、文斐、张开琏、汤超举等 |
| 常宁水灾急赈驻省事务所 | 1924年7月13日 | 水风井常宁同乡会 | 主任:廖模;名誉主任:吴鸿赛、陈一清、欧阳谷;干事:吴国栋、李祖重、刘修月、张士甲、方洛、尹鸣阳、周仲衡、吴作霖、周开倬、王化桂、锺馥、胡邦桢、邓静安、欧阳溪、殷大白、廖有光、张邦柄、吴振衡 |
| 宝庆水灾急赈会 | 1924年7月中旬 | | 会长:康榘严;副会长:李铁星、萧立诚、刘仲钦、李襄云 |
| 新化水灾急赈分会驻省事务所 | 1924年7月16日 | | 曾继梧、康经百、邹天三、高霁坞、苏凤初、谢国藻、潘叔愚、陈润霖、罗涤刚、姜拙文、李玫伍、李抱一 |

续表

| 机构名称 | 成立时间 | 办公地点 | 主要职员 |
|---|---|---|---|
| 驻省武冈水灾急赈分会 | 1924 年 7 月 19 日 | | 干事：王隆中、曾沛霖、刘百昭、欧阳骥、刘德余、傅安贞、欧阳刚中等 |
| 湘阴水灾驻省筹赈会 | 1924 年 7 月 12 日 | | 干事主任：陈斌、彭兆璜；干事：彭熙治、陈建屏、易静鼎、戴荣阶、仇毅、龚泽佑、左新焘、吴英锐、吴光弟、邓应熙、黄藻纶、朱学礼、左景瑶、李柄枢、张国铨、易琮瑜、骆鹏、任绍选、吴卓然、李口群、高石钲、王抚、黄铭功、龙达权、任凯南、李国稔、李允、李振等 |
| 耒阳水灾急赈分会驻省事务所 | 1924 年 7 月 27 日 | 暂定在福兴街刘五忠堂 | 总务主任：蒋育寰；交际股主任：石镇湘；文书股主任：刘云鹏；调查股主任：杨华 |
| 安化驻省水灾急赈事务所 | 1924 年 8 月 14 日 | 东茅巷十七号安化公益协会 | 主任：王国安；副主任：黄云鹤；另有干事 10 人 |

### 1925 年水灾发生后各县驻省救灾组织简况　表 4—18

| 机构名称 | 成立时间 | 办公地点 | 主要职员 |
|---|---|---|---|
| 湘阴驻省旱灾救济会 | | 会址设在田赋征收处 | 周宗朴、吴英锐、黄寿鼎、李瑞麟、刘家梓、吴光弟等 |
| 常德旱灾救济会 | | | 罗式书、丁汉卿、蔡春阶 |
| 湘潭南四区驻省筹荒会 | 9 月 5 日 | | 会长:李汝贤;副会长:方宗口、赵声煦;干事:朱雪口、赵立三、李孝春、陈棣华 |
| 益阳旱灾救济会 | | | 会长:文舜垓 |
| 岳阳灾荒救济会 | | 由原来的民食维持会改组而来;采用委员会制 | 会长由县长担任。每区举出 1 人主任,东区彭承念,南区刘光谦,北区孙系,城区李定勋,至于中区和西区未确定 |
| 永顺王村临时救饥会 | | | 绅士陈叔安、杨奎垣、胡殿之以及各商号等 |
| 旅京湘西灾民救济会 | | | 熊希龄等 |
| 桃源旱灾救济会 | 9 月 21 日 | 地址在商会 | 会长:张子铎;副会长:王丕材、彭锡珍;名誉会长:金克思、杨邦桤 |

| 机构名称 | 成立时间 | 办公地点 | 主要职员 |
| --- | --- | --- | --- |
| 浏阳驻省旱灾筹赈会 | 9月27日 | | 干事:谢伟卿、王桂卿(中区);童树熙、孔绳武(东区);刘善泽、曾浴云(南区);邱维震、潘江湜(西区);伍芋农、周延年(北区)。评议员:贝允昕、罗湘萍(东区);宋尔养、谢迪光(西区);刘仲锺、焦舜卿(北区);王立厂、甘棠(南区);谭竹可、李养瑜(中区);外加省议员四人 |
| 临湘聂家市民食维持会 | | | 沈崇德为会长,副会长:方成龙、谌人俊、熊自谋、姚宝善 |
| 平江赈务协会驻省办事处 | 11月26日 | | 方克刚、周汉藩、李思韩、煎志高、锺访岩、孔昭汇 |
| 安化旱灾救济会 | | | 县长胡为正会长,谌严南议长为副会长 |

　　还有一类救灾组织是各受灾邻县合组的,彼此在请款、查赈等方面整合资源,共同行动。1920年7月,新化、安化和宁乡同遭兵灾,在多次吁请赈济无果的情况下,决定联合一致进行。旅省人士在7月10日假长沙楚怡学校开会,成立新、安、宁3县兵灾善后协会,每县推主任1人,总理各项事务,主要是吁请相关慈善组织筹赈并调查各区详细灾情。1921年10月,湘西9县在保靖设立9县善后筹备处,各县再设立分处。为搞好备荒事,其主要工作包括

"劝捐积谷实储县仓,以备明年荒时粜借;筹设因利局,由绅商汇资,以供贫民耕作资本;并代采豆、麦杂粮种籽以及耕牛,俾得从事力田"[155]。1922 年 1 月 9 日,平江救灾援助会和浏阳救灾协会决定联合自救,并且"不设机关,不设常驻员,不开支,有事随时召集会议"[156],由两县各推代表 7 人,就日后的发表和平宣言、联合向华洋筹赈会省政府请赈以及各县平民互相后援等做准备。同年 9 月,湘南地区的郴、永、宜、资、汝、桂 6 县于郴县组成 6 县善后处。

1926 年 1 月湘西地区的乾城、凤凰、永绥、古丈、保靖、龙山、麻阳 7 县代表在保靖成立联合救灾会,专门救济 7 县灾荒,各县城由各法团成立救灾分会,在常德设立采办处,辰州设转运处,派巡防军一营分驻辰、常,护送运输赈粮船只。联合救灾会要求全省公有赈款中 7 县应得的份额划归 7 县自行办理。在采运粮食方面,决计由每县富商垫筹洋 1 万元,各县从前筹获的赈款和原有的公款均提为启动资本;要求 7 县境内的商船在由常德、桃源上驶时,照货价以 3/10 搭运粮食,到达后自由变卖,以此来增加这 7 县的粮食供应量。而且要求灾区分区自救,各乡以一甲至三甲为一救灾区域,各救灾区域,均须设立机关,定名为某乡某处救灾事务所。赈款的分配强调以拯救各分区不能自救及灾情特重者为主,不能按县按乡平均支配。

相邻灾县合组救灾组织,对内可以让救灾物资使用更趋合理,对外可以形成合力争取更多款项,扩大社会影响力。当然这些合作紧密程度不一样,范围也不同,不过它体现了协同救灾的先进理念。在慈善救济机构无法实现全省范围整合的情况下,这种从局部开始的尝试是一种好的选择。

## 五、慈善救济组织间随机性合作

就北京政府时期湖南慈善救济组织的基本态势而言,最主要的是彼此分散,缺乏有效整合,尽管湖南华洋筹赈会在改组时西干事就提出这个问题,希望政府将筹赈会只设一个机关,以免事权不统一。但实际上,华洋筹赈会因缺乏充足的赈款,各地请赈的要求无法全部满足,自然就少了统合全省赈务的必需基础,而各地所得赈款无法满足赈灾需要时,就会各自成立各类筹赈组织,纷纷四出请赈,给外界的观瞻是混杂无序的。因此,京沪等地湘籍名人(他们长期是湘省向北京政府请款和向社会筹款的中坚力量)就多次呼吁省内的慈善救济组织整合,以统一行动。省政府面临这样的舆论压力时,就会出面邀集相关团体筹设华洋合组的机构。可是,迫于外界压力形式上合组了,实际上是简单的临时拼凑,起不到预期作用,其关键因素是各慈善救济组织差异大、彼此缺乏整合的强烈愿望。所以,整合的效果非常有限,内部出现分歧争执是最常见的事情。

尽管没有机制上的有效整合,但在具体查灾放赈等实践中,某些团体彼此间还是提供相互的支持,但这种支持是临时性的、项目式的。这种临时性、随机性合作在1918年的兵灾救助和1924年的水灾救助中较有代表性。比如,1918年上海的济生会、红十字会在株洲醴陵急赈结束后,将在当地所办粥厂交由湖南义赈会续办;在当年冬赈时,也委托湖南义赈会将一些寒衣代为散放;而且在放赈时,也是以湖南义赈会提供的灾情报告为依据。1924年长沙、宁乡等地多处水灾,湖南水灾急赈会(后来的水灾筹赈会)就委托由6团体组成的长沙水灾救济团代为施粥送饭等,而长沙水灾救济团又进一步联合觉化慈善堂、积善小补堂等传统善堂来配合进行。

　　当然这些个案的合作程度是不高的,因为合作的内容集中在一些基础性的环节如查灾放赈部分,至于筹款、赈款支配乃至办赈理念方面就没有涉及。不过,如果这种工作中随机性合作增多,也会逐渐让更多慈善救济组织意识到合作的重要性,这有助于慈善救济组织的整合。可是随着北伐战争和南京国民政府的成立,慈善救济组织生存活动的社会大背景发生了变化。之后,省内慈善组织的整合提到了议事日程,只是这时的整合是奉政府命令完成的,主要的载体就是省区救济院。

## 六、奖励制度

　　奖惩制度是社会组织运转的重要制度基础,有效的奖励和必要的惩戒可以将目标人群的行为引向组织所希望的方向。奖惩的主体有政府和社会组织两种类型。一般来说,社会组织自己的奖惩制度主要是针对既有成员的,而政府的奖惩针对性更广泛,不仅是特定社会组织成员还包括潜在的目标成员。

　　政府对积极从事慈善救济事业的人员和团体给予奖励是古今通例,体现政府公权力所代表的社会大众对善举的首肯与鼓励,是激发更多的人参与进来的动力。政府民政系统都有相应的奖惩条例,如1920年内务部颁布了《改订义赈奖励章程》,各慈善组织也在相关章程中规定了请奖的条件。慈善救济组织向政府呈请的奖励主要包括对有功者授予勋章和优先录用进政府部门。

　　北京政府时期,湖南大部分慈善救济组织在办事章程中有相关的奖励条款,不管该组织的规模大小、实力强弱、官办民办。1922年华洋筹赈会制定的《劝募部简章》就规定"对于劝募人之奖励,由本会函请北京督办赈务处照内务部呈请给奖章程给奖。"

1924 年 7 月,湖南水灾急赈会所定章程第十七条则规定"捐助赈款奖励章程另定之",次年 1 月 17 日,湖南水灾筹赈会评议会审查通过了《助赈奖励条例》。1924 年,益阳急赈分会制定的益阳的《公债条例》规定经募此项公债达万元以上者或独立承购 3000 元以上者由知事参照义赈奖励章程,呈请省长分别褒奖之。湘潭县急赈分会赈务办法则规定调查员果能公正无私调查切实,于赈务完竣后由会长呈请省政府分别奖励。1926 年湘西 7 县联合救灾会章程规定:救荒办团得力之乡长保董甲长牌长团务管带练长督带及赈务人员与富商等,有下列情况之一者,就由县长及统领部考查属实,除核给奖章或匾额外,并罗列事实呈报省长内务司核奖。这些情况包括:境内无灾民、无游民、捐纳赈款踊跃、办理团务赈务确有成绩可考等直接与办赈相关的内容。

　　1922 年华洋筹赈会拟裁撤之际,通电总分会,要求将办事得力人员择优请奖,以酬劳苦。10 月 12 日,筹赈会致函省署请求省署录用赈务有功人员。在致省署的函件中筹赈会回顾了该会员司一年多来的辛劳,"各个员司,均系责令勉尽义务,概未支给薪水","辛勤两载,毫无遗憾,实属疲劳异常"。筹赈会同时将有功员司的履历特长等汇册报给省署,并表达他们愿服从任何机关差用的意向。最后要求省长念及这些人服务赈务、勤苦异常的实际,批准分别转给各主管衙门,提前录用,藉恤前劳而策后效,毕竟"赈务人员应受特别奖励,历有成案"[157]。

　　慈善救济组织除向省署呈请给奖和对有功人员优先录用外,同时还直接向北京政府请奖。1916 年湘西兵灾抚绥事即将结束时,熊希龄致电常德抚绥处"在事各员应即择尤请奖"[158]。最后常德和辰州等地的罗感恩、涂德乐、黄济中被推向北京政府铨叙局请奖。1923 年,在湖南华洋筹赈会未申请奖项的情况下,北京内务部的湘籍人士认为湖南义赈会、旅京湖南筹赈会、湖南急赈会和湖南华洋筹赈会为赈务到处奔走,应该受表彰,于是列出名单和获奖等级(具体清单见表4—19)。1925 年 1 月 17 日,省长赵恒惕专门致电北京内务部为旅京湖南筹赈会请奖。在电文中,赵恒惕指出"敝省旅京急赈会办理民十灾赈,筹集巨款,全活灾黎,成绩卓著,事关敝省荒政,敝处未为请奖,殊抱歉忱"。因此,要求北京内务部依据已给各省义赈团体在事出力人员核奖的成例,"务恳将旅京湖南急赈会请奖一案,迅赐发表以彰劳勋,而慰群情"。[159]

湖南华洋筹赈会、湖南急赈会 1921 年、1922 年奖案
等级姓名一览表[160] 表 4—19

| 姓名 | 1921 年分奖案 | 1922 年分奖案 |
|:---:|:---:|:---:|
| 袁家普 | 晋给二等嘉禾章 | 晋给二等大绥嘉禾章 |
| 欧本麟 | 晋给二等嘉禾章 | 晋给二等大绥嘉禾章 |
| 雷飞鹏 | 给予五等嘉禾章 | 晋给四等嘉禾章 |
| 谢国藻 | 给予五等嘉禾章 | 晋给四等嘉禾章 |
| 曾约农 | 给予五等嘉禾章 | 晋给四等嘉禾章 |
| 李海 | 简任职存记任用 | 晋给三等嘉禾章 |
| 朱德全 | 简任职存记任用 | 晋给二等嘉禾章 |
| 毕厚 |  | 晋给二等嘉禾章 |
| 方永元 | 简任职存记任用 | 给予四等嘉禾章 |
| 李芟 |  | 给予四等嘉禾章 |
| 吴静 |  | 简任职存记任用 |
| 锺馥 |  | 简任职存记任用 |
| 赵恒 |  | 简任职存记任用 |

| 姓名 | 1921 年分奖案 | 1922 年分奖案 |
|------|------|------|
| 刘克刚 | 荐任职分发任用 | 超给五等嘉禾章 |
| 李家荫 | 荐任职分发任用 | 超给五等嘉禾章 |
| 陈克树 | 荐任职分发任用 | 超给五等嘉禾章 |
| 刘莶 | 荐任职分发任用 | |
| 刘鹏年 | 荐任职分发任用 | |
| 王昌浚 | 荐任职分发任用 | 超给五等嘉禾章 |
| 梁良士 | 荐任职分发任用 | 超给五等嘉禾章 |
| 莫寿森 | 荐任职分发任用 | 二等金色义赈奖章 |
| 郑代桢 | 荐任职分发任用 | 超给八等嘉禾章 |
| 宋屏 | 荐任职分发任用 | 超给五等嘉禾章 |
| 张罔凤 | 荐任职分发任用 | |
| 张荫湘 | 荐任职分发任用 | 二等金色义赈奖章 |
| 吴士云 | 荐任职分发任用 | 二等金色义赈奖章 |
| 伍德润 | 荐任职分发任用 | |
| 罗兆麟 | 荐任职分发任用 | |
| 刘德滋 | 荐任职分发任用 | 二等金色义赈奖章 |
| 锺藻 | 荐任职分发任用 | |
| 章焕 | 荐任职分发任用 | 二等金色义赈奖章 |
| 萧建屏 | 荐任职分发任用 | 二等金色义赈奖章 |
| 张寿澂 | 一等金质义赈奖章 | 委任职分发委用 |
| 胡德昌 | | 超给五等嘉禾章 |
| 蒋育寰 | | 超给五等嘉禾章 |

| 姓名 | 1921 年分奖案 | 1922 年分奖案 |
|---|---|---|
| 郭庆寿 | | 超给五等嘉禾章 |
| 邓天演 | | 超给五等嘉禾章 |
| 马续常 | | 超给五等嘉禾章 |
| 刘磊 | | 超给五等嘉禾章 |
| 唐冠亚 | | 超给五等嘉禾章 |
| 黄翼球 | | 超给五等嘉禾章 |
| 刘世陶 | | 超给五等嘉禾章 |
| 杨德亭 | | 超给五等嘉禾章 |
| 文启淼 | | 超给五等嘉禾章 |
| 邹骥 | | 超给五等嘉禾章 |
| 王尹衡 | | 超给八等嘉禾章 |
| 刘善泽 | | 荐任职分发任用 |
| 郑海靖 | | 荐任职分发任用 |
| 刘岷庵 | | 荐任职分发任用 |
| 李珂 | | 荐任职分发任用 |
| 袁皙 | | 荐任职分发任用 |
| 胡舜清 | | 荐任职分发任用 |
| 萧炳汉 | | 荐任职分发任用 |
| 丁骏骧 | 一等金质义赈奖章 | 荐任职分发任用 |
| 章恭杜 | 一等金质义赈奖章 | 荐任职分发任用 |
| 旷关 | 一等金质义赈奖章 | 荐任职分发任用 |
| 黄安洞 | | 荐任职分发任用 |

| 姓名 | 1921 年分奖案 | 1922 年分奖案 |
| --- | --- | --- |
| 陈嘉猷 | 一等金质义赈奖章 | 荐任职分发任用 |
| 袁昌佑 | | 荐任职分发任用 |
| 袁思敬 | | 荐任职分发任用 |
| 唐远敷 | | 荐任职分发任用 |
| 程贞铨 | | 荐任职分发任用 |
| 蒋炳 | 颁给乐善好施匾额 | 荐任职分发任用 |
| 舒永狙 | 颁给乐善好施匾额 | 荐任职分发任用 |
| 谌南英 | | 荐任职分发任用 |
| 锺绶 | | 荐任职分发任用 |
| 徐玉山 | | 荐任职分发任用 |
| 杨大璋 | | 荐任职分发任用 |
| 马卓 | | 荐任职分发任用 |
| 彭瀛 | | 荐任职分发任用 |
| 李树森 | | 二等金色义赈奖章 |
| 洪勋 | | 二等金色义赈奖章 |
| 邬聪 | | 二等金色义赈奖章 |
| 何菊僧 | | 二等金色义赈奖章 |
| 陈邦辉 | | 二等金色义赈奖章 |
| 欧锺祥 | | 二等金色义赈奖章 |
| 张称遂 | | 二等金色义赈奖章 |
| 彭鸿 | | 二等金色义赈奖章 |
| 叶浚煌 | | 二等金色义赈奖章 |

续表

| 姓名 | 1921 年分奖案 | 1922 年分奖案 |
| --- | --- | --- |
| 胡勉 | | 二等金色义赈奖章 |
| 张畴 | | 二等金色义赈奖章 |
| 熊抚彝 | | 二等金色义赈奖章 |
| 袁善乡 | | 二等金色义赈奖章 |
| 杨汝为 | | 二等金色义赈奖章 |
| 李宏庆 | | 二等金色义赈奖章 |
| 王普光 | | 二等金色义赈奖章 |
| 吴锦纯 | | 二等金色义赈奖章 |
| 邓金万 | | 二等金色义赈奖章 |
| 宁翔 | 一等金质义赈奖章 | |
| 张狐 | 一等金质义赈奖章 | 二等金色义赈奖章 |
| 高云灿 | 一等金质义赈奖章 | 二等金色义赈奖章 |
| 易镇寰 | 一等金质义赈奖章 | 二等金色义赈奖章 |
| 黄觐光 | | 二等金色义赈奖章 |
| 邓林 | | 二等金色义赈奖章 |
| 黄恕夫 | | 二等金色义赈奖章 |
| 汤喧 | | 二等金色义赈奖章 |
| 陶鼎勋 | | 二等金色义赈奖章 |
| 刘恪卿 | | 二等金色义赈奖章 |
| 杨容秋 | | 二等金色义赈奖章 |
| 袁文典 | | 二等金色义赈奖章 |
| 李锡雍 | | 二等金色义赈奖章 |

| 姓名 | 1921 年分奖案 | 1922 年分奖案 |
|---|---|---|
| 游振庭 | | 二等金色义赈奖章 |
| 余人亚 | | 二等金色义赈奖章 |
| 俞庆林 | | 二等金色义赈奖章 |
| 杨继勋 | 给以乐善好施四字 | 二等金色义赈奖章 |
| 周寿龄 | | 二等金色义赈奖章 |
| 邓复生 | | 二等金色义赈奖章 |
| 熊原生 | | 二等金色义赈奖章 |
| 朱懋康 | | 二等金色义赈奖章 |
| 易价 | 颁发乐善好施匾额 | 二等金色义赈奖章 |
| 沈培基 | 颁发乐善好施匾额 | |
| 谌燮中 | 颁发乐善好施匾额 | |
| 唐宅俊 | 颁发乐善好施匾额 | |
| 龚家胤 | 颁发乐善好施匾额 | |
| 史春霆 | 颁发乐善好施匾额 | |
| 周培钧 | 颁发乐善好施匾额 | |
| 罗兆龙 | 颁发乐善好施匾额 | |

## 注　释

1　《湖南义赈会报告书》,长沙《大公报》1918 年 10 月 14 至 26 日。

2　《华洋筹赈会筹赈之周折》,长沙《大公报》1922 年 1 月 6 日。

3　《关于附加赈款票之交涉》,长沙《大公报》1922 年 3 月 8 日。

4　《筹赈会请加拨附加税票》,长沙《大公报》1922 年 3 月 10 日。

5　《北京附加赈款票处致湖南华洋筹赈会电》,见《关于赈款票之商榷》,长沙《大公报》1922 年 3 月 20 日。

6　《赈务处致筹赈会函》,见《赈务处摊派各省赈款》,长沙《大公报》1922 年 6 月

27 日。

7　《财政厅不允附加货税作赈》，长沙《大公报》1922 年 4 月 2 日。

8　《存余附加票支配紧急灾区》，长沙《大公报》1922 年 7 月 14 日。

9　参见《筹赈会函请整顿欠缴赈票》，长沙《大公报》1923 年 4 月 9 日。

10　《筹赈会经收厘附赈款数目》，长沙《大公报》1926 年 6 月 27 日。

11　《各公团电求拨汇关余税余款》，长沙《大公报》1921 年 7 月 14 日。

12　《各团体再电北京请款》，长沙《大公报》1921 年 7 月 27 日。

13　《财务委员会之分配赈款数目》，长沙《大公报》1922 年 2 月 7 日。

14　《海关赈款第二批又已分配》，长沙《大公报》1922 年 4 月 4 日。

15　《五省联合请北政府赈灾》，长沙《大公报》1925 年 9 月 23 日。

16　参见《赈务协会电请优配延长关附赈款》，长沙《大公报》1926 年 6 月 12 日。

17　《筹赈会之干事会议》，长沙《大公报》1922 年 6 月 4 日。

18　《各公团争还械款之激电》，长沙《大公报》1922 年 6 月 20 日。

19　20　《筹赈会致日公使电》，长沙《大公报》1922 年 7 月 9 日。

21　《各公团要求械款之激电》，长沙《大公报》1922 年 10 月 21 日。

22　《饶伯师报告交涉械款详情》，长沙《大公报》1923 年 3 月 4 日。

23　《交涉械款代表回省》，长沙《大公报》1923 年 2 月 24 日。

24　《饶伯师报告交涉械款详情》，长沙《大公报》1923 年 3 月 4 日。

25　26　《袁雪安又电告械款交涉情形》，长沙《大公报》1923 年 3 月 7 日。

27　《赵省长再电力争械款》，长沙《大公报》1923 年 3 月 18 日。

28　《借拨米盐公股办法》，见《米盐公股购谷备荒之办法》，长沙《大公报》1921 年 11
月 19 日。

29　《省农会致交通部电》，见《农会力争公股之去电》，长沙《大公报》1922 年 7 月
10 日。

30　《旅京湖南筹赈会致筹赈会函》，见《旅京筹赈会函告赈款交涉情形》，长沙《大公
报》1922 年 11 月 19 日。

31　《华洋筹赈会招待新闻界详志》，长沙《大公报》1923 年 7 月 3 日。

32　《省长覆筹赈会函》见《永宝路包工垫款之重要文书》，长沙《大公报》1923 年 7 月
9 日。

33　《筹赈会致省议会及慈善公所函》，见《筹赈会之重要会议》，长沙《大公报》1924 年

5 月 18 日。

34　《筹赈会致省长函》，见《筹赈会对于米盐证券之声明》，长沙《大公报》1924 年 6 月
　　4 日。

35　《省议会讨论米盐公股保管问题》，长沙《大公报》1924 年 6 月 8 日。

36　《省议会致筹赈会函》，见《省议会关于保管米盐公股之去函》，长沙《大公报》1924
　　年 6 月 9 日。

37　《驻沪义赈会主张米盐公股的款》，长沙《大公报》1924 年 8 月 1 日。

38　《尚未完全停顿之米盐证券抵款问题》，长沙《大公报》1924 年 8 月 30 日。

39　《义赈总会致交通部函》，见《米盐公股抵现之要讯》，长沙《大公报》1924 年 9
　　月 17 日。

40　《见米盐公股抵现之要讯》，长沙《大公报》1924 年 9 月 17 日。

41　《致两粤各军官电》，见《筹赈会替湘民到处请命》，长沙《大公报》1922 年 2 月
　　26 日。

42　43　根据长沙《大公报》相关报道制作而成。

44　《筹赈会致北京赈务处电》，见《筹赈会函告湘灾近况》，长沙《大公报》1922 年 6 月
　　23 日。

45　《筹赈会通电募款》，长沙《大公报》1922 年 4 月 7 日。

46　《致旅沪各乡绅电》，见《筹赈会替民到处请命》，长沙《大公报》1922 年 2 月 26 日。

47　此表乃根据《湖南义赈报告书》（长沙《大公报》1918 年 10 月 14 至 26 日）制作
　　而成。

48　《华洋筹赈会致各界请召开赈灾游艺大会函》，见《又将组织赈灾游艺大会》，长沙
　　《大公报》1922 年 4 月 2 日。

49　《熊凤凰电告美红会捐助湘赈之误会》，长沙《大公报》1926 年 2 月 28 日。

50　《赈务协会向欧美红会呼吁捐款》，长沙《大公报》1926 年 2 月 28。

51　《关于赈务最近之要闻》，长沙《大公报》1926 年 3 月 24 日。

52　参见《学界筹赈会杂记》，长沙《大公报》1921 年 6 月 10 日。

53　《学界游艺会之结果》，长沙《大公报》1921 年 7 月 3 日。

54　《菊花游艺大会开开幕了》，长沙《大公报》1921 年 11 月 3 日。

55　《华洋筹赈会致各界请召开赈灾游艺大会函》，见《又将组织赈灾游艺大会》，长沙
　　《大公报》1922 年 4 月 2 日。

56　《筹赈游艺大会之筹备会议》，长沙《大公报》1922 年 4 月 9 日。

57　《灾民哀号传单》，见《赈灾游艺会之游街会》，长沙《大公报》1922 年 4 月 26 日。

58　《简章》，见《筹赈游艺大会之筹备会议》，长沙《大公报》1922 年 4 月 9 日。

59　《游艺大会力邀艺术家来湘》，长沙《大公报》1922 年 4 月 16 日。

60　《游艺会收支账目一览》，长沙《大公报》1922 年 6 月 11 日、12 日。

61　《省议会之新请愿案》，长沙《大公报》1922 年 5 月 28 日。

62　参见《参观游艺会随笔》，长沙《大公报》1922 年 5 月 9 日。

63　《急赈会拟定演剧筹捐办法》，长沙《大公报》1921 年 6 月 4 日。

64　《和平新戏社演戏助赈之收获》，长沙《大公报》1924 年 7 月 27 日。

65　《急赈会要闻汇志》，长沙《大公报》1924 年 8 月 21 日。

66　《急赈团挨户捐学校分配一览表》，见《学界挨户捐之举行》，长沙《大公报》1921 年
　　6 月 8 日。

67　《华洋筹赈会昨日之会议》，长沙《大公报》1921 年 6 月 10 日。

68　参见《湖南义赈会徽彩助赈广告》，长沙《大公报》1919 年 1 月 26 日。

69　参见《湖南义赈会徽彩鸣谢》，长沙《大公报》1919 年 2 月 19 日。

70　《警厅不允人力车向乘客劝募赈款》，长沙《大公报》1924 年 7 月 28 日。

71　《请停办彩票致卢永祥暨上海慈善救济会电》（一九一九年三月五日），见周秋光
　　编：《熊希龄集》（下），长沙：湖南出版社 1996 年版，第 1286 页。

72　73　《致长沙张督军电》（民国七年七月二日），见熊希龄著：《熊希龄先生遗稿》
　　（第四卷），上海：上海书店出版社 1998 年版，第 3139、3145 页。

74　参见《湖南义赈慈善救济奖券章程》，长沙《大公报》1918 年 9 月 3 日。

75　《致北京大总统电》（民国八年三月五日），见熊希龄著：《熊希龄先生遗稿》（第四
　　卷），上海：上海书店出版社，第 3535 页。

76　《省长令销义赈副券》，长沙《大公报》1918 年 10 月 21 日。

77　《慈善救济副券中彩电发表》，长沙《大公报》1918 年 10 月 29 日。

78　《派销救贫奖券》，长沙《大公报》1919 年 11 月 5 日。

79　《湖南义奖副券头奖光洋二千圆》，长沙《大公报》1919 年 12 月 4 日。

80　84　107　110　谢国藻：《二十年来之湖南赈务》，《长沙大公报廿周年纪念特刊》，
　　藏湖南图书馆。

81　《实抽慈善捐款》，见《长沙县布告二则》，长沙《大公报》1919 年 7 月 16 日。

82 《贺师长对五县善后会议之提案》,长沙《大公报》1925年8月9日。

83 《华洋筹赈会之经过及其内容》,长沙《大公报》1922年6月30日。

85 《华洋义赈会致谭督军电》,见《关于义赈之来去电》,长沙《大公报》1920年10月2日。

86 《急赈会派员调查各县灾情》,长沙《大公报》1924年8月17日。

87 《熊秉三关怀湘灾赈济电》,长沙《大公报》1926年1月30日。

88 《各县特约通信》,长沙《大公报》1924年8月3日。

89 《急赈会要闻汇志》,长沙《大公报》1924年8月2日。

90 《内务司致各县知事训令》,见《内务司也有对于灾情的文章》,长沙《大公报》1924年8月6日。

91 苏鹏:《岳阳视赈记》,1926年3月7、8、9、10、14日。

92 此表根据《分区调查灾况之人员》(长沙《大公报》1921年11月16日)和《本会派往各灾区调查员暂行规则》(载《湖南华洋筹赈会续办辛酉旱灾报告书》,藏湖南图书馆)制作而成。

93 此表根据《急赈会派员调查各县灾情》(长沙《大公报》1924年8月17日)制作而成。

94 此表根据《义赈会派员调查各属灾情要讯》(长沙《大公报》1924年8月18日)制作而成。

95 《冬赈办事规则》,见《义赈会开办冬赈》,长沙《大公报》1918年12月21日。

96 苏鹏:《岳阳视赈记》,长沙《大公报》1926年3月7、8、9、10、14日。

97 《查放细则》,长沙《大公报》1920年9月6日至11日。

98 《本会派往各灾区调查员暂行规则》,见《湖南华洋筹赈会续办辛酉旱灾报告书》,藏湖南图书馆。

99 《冬赈办事规则》,见《义赈会开办冬赈》,长沙《大公报》1918年12月21日。

100 《湖南义赈会议决九年兵水两灾赈济简章》,长沙《大公报》1920年9月6日至11日。

101 参见《义赈会征集各县灾情广告》,长沙《大公报》1919年3月8日。

102 参见《湖南义赈会议决九年兵水两灾赈济简章》,长沙《大公报》1920年9月6日至11日。

103 《本会派往各灾区调查员暂行规则》,见《筹赈会调查各县灾情办法》,长沙《大公报》1921 年 11 月 13 日。

104　《义赈会筹赈要闻》，长沙《大公报》1924 年 8 月 16 日。

105　《致辰州红十字会电》（民国五年四月十二日），见熊希龄著：《熊希龄先生遗稿》
（第二卷），上海：上海书店出版社 1998 年版，第 1783—1784 页。

106　《湖南义赈会致岳州分所电》，见《义赈会往来电讯》，长沙《大公报》1918 年 10 月
30 日。

108　《湖南义赈会致醴陵知事复函》，见《醴陵灾民恳补发赈款》，长沙《大公报》1918
年 11 月 12 日。

109　《华洋筹赈会之经过及其内容》，长沙《大公报》1922 年 6 月 30 日。

111　《刘铏唐蠡捐助宝庆赈款》，长沙《大公报》1924 年 7 月 22 日。

112　《湖南急赈会简章》，长沙《大公报》1921 年 5 月 19 日至 21 日。

113　《本会派往各灾区调查员暂行规则》，见《筹赈会调查各县灾情办法》，长沙《大公
报》1921 年 11 月 13 日。

114　《湘潭县急赈分会赈务办法》，见《各县特约通信》，长沙《大公报》1924 年 7 月
17 日。

115　《急赈会派员调查各县灾情》，长沙《大公报》1924 年 8 月 17 日。

116　《筹赈会前日之干事会议》，长沙《大公报》1922 年 3 月 26 日。

117　苏鹏：《岳阳视赈记》，长沙《大公报》1926 年 3 月 7、8、9、10、14 日。

118　《省长署昨日筹赈大会议》，长沙《大公报》1925 年 11 月 3 日。

119　《政府覆查赈荒委员一封书》，长沙《大公报》1926 年 3 月 8 日。

120　《湖南义赈会议决九年兵水两灾赈济简章》，长沙《大公报》1920 年 9 月 6 日至
11 日。

121　《华洋会之临时会议》，长沙《大公报》1921 年 7 月 15 日。

122　《筹赈评议会议纪事》，长沙《大公报》1922 年 9 月 12 日。

123　《本会续订办事章程》，见《湖南华洋筹赈会续办辛酉旱赈报告书》，藏湖南图
书馆。

124　《各乡具体散放赈款办法》，见《各县特约通信》，长沙《大公报》1924 年 9 月
29 日。

125　《各县特别通信》，长沙《大公报》1924 年 9 月 2 日。

126　参见《筹赈会将宣布春赈内容》，长沙《大公报》1922 年 3 月 5 日。

127　《义赈会限期呈报散赈情形》，长沙《大公报》1924 年 10 月 18 日。

128　参见《筹赈会补配各县赈粮》，长沙《大公报》1922 年 6 月 19 日。

129　《水灾急赈会坐办辞职》，长沙《大公报》1924 年 7 月 21 日。

130　《筹赈会前日之干事会议》，长沙《大公报》1922 年 3 月 26 日。

131　《湖南义赈会致湘江吴道尹复函》，见《义赈会痛陈华容县知事之横暴》，长沙《大公报》1919 年 3 月 21 日。

132　《湖南义赈会致湘江吴道尹复函》，见《义赈会痛陈华容县知事之横暴》，长沙《大公报》1919 年 3 月 21 日。

133　《省议会昨日议事纪》，长沙《大公报》1925 年 3 月 4 日。

134　《朱德全对于放赈之计划》，长沙《大公报》1922 年 8 月 8 日。

135　《水灾救济团致省长函》，见《水灾救济团昨日之重要呈报》，长沙《大公报》1924 年 7 月 12 日。

136　《严禁侵吞赈款之通令》，长沙《大公报》1921 年 8 月 22 日。

137　《筹赈评议会拟定采运办法（草案）》，长沙《大公报》1922 年 3 月 31 日。

138　参见《筹赈会评议会之重要会议》，长沙《大公报》1922 年 3 月 30 日。

139　《省长维持民食》，长沙《大公报》1918 年 9 月 29 日。

140　《筹赈会致长沙城区民食维持会复函》见《筹赈会不赞成省河阻禁》，长沙《大公报》1922 年 3 月 12 日。

141　《筹赈会对于湘潭阻米之驳复》，长沙《大公报》1922 年 2 月 23 日。

142　《省长维持民食》，长沙《大公报》1918 年 9 月 29 日。

143　《旅京同乡组织旱灾赈务会》，长沙《大公报》1926 年 2 月 21 日。

144　《华洋筹赈会函电录》，长沙《大公报》1921 年 12 月 3 日。

145　《筹赈会议决之要案》，长沙《大公报》1922 年 4 月 6 日。

146　《筹赈会评议会之会议》，长沙《大公报》1922 年 5 月 3、4 日。

147　参见《筹赈评议部开会记》，长沙《大公报》1922 年 5 月 19 日。

148　《评议会致干事会函》，见《筹赈会评议会催造账目》，长沙《大公报》1923 年 11 月 6 日。

149　《评议部致干事部函》，见《筹赈会两部之意见》，长沙《大公报》1922 年 5 月 10 日。

150　《评议部致干事部函》，见《筹赈评议会质问干事会函》，长沙《大公报》1922 年 6

月 28 日。

151　《筹赈评议部致干事部之激函》，长沙《大公报》1922 年 12 月 14 日。

152　《评议部致干事部函》，见《筹赈评议部又质问干事部》，长沙《大公报》1923 年 11
　　月 12 日。

153　154　此表根据长沙《大公报》相关报道整理制作而成。

155　《善后筹备处处长陈渠珍及九县知事致华洋筹赈会函》，见《陈渠珍设立九县善后
　　筹办处》，长沙《大公报》1921 年 10 月 31 日。

156　《平浏两县联合救灾》，长沙《大公报》1922 年 1 月 10 日。

157　《筹赈会保用出力人员》，长沙《大公报》1922 年 10 月 13 日。

158　《致常德抚绥处电》民国五年十月十七日，见熊希龄著：《熊希龄先生遗稿》（第三
　　卷），上海：上海书店出版社 1998 年版，第 2033—2034 页。

159　《省长请奖旅京筹赈人员》，长沙《大公报》1925 年 1 月 18 日。

160　《华洋筹赈会之奖案》，长沙《大公报》1923 年 7 月 4 日至 7 日。

# 第 五 章
# 慈善救济中几对重要关系

在前面的章节中,已经论及北京政府时期湖南的社会情态以及慈善救济的基本状态,从中不难发现当时湖南的慈善救济与几个重要因素关系密切,即名人、商会、公权力、宗教和媒体等。之所以这些因素在当时慈善救济中的影响特别突出,当然与湖南本身的经济实力不强、政府强力渗透进社会机体、宗教与慈善密不可分的关联、大众传媒与近代慈善救济紧密相连等是分不开的。所以,勾勒、解读北京政府时期湖南慈善救济中几对重要关系是从更高层次把握湖南慈善救济事业的必要环节。

## 第一节 熊希龄与湖南慈善救济

如果说北京政府时期湖南慈善救济事业中有人无论怎样都不应忘却的话,那当仁不让就是熊希龄。可以毫不夸张地说,熊希龄自民国总理位上退下来后,在长达10多年的时间里与湖南慈善救济事业有密不可分的关系,他的言论主张和行为实践给湖南当时的慈善救济事业打下了深深的烙印,某种程度上说对近代湖南慈善事业特质的形成具有一定的奠基作用,他的很多关于慈善的思想主张对当前我国慈善事业发展也是大有裨益的。

熊希龄(1870—1937),字秉三,湖南凤凰人。他早年投身维新变法运动。清末,积极参与倡立宪、兴教育、创实业、理财政、办盐运等,均多著成效。入民国后,相继出任财政总长、热河都统、国务总理,身具首揆,统率百僚,为当世所瞩目。嗣因袁世凯先后发布解散国民党和国会的乱命,均经熊希龄副署,致一时物议鼎沸。熊下野后于 1914 年 3 月被袁世凯任命为"筹办全国煤油矿事宜",熊希龄推辞不就,借故南下,回乡迎母。至袁世凯死后,熊希龄返京,但深感中国政局黑暗不宁,对其厌倦不已,于是急流勇退,脱离政界,自此至死虔诚地献身社会慈善事业,后世尤其广为传诵的当属在北京创办香山慈幼院。[1]

在熊希龄从事慈善事业的生涯中,湖南作为桑梓地灾乱不断,自然成为其倾力甚多的地方,他与湖南慈善救济事业的联系是多方面且深刻的。

## 一、熊希龄是湖南慈善救济中的关键性人物

熊希龄与湖南慈善救济事业发生联系始于 1916 年,他在回乡期间被袁世凯任命为湘西宣慰使,并获得 6 万元专款用作赈抚。此后,一直持续到北京政府终了,熊希龄的名字与湖南的慈善救济就连在一起,无论是兵灾还是水旱灾救护。每当湘省灾乱发生,需要筹款赈济时,政府、社团、名流首先想到的求助对象就是熊希龄。熊希龄对各方请赈、求助都热情予以回应,觉得乡亲"不遗在远,委以重任",自己则怀揣"桑梓义务,义不容辞"的态度,[2]并以《诗经·谷风》里的诗句"凡民有丧,匍匐救之"要求自己,并表示"苟有可设之法可筹之款,亦当竭其所有以为之"。[3]1916 年初护国战争的战斗在湘西打响后,熊希龄因战事正剧,伤兵灾民俱需救济,

为重人道、恤民生,特与常德绅商代表组办灾地妇孺救济会与伤兵救护队。湘府汤、沈2人"以熊君此举实为最大慈善事业"[4],极力表示赞成之意,还各自捐出光洋千元。

1917年夏末秋初,河北大水灾,京畿一带尽成泽国,如此浩劫为北方"五十年来所未有"。[5]9月29日,大总统冯国璋特派熊希龄督办京畿一带水灾河工善后事宜,并委其赶办急赈。熊希龄在顺直办赈是成功的,这是他退出政坛后在慈善领域初试身手,所取得的成功坚定了他投身慈善的决心。1917年南北混战开始后,熊希龄又在北京发起成立旅京湖南筹赈会立即展开兵灾救助。熊希龄参与慈善的热诚和能力得到社会的充分肯定。1919年春,湘督张敬尧面临40多个县春荒的全局性救灾重任时显得束手无措、一筹莫展,只能希望熊希龄出来帮忙,同时中央也寄望于熊希龄能奇迹般救济湘灾。只是熊希龄以"母老多病,不能远离"和过去在办京畿水灾时困难重重,"政府漠视民瘼,毫不极力主持,弟几与政府决裂"的不愉快经历为由加以拒绝。[6]不过,尽管他拒绝出任官方的湘赈督办职,心中仍挂念家乡的灾难,照例借助旅京湖南筹赈会的平台广募赈款、指导救灾,因此,在这次春荒救济中,熊希龄"仍旧义不容辞地成为这场救灾的灵魂和支柱"。[7]

1921年春荒期间,熊希龄同其夫人朱其慧回湘,一则参与省宪审查(他身为省宪审查会审查长),二则亲自视察筹办赈济事宜。待其到湘后,亲眼所见的灾情远比在京时仅靠听汇报所了解到的要严重得多。因当时湖南为独立省份,北京政府难拨专款救灾,所以一切赈款得以自筹为主,熊希龄提议可争取海关、交通附加和上海华洋义赈会赈余款。但这些款项除交通附加外,其他两项须借重外人。为了能尽快筹到款,熊希龄又建议仿照此前北京国际统一救灾总会办法,在湘省也组织一华洋联合救灾机构。省长赵恒惕接受其建议,联合省内中外主要团体合组湖南华洋筹赈会。华洋筹赈会成立后,在湖南赈灾中发挥了中流砥柱的作用。可以一点不夸张地说,如果北京政府时期湖南慈善救济中没有华洋筹赈会的出现,其历史面貌肯定会是另一种景象。而且,华洋筹赈会的成立将中外双方在人道事务中的合作向纵深推进一大步,因为辛亥时期湖南红十字会的成立就是中外合作的结果。毫无疑问,没有熊希龄的具体建议和推动,华洋筹赈会也不太可能会产生。而且华洋筹赈会办理旱赈,所用款几乎专靠北京赈款,"然该会与北京方面初无何等关系,纯恃熊秉三及旅京湖南筹赈会同乡诸君筹划进行。"[8]

1922 年春,湖南旱魃为虐,赤地千里,"湘灾之重,灾黎之多,逾于顺直"。任福黎为此致电熊希龄,请其千方百计筹款赈灾,言"本省财殚力竭,……全赖钧座遥呼"。[9]1924 年,赵恒惕请熊希龄协助钟伯毅以米盐公股求助于华洋义赈总会抵押现款,并言熊希龄"言逾九鼎,德重三湘"。[10]

1925 年,湖南大面积旱灾秋荒,尤以湘西地区为烈。7 月 11日,省长赵恒惕致电熊希龄通报湘省灾情,并恳指示方略。9 月 28日,省议会就救荒事召开协议会,会议决议去电欢迎熊希龄回湘办赈,"此外移民工赈各事,俟熊秉三先生到湘再行协商"。[11]10 月 4日,省垣公私立各校多人联电请熊希龄回省办赈,他们在电文中说道"回溯历年湘灾,均劳尽筹援救,转危为安,用特合词恳请我公克日回湘主持一切,以救桑梓,无任翘盼"。[12]10 月 9 日,长沙总商会致电熊希龄邀请其南下救灾,言湖南"现在省城各绅商,类皆能力薄弱,政府则库空如洗,束手无方,自不能不仰赖我公命驾回湘,一筹救济,以故湘人望公如望岁"。[13]1926 年 3 月 10 日,凤凰旅省同乡会致电熊希龄邀请其"派员携款来湘,采购大宗谷米,运往凤

凰赈粜"。[14]5 月，当听说熊希龄已抵达岳阳不日即可回省的消息，
湘西公会、湘西实业研究会、湖南公民联合会、湖南救国励进会等
省内多个社团于 9 日联名致电熊希龄表达欢迎之意，电文中说：
"湘灾奇重，饿莩盈野，生佛临岳，急赈有方。三湘民众，曷胜忭
舞。我公望重德隆，仁慈为怀，一切拯救诸政，均待维持，尚乞尊
驾，早临湘垣，解民倒悬，幸勿濡滞，为祝，特电欢迎，毋任翘企。"[15]
只是后来熊希龄没有如期来湘。从社会各界积极向熊希龄汇报灾
情并请筹款救灾乃至邀其亲临家乡指导救灾的行为中，无疑可以
看出熊希龄在当时湖南慈善救济领域不容动摇的地位。

　　总之，熊希龄在北京政府时期湖南慈善救济中几乎是全省灾
民的希望。任福黎在 1918 年 12 月给熊希龄的电文明白谈到熊希
龄在湖南慈善救济事业中的分量，说"语云：人穷则呼天，疾恸则
呼父母。今撄此惨恸之疾，舍我大仁至勇之督办，又谁呼之耶？"[16]
在当时，"湖南发生灾害，首先想到的不是政府，而是本省的乡党、
大慈善家熊希龄"[17]。

## 二、熊希龄积极倡导和参与筹募赈款

　　熊希龄因历任高官，长期在京沪等地游历活动，在政商绅界积
累了丰富的人脉，更是因在办理完顺直水灾后坚定投身慈善的决
心，让很多希望组办慈善团体的人纷纷找到熊希龄，希望由其牵
头，以扩大慈善组织的影响力便于开展工作。因此，熊希龄的社会
兼职身份较多，成为多个慈善团体的创办人和主要领衔者。1916
年救湘西兵灾时，湖南红十字会驻常德事务所的正理事长是熊希
龄。旅京湖南筹赈会和湖南义赈会更是熊希龄 1918 年亲自创办
的。1919 年 4 月，湖南义赈会拟发起成立以"宣布敦化，厉行慈
善"的世界孔教会，并推熊希龄出任会长，只是被婉拒。1921 年成

立的湖南华洋筹赈会由赵恒惕和熊希龄担任会长（10 月华洋筹赈
会改组后是 12 位理事之一），同时也是湖南旱灾急赈会 6 名理事
之一，以及辛酉被灾各省救济联合会的重要发起人。1924 年熊希
龄担任旅京湖南水灾筹赈会会长。1925 年，熊希龄又出任旅京湘
西灾民救济会会长和湖南赈务协会名誉会长职。1926 年熊希龄
出任旅京湖南旱灾赈务会委员长、旅京赈务协会会长。熊希龄担
任主要职务的绝大部分慈善救济组织是在京湘绅为筹赈家乡的兵
水旱灾而设的，以临时性组织为多。从服务对象来看，一般覆盖全
省，当然也有像旅京湘西灾民救济会这样地域性更小的组织；其主
要功能是广募赈款汇寄家乡救灾，同时也就救灾方法提供指导意
见，并对赈款的使用予以相应监督。

　　省内慈善救济组织在筹赈时几乎习惯性地致电熊希龄，请其
垫款或筹借。1921 年，湖南急赈会将捐册寄给熊希龄请其代募捐
款，熊答应接到捐册后竭力筹募。5 月，湖南义赈会决定立即从芜
湖购米二三万石，需款由熊希龄筹措。7 月 31 日，湖南义赈会决
定在岳州设妇孺救济会，经费也请求熊希龄筹集。10 月，华洋筹
赈会为预购谷米存储备荒所需款项 20 万元，也电请熊希龄借款。
之所以这么多机构团体找熊希龄要钱，与熊氏慷慨大方、乐于助人
的性格有关，不过这也使其时有应接不暇、陷于被动之累，也易导
致赈款分配缺乏协调和一致性。这种弊病任福黎在 1918 年 12 月
5 日致熊希龄的电文中就明白指出来了，言"钧座仁而博爱，不忍
拂人之求，往往甲处拨数万，乙处又拨数万，丙、丁处相因而起，卒
之不能一致动滞进行。福黎于襄办京直灾赈时已深虑之矣"。[18]

　　熊希龄担任多个慈善组织的主要负责人，绝非徒有虚名，而是
实实在在为救广大灾民大声疾呼，筹募善款。他筹款方式多种
多样。

第一，通过发行彩票筹款，但当全国彩票发行泛滥，逐渐滑向疯狂赌博性行为时，熊希龄又主动提出停止采用这一方式。

第二，向外国慈善组织筹款，像争取美国华北救灾协会华币50多万元以工代赈修筑潭宝路，积极向美国红十字会发起募捐的努力。

第三，就是争取外省成规模粮款用于湘赈。如1919年沪商私运苏米60万石在黄浦江被扣留，江苏省署拟罚其二成，但商人不承认；而此时恰逢春季，雨水甚多，谷米易霉变，官商间如长此僵持，于双方皆不利，于是熊希龄4月4日致电江苏督军李纯和省长齐耀琳，请饬令将这60万石米运往湖南销售，这样"既了纠葛，亦得善价"[19]，而如果商人愿接受二成罚款，也希望将所罚二成所得减价运湘销售。最终他的请求得到肯定回应，这批米石入湘，较大地缓解了湘省米荒困局。

第四，积极向外省政要绅商发出请赈函电，请求募捐。1919年4月，熊希龄与范源濂等一起通电各省劝募捐款。只是当时的灾荒是全局性的，其他省份同样商民凋敝，义赈难度徒增。1921年春荒，华洋筹赈会安排要求熊希龄在外省筹足3万元。熊希龄在上海积极劝募，特别是在聂云台得到芷江包格非牧师所寄的灾情函电和照片后，更加努力募捐。他自己还与谭延闿一起委托济生会登报以书画助赈。到1921年7月熊希龄在上海共筹借10万元。

第五，争取米盐公股兑现、抵现以及索讨太平械款。1918年春，长沙形势危急，在籍湘绅担心地方公共财产受损，于是将米盐公股证券送交北京熊希龄收管。旅京湖南筹赈会成立后，米盐公股证券转由旅京湖南筹赈会共同保管。但旅京湖南筹赈会暂代保管米盐公股证券却激化张敬尧与熊希龄的矛盾升级。张、熊二人结怨于 1919 年春熊希龄拒任湘赈督办。到了该年深秋,湖南小稔。张敬尧开弛米禁的计划,又遭到熊希龄的坚决反对。这让张氏大为光火,于是在通电中拿熊希龄对已领股款的处置问题说事。10 月 23 日,张在电文中指责道"全湘千万人之米盐公款八九百万,执事则俨然已有,不肯分丝毫以救济桑梓。今且以零零碎碎有名无实之义赈厚自矜诩,使全湘人民皆赖如此慈善家之义赈,然后苟延生命"。[20]熊氏随后(10 月 29 日)对其代保管的米盐公股处置做出解释,到期证券领到款项共交钞 40 多万元,但因"交钞价跌,售出只得半数,公款损失太多,不如购买七年公债,再将各债票转押银行,以为平粜经费,每年利息,足以相抵,粜款所得,仍可偿还,是仆之保存公款完全无缺"。[21]经过这次张、熊之间的唇枪舌剑,慈善总公所把保存在京的证券和已兑现金取回。

此后,省议会先后同意以到期米盐公股借拨华洋筹赈会办赈和拨充省路修筑费。为了能将米盐公股兑现,省议会、慈善总公所和华洋筹赈会无数次派代表晋京或致函在京湘籍绅士前往交通部争取兑现,但都空手而归。这些争款的努力基本上离不开熊希龄的积极参与。省议会代表黄钺、伍岳 1924 年 8 月汇报在京争取米盐公股和交涉请赈湘灾的情况时就明确提到"旅京湘人熊秉三、马振武、刘揆一诸先生辅佐指导之处甚多"。[22]考虑到北京政府部院对湘灾漠视的现状,熊希龄特专为黄钺、伍岳写介绍信,使其携带前往各部门交涉。其实不单单是争取米盐公股,索讨太平械款熊希龄也出力甚多,尽管最后未能如愿。

第六,向北京政府请求拨发赈款。尽管北京政府时期湖南与中央的关系时松时紧,北京政府对湖南也存有戒心,每次支配赈款,没有完全依照实际灾情和湖南自救能力分配,但是熊希龄还是多次联合湘籍要人向内务部、国务院等机构致电请款,而且还建议、指示省内的公团单独或联署向北京政府函电请赈,从而造成一种舆论氛围。客观来说,北京政府时期,湖南的赈款主要还是来自北京政府交通、海关等附加税的拨款,能争取到这些拨款,熊希龄是功不可没的。

熊希龄在函电中不止一次介绍自己为筹款而四处奔波的情形。他在 1921 年 5 月致省宪法筹备处的信函中解释自己推迟回湘的原因时说道"弟本拟五号起程,乃迭接同乡官绅来电,均谓本年春荒……弟意人民乏食,关系重大……是以连日奔走筹款,致稽时日。倘难凑集巨款,尚须赴沪与各慈善团及华洋义赈会商榷办法"。[23]"适值时局艰绌,费尽唇舌,只得可靠之款十余万元,约计日与银行签订"。[24]1924 年 8 月 8 日,熊希龄复电湖南水灾急赈会,告知正在京积极筹募赈款。正因为熊希龄在筹款中不可撼动的地位,周震麟在 1924 年致电赵恒惕谈到筹款问题时特别指出"必请秉三南下劝募,始易筹巨款"。[25]

## 三、熊希龄热情参与筹款之外其他具体事务

熊希龄不只是四出奔走筹款,还亲自关心过问查灾放赈、采运谷米寒衣以及慈善组织救灾时协调合作诸多事宜。而且其许多意见和建议都被付诸实践了。可以说熊希龄是全方位参与到湖南慈善救济中来,他关于慈善救灾的许多思想也转化成了宝贵实践。

1916 年,熊希龄在湘西期间,借"宣慰"之名,行卫乡救灾之实,组织成立医疗队和救济队。医疗队共分两队,一驻常德,一驻辰州。只是因经济困难,不另外开医院,常德就近委托广济医院代办,并委该院的罗感恩医士为医疗队队长,每月津贴洋 400 元;辰州则委托宋恩医院,并委该院美籍医士黄济中为队长。所有医药费由熊希龄拨给。对伤兵过多或病情过重者则安排转往长沙或汉

口医院救治。救济则分区进行。巡按使沈金鉴特委辰沅道尹吴耀金为会办协助熊希龄，及时将各地情形报告熊希龄。

1918 年，湘省遭兵燹水灾瘟疫的地方占全省幅员的 3/4，灾情远重于 1917 年顺直水灾。熊希龄汇交 1 万元以作散放义赈之用，主张特事特办，调整调查放赈间的程序，可以对特别惨苦的灾民先发部分赈款，而且特别要求重视灾情善后工作，并派王在湘回籍筹办全省平粜。到了年底，旅京湖南筹赈会制备棉衣 1 万套，又补助上海济生会制 4 万套，熊希龄主张应多制棉衣少制棉裤。同时还在汉口购置被絮数千床。

1921 年 6 月，在筹组华洋筹赈会时，熊希龄分析了春荒的原因关键是在湘军士多，军粮供应任务重，湖南粮食主产区干旱导致收成大不如预期，张敬尧放米太多。在湘西方传教士则认为粮荒不是天灾而是人祸所致。对此质疑熊希龄一一做了解释，他反驳说"一战"是人祸，欧洲也要求救助。1920 年他同汪大燮组织天津华洋义赈会和华北救灾会都有外国人参与，他们都是出于良心而非利用。至于米荒的成因，熊希龄与任修本之间有争执，任修本认为是有人囤积居奇所致，熊希龄主张是 1920 年二三百万石谷米被运出境所致，任修本认为那年只运出 60 万石。至于放米出口责任，任修本认为是湖南的商会教育会和省议会，熊希龄则认为是张敬尧。他还认为通过规定谷米最低销售价来抑止粮价上涨是不现实的；各县阻止谷米流通是因为担心自己粮食不够用。熊希龄对米荒成因的主张和辩护为邀请西人参与合组救济组织确立了正当性。

更重要的是，熊希龄历来主张严抓米禁，就是粮食小稔，也须特别慎重放米出口。比如，张敬尧在 1919 年秋后"以军米为名，电请弛放米禁，且由官办，运米出境贸易"[26]。按湘省官员的计划，将有一百万石出售外省。熊希龄等对此坚决反对,认为当时谷价甚贱,是因为金融紊乱、时局不定、商业阻滞所致,不能说谷米有剩余。而认为谷价贱伤农之说更是惑人听闻。更何况旅京湖南筹赈会还在设法从外省购米平粜以济不足。湖南当时只是部分地区收成可以,大部分地方歉收;而且湖南驻有 30 多万的军队。

## 四、熊希龄的慈善观念和主要思想

周秋光教授曾对熊希龄的慈善观念做如是概括:"熊希龄的慈善救世观念由重视宗教;重人道、轻名利、尽义务;重视教育三个方面的内容组成。这三者之间的关系是:以重视宗教作为前提和条件;以重人道、重义轻利作为精神和原则;以重视教育作为主要面向。三个方面的内容相互作用和联系,自成体系,在当时的中国慈善界独具特色。"[27]这是从宏观抽象层面对其慈善理念做系统鸟瞰;而具体到如何救济的思考,从熊希龄参与湖南慈善救济的过程中反映出来的至少有如下几点:

第一,联合办赈思想明显,这既有中西之间的联合、受灾省份间的联合也有省内各慈善组织间的联合。在省内财穷民困无款可筹、其他省份也商民凋敝筋疲力尽之际,熊希龄提出应借助西人的力量筹款,并委托西人传教士查灾放赈以显赈灾的公信力。为此,他在 1921 年提出合组湖南华洋筹赈会,同时要求"吾湘各教会、领事及本会须随时将灾况函电各处总教会及全国华洋义赈救济会,广为呼吁,方可有效也"。[28]1925 年 11 月 25 日,熊希龄告知海关附加捐分配中湖南被列为一等灾区,分配到 30 万元。但北京财务委员会要求将此款由中西合组的机构散放,于是熊希龄建议湖南赈务协会和湖南义赈会组设联合会散放此款,"务望诸公己饥为怀,同心协力,勿分畛域,功德无量"。[29]熊希龄因得知义赈会突然宣布对赈灾不负责任、饶伯师也致电熊希龄决定辞去赈务协会监察主任职务,发现两大组织间不合情况严重。于是在 1926 年 1 月 11 日致电赵恒惕,再次就赈务协会和义赈分会之间的不和表达关切,要求两组织能和好,以便关税附加捐款早日拨付,并言"千万灾民生命,待救万急,万望设法调和,庶赈款早到一日,多活灾民无数"。[30]正是熊希龄等在省外湘绅的强烈要求和劝说才让这笔宝贵的赈款及时领到散放灾民。1921 年旱灾,因贵州等省陆续请赈,熊希龄等发起成立辛酉被灾各省救济联合会,以整体的力量向北京政府请款。早在 1922 年筹赈会成立未久,熊希龄就建议其加入中国华洋义赈救灾总会。所以,尽管直到 1924 年湖南华洋筹赈会才正式改组为华洋义赈救灾总会湖南分会,但从 1922 年开始两个慈善机构之间就开始有了密切的联系,这与熊希龄的远见规划是分不开的。

第二,慈善救济中缓急分明,并突出积极慈善方面。湖南义赈会赈救兵灾时,因灾急款少赈济以急赈为主,力主散放粥食。在1921 年荒赈时,同样主张通过就地设粥厂,以防止饥民盲目迁徙和过于集中。在支配从上海筹借的 75000 元(共 10 万元)赈款时,熊希龄主张应先在最远灾区摊拨赈款,以资急赈。关于积极慈善,1922 年熊希龄特别赞成以工代赈修筑马路,只是在具体的线路走向上与华洋筹赈会意见有所不同,认为应从灾情最严重的芷江麻阳开始分途修筑。另外,熊希龄特别重视灾孩的养育,要求他们"除了学艺,还得注意自己的品行修养",[31]认为"慈善救济主要是救人之'身';慈善教育则是救人之'心',因此更重视后者"。[32]在 1922 年湖南第一平民染织传习厂停办之际,熊希龄就有以既有款额和厂房办长沙慈幼院的计划,在长沙慈幼院未开办前又同意接收 200 名灾童前往北京香山慈幼院。同年被拐卖到汉口的 29名难女也被华洋义赈会湖北分会送至香山慈幼院。熊希龄之所以特别重视慈幼教育,他曾在《香山慈幼院创办史》中道出了其中的苦衷,大意就是在对政治、实业、社会悲观失望后,"只缩小范围,办我的慈幼院,他们孩子都是真心地爱我,把我当他的父母,我却把他们当我的儿女,成立我们这个大家庭,这便是我的终身志愿了!"也就是说,熊希龄认为只有在与纯真孩童的交往中才能感觉到真诚和友爱,这也是他历经政经风雨后放松身心的情理选择。

第三,重视将慈善救济放在社会大背景下考察,视域宽广。熊希龄曾在 1925 年 11 月 29 日致函赵恒惕,扼要谈及他多年办赈的经验,归纳起来有如下六点:(一)调查灾区轻重及灾民多寡;(二)肃清土匪,疏通运道;(三)普免杂捐,招徕商运;(四)监查赈弊,严惩劣绅;(五)躬行节俭,以身作则;(六)感化军心,使知仁爱。[33]对急赈善后,熊希龄强调了工作的重心在筹款购粮、召集流民恢复生产,他说:"救急办法在筹募赈款,购运赈粮;善后办法,在召集流民,广种秋粮。"[34]这些内容分别从社会治安环境、政府公共作为、办赈者行为操守和救济基本前提多个方面来思考如何实现赈济惠及灾民的理想状况。他曾谈及匪患于救济的危害程度,"各地匪盗如麻,肆行抢劫,辰河一带,商船不通,农民逃匿,不能耕作,使匪患不清,则救急善后均难着手,非举千里严疆断绝人类不止"。[35]对赈灾物资的运输,则力倡政府免税放行,以减少慈善救济机构的开支。

从他的经验看,有几点给后人颇有启迪作用:首先,需高度重视灾情的准确掌握。中国自古以来社会科学研究的意识和方法就不发达,长期对社会的认知和判断停留在感性层次,社会公共决策缺乏必需的事实数据,具有很大的盲目性和风险性。正因为这种状况难以改观,才使得北京政府时期湖南赈灾时不同机构轮番重复前往灾区进行走马观花式的调查。所以,熊希龄特别提到的第一条办赈经验就是必须掌握真实灾情以为放赈提供前提条件。其

次,就是减轻老百姓的负担是减轻慈善救济压力的条件。他在
1923 年致电省长赵恒惕、省务院和省议会,指出"湘西灾余老弱死
亡相继,赈不胜赈,触目惊心,推原其故,皆由政治不良,重征苛敛
所致"[36],因此呼吁立即取消辰沅道实行多年的厘金附加税。慈善
救济的实质无外乎创造条件让老百姓渡过难关,如果一方面政府
设置征收繁重的捐税,一方面又让社会慈善救济组织予以救援,对
老百姓而言不起什么作用,相反捐税征收和慈善救济筹捐放款等
环节徒耗财力人力。因此,如果真的是仁爱的统治者,真的是以人
为本,就必须尽量减轻人民的负担,增强其自救防灾的能力,再在
特殊时期辅以必要的社会援助,灾民就能比较容易地渡过难关,遭
到冲击的社会秩序也能较快被矫正。再次,从事慈善救济人员品
行一定要端正,他们必须是真正愿奉献爱心之士。慈善救济对大
多数人来说是较高的道德要求,哗众取宠和博取美名的动机与慈
善应该是绝缘的。所以,没有决心虔诚奉献爱心从事社会慈善的
人士最好别去玷损慈善这片圣洁的领域。但事实却是古往今来灾
难来临时,有演绎大爱者,也有发灾难财者,一些心术不正、贪念钱
财者混迹其中,不时发出不和谐的杂音,殊为可叹。

　　总的来说,熊希龄在湖南慈善救济事业中发挥着多重作用。
他是许多重大信息的提供者,特别是可能争取到赈款信息;是灾赈
款项的重要筹募者,湖南当时所用赈款主要来自京沪两地,熊希龄
在这当中功不可没;是慈善救济思路谋划者,像前述的中西联合赈
灾,官民联合争款,工、赈有机协调等;是重要关系的协调人,特别
是中西办赈人之间因文化、心理和语言沟通困难出现摩擦时;北京
政府和湖南省政府之间政治关系微妙特殊影响到北京对湖南灾情
的认知和赈款拨付,熊希龄则积极游说解释,在可能情况下减少彼
此隔阂,力图让人道与政治保持一定间隔,最终让灾民免受更大伤

害;其毁家纾难(1932 年他将自己全部积蓄和财产捐给了慈善事
业)、鞠躬尽瘁淡泊名利(1918 年底"中央策给勋章",熊希龄对此
"虚荣亦辞不受"[37])的人格魅力成为后来人办慈善不穷的精神
动力。

## 第二节　商会与湖南慈善救济

　　湖南的商会组织始于 1905 年的常德商务总会。次年,湖南商
会奉旨成立,由众商公举绅士 3 人经理其事。1908 年平江商会成
立,1909 年衡阳商会成立,同年宝庆成立"商务局"(1912 年更名
为宝庆县商会)。进入民国后,更多的商会相继成立。1912 年新
宁商会、会同商会成立,1913 年津市商会、桃花坪商会成立。

　　商会的主要任务归纳起来就两大方面,一是为商业自身发展
好做各项工作,二是向政府提供专业性意见。但在现实中,商会还
参与多方面的工作,如商业教育、同业救济以及参与慈善救济等事
项。通过这些工作,可以更好地促进自身发展,增进业内团结,树
立良好社会形象,实现商人的自身价值。在"公共领域"中,总商
会及大都市的商会发挥作用的空间很大,所拥有的资源也较充裕,
"相对而言,分会或者说农村基层商会在此空间中的作用比总会
或都市商会要弱得多。"[38]

　　商会作为商人的聚合体,是社会物质财富的主要拥有者。当
兵水旱火等灾降临时,社会各界纷纷将目光投向商会,期待其施以
援手。商会一般也愿意负起应有的责任,回报社会。当然在军阀
混战、灾乱不断的时期,商界自身遭受巨大损失,再加以政府不断
摊派税捐,社会各界频密向其请款求援,使商界时常有疲于应付之
感。所以,对商会在湖南慈善救济中的作为,不能一概言其消极冷

漠,只能说在湘省工商经济欠发达的大背景下,商界感到负担沉重,不时发出怨愤;同时商会不积极配合政府的摊派和华洋筹赈会捐款的分摊,但并不能据此一概得出其不积极参与慈善的印象,很多时候,特别是省城发生火灾、水灾等偏灾时,商会总是主动牵头组织社会力量援助。

## 一、商会直接组织或协助灾荒救济

商会参与慈善救济的重要内容之一就是救济火灾。城区因人口密集、房屋建筑以木结构为主,一旦火灾发生,造成的破坏非常严重,很多商户也往往被烧毁。商会此时会牵头发起募捐救助。1916 年 3 月下旬,长沙藩城堤妓户因墙倒失慎引发火灾,延烧百余户,伤毙十余人,灾户多系贫苦之家;1918 年长沙大西门外流水桥碧湾一带火灾,延烧 300 多家,数千人无家可归。湖南总商会迅速组织救灾,先从调查入手,并发出布告,指定地点为留养所,一面商同警察按照户口册,凡被火难民照丁发给钱文,以资救急。为救长沙流水桥碧湾火灾,总商会做出的具体人员安排如下。

**总商会救济流水桥碧湾火灾工作人员安排表[39] 表 5—1**

| 工组人员类别 | 姓名 |
| --- | --- |
| 挂号人员 | 孔岳云(时利和茶行店主)、龚青江(慈善堂、积善堂堂董)王寿名(同上)、张篁村(青石井觉化堂堂董)、叶文初(商会会员) |
| 办理文书布告人员 | 毛季梅(商会文案) |
| 灾情调查人员 | 金芋荃、瞿瑞卿、杨树皋、章树人、吴沛堂、周石麟、陈廉生、余午亭、李式福、李瑞生 |
| 收发赈款人员 | 胡隽甫、戴朗轩、赖广基、朱月明、皮仲池 |

商会参与慈善救济的第二项主要内容是主办或协助解决民食问题。1919年1月，省城谷米缺乏，民食恐慌，"长、善碓户罢春停业，时有所闻，人民持钱籴米，竟有行遍街衢终日不得一粒者现象"[40]，于是总商会以省城慈善总公所管辖义仓、其绅董皆为巨绅等为由，恳请其设法举办平籴。1921年春荒时，商会嘱令承受及受押运米护照各商暂停运谷米出口，等到新谷登场再行购运；并决定召集储备仓、湘义仓、社仓各位经理开会，尽速调查存谷数额，再邀集各慈善机关和殷实绅富集资购米平籴以补湖南急赈会的不足，对长、善米业每隔3日会商一次价格，各粮栈务必遵守；并会商警察厅查禁城厢内外糖坊酒作，不准用谷米煮酒熬糖。总商会会长左学谦向省长赵恒惕建议政府采取限价措施，粮食专卖，谷价每石暂定3.2元，碾米每升100文，各碓户缴款领谷，款由总商会保存，各粮行再持仓票向商会领取谷价。省政府接纳了商会的意见，对省城查封存谷26910石，由警察厅委托广太祥、恒升行、湘裕太3家经手分卖，以专责成，并规定碓户每天领谷不得超过20石。但一段时间后，各碓户因领谷太少，不得已将自己此前高价买回的谷以政府所定价格出售，损失不少，再加上6月30日平籴局开幕，各碓户于是决定停业，等到政府取消售米百钱一升的命令后再开张，这势必让市面上的谷米更少。为此，商会致函警厅，建议取消谷米限价销售的措施，以鼓励碓户尽早复业活跃市场。

1921年，商会向省仓借谷1万石办平籴。筹赈会停办招待饥民的事务后，总商会还与慈善总公所、长沙县一起赈抚、遣散来自安化湘乡的饥民。年底，商会为主体筹备成立湖南省城贫民救济会，收容乞丐。1922年2月，因省城谷米存储严重不足，"各仓栈共计存谷不过三十余万石"，[41]商会会董在与长沙各行户、粮栈开会后同意从即日起不准谷米下河外运。并在2月22日召集官绅商界成立长沙城区民食维持会。尽管商会禁止长沙谷米外运的主张与华洋筹赈会要求省内谷米自由流通、县与县之间不得人为阻隔的做法相冲突，但这反映出商会对民食的关注。同年，常德商会则联合各慈善堂组办一个公善团，募捐拯救饥民，每日给予食米4合。

　　1925年5月25日，长沙总商会召集全体会董大会，讨论筹集民食维持会基本金问题。要求绅商在5天内将预防金4万元交给商会，再汇合三仓谷石、洋元交由殷实巨商保存作为保证金，并以绅商民食维持会的名义向各银行或大钱店借款二三十万元出省办谷。对此做法，入会代表一致同意。同年12月10日，商会又召集全体会董大会，决定由各大行业如淮商、绸商、钱商、金业、纸业、洋货业、南货业、药业、油盐业、纺织厂、电灯公所等各举代表二人负责，向殷实钱商借款5万元，交由民食筹备会，发给收款收据，即以此收款折据，作为抵押品，向钱商借款交由民食筹备会，赴芜湖采米，即以运回之米，卖出价款偿还钱店。如有损失，由商会等机关所筹预防金内弥补。1926年3月，为维持民食，沅陵商界计划筹设谷石2000石，沅陵商会会长杨希堂将此任务加以分配：布帮400石，盐帮350石，各公司300石，糖坊帮200石，广货帮150石，行户200石，药材帮100石，铁帮100石，衣帮70石，银帮50石，书纸帮30石。[42]

## 二、商会参与筹捐赈款

　　商会参与慈善救济的另一方式，也是更常见的方式就是配合政府或慈善组织筹款。因向商会筹款的主体过多，频度较高，形式繁复，商会有时也显出不情愿和迫不得已之意。1919年导盲学校为筹办学经费，在大春园演剧募捐，长沙县知事致函要求商会承销入场券五十张。1924 年长沙水灾时,长沙总商会发起向商家筹款,将所得款项交由积善小补堂及其他慈善堂买米施粥。1926 年长沙水灾,南洋兄弟烟草公司决定卖烟助赈,并还组织施粥送饭。另外多家商号也踊跃助赈,亲自将钱送至钱业公所水灾急赈会。长沙各钱号也积极捐助,在 7 月 3 日这一天,长沙钱业公所就受到各钱号捐助款达 1220 元。

### 1926 年 7 月 3 日长沙各钱号认捐水灾赈款数[43] 表 5—2

| 钱号名称 | 捐款数(元) | 钱号名称 | 捐款数(元) |
|---|---|---|---|
| 恒兴号 | 100 | 久和长 | 30 |
| 同昌和 | 50 | 恒通 | 10 |
| 万源长 | 20 | 裕庆和 | 20 |
| 同丰和 | 30 | 同庆和 | 10 |
| 福庆长 | 30 | 隆茂 | 20 |
| 万裕隆 | 50 | 丰亭予 | 10 |
| 源通祥 | 30 | 谦和 | 50 |
| 永丰和 | 50 | 昶记 | 20 |
| 裕丰和 | 30 | 裕顺长 | 30 |
| 申记 | 30 | 长记 | 10 |
| 隆和 | 20 | 谦太厚 | 10 |
| 怡庆祥 | 50 | 永顺昌 | 10 |
| 永大 | 30 | 乾丰永 | 20 |
| 协庆祥 | 10 | 鼎丰厚 | 10 |
| 正利厚 | 10 | 慎口 | 10 |
| 裕厚祥 | 100 | 福康裕 | 10 |

| 钱号名称 | 捐款数(元) | 钱号名称 | 捐款数(元) |
| --- | --- | --- | --- |
| 永康裕 | 50 | 元丰裕 | 10 |
| 唐记 | 10 | 无名氏 | 20 |
| 仁厚和 | 10 | 同庆昌 | 30 |
| 谦祥益 | 10 | 庆丰祥 | 30 |
| 裕大 | 20 | 德昌圣 | 20 |
| 白舜记 | 10 | 华湘 | 10 |
| 协丰祥 | 10 | 裕丰长 | 10 |
| 乾恒太 | 10 | 开泰 | 10 |
| 太丰裕 | 10 | 怡庆昌 | 10 |
| 总计 | | 1220 | |

　　1921年华洋筹赈会成立后,确定了给商会摊派赈款的数额,总额为54000元。[44]但商会迟迟未缴分摊给它的赈款,这引发了商会与华洋筹赈会、急赈会乃至政府之间关系的持续紧张。商会在获知所承担捐款数额和筹赈会催款信函后,表达了多次认捐的困难,并提出未及时缴款的三点理由,包括左学谦会长出走商会无人主持;商会已经为筹赈游艺和演剧助赈缴款不少;因湖南急赈会与筹赈会的具体关系不清楚,已捐给急赈会的赈款不知能否算在筹赈会分摊的指标内。更何况商会为省城内所办平粜局垫款已近七八万元,无一不是商人所垫款,所以,商会对筹赈会指责其不积极参与赈济表示不满,反而自认"我商人对于赈款实在尽心竭力不少"[45]。但是筹赈会、急赈会和政府都不认同商会这样的解释。7月2日,华洋筹赈会开会专门讨论商会未缴赈款事宜。与会者

纷纷指责商会迟不缴款的行为,并谈到商会的这一行为可能带来的严重后果。赵运文说西人对商会的此项捐款尤为重视,故"本埠外商捐款与索北京海关税捐,均以本省商人能捐若干为转移";李海则说"全城商人,对此五万余捐款不能缴齐,实系刁狡,以数百家绸业逐日之浪费,共出捐款五千实属极易。如商捐不齐,本会就此解散"。最后会议决定由省长名衔饬令警察厅、长沙县会同严限商会克日照数缴齐。看来,华洋筹赈会成立后把本省商会能否足额及时捐出赈款是个风向标,它直接反映省内自我筹款的状况,外省的很多机构和人员都在看,所以特别重视。急赈会在 7 月 4 日训令警务处和长沙县,请其知照商会勒限追缴。在该训令中,湖南急赈会指责总商会对于此项赈款"并未切实筹募,而各帮意在观望,辞以力量不胜,影响赈务前途,至为重大",但长沙总商会未及时送缴赈款,"毋怪人言长沙商会太不负责任也"。[46]7 月 5 日筹赈会干事会议决定推派专人赴商会催缴捐款。9 日,再次决定派人前往催款,并责令将已承认招待来省灾民之款 5 万元,应先送会。如两者均迟延,则到省灾民急赈会即不招待,听任灾民向商会商铺索食。7 月 12 日,筹赈会继续开会讨论商会未缴款事。会议主席韩理生认为"商会前项捐款既为应尽责任,且系该会已承认之数,延不送缴,殊属失计"。各外籍干事以商会未缴款有被欺哄之感,多不出席当天的干事会,并拒绝在向北京、汉口等处请拨关余和赈款的电文上签印署名。西人干事甚至说要登报宣布脱离与筹赈会的关系。所以,商会迟未缴款带来的后果非常严重。7 月 15 日,筹赈会再次函催长沙总商会缴款,强调商会态度的象征意义和遵守承诺的必要性,言"外省捐助湘赈,每视本地捐款情形是否踊跃为转移,而贵会为全省商会之主体,系中外人士之观瞻,募款赈灾以救湘民,关系何等深切,责任何等重大"。"贵会对于此次摊款数目,既经当场认定于前,当然有照案履行之义务"。信函还引用韩理生牧师的报告,表明西人对商会未及时缴款的反应,说"外人方面大多数意旨,以商会捐款如不照缴,是湘人于切己之事尚且漠不关心,吾人无援助之必要"。该函最后说"此项善款之缴否,为全湘荒民生命所关,不幸将来负破坏赈务之恶名,贵会殆无以自解"。[47]商会未能及时缴款及由此引发的口水之争,映照出商会与筹赈会、急赈会尤其是办赈西人彼此的间隙、互信不足以及办赈理念的差异。

翌年5月,筹赈会举办筹赈游艺会,分派总商会销售游艺券2万元。这又一次让商会与筹赈会之间关系紧张。总商会在得知分销2万元游艺券的任务后,公推审查员6人,根据各行营业大小予以支配销售,但是当游艺券送至各行业后,却纷纷退券。针对游艺券销售困难的情形,由于有了去年分摊赈款的不愉快经历,商会对此特别重视,于5月2日专门召开全体会议,商讨对策。会上总商会会长左学谦告知此次派销的2万元游艺券万不能退。魏桂松说商会历年承担政府筹捐勒饷合计数百万元,1921年筹款救荒和腊冬时节资遣五批荒民共三四千人回籍,无一不是商会负责,所以"我商会……向来对于公益慈善事业不落人后",[48]并明确表示商会确实无力再担招待荒民的能力。最后筹赈会同意由多个团体及灾县驻省士绅合组临时荒民救护队,商人不必另筹招待费,商会只需承销2万元游艺券,以游艺会的收入招待荒民。也就是说游艺券销售直接关系到荒民的安置,荒民的安置状况又直接关乎社会治安和商民利益,所以2万元游艺券绝不能退。最后会议决定公推6人具体经理售券募捐事宜。随后,商会向全体商界通告希望积极捐助救济来省荒民。

1924年长沙水灾期间,省长公署要求淮商公所缴纳盐票捐赈灾,后者以自身同样遭受重大损失不愿如数缴纳,双方关系一度紧张,最后以淮商公所的妥协结束。省长公署要求淮商公所每张盐票捐300元,但淮商公所以自身损失十多万元无力再承担此捐款为由迟迟未予缴纳。于是赵恒惕在7月26日的回函中放出重话,言淮商公所"已失披发撄冠之谊""巧词推诿""玩视赈务",并决定加重捐款数额,将每张盐票捐额由原来的300元提高到1000元并限时缴纳,不得再事抗违。同时还谈到了令淮商公所承担盐票捐的主要原因是该票商等"坐享厚利""专利湘岸,涓滴所得,孰非出自湘民"最后说"政府本为民请命之心,势在必行,即负苛刻之名,亦所不辞"。[49]在接获省长的强硬回函后,淮商公所不敢马虎,在8月4日召开会议,勉从初命,代票主每票认捐300元,合计12万元,以8万元交急赈会,以4万元交办因利局。

## 三、商会吁请和平

　　商会除以各种方式参与救济和筹款外,它还与青年会等社会组织一起呼吁和平,请求向交战相关方划定非战区域,保护商民的利益。可以说,在时局动荡、人们生命财产安全不保情况下,和平是最大的善事。当然在军阀看来,扩充势力地盘远比老百姓的幸福安危重要得多,商会等社团呼吁和平声音是微弱不管用的。但是,不管结果如何,商会的这些努力至少体现了其对社会担当的应有态度。

　　1923年下半年,谭、赵之战起,双方军队直向长沙进逼,长沙即将陷入战火。9月1日谭延闿的部下进入长沙,赵恒惕仓皇出走醴陵。9月13日,谭军急走株洲,赵军重占长沙。为呼吁谭赵双方保护长沙,总商会和长沙青年会联同信义会、循道会、遵道会、红十字会、省教育会等在1923年9月14日发起中西士绅大会议,研拟对策。会议提出了保护长沙的三项办法：（一）长沙城内周围30 里以内，为中立区域，两方军队，不得在该区域内作战。（二）不论何方军队进攻，驻省城之军队，须于离城 30 里以外防御，如无力于该区域外防御时，即须退出省城。（三）不论何方军队进城或离城，不得骚扰，违者由该肇事军队之主管长官负责。最后入会代表方克刚拟定了致双方的电文，呼吁停战。电文言谭、赵"两公主义虽殊，而爱护全省之心，当无二致。伏乞令饬所属部队，暂行停战，以便从事调和，同是桑梓之邦，凡事皆易商榷"。[50]此后，谭、赵两军夹湘江两岸对峙 40 多天，和谈未取得任何进展，直到 10 月中旬，赵得北军相援，大举向谭军进攻。为避免在长沙城内开展，10 月15 日，省商会再次召集省城主要中外社团开会，议决致函双方军事长官和驻湘领事，分别请双方不要在长沙开战，以及请领事帮助调解斡旋，并派人前往省公署请愿，同时与对河的谭军交涉。不过谭军阻止交涉人员上岸。17 日，各公团又在省教育会开会，商讨将赵恒惕方面的态度（具体为：西岸军队不射击，省方不先开枪；西岸军队如退去 15 里以外，省方即将水陆洲军队撤退；划出长沙城为非战区域，至距离 30 里以外作战。[51]）告知对方，欢迎更多公团加入和平请愿队伍等六条具体办法。即日方克刚根据各公团会议的决议拟就请愿书，让总商会转交任修本牧师再转托亚细亚公司代递给谭军。21 日，商会等团体又召开会议，商讨省会治安的问题，并请愿省长上自南湖港下至新河为中立区域。赵恒惕则答复，只要有确实担保则愿意退出水陆洲，而谭军则要求赵恒惕的军队先退出水陆洲才同意不向城内进攻。除了长沙总商会积极运动呼吁和平外，常德商会、益阳商会都通电主张息兵言和，益阳商会还提议以长沙总商会牵头，全省 75 县商会派代表召开专门会议，商讨维护和平的对策。

## 四、对商会参与慈善救济的基本评价

总的说来,对北京政府时期湖南各商会在慈善救济方面的作为应有如下几方面的基本判断。

第一,湖南各商会同其他省域的商会一样是慈善救济事业的重要力量。商会参与慈善救济的善举时常得到社会的肯定。湘阴南大膳镇商会在饥荒发生时筹谷米平粜,赢得当地人的赞誉,他们曾在《锡安乡民报》上刊登了一首"三句半":"积谷已登场,米贩受惊慌,囤米望涨价,遭殃。"[52] 所里商会参与 1926 年湘西旱灾的救济,商团出面邀集绅商筹粮赈饥,从农历五月二十七到八月间,在关岳庙前搭棚设灶,给饥民施粥饭。当时有诗文为证:"关岳庙前高厂地,结茅为庐几多间;岁饥运尽纷行乞,此恤流亡栖止艰。幸闻所里发救济,既施菜饭又施衣;路上行人魂欲断,送棺入殓葬城西。"[53]

第二,商会因多次承担筹办捐饷之责,加以时局动荡,自身发展困难,有时对于政府或慈善组织的摊派及筹款要求未能及时如数回应也是能够理解的。"张敬尧当湖南军队于 1920 年迫近长沙时,要求这座城市的商人给他 800000 元。他警告说他的士兵将洗劫这座城市,他并且扣留商会会长作为人质。商人们最后交出 110000 元,张敬尧逃走时只好接受了。"[54] 像这样来自政府和军队勒索强夺的情况商会经常碰到,从而使得其捐献的积极性遭受重挫。1924 年 8 月 4 日,湖南水灾急赈会召集绅商开劝捐赈灾大会时,协和钱店代表严瑞卿就报告说该店已认捐多次,加以商业凋敝,故不能多认捐。还有的商家对于劝捐的信函不拆就原封退回。

第三,长沙总商会除了以捐款方式参与华洋筹赈会等慈善组织主办的慈善活动外,往往在火灾救济、民食维持等方面主动经办。不过这些慈善救济活动主要局限于商会所在区域,跨区域的慈善救助较少。1925 年,长沙总商会决定筹集民食预防金购谷救荒,认为"此项慈善事业,为我商人应尽之义务,不独可以保全商场治安,亦可以维持饥民生命",[55]可见,商会对参与慈善救济的社会效应是有清晰认识的。

第四,商会与地方政府在慈善救济活动方面的关系是比较复杂的,不能简单说二者是对立还是完全合作。商会为了凸显自身在社会中的地位,不可能时时事事与政府的态度吻合,有种若即若离的感觉。有论者这样评估商会与中央地方各级政府间的关系,认为"商会的发展虽反映许多倡导者的目的和热望,但既不完全是当权者从上面强加的结果,也不完全是商人自发的活动。一些商会承袭了以地域为基础的帮派控制的传统,另一些与行会和慈善堂之类的其他商人组织共存。……较大的商会忽而维护独立,忽而站在地方当局一边"。[56]商人期待给社会的印象,除了实业家这一职业身份外,还希望能展现其作为公民和爱国者的形象,这对其业务发展有加分作用。而积极参与慈善救济活动是展示公民和爱国者形象好机会,所以"当地方遭到经济萧条或财政危机的打击时,商会和地方政府通常总是携手合作"。[57]

总之,湖南是个工商经济欠发达,灾患频发的内陆地区。在整个北京政府时期,湘境内的商会组织参与慈善救济基本面是好的,当然与社会对商会的期待相比有一定差距。其表现无法与商贸发达地区的商会比,实力弱是根本。我们不能因商会没有完全按政府和华洋筹赈会的方案去做,长沙总商会在招待来省荒民问题上讨价还价就说商会对慈善救济不热心。客观来说,固然北京政府时期湖南用于办赈的主要款项来自北京政府的各项附加拨款和外省的捐助,但就省内的捐助来源看主要还是商家捐助,毕竟他们是有钱者群体。尤其是在平常发生火灾等局部性灾难和日常对弱势群体的慈善扶助,商会应该说是一支中坚力量。因此,不能一概说湖南的商会对慈善救济作为不够,只能说苦于自身实力不足以及需要救济的任务太繁重以致出现疲惫和消极的情态。

## 第三节　省政府、省议会与湖南慈善救济

北京政府时期,湖南先是积极反对袁世凯,并被袁世凯的势力残酷统治;袁死后,湖南陷于了南北军阀混战,到 1920 年张敬尧退出湖南后,湖南开始了长达 6 年的省宪运动。到 1926 年 7 月,蒋介石誓师北伐,省长唐生智宣布撤销省议会,省宪正式落幕。接下来,湖南成为北伐战争的核心区域,工农运动勃兴。这种复杂多变的政治局势对慈善救济事业影响深远。总的来说,省政府忙于军政斗争,对社会事业关注不足,但毕竟作为公器存在,其作为不容忽视;而省议会在北京政府时期的存在时断时续,长时间充当花瓶的角色,但在省宪运动期间,省议会表现活跃。所以,探讨北京政府时期省政府、省议会与湖南慈善救济的关系是了解国家与社会关系的重要视角,也是研究湖南慈善救济事业的重要变量因素。

### 一、省政府在慈善救济中的作用和影响

一般来说,政局平稳时政府对经济民生等社会事业关注投入的财力多;政局混乱时,忙于军政斗争以冀稳住自身权位,则将慈善救济等事项主要推向社会。纵观北京政府 10 多年间,时局乱多稳少,常年的军事耗费让政府财力虚弱,不得不有求于社会。当然,在当时中国,国家与社会的界限模糊,社会在从事活动时不能完全脱离政府随意进行。可见,政府与社会在北京政府时期的关

系状况可谓政府有求于社会,社会依赖于政府,两者之间多的是良性互动合作,在此前提下不时有摩擦出现;尽管政府呈现弱势状态,但其并非无所作为,它作为一种公权力的存在,依然对慈善救济事业产生深远而全面的影响。

第一,倡导组设官绅商合作的慈善救济机构。如1921年5月省署召集绅商集会,最后决定成立湖南省急赈会,商讨筹荒办法,并饬令各县速设急赈分会。随后又由湖南义赈会、湖南急赈会等参与成立华洋筹赈会,在筹款、平粜、散赈方面予以合作。1924年6月下旬,全省发生严重水灾。7月1日,省长邀集各司司长开会商议对策,一致认为须即日召集绅商学各界及慈善团体、新闻记者开会,先成立筹赈会,通电省内外,募集赈款,以资救济。随即省署与各公团通力合作筹组了湖南水灾急赈会,省署拨出10万元用于救济,内务司也要求由政府机关和慈善总公所联合行动抢救灾民安全上岸。很明显,政府热切期待民间慈善团体的积极参与,以舒缓政府因办赈财力、经验、人员等多方面不足所造成的压力。

第二,出台救济政策,为慈善救济创造必需的政策环境。政府的救济政策常用的是蠲免田赋,减轻灾民负担。1916年3月,省政府执行中央蠲免兵灾各县当年的徭赋,并出台四项具体措施。1918年出台的《湖南省堪报兵灾蠲免田赋章程》按灾情轻重计为10分,只有7到10分的才能堪报。并规定有下列情况之一的核定为10分:田亩荒芜并无耕种者;被乱流亡尚未复业者;财物损失罄尽者;庐舍全被焚烧者;应完正赋经敌军预行勒收有据者。[58]不同的灾情又确定不同程度的蠲免比例。辰沅道尹则出台多项政策鼓励灾后恢复生产,如以后从事耕种者一律免挪军差;请求省使令沅陵、辰溪和洪江3处湖南银行免息给农民农贷;制定简章,分别就贷款、免税和保护方面的内容加以规定;鼓励灾地典当业的恢复和发展,要求各县至少设一家以上的当铺,并劝令原有典商中较富者尽速开贸营业以济穷黎。武陵道尹则拟定移湘西灾民往沅江益阳垦荒、兴水利以工代赈等措施便利灾后民生。

米荒出现后,政府多次通令各地要调查谷米存储状况,对粮价要严密监控不得随意抬价。1921年6月米荒最严重时,规定省城的谷米必须限价销售。长沙县知事姜济寰认为若"救荒之道专恃公家,不独仓储有限,苦接济之难周,且需款过多,亦筹拨之匪易,宜任商人贩运,藉资流通"[59],建议给运米进湘商家提供保护和方便。省署则给赴外地采买谷米者及时发放护照,保护商船免受破坏,并令财政厅对运米船只免收厘金;严禁谷米出口,且重申省内应自由流通;同时饬令灾县各知事阻止灾民外逃;严禁办赈人员舞弊。1925年1月,省财政司专门出台了采运赈粮免厘的管理办法,其中就要求地方团体因灾重采运谷米之前,应先开列购买石数、采买地点交由各县知事转请财政司填发免厘护照并饬令沿途各局卡查验放行,没有办此手续者不在免厘之列。

为了督促各县搞好民食维持工作,省署还于1921年9月出台了《各县民食维持会章程》,通令各县组织民食维持会,备荒防灾。各县的民食维持会本着维持本县民食为宗旨,采用官督绅办形式,机构附设在各县地方财产保管处或其他相当之地方公益机关内。各县民食维持会还须组织调查团,调查粮食收成、存谷和人口状况等。至于维持民食的具体方法,从积极方面言,省署提出三项,一是广种杂粮,二是购储粮食,大县至少储12万石,中县8万石,小县5万石,三是食谷无论何人何事不得挪用。从消极方面言则主要是厉行粮食节约,防止囤积粮食和阻碍粮食流通,禁止坐吃排饭、请照逃荒以及其他妨碍治安秩序的事。对办民食积极者则酌情给予奖励,其中"本县人民有赞助本会之进行事宜及殷实富户出资购谷一百石以上者得由县知事据实呈报省政府,给匾额或奖章褒状"。[60]出台这些措施对各县在荒歉年维持民食具有重要的指导意义。

第三,拨发赈款赈谷等具体从事冬赈急赈事项。1915 年 10 月,省巡按使沈金鉴决定以下半年预算内所列救恤经费 5000 元移作冬赈之用。1916 年湘西兵灾后,省府要求各地筹设 6 处灾民收容所,并要求各县一律设立劝募救恤处,召集富绅巨贾广为劝募。省使拨给麻阳、会同、绥宁、黔阳 4 县各 5000 元放赈。4 月,在战事暂告一段落后,省府就委任陈懋咸、林鸿翔 2 人为筹办员,设立湖南全省善后筹办处,其中赈务是重要内容。对因水旱兵灾产生的大量难民,政府一般会发粥送饭帮助其渡过难关,贷款贷谷助其修复遭破坏的水利设施以及提供补种所需的种子。1919 年省署向西、南两路各拨仓谷 3 万多石赈济水灾。1920 年给岳阳拨谷 1 万石予以散放。1921 年,省署从省仓仅有的 4 万石谷中拿出 2 万石,分别给醴陵、常德 1 万石赈灾;同时还在汉口购买上米 3 万石运湘,第一批 5000 石在 6 月运回了长沙。

第四,向省外请款募捐。1920 年 8 月省长谭延闿向广东军政府及各省督军省长、各团体发出求赈电。次年 7 月,赵恒惕投书黎元洪请求赈济。1923 年 3 月,赵恒惕以省长名义致电陆军部、外交部及日本驻京公使,明确表示省政府支持以太平械款悉数办赈,催促太平公司尽快还款,认为"此项定款为该公司久应履行之债务,在法律上已无拒绝之可言,就事实论,则为全省路工及数万饥民生死之所关,尤应为仁人君子之所乐为捐助"。[61]1924 年 7 月,湖南水灾急赈会成立后,省长又及时通电告知情况并吁请各界捐助。8 月,省长又致电北京交通部索讨曾因粤汉株萍铁路先后从湖南银行所借款项,本息累计 1374066 元。1925 年 4 月,致电赈务处请拨交交通关税等款赈灾。7月16日，省长以湘西30多个县旱灾特别严重，致电北京政府政府执政段祺瑞，请其饬令将湖南列为特别灾区，关税交通附加等均照特别被灾省份从优拨给。8月23日，省长又向国内许多政要发出求赈通电。1926年4月，新任省长唐生智向各省军民长官、慈善团体、报馆及在外湘籍名士和同乡会发出通电，吁请募捐协助救灾。

政府要员也往往捐款以示倡导，带动社会捐款。像1918年湘江道尹吴耀金给醴陵捐纹银1000两，1919年春荒张敬尧自捐银2万元。1922年镇守使蔡巨猷捐谷100石赈抚辰溪饥民，辰溪张知事捐谷100石，并以私人名义四处募捐，从常德桃源运谷接济，自任亏耗。这些举动带动辰邑富家参与救助，陆续在城乡组织临时救济会10多所，"于是全县绅商以及教会中人皆以慈善事业相竞争"。[62]为此，辰溪团防局长、县议会议长、农会会长、商会会长、地方财产保管处长、劝学所长、教育会长和参事会员梅先联名在长沙《大公报》登广告致谢。

当然，政府除了上述积极作为的方面，还有很多做法对慈善救济是一种损害，比如挤占本来就少得可怜的慈善经费，滥发米照，借办军米，以致筹赈会批评政府"事急则行筹告赈，事过若漠不相闻"，"必不可行者乃贸然行之"，"财司惟问放米，不问备荒，守令只知告灾，不知储积。"[63]旅京湖南筹赈会批评政府面对连年水旱灾没有特别筹款施以救济，而在1926年1月计划以全省田赋作抵向汉口中国银行借贷180万元用作政费军费。

就政府在慈善救济中的作为而言，一方面它是倡导者和政策的制定者，但同时因苦于军政事项需款浩繁，无力对慈善救济给予实质性的投入，可为了政权的维系和社会稳定，又不得不兼顾这方面的事项。于是，只能借重于社会力量。它对社会慈善功能有如是判断:"慈善机关原以保恤孤苦,注重人道为天职,其关系于社会者至巨且大。"[64]对社会机构和人士的善举,政府给予相应嘉奖以示鼓励。比如,长沙士绅曹伯卿等组设至善堂施医送药,省署就称许其"热心善事,深堪嘉许"[65],于是出示晓谕,加以保护。在大灾面前,政府也公开承认需借重于社会,言"哀鸿遍野,待赈之殷,……官家办之,殊不如士绅之详善"。[66]社会力量办慈善的贡献是显而易见的,如辰沅道尹在向省府报告 1919 年赈救安乡、华容等处水灾时称,各县总共散放及平粜用款 36800 元,公家只拨款 1万元,其余都是由地方筹措的。赵恒惕在 1921 年 6 月 6 日召开的女界筹赈会上谈到社会力量在救荒办赈中的作用,说"筹办赈济,虽系政府之责,当此省库空虚,非大家尽力助赈,饥民四处逃荒,势必牵动地方安宁,与大家本身有极大关系"。[67]1922 年,驻省平江救灾援助会在向华洋筹赈会求援时对政府救济不力给予严厉批评,称"诉之政府,置若罔闻,视平民于化外,不还军用借款,不给粒米赈施,是政府抛弃平民,已无可讳言。现在平民之所恃以延残喘者,唯在各慈善团体之救济而已"。[68]

## 二、省议会在慈善救济中的作用和影响

湖南省议会作为民意机关最早可追溯到戊戌维新时期的南学会,清末新政时期成立的省咨议局是省议会的前身。第一届咨议局咨议员共 82 人,大部分是绅士出身,思想即保守又进取。第一届咨议局讨论的议案中就有巡抚提出的"扩充改良慈善事业案"。可以说清末咨议局的活动是有实质内容的。但民国以后因时局曲折多变,省议会的作用和地位也充满变数。民国元年,中华民国政府就公布了《省议会暂行法》,把各省咨议局改为省议会,湖南省议会的成员由过去的 82 名扩充到 108 名。1913 年 5 月第一届省

议会(议员共 164 人,绅士占大部分)开议,但因省议会通电反对袁世凯,在 8 月份就遭解散,前后只存在 3 个月。接下来在汤芗铭督湘期间,湖南没有议会,待谭延闿二次督湘,省议会才恢复,但接着南北混战开始,省议会基本上无所作为。1920 年 7 月,谭延闿发布祃(22 日)电,省宪开始,湖南省议会才开始活跃起来,这样的状态一直持续到 1926 年被唐生智废除省宪、取消省议会为止。

在权力结构中,省议会的强势地位使其更能就慈善救济表达民意、出台法规、加强监督、吁请赈款方面发挥作用。

第一,省议会及时将各地灾情报告及请赈函电转知省署,并督催其及时救灾。在 1921 年 5 月 14 日省署召集的筹商赈灾会议上,省议会议长彭兆璜认为当务之急是要求各县知事及时报告所存谷米数量。10 月,省议会要求各位省议员在 3 天内将灾情上报,以便汇总提交给北京,作联合请赈用。此外,各县有些要求也是经省议会转达给省署的,如 1921 年 5 月安化所购赈谷在湘潭遭阻遏事,安化绅商就致电省议会请其转告省长电令湘潭县知事放行。1922 年 8 月,省议会咨请公署赈济南县和安乡水灾。1924 年 7 月,省议会以协议会名义致函省署,催其认真急赈、注意善后。1925 年 4 月 21 日,长沙南门外大火灾,省议会立即要求省署组织救灾,其理由是《湖南省宪法》规定人民有请求政府救济灾难之权,省议会也有转请政府设法赈恤之责。

第二,议决相关法案、办法,为慈善救济提供法律方面的依据和支持。如 1921 年 9 月,省议会第六次议事会通过了包含 11 项内容的备荒案,分别从查灾、备荒、蠲免、缓征、填仓等方面做出决定,要求省署及相关职能部门和各县政府办理,并要求华洋筹赈会继续筹款办理,预备发赈。10 月,省议会又通过了《修正备荒湖田捐募捐征收简章》,其中决定在湘阴等 11 县临时征收湖田捐,募捐定率为每亩实收谷五升,而学田及慈善田已经呈准官厅备案者免收,募捐要求 2 个月一律缴齐。[69]11 月,省议会又通过《修正禁米出口办法》(共 11 条),将米禁重任交由华洋筹赈会为主承担。1925 年 5 月,省议会制定《严禁谷米出口临时办法》,强调严控谷米出口,政府所发米护照及特许军米护照一律暂时停运,出口商船轮船准照旧例按船只大小、路程远近酌留食米。

第三,处理与慈善救济相关的米盐公股用途事项。1921 年华洋筹赈会续办旱赈后,因北京政府关余拨款、争取太平械款等可能款额没有把握,办赈款只有 1 万多元,于是函请省议会拨发到期米盐公股作为赈款。最后,省议会同意将到期公股 60 万元借拨给华洋筹赈会,并规定其用途只能购谷分配各灾区备荒。1922 年 5 月,省议会撤销米盐公股办国民银行案后,悉数将其拨充省路工程费,以路成后所得利息作为全省国民教育基金及慈善事业费。1923 年 5 月,马临翼等与上海美商亚洲建业公司商讨签订以米盐公股包工垫款合同续修潭宝路永丰至宝庆段时,省议会多数议员以得到米盐公股主权及中西南 3 路同修省路为主要理由加以反对,最终使得已签署的协议落实。最后,省议会、华洋筹赈会和慈善总公所只好派代表将欧本麟保管的米盐公股领回,这也让米盐公股错失了最有希望兑现的机会。

第四,与政府相似,省议会以民意机关的名义向北京政府和外省请款募捐。1921 年 7 月 18 日,省议会致电北京国务院、外交部、财政部、交通部、驻京各国公使、税务处、赈务处、国际统一救灾协会、华北救灾协会,协助争取附捐赈款。电文中说"敝会受人民付托之重,目睹流离死亡之口,万难默口而息"[70],因此请求救助。1922 年 6 月,省议会连同省教育会和其他各公团联署索讨太平械款。1925 年 8 月 24 日,省议会通电北京执政府及各省军民长官、各省议会等,历述湘灾惨况,请求将湖南作为特别灾区对待,从优赈济。

## 三、省政府、省议会在慈善救济中的互动

《湖南省宪法》强调中国应实行联邦制,而不主张湖南独立。在行政与立法之间,省宪采行英法式的内阁制,即在省长之下设一省务院,使之对议会负责,一切大政方针,皆须经省务院议决方可实行,这样"既无一人独任之弊,复可收行政敏活之效。一面受议会之严重监督,一面仍可以抗议会之无理挟持,在各种政制中,实为比较完美且平稳易行"。[71]省议会权力极大,省长权力受到较大限制,省长发布命令,非经省务院长及主管之省务员副署不生效力,各司司长须由省议会批准任命,对省议会负责。

省议会与省署对待慈善救济的态度时有出入。如政府在1921年6月封仓存谷,限价销售谷米,省议会则不赞成,主张迅速取消,"以广招徕而防专利,庶于荒政前途,足资救济"。[72]11月,关于所查获谷米多少充赏的问题,省署原定的比例是查获谷米二成充赏八成备荒,而省议会为鼓励大家踊跃举报协助查禁谷米出口,则主张以查获谷米悉数充赏。1924年水灾后,湖南水灾急赈会所筹募赈款尚余十万元。对此的处置,省议会和省署之间意见不一。省署计划以此款疏浚洞庭湖和培栽森林,提高防灾能力;省议会多数议员要求将此款散放灾区,防灾费用另筹,所提理由是担心慈善人士看到赈款未用于赈灾,日后灾患发生时不再乐捐。最后,省议会决定咨行政府将所存赈款支配各县,另筹的款采办谷米救荒。1925年秋荒,省议会要求政府延长谷米杂粮免厘期限到次年新谷登场,但政府却因担心财政收入减少没有照准,只是同意将免厘期限从9月底延长到10月底。对这样折中做法,省议会不能接受,

再加上各县继续呈报荒情,省府于是决定内地谷米流通继续免厘,没有明确规定下限时间点。而关于省府提前一年征收田赋以缓解财政压力的计划,省议会提出了提征田赋的四条标准,包括减免灾区田赋、维持抵借信用、声明流抵、偿还公债,并要求将这四个条件与开征田赋命令同时公布。但省政府没有照此执行,它的解释是因军费和行政开支庞大,军财联席会议议决统一收支,不能提拨抵借,"实因统一财政,关系全省安危"。[73]而且省议会要求政府对于蠲免灾区田赋仍应照案实行,不得假名再收,认为政府为筹赈款征收已经蠲免的田赋,是"灾民未受赈济之惠,先蒙迫呼之苦,实有未合"。[74]政府给出的所谓理由主要是为操作上方便起见,说"以此项灾赋,按户蠲免,手续既嫌纷繁,实惠复难及民,不如一律征收移作救荒之用"。[75]后来在各方的反对声中,省长饬令各县地方斟酌荒歉情状具体商定,也就是将免征或救荒事交由各县自行酌情办理。

自清末新政开始,中国的工商经济有所发展,以宪政为取向的现代政治开始起步,社会空间逐步扩大。民国之后,这些趋势总体有所强化,特别是政局动荡、统治者对社会管控能力下降、社会危机四伏都是现代政经发展的新因素。正是在这样的情景下,中国社会与国家关系以良性互动为主基调,社会发展的路径目标不是西方式的对抗政府,而是调谐官民关系,达到以民治辅助官治的状态。北京政府时期,湖南尽管工商经济不发达,但毕竟有一定的发展,社会实力增强,新兴职业群体队伍缓慢壮大,以商会为代表的社团比较活跃。王卫平先生更是认为"地方绅士之所以能够在慈善事业中发挥更大的作用,正是官方主动转让的结果"。[76]以绅商和自由职业者为主体的社会新兴群体抱持服务民众、提升民望、赢取民心的心态,愿意配合参与乃至主办慈善救济事业。这样一来,北京政府时期政府和社会在湖南慈善救济中呈现出整体的合作关系，当然因各自的出发点和思维方式、行事模式不同，彼此互动中也有杂音，但并不影响双方在慈善救济中合作协调的大局。

从政府与议会在慈善救济相关事项中的表现看，是新型权力关系的一种尝试和实践。把这放在中国宪政发展历史来看，是具有较深远意义的。由于有了省宪法的约束作用，作为一介武夫的赵恒惕表现得并不是那么专横跋扈，有时也得遵从宪法规定的模式行事，对省议会提出的建议看法比较认真地对待。省议会也往往以省宪作为要求政府赈济灾县的依据，并多次出台法规、给慈善组织增拨补助款，大部分议员以省议会为平台、省宪为武器替灾民说话和监督批评政府。

## 第四节　教会与湖南慈善救济

帝国主义是中国近代社会发生一切重大变化的总根源，同样基督教在中国的传播也深刻冲击了中国文化，中国人的精神世界、生活方式、社会形态、政经情状都随之有重要改变。

基督教对近代湖南的影响同样也是相当深远的。1949 年之前，基督教在近代湖南的传播大致经历了三个阶段，即艰难播种期（1863—1900）、稳步发展期（1901—1925）、动荡衰落期（1926—1949）。在甲午战前，湖南非常保守，被传教士称之为"铁门之城"，"到 1890 年，传教士已在除湖南以外的所有省份居住生活"。[77]历史进入 20 世纪后，基督教在湖南的命运发生了相当大的改变。到了民国，"人民有信教之自由"被写进法律，为基督教的传播提供了法律依据。从基督教方面言，传教士改变了传教策略，积极从事教育、医疗卫生事业，热情参与灾荒赈济，以使自身形象得到改观。

## 一、教会参与慈善救济的主要内容

教会在北京政府时期湖南社会中发挥着不容忽视的作用,尤其在慈善救济事方面,它主要在医疗卫生、灾荒赈济和育婴慈幼方面进行。

第一,医疗卫生。医疗卫生包括医疗教育、诊治和卫生宣传等方面。湖南的医学教育也是由教会首倡的,其中最著名的是雅礼医学专门学校(后更名为湘雅医学专门学校,由湖南育群学会和雅礼协会合组的湘雅医学会主办),"它为吾湘训练医学人才机关之创始"[78],"影响于吾湘之公共卫生事业者至大"[79]。此外还有雅礼会开办的雅礼护病学校(后也更名为湘雅男女护病讲习所),英循道会开的邵阳、零陵普爱护校、美长老会的广德护校等。湘雅医学专门学校是中美双方教育合作的典范,乃湘省现代医学教育的嚆矢。湘雅医学专门学校能享有较高知名度,与它拥有一支高水平教师队伍和他们的敬业精神息息相关。1921 年,湘雅的 13 名专任教师中,除 1 名医剂师外,全部是医学博士,其中外籍教士有8 人。而且这些教师都是全日制,没有 1 人自己开业,这在当时国内医学校中也是少见的。[80]

"教会医院在慈善事业中占首位"。[81]初期,传教士兴办医院的目的是为了接近下层民众,争取信徒,促成传教士的成功,故教会医院被视作"福音的婢女"。随着时间的推移,教会医院渐次与其传教的精神目标分离,呈现专业化的趋向。20 世纪初,胡美曾说:"医疗工作只能按最科学的路线才能实施。……我们的医疗及其教育工作,必须依靠最强大的教会影响,按照教育、科研的最高知识、最高科学的标准进行。"[82]教会医院大多是由小诊所发展而成的,它对贫苦患者门诊、住诊费用减免属于慈善活动的重要内容。
1898 年,美长老会在常德开办广济诊所。1901 年,更名为广济医院,是为湖南省首家西医医院。[83]据统计,到 1920 年,全省基督教 8 个差会共设立教会医院 18 所,分设于 15 座城市。另外,在教会医院设置地点以外,尚有教会特设药方 18 处。而在当时全省国人办的公私医院才 5 所。[84]到 1935 年尚存 15 所医院,分布在 14 座城市。因此,教会医院弥补了医疗资源不足的矛盾。"各县之医疗救济事业,它大概均由教会主持。"[85]1935 年,湘雅医院免除住院费 11978.26 元,门诊费 663.3 元,药咨费 3588.35 元。[86]1947 年,湘雅医院每月住院免费的占住院总数的 34% 以上,门诊每日占 30% 左右。[87]同年,湘潭惠景医院门诊 27682 人,免费占 26.3%,住院病人 1140 名,免费占 36.6%。[88]

　　湘省教会医院除日常的诊病治病外,还特别看重防疫与卫生宣传。普通百姓"平时昧于预防之术,病时不知诊治之途,病后不明调养之法",[90]结果延误病情,落下许多遗憾。1919 年春夏,时疫流行,青年会租到卫生电影数种,在长沙各教会及学校放映讲演,计共 28 次,男女听讲者 11060 余人。[91]1920 年春,长沙基督教青年会联合警察厅、教育会、学生联合会等 9 个团体,组织湖南省会卫生促进会。1921 年,颜福庆、胡美等人要求警察厅、市政府、教育会、湘雅医学会、男女青年会等,组织湖南卫生教育会,专从卫生教育着手,并征求卫生讲演员,分赴乡村宣讲卫生;办理夏季卫生队,举行市民卫生会、劳工卫生会等。1922 年,湖南卫生教育会改组为湖南卫生会,翌年又改为中国卫生会湖南分会。这种专门组织对改善民众的卫生状况大有裨益,同时,教会医院也功不可没。1922 年冬,湘雅医院专门成立社会服务部,其工作内容之一就是宣传卫生知识。

各县现存教会医院一览表（1935 年）[89] 表 5—3

| 县别 | 名称 | 属于何教会 | 病床数额 |
|---|---|---|---|
| 益阳 | 信义医院 | 信义会 | 60 架 |
| 邵阳 | 普爱医院 | 循道会 | 30 架 |
| 澧县 | 普利医院<br>津蓝医院 | 信义会<br>圣公会 | 十架<br>24 架 |
| 常德 | 广德医院 | 长老会 | 50 架 |
| 桃源 | 问津医院 | 长老会 | 10 架 |
| 衡阳 | 仁济医院 | 长老会 | 70 架 |
| 郴县 | 惠爱医院 | 长老会 | 40 架 |
| 沅陵 | 宏恩医院 | 基督教会 | 30 架 |
| 会同 | 爱怜医院 | 内地会 | 50 架 |
| 醴陵 | 遵道会医院 | 遵道会（现已改组为醴陵县卫生院） | 60 架 |
| 新化 | 信义会医院 | 信义会 | 40 架 |
| 湘潭 | 惠景医院 | 长老会 | 40 架 |
| 岳阳 | 普济医院 | 复初会 | 50 架 |
| 零陵 | 普爱医院 | 循道会 | 40 架 |

　　第二，灾荒赈济。在兵灾救济中，他们主要在三方面开展工作，如治疗伤兵病民、救护难民出险、赈济难民生活。给伤病兵民的救治主要是与中方人士合组红十字会和设立妇孺救济会。救护难民出险最突出的是在 1918 年"醴陵兵灾"中，尤其是遵道会牧师德慕登冒死救护难民出险。他冒险率领 20 多人前往该县拯救孑遗。那些未及逃离的民众群集在遵道会教堂内，再由传教士送上开往省城的火车。遵道会共救出妇孺 300 多人、遵道会中学校

学生 40 多人。省城各善堂接济其伙食。待醴陵局势稍定后,遵道会再面商督军,派专车将这些难民护送返乡,并且不论大小,每人发川资 2 个光洋。遵道会教士冒险救难民的举动获得广泛赞誉。特别是对德慕登给予高度称赞,说他"以七十老翁,庞眉皓首,雄健□录,盖富于慈善心者。刀锯鼎镬,更何有忧患险阻足以撄其心者。此吾中国士大夫所当望而却步"。[92]对遭兵灾蹂躏民众的生活,教会人士也特别牵挂,以多种形式募捐救助。1918 年 4 月,长沙信义会中西女教士,念及灾民的困苦,首先提倡赈济,或捐或募,共得票钱千余串,衣服数百件。长沙雅礼大学师生一次就为醴陵来长的难民捐集了票钱 200 余串,并募筹到票洋 50 多元。[93]湘雅医学专门学校学生发起成立了醴陵难民筹赈处,共筹集光洋 262.6元,票洋 721 元,票钱 71.89 万文,票纹 1195 两。1918 年 10 月 12日至 15 日,青年会开电影筹赈会,每券售洋 1 元,共获资 1700 多元,专为醴陵难民制备寒衣,制成新衣 1400 件。长沙青年会为募捐曾"特开筹赈大会三次,总核所募,约在二千元之谱"。[94]青年会还呼吁社会捐献破旧棉衣,共募得旧棉衣 300 余件。

　　教会对湘省水旱灾的救助在 1921 年华洋筹赈会成立前,主要是各教会自行组织,之后,则主要是通过筹赈会进行。每逢灾情严重时,教会同地方其他慈善团体一样,都积极投入救灾,施粥散赈,以济民生。华洋筹赈会无论在查灾、放赈还是请款募捐方面都要求地方绅士与传教士之间的合作,传教士的参与俨然成了公平办赈的保证和象征。各县的教会在灾情发生后也在第一时间上报。1922 年春荒,西路尤为严重,对此"各牧师对于西路灾情极为关心,分负调查责任"。[95]筹赈会在各县设立的分会基本上是由各地牧师任会计,发放的赈款交由牧师领取。省内主要差会也时常单独或与其他公团联名向中西合组的北京财务委员会请求关余附加等项拨款，同时积极向其他地区的教会团体和欧美红十字会募捐。1924 年长沙大水灾，城内各基督教会联合组成救灾团，分途办理灾民救灾事宜，并致函中国华洋义赈救灾总会湖南分会，请赶急拨款救济。可以说，在教会所有社会事业中，赈济最能得到民众的较广泛理解和欢迎，同时也可实现传教士救世济贫的抱负。正如美传教士明恩溥所言："赈济给传教事业带来了转机。""灾荒结束之后，事情变得很明显，我们进入传教的新时期。许多反对外国的偏见消失了，或是被压下去了。"[96] 当然，教会人士在华洋筹赈会活动中的强势表现也招致部分人的批评，认为有损中国主权，这在以工代赈修筑潭宝公路过程中特别明显。

第三，育婴慈幼。中国传统慈善的重要内容就是育婴慈幼，"故育婴堂之数独盛，各城市靡不设之，荒岁之后，收养尤多"。[97] 教会之所以选择开办育婴慈幼事业，一则因近代中国社会深受封建传统观念的影响，教会也须遵行这样的传统；二则由于各种灾患交叠出现，作为弱势群体的婴幼儿屡遭磨难，沦为难童，失学乞食，流浪街头；三则因考虑到儿童心理尚未定型，容易塑造，若教会给予其生活学习上的照顾，他们可能对基督福音产生好感，甚者皈依教会。四则是因为儿童是中国的未来，"欲谋中国民族之得救，非先谋中国儿童之得救不可；欲谋中国民族之健全，非先谋中国儿童之健全不可"。[98] 基于救难传教的考虑，教会没有忽视育婴慈幼工作。1902 年挪威信义会在益阳桃花仑开办的育婴堂，内地会在芷江开办的慈幼院（芷江慈幼院先后共收养孤儿 500 多人，毕业 8 个班[99]）。1912 年，倪尔生在益阳创办了瞽目院。内地会在长沙学院街也开办过瞽目学校。教会办慈善事业中误会最多、批评最多的要数育婴慈幼，其中关键就是育婴堂婴儿死亡率特别高。

## 二、教会参与慈善救济事业的特点

在灾患频仍的北京政府时期，教会人士多方参与慈善救济活动，对湖南近代慈善救济事业性格形成是至关重要的因素。教会在参与湖南慈善救济事业中有如下几个特点：

第一，形成了一批对湖南慈善救济产生深远影响的传教士群体，这主要是参与创办湖南红十字会和湖南华洋筹赈会的传教士。他们是饶伯师、任修本、邓维真、陶绥德、德慕登、韩理生、包格非、戈德白、倪尔生、胡美等，其中饶伯师、韩理生和胡美尤为瞩目。他们支持或参与多方面的工作，如以筹赈会委派代表身份赴京交涉米盐公股、太平械款，向外籍人士和欧美红十字会等慈善组织募款，为争取政府对慈善救济的支持多次前往省署沟通协商，主持制订灾赈及善后的基本计划，参与华洋筹赈会的日常管理，多次主持筹赈会干事会议，与北南双方军队交涉米禁事项等。可以说，华洋筹赈会及改组后的中国华洋义赈救灾总会湖南分会的发展及活动内容深深打上了这些传教士的烙印。

第二，长沙基督教青年会在慈善救济中表现非常活跃。长沙基督教青年会成立于1912年，其宗旨是"发扬基督精神，团结青年同志，养成完全人格，建设完满社会"。1915年，长沙基督教青年会共发展了五个学校青年会，会员达358人，长沙市会311人。[100]1917年长沙青年会的职员包括：总干事饶伯师，德育部干事谭信一，智育部干事为英国人费雅，青年中学校长吴家任（后由杨嘉炯继任），体育部干事为挪威人夏义可、干事王毅诚，会员部主任干事杨怀僧、文书兼事务李懿初，童子部主任干事为美国人蓝安石，学生部干事张登赢（后为徐庆誉），职工部干事刘岷庵、张子谋等。[101]1918年还专门成立了社会服务部，目的在于"为社会改良风俗,提倡公民教育","补政教之不及"[102]。到 1919 年,长沙青年会拥有会员 1750 多人。[103] 1926 年开始的工农运动和北伐战争对长沙青年会是很大冲击,雅礼学生甚至明确要求"废除青年会",总干事饶伯师辞职后,其遗缺由谭信一代理。当时"各教会西人牧师及办事人员均奉有各该国密令,促其归国或暂居租借"[104]。1927年 4 月,长沙市总工会、商会、学校、各行业工会等公法团体开会,议决取缔青年会,没收其财产,改为人民俱乐部,长沙青年会一切活动就此停止。直到 1937 年抗日战争全面爆发,长沙青年会才在张以藩的领导下得以复兴,积极投身抗日救济等事业中去。

　　长沙青年会参与慈善救济的方式,首先是以放映电影和办游艺会等筹款。20 世纪 20 年代,长沙放映电影的主要是长沙基督教青年会和明德中学,其中青年会居长沙电影业之首,主要以放映外国无声片为主。[105]青年会时常放映电影筹捐。1920 年,青年中学在 12 月 4 日在高升街湘春园办游艺会。1921 年 7 月 15 日青年会将游艺券费光洋 2990 元交给了湖南急赈会。基督教女青年会在 1923 年初发起给乞丐募集寒衣鞋帽被絮和银钱的活动。1926年则委托湘鄂印刷公司印制利济证,作利济贫民之用。其次是在1918 年兵灾期间在醴陵、株洲散放寒衣和赈款。再次就是青年会总干事饶伯师长期义务担任华洋筹赈会总干事。饶伯师从 1921年始一直忙于筹赈会事务,对青年会事务必然有影响。于是在饶伯师服务筹赈会将及一年的时刻,筹赈会干事会议决给青年会一定捐助作为补偿,但青年会在 1922 年 12 月 20 日复函筹赈会断然拒绝,言"国内外慈善大家对于贵会之捐款,原以赈恤吾湘之灾黎,敝会与贵会虽同属服务社会之机关,然性质究有不同,移彼作此,敝会深觉受之有愧。"[106]而饶伯师在青年会的服务也完全是义务性质,于是要求撤销成案。所以,社会评论说"青年会对于这种

事业素来热心,固然极愿帮忙."[107].

　　第三,传教士给湖南慈善救济带来了新的理念.[108]近代湖南慈善救济理念的变化既与政经社会结构的巨变、多种灾患的全域性频发等客观因素有关,更与熊希龄、聂云台等慈善人士的建言指导和一批传教士的参与有关。传教士在中国慈善救济理念的近代化过程中的影响主要体现在这么几个方面:首先,慈善救济内容的扩大和对象的延伸。从内容来讲,除传统的育婴、恤嫠、养老、施棺、施药以外,还增加了慈善教育和慈善医疗;从对象来看,则打破了传统的以血缘为纽带的宗族慈善范畴,开始关注异地的、普通的社会大众;从慈善的动力看,则不再是传统的积阴德和因果报应的驱动,更多是为实践"基督救世"的宗教信念和人人平等的人道主义精神。其次,在慈善救济事业经营中,从重养轻教到教养并重的思想观念转变,反对单纯的施舍,主张增强灾民和弱势人群的自救能力。所以,比较注重收留婴幼儿的教育和技能培育,对青壮年灾民则以工代赈,重视赈款的滚动式使用。最后,赈灾中从平均救济到选择性救济的变化,反对均平原则,主张将有限的赈款发放给非赈不能生的真正贫困灾民。传教士给全国慈善救济理念近代化带来的这些影响同样适应于湖南。但还有两点是必须补充的,一则是大部分传教士吃苦耐劳、真心为灾民的精神发挥的感召作用,一则是他们重信用、重承诺的原则性所带来的启示。饶伯师在谈到1922年修筑潭宝路时认为是湖南省政府信用缺失导致其半途而废,说道:"然尚有二事,颇与予以不快之感(一)政府关于购地经费不为爽快之给付,致业主因索地价屡妨路工进行。(二)应由政府拨付之保路费,榷运局出具期票仍未交出。"[109]

### 三、教会参与慈善救济的社会影响

教会参与湖南慈善救济除了带来慈善理念的变化外,其社会的外溢作用也是明显的。

第一,对湖南社会近代化进程有推动作用。这具体体现在:一则缓解了灾害给社会所带来的压力;二则培植国家之外的市民社会因素;三则推进慈善事业本身由国家主导型向多元型的发展。教会在社会服务方面可以说是最重要的推动力量之一,这主要与西方国家的庞大捐款和传教士普遍曾接受高深教育具有新的观念有关。

第二,增进了中国人对西方文化的了解,有助于中西文化的良性互动。传教士积极参与慈善救济,博得了民众好感,使教会与社会间隔阂进一步消解。循道会英籍牧师任修本在 1922 年 2 月致函孙中山,建议其自带军粮进湘。他在信函中表露其直言陈情的内心原因,言"鄙人此次之口口陈词,非有他意,盖因鄙人半生以来,对于贵国及贵国国民,素深亲爱,故不惮渎陈为之请命也。"[110]社会各法团和名流士绅也"对于教会大概都表敬仰。凡地方有何公益善举,总欢喜与教会合作。"[111]一些官绅还欣然命笔题词,表达对基督教的赞许。1912 年黄兴为长沙中华圣公会题词:"耶稣圣名,敬拜宜诚,□尊居卑,为救世人。"[112]1926 年浏阳知事谢虎逊为该县天主堂落成特撰一副对联,云:"此间有极乐天堂合环宇万里归于真主;以后即大同世界原洪钟四应唤醒国人。"[113]这反映教会与社会的关系出现前所未有的融洽局面。"基督教之新旧两派,乃于此时日事扩张,其教徒人数之增加,至为激进"。[114]湖南基督教真可谓走过了一段"黄金时期"。

湖南人对传教士在慈善救济中热心参与也是心存感激的,所以当教会发展中遇到困难时也愿予以帮助,社会捐助青年会购地费和"一战"后挽留包格非、韩理生牧师就是例证。1919年长沙基督教青年会拟修新址,计划购地费4万元由湘人承担,建筑费20余万元由美国人承担。于是熊希龄致电湘籍在外政商,呼吁捐款协助,他说"现在湘省被灾,筹款维艰,然不设法凑集,吾湘对外亦殊有愧"。[115]熊希龄和聂云台各自认捐1万元。长沙总商会也要求提供经费援助,它在致北美青年会全国协会信函中称道长沙青年会"以改良社会为职志,以提倡博爱为精神","其于救灾恤邻诸务,亦靡不实力进行,诚社会上之一线曙光也"。[116]

　　按规定,"一战"结束后,敌侨应遣回原籍。德国籍内地会牧师包格非和韩理生都被列入可能勒令出境的名单,但内务部在1919年2月15日电文中同时有这样的规定,"教士不论男女,如因所办慈善事业确有未能离去情形者,得免其遣送"。于是岳阳和芷江两地的绅民就向政府请愿挽留他们。岳阳绅民在电文中说"迩来二、三年,岳阳兵灾屡见,韩理生创办岳阳红十字分会及妇孺救济会,对于军界地方获益良多,不特地方相信,即军界亦深知"。"窃韩理生为人素性谦和,热心慈善,较之德侨托足政治者迥然有别","在岳阳办理慈善事业最多,人民颇受幸福"。[117]1919年2月,芷江绅民致电熊希龄,请转知政府挽留包格非,电文称"顷闻包格非牧师奉令离华,但伊抵沅,德爱兼全,民教极洽,伏乞鼎力维持至祷"。[118]熊希龄随即回电称赞包格非在1916年湘西兵灾救济难民的功劳,并在3月4日致电外交部和内务部表达挽留之意,称"该牧师包格非,热心慈善,民国四年南北军队迭次战争,该牧师救济难民,全活无算",且"闻该牧师因前被匪伤,在堂医治,且此次教士免遣有例,拟为援请,乞赐保全"。[119]3月6日,时任国务总理钱能训复电熊希龄"湖南德籍牧师包格非,既据地方绅民证明确办慈善事业,有案可稽,自可准予免遣"。[120]可见,湖南社会对诚心、热心办理慈善的传教士是感谢的,即使他们来自敌国,也不影响社会对他们的接受。

综上所述,教会参与湖南的慈善救济事业从主观来说是为了博得中国人的好感,是通过间接、世俗、慈善的方式让人们增进对基督教的了解;从客观效果来看,也基本上达到了目的,特别是民国以后民教冲突锐减,中西文化能较理性展开对话。就教会参与的慈善救济活动对湖南社会演进的影响来说,无疑是推进慈善观念进步的新元素,是减少灾患对社会破坏力的重要力量。总之,教会参与办理的慈善救济本身是湖南近代慈善救济事业不可分割的组成部分。

## 第五节　长沙《大公报》与湖南慈善救济

长沙《大公报》作为"民国时期湖南历史最悠久的民营报纸"[121]与湖南社会有着密切的联系。它属于日报,自1915年9月1日创刊到1927年遭查封,期间除了前后累积几个月的停刊之外,连续性比较强,对重大事件的报道较客观、评判较公允。具体到《大公报》与湖南慈善救济的关系而言,可以说《大公报》既是相对全面、详尽和客观的记录者,同时它本身也利用"社论"、"时评"、"编辑余话"和"选录"的方式表达对与慈善救济有关问题的看法。

### 一、长沙《大公报》在民国时期湖南舆论界的重要地位

《大公报》是当时非常有影响力的报纸,发行量大,读者群以政要商贾、知识分子和城市市民为主,它俨然成为进行社会教育的

重要介质,是推动湖南社会近代化的一支重要力量。

长沙《大公报》的主要创办者有刘人熙、贝允昕、李抱一、张秋尘、张平子等,他们因力主反袁而从《湖南公报》中出走并创办同人报纸长沙《大公报》,刘人熙任报社首任社长。报纸开设有社论、选录、专件、公电、快信摘要、紧要新闻、时评、本省新闻、广告、本馆专电、命令、轶闻、要件、译论等栏目,还开辟副刊"艺海",刊载文苑、小说、诗话、梨园歌舞等。该报创办伊始,延续反袁立场,受到全省人士欢迎,销售数量增至万份。[122]在存续的 32 年间,《大公报》数度因对当局持批评立场遭受处罚或受战火影响而中断,实际办刊约 26 年。就其政治立场的变化看,成立初期反袁,谭赵纷争时偏向谭,北伐时期反对共产党,南京国民政府成立后接受政府经费资助,抗战初期一度活跃。

北京政府时期属于湖南报刊业呈现新的迹象,发展比较快。1920 年下半年,长沙的报纸多到 10 家。到年底因谭、赵冲突以谭延闿被挤走而使湖南局势和缓,报纸数量也随之减少。1921 年,长沙继续存在的报纸只有《大公报》《湖南日报》《民国日报》和《湖南通俗日报》四家。1922 年起又陆续有所增加,1923 年 4 月,《湘报》创刊,与《大公报》《湖南日报》成为当时鼎足而立的 3 家大报。到 1926 年北伐军入湘前,长沙的报纸又增加到八家之多。[123]北京政府时期湖南报刊业比较发达,这是多重因素综合作用的结果,这些因素至少包括:其一,政局变动不居,各派势力为进行舆论宣传支持办报,民众则借助报刊发表言论表明立场,这样就大大刺激了社会对报刊的需求;其二,资本主义工商经济的短暂繁荣,使城市人口扩充,报刊销售量增多,也使报刊的广告收入增加,报刊的种类多样化,这使报刊业发展有了一定基础;其三,辛亥前后新型知识分子群体的崛起和壮大为报刊业提供了必需的办报人与读

者群体;其四,军阀混战使政治控制稍微放松,给民间办报提供了
较宽松的环境。[124]

这些报刊共同营造出比较活跃的公共舆论空间。正是报刊的
多种声音交织在一起,不断就特定话题展开讨论激变,就形成了公
共社会必不可少的舆论空间。而长沙《大公报》无疑是构建北京
政府时期湖南公共舆论的重要力量。

## 二、长沙《大公报》参与慈善救济的方式

长沙《大公报》与慈善救济发生联系主要是三种方式。

第一种是免费或优惠刊登慈善救济组织的重要文件和活动消
息,比如慈善救济组织的往来函电、简章(章程)、办事细则、会议
纪要(例如华洋筹赈会例行干事会议的纪要)、募捐公启及征信
录、重要通知声明和广告等。借助《大公报》这个平台,让社会增
进对慈善救济组织架构、活动方式的了解,让官民了解政府和慈善
组织对慈善救济的基本态度和要求,让社会知晓赈款赈物的收支
情况,呼吁社会大众踊跃捐款等。

第二种是由报社派记者对重大慈善救济活动进行采访报
道,以记者的视角做出观察、记录和分析。一般在慈善救济组织
举办游艺会筹款、政府邀集官绅商代表商讨慈善救济的会议、就
重大慈善救济政策(如以工代赈修筑潭宝路、中西合组华洋筹赈
会等)开说明会的时候,报社记者会受邀前往采访。当然大部分
时间是报社就慈善救济的相关活动主动前往采访,有的时候还
刊登相关慈善救济组织的历史沿革和数据统计,例如《大公报》
在1925年曾登载了一组关于育婴堂、省社仓、孤儿院等历史沿
革的资料,也曾就省城的湘雅医院、导盲学校、第一贫女院等现
状做过专门调查。《大公报》还分别就以工代赈修筑潭宝路和亚

洲建业公司包工垫款续修潭宝路永丰宝庆段的议题对饶伯师和马临翼做过专访。

第三种是《大公报》以多种方式直接就慈善救济相关的社会热点议题表明立场。在《大公报》创刊到1927年遭查封共12年间，其发表的与慈善救济有关的社论和时评特别强调切实抓好米禁、及时填足仓储，赞成以工代赈修筑潭宝路，呼吁湖南人自救和内部团结，对慈善救济中出现的问题予以批评，等等。1916年4月12日，《大公报》发表社论，提出救荒中有"三便""六急""三权"和"六禁"之说，其中"三便"就是"极贫便赈米，次贫便赈钱，稍贫便赈贷"；"六急"是指"垂死之民急饭粥，疾病之民急医药，病起之民急药水，已死之民急埋葬，遗弃小儿急教养，轻重系囚急宽□"；"三权"是指"权借官钱以籴粜，权兴工作以助赈，权贷牛种以通变"；"六禁"是指"禁侵渔，禁拽盗，禁遏籴，禁抬价，禁牵牛，禁□□"。[125]诸如此类的言论一定程度上抓住了救荒慈善中的重点，对社会具有较强的引导性，某种程度上代表了当时慈善救济理念的转变方向，从一个侧面可以窥见当时人民对慈善救济的认知程度。

### 三、长沙《大公报》关于慈善救济的主要主张

具体来说，《大公报》发布的社论及时评等主要反映了如下这些思想主张：

第一，关于筹赈，认为既是义务又是慈善，有较高的道德要求，并呼吁慈善界人士及时应对出现的灾患。《忠告各慈善公益团体的人们》认为"办各种慈善和公益团体的人们，不单只是服务社会而已，其一种道德心、责任心自必是比人家高过几倍的，所以就为人民所尊仰，所钦佩"[126]。《华洋筹赈会中的我见》则就筹赈会会

内中、西干事积极性落差大的问题发表看法。作者认为,筹赈是一种义务,不是权利;同时筹赈是一种慈善事业,不是政事。慈善与义务是有区别的。"慈善之出于同情心,也是不待言的。但慈善的范围狭,义务的范围广。认为义务,是人人必做的,认为慈善,就不必人人都要做的"。筹赈湖南灾荒对湖南人而言,"似乎像种义务",对外国人来说,"就是一种慈善了"。真正的慈善家,"就该有与慈善相附属的容人的雅量,或纳人善言的宽怀"。同时,筹赈不同于政客武夫的争权夺利,"既然是出于同情心,自无代价的希望,无权利的贪想。人家之崇奉你的,亦是取其心,不取其迹"。因此,筹赈办慈善应该欢迎而不是拒绝不同的意见,希望群策群力而不是独立独行。通过对筹赈性质的分析,作者呼吁华洋筹赈会华洋各干事"和衷共济,好好收场吧。"[127]慈善人士救济灾患应成为一种自觉,不需等到社会呼吁之后才行动,"夫慈善家之行为,原本良心上之主张,而认为义务者也,故虽不受人督促,然亦不忍听人呼吁"。[128]

第二,关于救济米荒的整体方法,主张多管齐下、标本兼治,特别是要发展生产力。导致米荒的因素很多,特别是人口增加和生产力不增,再有就是"军兴与道梗,商民裹足不前"、各属先年歉收、兵匪患时兴误了农事以及谷米大量出口所致。因此,救荒就消极方面说必须筹资赴外地购运粮食进湘,防止人为哄抬物价,严禁谷米偷运出口,鼓励商贾从事米粮贸易("今政府欲筹救济之策,非奖励商民运米不可"[129]),肃清匪患畅通商旅通道,制止粮食被滥用浪费等。从积极方面说,应重视积谷防灾和发展生产力。抓好积谷事项,可提高民间自我防灾能力,减少灾荒的破坏力。发展好农业,多创造劳动机会是救济的根本方法。[130]总之,"赈灾决不能以施粥捐钱就可了事,过了水灾旱灾,不是求神念经,就可以望丰收的,总要竭力设法增加生产力是治本的办法"。[131]救荒的根本在于培植森林、疏浚河流、修治塘坝,做好预防。

第三,关于米禁,应常抓、严抓不懈。湘省素来号称谷米出产区,以致每有旱荒发生,外界总是表示怀疑。当然,其产生怀疑的另一因素是荒歉时尚有军队来湘采办军米和谷米出口(不管是持政府颁发米护照出口还是奸商偷运出去的)。所以,"祛其误会,得其谅解,唯有对于米禁,痛下工夫"[132],当然其中关键在于省政府与在湘采办军米的直军交涉。而当1922年秋,省政府又准备以"谷贱伤农,宜加调节"和"政府经费无着,须抽米捐"为由放米出口时,《湖南即可开米禁耶》作者提出反驳的理由一是湖南多年受灾,元气尚未恢复,当年只是滨湖几个县小稔;二是"政府经费固应顾及,民食亦应顾及",政府作为不能伤及人民,"以自治政府建立于自治人民之上,人民者永久之基础,政府者一时之构造。政府固不能不取给于人民,但不能亏人民以自养。亏人民以自养,人民虽不与抗,驯至生机日绝,基础动摇,政府亦不能肆居其上矣"。[133]《米禁能开吗》作者不赞成立即决定开禁,认为应调查全省的民食状况是否有盈余再做决定。他还特别提出调查民食状况时应注意的四个重点:(一)截至新谷登场时止,该县旧谷有无余存,和赢亏的概数;(二)该县本年收获的概况,比较丰年是否短收,和短收的成数;(三)该县本年全县收获,以之供给全县民食,有无赢亏和赢亏的概数;(四)该县全县常平仓义仓现在储存谷硕的概数。[134]

第四,关于积谷,应及时足额填仓、防患于未然。"义仓储谷关系备荒,至为重要"[135],古人云:"三年耕必有一年之食,九年耕必有三年之食,以三十年之通制国用,虽有凶旱水溺民无所患。"[136]该报对1914年湘义仓谷米被借领一空至1918年尚未填仓提出质疑,提问"这是谁的责任。"《米禁与仓储》作者认为民食救济除米禁外,最要紧的是仓储。而仓储中的社仓因散布于四乡,贫苦人民在荒歉时完全倚重于它所以保护特别谨慎;最需担心的是分布在城市的常平仓因远离乡民且长期掌管于绅士手中,绅士和官长往往得以弄其鬼蜮手段,从中取利。[137]

　　第五,关于工赈,极力赞成以工代赈从潭宝段开始修筑省路。1918 年该报就发表《工赈》的时评,认为"寓工于赈最为救灾善策,盖赈济之款有限而灾黎之待哺无有穷尽,旷日持久,将成坐困",并建议湖南义赈会仿古人工赈之法,"课各难民以一种浅易手艺,制造日用必需之物,即以其出品之利益为供给难民之口,虽未必能绰有余口,当亦可以弥补十五,且战事未已,难民复业无望,来日方长,岂能徒恃捐款维持"[138],最后提醒办赈者不要使救济的美意功亏一篑。1921 年 10 月 9 日,李六如在长沙《大公报》刊登《裁兵与赈灾之我见》文,认为当时最难解决的问题是裁兵和赈灾,如果被裁之兵不思妥善安插,则势必散为土匪;被赈之民不妥思善后,则不过是得叼涓滴苟延残喘。裁兵和赈灾处理不好,则无异"积薪厝火,宁得谓安"。作者认为"裁兵赈灾,都宜统筹并顾,标本兼治。以期消隐患于无形,辑流民于衽席,乃为策之得者。"[139]而裁兵与赈灾的良策就是修筑省道,因为"道路交通关系实业教育诸政,裨益最多,固不仅足以救济游民而已。"[140]1922 年 2 月 4 日,李抱一发表时评《我对于修路代赈的末议》,支持以工代赈修筑省路这有助于湖南人自救,认为如果"湖南人不能自救,但只靠着外人,外人的热心毅力固然可钦,湖南人当着自己生死关头,也要各宜捡些可能的事情尽力去做,才可对得住外人,对得住自己。"[141]2月 8 日,署名闲云者发表了《湖南人应全力筑路》的时评,认为裁兵筑路和赈灾筑路一样都是为了实业和文化的发展。[142]3 月 25

日,署名民盾者发表时评《修路工赈不能再缓了》,认为灾情已更加危急,但工赈尚未开始,于是建议先由省署拟定办法施行,待后再由省议会追认。[143]

当1923年筹赈会拟定以米盐公股作抵由亚洲建业公司包工垫款修筑永宝段招致部分湘人反对时,《大公报》以"编辑余话"形式发表《论潭宝路垫款事》的评论,认为好不容易将屡次索取无望的米盐公股以工赈形式取回50多万元,本来应是庆幸的事,"乃竟有人故意反对,真不知其是何居心"。同时也坚决反对让潭宝路半途而废而让三路均分米盐公股款,并发出如是感慨"以毫无关系之外国人尚且捐来巨款,吾同省之人乃如此私心自用,不明大体,甚非吾所愿闻了"。[144]1924年4月7日,作者毋我发表题为《潭宝路停工与省路之关系》一文,文章呼吁继续修好潭宝路,认为修路对省自治非常重要,因此认为社会不该对以米盐公股续修潭宝路横加阻拦。作者在文中反对在修筑省路问题上各路界之间展开争夺,并从四个方面论证了省路从潭宝路段开始的合理性:米盐公股属于全省公款,押款修筑省路天经地义;选择以湘潭作为修筑的起点是现实需要,而且筹赈会对于修筑全省公路是有规划的;在中路以工代赈同样可以救济西南两路的饥民;潭宝路所需费用只占米盐公股款项总额800万元中的16/1,修筑潭宝路不妨碍其他地方路的修筑。从这些文字不难看出,《大公报》是坚决支持华洋筹赈会拟定的用米盐公股以工代赈修筑潭宝路的,尽管最后未能完全如愿修通潭宝段,但《大公报》积极的鼓与呼还是起到宝贵的舆论推动作用。

另外,《大公报》对慈善救济中出现的先进典型加以推介宣传,对存在的瑕疵和问题则给予披露,在慈善救济事业发展过程中发挥了监督者的角色。1924年1月8日,该报发表题为《社会间还有急公好义之人》的"编辑余话",认为"外国社会事业之所以发达,大半由人民不私遗产,尽力输助所致",只是我国"社会制度未改良,社会问题未入与人人之心"。但湖南也还是有急公好义之士,比如湘潭有一武官周振武倾家捐入劝学所作为教育经费,每年只由劝学所以租谷 200 石赡其家室;醴陵陈盛芳捐修渌江桥款 5 万元。陈原来只是一砌工,自从包修株萍铁路起家,后来家有田 2000 余亩,他慨然捐出 1500 亩用作修桥经费。文章最后评价道:"以上两人名不出乡里,功业不过在一县,然而其悲天悯人的'义气'已充塞苍梧洞庭湖间了。"[145]

　　1922 年 4 月 12 日,作者"四愁"发表《忠告各慈善公益团体的人们》的时评,揭露慈善机构内部的各种阴暗面,比如将不署姓名者的捐款大部分中饱私囊,"这是个挂慈善招牌者普通的情弊";各善堂内大嚼大赌,擅开公账,置孤儿寡妇于不顾;施药、发衣、施棺、保骼等事不能普遍,只重援引;教会医院医护人员对贫富病患态度不一样。作者最后说:"我想,既肯来办慈善和公益的事业自然不是专靠着去穿衣吃饭,那末,像医生们逢红踩焦的心思和各堂所赌吃穿着不理闲事的举动,化慈善为残酷、变公益为私利,就应该立即改业投身军政等界,终日荣华富贵,何必来糟蹋这个好的团体和机关咧。"[146]1922 年 5 月筹赈会办游艺会筹款,该报记者批评其开销巨大,且向商民分派向官员募集,认为这违背了自愿购票的原则。有记者甚至认为在灾荒期间举办游艺会只是为了迎合那些喜欢妓女和喜欢坤角的人,让他们拿出钱来赈灾的办法。[147]而且该报还探讨了灾荒时期民众的社会心理,"凡在重大灾变中间可以窥见国民的智识与能力"[148],它对比了 1924 年湖南水灾和 1923 年日本东京地震时各自民众和政府的表现,认为日本善于研究灾荒的成因和预防的方法,官民在灾荒时有力合作,表现出"最敏捷最充分之拯救"[149]；而湖南每次灾后不去认真反思、总结教训、做好预防，才使得同类灾患重复多次发生。

正因为《大公报》在社会上的良好声誉和影响力，在湖南慈善救济中的重要作用，一些社团和个人往往直接将请赈函电发往《大公报》馆。1918 年 6 月，有读者投书《大公报》，言称"小民困苦顿连"[150]，唯有呼吁仁人善士捐助并吁请政府简派贤员督办赈务，从而为政府分忧劳，为人民苏实恐。1924 年 1 月，溆浦县议会及各公团联名投书长沙《大公报》馆，言"伏维贵馆以代表民意为宗旨，应请宣诸报端，冀执政者共览，或得俯念灾黎，设法救济，减轻溆民负担，俾子遗保全余生，省宪永垂久远"。[151]慈善救济组织在募集捐款时也经常将长沙《大公报》馆指定为捐款代收机构，此举也体现了社会对《大公报》的充分信任。

可以不夸张地说，北京政府时期湖南慈善救济事业离开长沙《大公报》的参与将肯定是另外一番相对低迷、逊色的情景。作为一份有影响力的民营报纸，长沙《大公报》在推动近代湖南慈善救济事业发展乃至社会进步方面的作用应给予足够的重视。

## 注　释

1　此段文字主要参见林增平为《熊希龄与慈善教育事业》(周秋光著，长沙：湖南教育出版社，1991 年版)所作的《序言》，特此鸣谢。

2　《熊希龄致慈善总公所电》，见《熊希龄定期回湘之确讯》，长沙《大公报》1925 年 10 月 26 日。

3　《熊凤凰对于赈务计划要函》，长沙《大公报》1925 年 12 月 9 日。

4　《熊希龄之慈善事业》，长沙《大公报》1916 年 3 月 13 日。

5　《天津水灾之西讯》，长沙《大公报》1917 年 10 月 3 日。

6　《致长沙张朗村电》(民国八年四月六日)，见熊希龄著：《熊希龄先生遗稿》(第四卷)，上海：上海书店出版社 1998 年 12 月第 1 版，3578 页。

7　27　32　周秋光著:《熊希龄传》,长沙:湖南师范大学出版社 1996 年版,第 534、563、562 页。

8　《华洋筹赈会筹赈之周折》,长沙《大公报》1922 年 1 月 6 日。

9　《任福黎致熊希龄电》,见《任福黎替灾民请命之恳切》,长沙《大公报》1922 年 1 月 13 日。

10　《尚未完全停顿之米盐证券抵款问题》,长沙《大公报》1924 年 8 月 30 日。

11　《省议会请迅施救荒办法》,长沙《大公报》1925 年 9 月 29 日。

12　《教育界欢迎熊凤凰回湘赈灾》,长沙《大公报》1925 年 10 月 7 日。

13　《长沙总商会致熊希龄电》,见《商会欢迎熊凤凰回湘赈灾》,长沙《大公报》1925 年 10 月 10 日。

14　《凤凰电恳熊秉三赈灾》,长沙《大公报》1926 年 3 月 11 日。

15　《四团体电请熊凤凰来省办赈》,长沙《大公报》1926 年 5 月 10 日。

16　《长沙任福黎来电》(民国七年十二月十五日到),见熊希龄著:《熊希龄先生遗稿》(第四卷),上海:上海书店出版社 1998 年版,第 3390—3391 页。

17　周秋光:《民国时期社会慈善事业研究刍议》,《湖南师范大学社会科学学报》1994 年第 3 期。

18　《义赈会去电》,见《义赈会开办冬赈》,长沙《大公报》1918 年 12 月 21 日。

19　《熊秉三为湘省乞赈电》,长沙《大公报》1919 年 4 月 11 日。

20　《张督复熊秉三电》,长沙《大公报》1919 年 10 月 28 日。

21　《熊秉三致张督军电》,长沙《大公报》1919 年 11 月 4 日。

22　《省议会赴京请赈代表回省》,长沙《大公报》1924 年 8 月 8 日。

23　《熊秉三电告愆期原因》,长沙《大公报》1921 年 5 月 10 日。

24　《熊审查长电请续假》,长沙《大公报》1921 年 5 月 20 日。

25　《周震麟建议募赈办法》,长沙《大公报》1924 年 7 月 21 日。

26　《熊希龄维持米禁电》,长沙《大公报》1919 年 10 月 25 日。

28　《熊希龄致湖南华洋筹赈会函》,见《熊凤凰之筹赈要信》,长沙《大公报》1921 年 12 月 27 日。

29　《熊凤凰电告海关附加捐》,长沙《大公报》1925 年 11 月 30 日。

30　《熊希龄致赵省长电》,见《熊凤凰请华洋合作救灾》,长沙《大公报》1926 年 1 月 12 日。

31　《熊凤凰莅平民织布工厂演说记》，长沙《大公报》1921年6月4日。

33　参见《熊凤凰对于赈务计划要函》，长沙《大公报》1925年12月9日。

34　35　《熊希龄来电》，见《熊、赵关于湘西善后之往来电》，长沙《大公报》1921年10月7日。

36　《熊凤凰等电请取消辰沅属苛税》，长沙《大公报》1923年1月19日。

37　《梅村根致郴州程颂云程嵩生电》（民国七年十一月二十二日），见熊希龄著：《熊希龄先生遗稿》（第四卷），上海：上海书店出版社1998年版，第3355页。

38　徐永志、马丽霞：《清末直隶商会与城乡社会变迁》，转引自江沛、王先明主编：《近代华北区域社会史研究》，天津：天津古籍出版社2005年版。

39　此表根据《官绅救济火灾难民之热忱》（长沙《大公报》1918年11月1日）制作而成。

40　《总商会提议接办平粜》，长沙《大公报》1919年1月19日。

41　《商会维持民食之进行会议》，长沙《大公报》1922年2月23日。

42　参见《沅陵商会筹设维持民食》，见《各县特约通信》，长沙《大公报》1926年3月15日。

43　此表根据《钱业公所募集水灾赈款记》（长沙《大公报》1926年7月4日）制作而成。

44　《筹赈会派定各商赈款》，长沙《大公报》1921年6月20日。

45　《商会关于催缴赈款之会议》，长沙《大公报》1921年7月1日。

46　《急赈会勒令商会缴纳赈款》，长沙《大公报》1921年7月5日。

47　《筹赈会致长沙总商会函》，见《筹赈会再催商会缴款》，长沙《大公报》1921年7月15日。

48　《商会劝销游艺券之大会》，长沙《大公报》1922年5月3日。

49　《省长覆淮商公所函》，见《淮商抽捐赈款事件更扩大矣》，长沙《大公报》1924年7月27日。

50　《总商会等致谭延闿、赵恒惕电》，见《昨日总商会之中西士绅大会议》，长沙《大公报》1923年9月15日。

51　参见《各公团给谭军的请愿书》，见《华洋士绅维持省会治安之大运动》，长沙《大公报》1923年10月18日。

52　杨柳西：《南大膳商会简史》，《沅江文史资料》第1辑，1984年版。

53　罗学超:《所里商会与商团》,《湘西文史资料》第 18 辑,1990 年版。

54　费正清　费维恺编:《剑桥中华民国史》(上卷),北京:中国社会科学出版社 1998
年版,第 325 页。

55　《商会昨日筹款购谷之大会议》,长沙《大公报》1925 年 5 月 26 日。

56　[美]陈锦江著:《清末现代企业与官商关系》(中国近代史研究译丛,王庆成主
编),北京:中国社会科学出版社 1997 年版,第 230 页。

57　[美]陈锦江著:《清末现代企业与官商关系》(中国近代史研究译丛,王庆成主
编),北京:中国社会科学出版社 1997 年版,第 230—231 页。

58　参见《湖南省勘报兵灾蠲免田赋章程》,长沙《大公报》1918 年 8 月 20 日。

59　《姜知事调剂民食办法》,长沙《大公报》1918 年 5 月 25 日。

60　《各县民食维持会章程》,长沙《大公报》1921 年 9 月 12 日。

61　《赵省长再电力争携款》,长沙《大公报》1923 年 3 月 18 日。

62　《辰溪难民之两大慈航》,长沙《大公报》1922 年 5 月 4 日。

63　《筹赈会致省长函》,见《筹赈会、省议会都向省长陈述救荒办法》,长沙《大公报》
1925 年 8 月 25 日。

64　《查询慈善成绩》,长沙《大公报》1917 年 1 月 18 日。

65　《奖励慈善事业》,长沙《大公报》1917 年 5 月 13 日。

66　《湘督请派秦炳直会办赈务》,长沙《大公报》1919 年 4 月 11 日。

67　《纪急赈会之女界筹赈会议》,长沙《大公报》1921 年 6 月 7 日。

68　《平江人民之泪竭声嘶》,长沙《大公报》1922 年 1 月 21 日。

69　参见《修正备荒湖田募捐征收简章》,见《议会协议赈灾问题》,长沙《大公报》1921
年 10 月 4 日。

70　《省议会去电》,见《各团体协争附捐赈款》,长沙《大公报》1921 年 7 月 19 日。

71　《湖南省宪法草案说明书》,见夏新华、胡旭晟编:《近代中国宪政历程:史料荟萃》,
北京:中国政法大学出版社 2004 年版,第 673 页。

72　《省议会致省长函》,见《议会对于民食之意见》,长沙《大公报》1921 年 6 月 27 日。

73　《省长咨请议会谅解变通提征案》,长沙《大公报》1926 年 1 月 21 日。

74　《省议会请收回蠲免田赋征作赈款成命》,长沙《大公报》1926 年 1 月 29 日。

75　《关于蠲免灾区田赋之省令》,长沙《大公报》1926 年 2 月 8 日。

76　王卫平、黄鸿山:《清代慈善组织中的国家与社会——以苏州育婴堂、普济堂、广仁

堂和丰备义仓为中心》,《社会学研究》2007 年第 4 期。

77　Denis Twitchett and John K. Fairbank ："The Cambridge History of China ", Volume 10, Late Ch'ing , 1800 ~ 1911, Part Ⅰ( Cambridge University Press, 1978), P555.

78　湖南省秘书处编:《湖南年鉴》(1936 年),第 534 页。

79　龙毓莹:《二十年来湖南之公共卫生》,见《长沙大公报廿周年纪念特刊》,藏湖南图书馆。

80　彭平一等著:《湘城教育纪胜》,长沙:湖南文艺出版社 1996 年版,第 149—153 页。

81　84　蔡咏春等译:《中华归主》,北京:中国社会科学出版社 1985 年版,第 96 、221—222 页。

82　Jonathan Spence ,"To Change China", Little ,Brown Company, P172. 转引自马伯英等:《中外医学文化交流史——中外医学跨文化传播》,上海:文汇出版社 1993 年版,第 421 页。

83　叶荣开主编:《常德市志》,北京:中国科学技术出版社 1993 年版,第 682 页。

85　86　湖南省秘书处编:《湖南年鉴》(1936 年),第 535 、541 页。

87　邓一题:《湘雅医院——本院合作之实习医院之一》,湘雅《院庆特刊》(1948 年)。

88　《各项报告》,《中华基督教会湖南分会:第一、二、三届代表大会会议纪录及长沙青年刊》,全宗 5 目录 6 卷宗 12,藏湖南省档案馆。

89　91　张维:《湖南卫生会之过去与将来》,见《长沙大公报廿周你纪念特刊》,藏湖南图书馆。

90　《最近湘雅大事记》,《湘雅》,1923 年 10 月。转引自黄珊琦:《浅探颜福庆博士在湖南的医疗实践和医学教育思想》,载中南大学档案馆网站,网址 www. acsu. cn。

92　《湖南义赈会报告书》(续),长沙《大公报》1918 年 10 月 16—18 日。

93　《雅礼学校救济难民之热忱》,长沙《大公报》1918 年 5 月 21 日。

94　梁家驷:《湘省战祸与教会之关系》,《中华基督教会年鉴》(第五册,1918 年)。

95　《各县最近灾情之报告》,长沙《大公报》1922 年 1 月 16 日 、17 日。

96　Harold. S. Mathews: Seventy Five Years of the North China Mission. 1935, PP. 26—29. 转引自顾卫民著:《基督教与近代中国社会》,上海:上海人民出版社 1996 年版,第 311 页。

97　谢洪赉:《中国慈善事业之现状》,《中华基督教会年鉴》(1915 年,第 2 册),中华续行委员会编订,中国教会研究中心、橄榄文化基金会联合出版,1983 年版,第

175 页。

98　吴维德：《中华慈幼协济会之回顾与前瞻》，《中华基督教会年鉴》（1929—1930 年，第 11 册上卷），中华续行委员会编订，中国教会研究中心、橄榄文化基金会联合出版，1983 年版，第 102 页。

99　杨启舜等主编：《芷江县志》，北京：生活·读书·新知三联书店 1992 年版，第 655—656 页。

100　中华基督教协进会编：《中华基督教年鉴》第 3 期，第 13 页。

101　参见冯崇毅：《基督教青年会在长沙》，《中华文史资料文库》（第 18 卷），北京：中国文史出版社 1996 年版，第 906 页。

102　《青年会组织社会服务部》，长沙《大公报》1918 年 10 月 2 日。

103　《青年会函各会员募集捐款》，长沙《大公报》1919 年 4 月 8 日

104　《教会西人纷纷离湘》，长沙《大公报》1927 年 1 月 29 日。

105　《电影、话剧在长沙的兴起》，载星辰在线 www.csonline.com。

106　《青年会谢绝筹赈会捐款》，长沙《大公报》1922 年 12 月 22 日。

107　《新化筹荒会筹赈之新法》，长沙《大公报》1922 年 6 月 9 日。

108　此段的撰写参考了任云兰：《传教士与中国救济理念的近代化》（《理论与现代化》2007 年第 2 期），特此鸣谢。

109　《饶伯师之潭宝路事谈》，长沙《大公报》1923 年 6 月 1 日。

110　《函一》，见《任牧师为湘民请命》，长沙《大公报》1922 年 2 月 27 日。

111　《二十五年中各公会之经过概况》，《湘中二十五年》，藏湖南省档案馆。

112　《黄兴未刊遗墨》，《长沙文史资料》第 11 辑，1991 年版。

113　欧德斋、屈天锡：《天主教在浏阳传播概况》，《浏阳文史》第 9 辑，1990 年版。

114　湖南省政府秘书处编：《湖南年鉴》（1936 年），第 549 页。

115　《致吉林郭省长电》（民国八年四月十九日），见熊希龄著：《熊希龄先生遗稿》（第 4 卷），上海：上海书店出版社 1998 年版，第 3586 页。

116　《商会劝助青年会建筑费》，长沙《大公报》1919 年 9 月 19 日。

117　《岳阳绅民电保敌侨之诚恳》，长沙《大公报》1918 年 3 月 8 日。

118　《沅州绅民来电》（民国八年二月二十四日到），见熊希龄著：《熊希龄先生遗稿》（第 4 卷），上海：上海书店出版社 1998 年版，第 3521 页。

119　《致北京外交部内务部电》（民国八年三月四日），见熊希龄著：《熊希龄先生遗

稿》（第 4 卷），上海：上海书店出版社 1998 年版，第 3534 页。

120　《北京钱总理来电》（民国八年三月六日到），见熊希龄著：《熊希龄先生遗稿》（第 4 卷），上海：上海书店出版社 1998 年版，第 3537 页。

121　蒋书同：《五四时期湖南报刊述评》（湖南师范大学 2001 届硕士学位论文），第 4 页。

122　123　参见张平子：《从清末到北伐军入湘前的湖南报界》，见《湖南文史资料选辑》第 1 集（第 2 辑），长沙：湖南人民出版社 1981 年 6 月版，第 75、82 页。

124　此段关于北京政府时期湖南报刊业较发达的原因分析主要参考了张大伟：《近代湖南报刊述论》（湖南师范大学 2003 届硕士学位论文），第 10—11 页。特此鸣谢。

125　《荒政》（社论），长沙《大公报》1916 年 4 月 12 日。

126　146　四愁：《忠告各慈善公益团体的人们》（时评），长沙《大公报》1922 年 4 月 12 日。

127　四愁：《华洋筹赈会中的我见》（时评），长沙《大公报》1922 年 7 月 31 日。

128　《为湘南乱事告各慈善家》（时评），长沙《大公报》1917 年 10 月 8 日。

129　《米荒》（时评），长沙《大公报》1916 年 3 月 5 日。

130　参见《目前的难关》（时评），长沙《大公报》1921 年 5 月 26 日。

131　义武：《对于救灾的意见》（商榷），长沙《大公报》1921 年 8 月 21—23 日。

132　闲云：《论米禁问题》（时评），长沙《大公报》1922 年 1 月 10 日。

133　《湖南即可开米禁耶》（时评），长沙《大公报》1922 年 9 月 13 日。

134　兼公：《米禁能开吗》（时评），长沙《大公报》1922 年 9 月 25 日。

135　《义仓储谷一空》（时评），长沙《大公报》1918 年 6 月 11 日。

136　《救荒》（时评），长沙《大公报》1925 年 9 月 21 日。

137　四愁：《米禁与仓储》（时评），长沙《大公报》1921 年 11 月 25 日。

138　《工赈》（时评），长沙《大公报》1918 年 6 月 11 日。

139　140　李六如：《裁兵与赈灾之我见》，长沙《大公报》1921 年 10 月 9 日。

141　抱一：《我对于修路代赈的末议》（时评），长沙《大公报》1922 年 2 月 4 日。

142　参见闲云：《湖南人应全力筑路》（时评），长沙《大公报》1922 年 2 月 8 日。

143　参见民盾：《修路工赈不能再缓了》（时评），长沙《大公报》1922 年 3 月 25 日。

144　盾：《论潭宝路垫款事》（编辑余话），长沙《大公报》1923 年 7 月 2 日。

145 《社会间还有急公好义之人》(编辑余话),长沙《大公报》1924 年 1 月 8 日。

147 参见《水灾中的游艺会》,长沙《大公报》1924 年 7 月 10 日。

148 149 《水灾中之感想》(编辑余话),长沙《大公报》1924 年 7 月 2 日。

150 《筹赈》,长沙《大公报》1918 年 6 月 10 日。

151 《溆浦公民之哀告》,长沙《大公报》1924 年 1 月 25 日。

# 结　语

　　北京政府时期是近代中国社会转型的关键期,社会局势持续动荡,天灾人祸接连侵袭;中央政府权威丧失,各路军阀混乱角逐;政府作为缺失错位,民间社会缓慢发展;经济屡遭摧残,民众惶恐不安缺乏安全感。一方面旧有社会存在以惯性力量依然发挥作用,另一方面新生事物也应时而生,社会新旧并陈的特征明显;各路政治势力全力投入权力保卫争夺战,无心也无力关心天灾人祸(特别是人祸)带给民众的痛楚,甚至无休止的混战让民众旧伤未愈又添新痛;民间社会则无奈地接过政府本该承担的责任,在重压下惊恐矛盾地发育成长,与政府保持若即若离的特殊关系。

　　湖南地处内陆,不同于京沪穗发达地;北京政府时期时局混乱,不同于先前的晚清与兹后的南京国民政府;且人祸天灾叠加,财困民穷并处。同时,湖南自湘军兴后,绅权发达,绅士参与社会公共事务是其体现自我身份和价值的重要渠道;谭、赵为保护自身权位、避免湖南陷于南北交冲的战火中,1920 到 1926 年间又制定省宪推行自治,从而使得湘省与中央、湘省各县之间的权力关系格局发生变化。这一切时域、地域的特殊因素交织成为北京政府时期湖南慈善救济事业衍生发展的大背景,它们综合作用型塑了湖南慈善救济的性格特征,也使慈善救济对社会发生了独具个性且复杂的影响。而且北京政府时期湖南所处的时空环境以及地域文化的流布传承也让湖南慈善救济事业发展中存在许多不足,不过因受制于时代条件,不能苛责;当时慈善救济的种种思想主张和行为实践给当下中国慈善事业和社会保障发展提供了宝贵的借鉴和启示作用,这才是我们研究慈善史的现实出发点和意义。

## 一、北京政府时期湖南慈善救济的主要特点

分析北京政府时期湖南慈善救济的特点,就是从时间和空间两个维度与特定参照物比较,看彼此间的异同。从时间上看,考察这一时期的慈善救济到底与晚清与南京国民政府时期的有什么不同;从空间上看,看湖南这一区域跟其他地区比有哪些个性。需要注意的是,湖南与其他地区同处一个时代,该时期其他省域慈善救济所表现出的性格也可能在湖南有所体现,但是毕竟它的地理环境、社会环境和区域文化有所不同,湖南肯定有别的省域所没有或表现不明显的东西。

有学者在论及民国前期湖南慈善事业的特征时指出,主要有五个方面的特点,即慈善机构的多元化;慈善管理的科学化;慈善资源的广泛化;慈善救济的近代化;慈善发展的不均衡化。[1]这一归纳基本符合历史实际。

就慈善机构的种类而言,民国之前成立的许多慈善机构依然存在,同时又新成立很多慈善救济组织。据《内政年鉴》统计,1930 年湖南的慈善机构达 249 所,其中民国之前就成立的有 127 所,民元之后成立的为 122 所。[2]张玉法在研究山东近代救济事业后提出:"民国初年山东地区的社会救济最重要的发展是从传统的形态发展到传统与近代混合的形态,显现了多元化的倾向。"[3]当

然,既有的慈善救济组织绝非原封不动地存续,而是根据时代变化略作变通以适应新环境,湖南省城慈善总公所和湖南省会贫民救济会都是为整合既有慈善救济组织而设立的;而新出现的慈善组织如湖南义赈会、湖南华洋筹赈会等则有新的指导思想、慈善理念和组织模式。慈善救济机构的多样化,也反映了彼此间缺乏有效整合。尽管有各方人士的积极呼吁,但各慈善救济组织因主办者不同、善款来源不同以及各自具体内容不同而难以整合,从而使得在外请款募捐、日常查灾放赈等部分时常出现重复作为的现象。当然要让慈善救济机构完全被统合进几个更大的组织在社会分化加剧的北京政府时期也是不现实的。问题的关键实际上在于建构顺畅合理的沟通协调机制,然后在奉献爱心献身慈善的大目标下实现良性竞争和有效合作。

就慈善救济的社会资源而言确实也很广泛。赈款赈物来源多样,其中很大一部分来自北京政府的各种附捐拨款和省外很多商贾政要、同乡会馆以及知名慈善人士的捐助,省内尽管财困民穷,但社会各界还是努力互救。除了款物外,办赈人员来源也很广,地方官绅和西方传教士成为民间义赈的主力军,另外政府官员以及普通民众也以多种方式参与。同时,慈善救济可使用的工具和手段也很多,比如现代报刊、电报、电话以及《湘灾周报》《湘灾月刊》等慈善机构办刊物,在灾情公布、救灾报道、募集捐款、建言商榷和批评监督等方面发挥了重要作用。1925 年 10 月,湘绅罗先阊、柳蜃盦、熊凉公等呈请政府筹备发行《慈善日报》,社址在府正街 110 号。[4]这些新型传播手段大大便捷了慈善救济中的信息传递,让整个社会迅速把目光投注在某项议题上,地方性事件升级为全国性事件,这是近代慈善救济与过去截然不同的地方。最后,公路铁路线里程增加、内河航道状况改善,汽车、火车、轮船的推广,大大加快了赈灾物资的运输和灾民难民的遣返。总之,资讯、交通的便捷化是慈善救济事业发展的重要助推器。

除了这些共时性的特征外,湖南慈善救济还在如下几个方面有自身特色,值得注意。

第一,北京政府时期,省外力量对湖南慈善救济发挥了重要作用。近代以来,慈善救济的新迹象就是跨地域救助增多,某地发生大灾荒,通过报纸杂志的报道和旅外乡籍人士的广泛呼吁,从而在各地出现筹款施赈的社会行为。当然跨地域救助是相互的,因为没有任何一地能保证灾患降临完全靠自己力量能妥善救济。但就北京政府时期湖南的情况言,接受省外救助多,援助外省的事例少,其关键因素是湖南灾患频仍和经济薄弱,自己经常疲于应付,无力对外施援。

北京政府时期对湘援助最多的区域是京、沪、汉、穗等经济发达、慈善文化相对先进的地区。比如上海,"沪滨繁富,夙推中国第一,好善乐施之家,亦以此地为多"[5];北京作为首善之区,聚集许多乡贤名流;鄂、穗与湘相邻,素来互动顺畅、互助友好。所以当湖南兵水旱等灾发生后,省政府、省议会以及社会各公法团就会首先向这些地区发出函电请求援助。这些省区的慈善组织和同乡会在接到报灾请赈讯息后,会很快行动起来,组织临时赈灾机构,筹捐赈款,有时还派员亲自前往灾区散放赈款赈物。

1918年,为救以"醴陵兵灾"为主的兵燹灾害,熊希龄等在京湘人发起成立旅京湖南筹赈会,并派任福黎赴湘组织成立湖南义赈会。旅京湖南筹赈会负责筹款,湖南义赈会具体负责赈款散放,两个组织有明确分工,实现了筹款和放赈任务的适度分离,专业化水平提高了。旅京湖南筹赈会成立后,无论在向社会募捐筹款、向政府请赈和索讨米盐公股等专款,还是在赈灾规划的制定、与湘省政府就救灾事项的协调沟通和推动华洋筹赈会的成立等方面都发挥了非常重要的作用。旅京湖南筹赈会在1921年华洋筹赈会成立前的兵灾急赈和冬赈中发挥了至关重要的作用，是当时湖南义赈的开拓者和中心。华洋筹赈会成立后，旅京湖南筹赈会依然在灾荒发生后临时组成水灾急赈会或旱灾急赈会等临时机构继续筹款，对省内发生的与慈善救济有关的讨论纷争也明确表达立场。

同样，1918年湖南兵灾的消息传到上海时，上海主要的慈善组织如中国济生会、上海京直奉义赈会、上海红十字会等纷纷筹款救灾。上海红十字会还专设湘赈部。在中国济生会的倡导下，上海多个善团成立了上海湘赈联合会，并任命黄国英为主任赴湘办赈。黄国英在湘积极办理急赈和善后，赢得广大灾民和社会各界一致好评。上海佛教慈悲会则将赈济直隶水灾余款6000元用于湘赈，上海中国红十字总会则派员"携款亲往各灾区，前后计散现洋四万余元，面粉万包，棉衣万余件"。[6]中国济生会除了参与兵灾急赈，还积极捐献棉衣办冬赈，截止1918年12月7日，它订制寒衣外加捐助新旧衣物运抵湖南的有新衣19300件，旧棉衣34900件，尚待运输的有新衣7100件，旧衣2250件，棉絮2000余条。[7]1921年旱灾及次年春荒，上海慈善人士依然积极参与湖南救灾，成立专门的急赈会，聂云台、冯梦华、王一亭等积极捐款。1924年湘省大水灾，旅沪湘绅余肇康等发起成立湘省水灾义赈会。1926年初冬赈，郭涵齐受冯梦华及上海湘灾急赈会委托携款专办临湘、平江、岳州赈务，在目睹惨状、款不敷用后，他出售田产以济之，还以私产抵借1万元供急用。冯梦华在两年时间内共筹得4万元赈湘；"聂云台君太夫人及聂君昆仲去冬已捐汇一万元，近复续捐一万三千元，内聂君售出产款六千六百元，而将其夫人所遗珠饰，扫数售出，计共得五千余元，亦悉以供赈灾之用"[8]，而且还重新倡导组织上海湖南春赈协会,由冯梦华亲任会长。

1918 年,汉口慈善会联合武汉商会各商家成立湘省急赈事务所,并请湖北政府垫款接送救济;汉口红十字会派出王升甫、魏锦卿为调查,前往醴陵、株洲、湘阴等处考查受灾情形,以为募捐之依据。1921 年旱灾,汉口招商局的吴新余携款来湘放赈,同行的放赈员有 12 名。汉口商会则愿意截留原本拟运往他处的平粜谷米 5000 石运湘。1922 年夏秋,为救被诱拐或贩卖的妇女,汉口华洋义赈会的干事密尔士、杨闻泉、龙寿卿等组织了湘灾妇女救济会,以华洋义赈会余款项作为救济经费。1924 年 7 月 15 日,旅鄂湘人成立了急赈会武阳夏分会,筹款救济家乡水灾。鄂省绅商界看到湘灾惨重,尤为悯念,成立了邻省赈灾协会(设在汉口总商会内),推举湖北督军萧耀南为会长。汉口的谭奎仙、萧竹卿等 5 人组织了"同愿实济团",携款 1 万元,来湘实地调查施放。

另外,像广东、天津相关方面也积极捐助湖南救灾。1922 年春,华洋筹赈会发出募赈电后,广东的洪兆麟、李冬荣等立即成立广东湘灾筹赈会,发动同乡捐款,先后募集到 3 万元。1924 年湘省水灾,谭延闿、程潜在广州发起成立旅粤湖南水灾筹赈会。谭、程 2 人任主任。[9]该会在 8 月 20 日前汇给湖南赈款 1 万元。同年,在天津也成立了湘省水灾协济会,捐款洋 2000 元。

除了筹募赈款,京沪汉穗等地慈善机构和人士还提出具体的办赈意见,比如中外人士联合办赈、省内慈善机构必须整合、重视灾荒预防、反对平均分发赈款、赈款使用必须公开透明等。聂云台专门就救济湘灾致函省政府、省议会、总商会和各赈灾慈善机构,呼吁社会节俭生活,同心救灾。他在信函中首先谈到在外募捐日益困难,说"频年以来,沪上口办各省水旱灾赈,各善团久已疲于奔命,益以两年来沪上各业凋敝,筹募捐款愈加困难。""近日募款之难,十倍往岁。商民之情久困,呼吁之声厌闻"。同时,他也认为"灾祸之至,系属业因,救济之力,须尽人力"。不过"劝募他人出资,非可勉强。节省自己奉养,大可尽心。世虽不乏乐善好义之人、怀毁家纾难之愿,然真能节衣缩食以施舍者,则不多见。即能减宴乐游戏之资以活人者,亦不易睹也。"所以聂云台主张"凡我未被灾之人,或虽亦被灾而无碍于生计之活动者,既已特邀天幸,自应各表谢忱。试为易地以思,设身处地,悯彼骨肉流离,衣食难赖,幸我室家完聚,居处安然,必有恻然伤心而食不下咽者。苟充此不忍之仁心,不难成非常之义举,一人倡之,百人和之,则口款何患不集,灾民何患不活哉"。对那些心有余而力不足者,他则呼吁其以刻苦生活相勉励,屏除奢侈品和游乐事。他坚信,只要大家节俭互助,"不独灾饥易救,即欲转中国之贫弱而为世界之富强国,口岂难哉"。[10]徐佛苏则在致省长赵恒惕的电文中,主张从省财政收入中拿出部分设立救灾基金,"湘岁入原有二千余万元,现增特捐,又差有一千万元。今最好提此款若干成,移充赈务基金"[11],这样的话,在外募款会更加容易。

第二,省内民间社会参与慈善救济还算积极。北京政府时期,可以说所有的湖南人都直接或间接受各种灾患的打击,遭受程度不等的损失。在灾难面前,普通民众以各种方式表达对同胞的关爱之情,尽管筹集到的捐款数量没法跟来自省外的款项比,但不能据此就武断说湖南人不尽力,实在是因为经济拮据难集巨款之故,更何况其间还是发生了很多动人的故事,展现出人性的光辉。

普通民众通过直接捐助、移助筵资贺礼、演剧助赈、节食助赈、捐奉助赈等多种途径参与慈善,表达爱心。在慈善救济机构发起的募款活动中,总是有许多小额捐助,很多还署名"无名氏",留爱心不留姓名。1921年春荒发生后,南县各方积极展开救助,除知事李劲奉令成立急赈分会外,还发起减食救灾会、服饰变卖救灾会,绅商又发起唱剧救灾,妓女募赈等。长沙小吴门外同心码头工人李少冬、黄泰生等长期从事社会公益,深受街坊邻居的好评。他们1919年出资修理小吴门城洞街地,花费甚多;1920年又埋葬北军遗骸数十具;而且他们还每月捐助中华基督圣教总会所设立惠贫义务学校经常费30元,并捐资赁屋设立福音讲道所通俗夜学校。为此,小吴门内外13个团共同登报致谢,并感叹"如此劳工,堪为社会模范"[12]。1926年水灾时,坡子街同和长钱号包车夫贺德昌7月3日捐给水灾急赈会光洋2元,西长街某号厨工胡濛富也捐2元。尽管他们捐的数额不大,但厨工、车夫当时每月所得不过数元,这样一对比,就知道这些普通劳工的慈爱胸怀了。

在捐募款者队伍中,学生群体始终在场,他们以演剧和减食等方式筹捐。1921年,为救济醴陵来的灾民,岳云中学、兑泽中学学生都减膳救灾,艺德中学学生则决定停吃早餐两个星期,以所得款汇交湖南急赈会;衡粹女校学生则冒雨外出募捐。1922年,艺芳女校教师曾约农向筹赈会索要灾况照片20张,捐册30本,以供该校学生挨户募捐用。第一师范的学生自治会在1922年4月30日决定每天节约伙食和菜蔬费用,每月预计可得100多元用于赈灾。湘潭中学校则在是年阴历五月初九演剧助赈。1923年11月,艺芳女校又积极捐助赈款救济火灾,并将募集到的寒衣214件交由华洋筹赈会散放。1926年1月26日,湖南学生联合会邀集各团体筹组"湖南人民救灾会",票举贝允昕为筹备处处长,徐特立为副处长。[13]

军人中也不乏乐捐之士。1921年赵恒惕部陆军第二混成旅二十二团某七连战士愿将团长犒赏的端午节共光洋12元捐作赈款,而且每人还另捐一千、数百文不等。对于这些士兵个人的善举,媒体感言"夫慈善公乐,出于豪富不为奇,出于文人学子官僚政客亦不为奇,充士兵夫者备尝艰难险阻所获几何?今该士兵夫等竟口捐廉助赈,其热忱爱民深明大义"。[14]同样,驻永州的第七混成旅旅长罗先闿自捐及募捐共4600元交给华洋筹赈会,他要求自准尉以上官佐捐月俸半个月,士兵各捐薪俸1天,罗先闿自己捐出600元。在月饷未发的情况下他们只能出息借垫。[15]1926年3月,湘南督办唐生智及第四师全体官佐共筹集赈款5000元,拟以2000元发赈衡州,其余3000元悉数寄发省会灾民。

坤伶等艺人则发挥专长,时常组织义演募捐。1924年水灾中,坤伶黄福连、唐福连等特发起组织坤伶水灾救济团,联合演戏。他们还编订《新水漫金山》戏曲,另拟戏中劝赈演说词。[16]湘春园共收入戏捐及乐捐铜元771串550文,除开支铜元346串550文外,实存铜元425串文全部交给长沙水灾救济团放赈。[17]1925年4月,为救南门外火灾,省城各剧团又发起演剧助赈。参与这次义演的共有同春、湘春、九如、潇湘、福禄、四义6个戏团。

第三,积极慈善收效不甚理想。在办赈救济中必须面对如何处理急赈与善后的问题。一般的人都认识到以有限赈款去救无限灾民只不过杯水车薪;急赈只是暂缓灾民苦痛,无法根本改变其贫困弱势的地位。所以,真正的救济就必须治本,使灾民有自我救助的机会和能力,这使得很多慈善人士对以工代赈、贷款赈济以及举办贫民工厂等积极慈善的方法很推崇。可是,北京政府时期湖南的慈善救济重点并不在积极慈善方面,这不是办赈慈善人士没有认知到这点,而是客观条件从根本上规制了慈善救济的方向和重点。积极慈善的重点放在具有劳动能力和学习能力的灾民身上,帮助其以自己的劳动和智慧摆脱受救济的地位,乃至能反过来成为社会的救助者。但是,兵、水、旱灾接踵而至,最受打击的无疑是孤老妇幼;而赈款又无法满足包括孤老妇幼在内所有灾民之需。在此情况下,将徘徊在死亡线上的孤老妇幼搁在一边,专注工赈就显得有点避重就轻、不合时宜。任福黎在总结湖南义赈会的工作时,就曾为看似消极的施放赈款赈粮这种做法辩解。他说:"无力贫民老弱孤独呼吸将绝,而谓不可任其坐食,必以相当之劳力代之,则彼已转于沟壑矣,此黔为粥终至饿毙蒙袂者也。至物力有限而哀鸿无穷,菀于一隅则枯于大众,岂人之有幸有不幸耶",因此,在急赈款尚难保证情况下,不主张从事积极慈善使少部分人成为受惠者。当然,如果财力雄厚,寓工于赈,"策壮健之力,驱游惰之民趋事赴功,两有成就,此根本善后之法"。但灾广款少,只能先救急,"盖急救者拯人之死,聊济目前而不能计其事之效果与否,此亦仁术也"。[18]华洋筹赈会的工作重点也非常明确,"救死不救贫,先妇孺老幼后少壮"。[19]

毫无疑问,侧重消极施赈更多是无奈之举。包格非牧师在给华洋筹赈会的信函中就表达了这种感慨,言"以区区之款救济数万灾民,不过苟延日期,来日方长,仍恐徒劳无功,奈何奈何"?[20]"博施济众,尧舜犹病",可当时的慈善救济依然以消极施放为主,其结果自然是赈款消失在无形中,难民的命运无甚改观。但是我们不能因结果没有太大改变而忘却了其曲折奋斗的过程,让难民灾民稍感宽慰的是曾经有爱心力量为援救他们做过努力。

第四,义赈成为北京政府时期湖南救济中的主导力量,极大地影响了湖南近代慈善救济事业的发展。就官赈与义赈的关系看,在北京政府时期,大致有这样的变化过程,在1918年之前,湖南的赈济依然延续传统以官办为主;从1918年到1924年间,则主要以湖南义赈会和湖南华洋筹赈会作为主体的义赈为主;1924年华洋筹赈会改组为中国华洋义赈救灾总会湖南分会后,直到国民政府成立,官赈与义赈可谓平分秋色,略向官赈倾斜。需要注意的是,北京政府时期湖南灾荒最严重的也是发生在 1918 年以后。本来,在传统中国灾荒赈济是政府的职责所在,一般也不鼓励民间参与,这样既可以体现政府的仁爱之心,也可防止非政府力量对其权威构成挑战。但是自南北军阀混战开打后,天灾人祸叠加群至,政府忙于权力之争,不得不让义赈力量参与,甚至还多次呼吁邀请义赈组织承担更多的救济责任。义赈力量责无旁贷承担起这种责任,在中西联合努力下,使灾民的痛苦减轻不少,社会也不至完全崩溃。可是,义赈组织另辟新路、不落俗套的办赈做法以及西人传教士全方位参与办赈引发了政府方面和具有强烈民族主义情绪者的不满,"华洋筹赈会办理十年旱赈,不受地方要挟,视为外人专擅,而查禁谷米出口,尤触军阀奸商之怒"[21],结果在 1924 年救济水灾时政府主导另组湖南水灾筹赈会,而华洋筹赈会改组后,不再四出积极筹款,只是向总会借款办理几个县的贷赈。随后,工农运动勃兴,民众政治狂热情绪难控,西人不得不退出湖南,以中西合办为特征的义赈组织不得不进行改组,曾经的活跃身影只能留在记忆中了。到了南京国民政府成立,随着政治逐渐稳定,政府又开始强化对社会事务的监管,颁布法规,成立各省区救济院,将曾经分散办理的许多慈善救济组织整合起来,重新掌控了救济主导权。

## 二、北京政府时期湖南慈善救济的主要贡献

　　社会就是一个有机体,它存续过程中很可能遇到不可测的危机,当危机发生后必须及时妥善处理,否则会扰乱社会秩序,严重的乃至让社会脱轨、政经失控,最终不仅危及政权、社会,对个人的生命财产都构成严重威胁。所以,一个社会必须有相应的制度安排来调控矫正社会失范状况,其中慈善救济活动就是调控机制中

必不可少的内容。"当一个国家或地区的政府不能有效地解决发展中存在的各种问题,社会的运行环境就会恶化,所谓社会的恶性运行和畸形发展,是指社会运行发生严重障碍、离轨、失控,对国家安全运行有威胁,民间的社会慈善救济活动起到社会安全阀作用"。[22]慈善救济活动旨在缓和各种社会矛盾,校正各种偏离社会目标的行为,从而使社会能在政府和民众所期待或者可接受的状态下运行。就中国的历史看,在政府强势、经济繁荣、社会承平之时,社会慈善救济的许多内容是由政府经办的,民间力量处在边缘补充的位置;但当天灾人祸造成的危机严重,政府控制力不足、政经秩序紊乱、整个社会心理躁动缺乏安全感时,要想让社会能维系基本的运转,必须借助民间的力量。所以,在社会危机严重时,民间慈善救济力量被时代推到前台,并利用其筹款渠道多、善款使用相对透明、主要慈善人士人格感召力大等多种优势,发挥着不可替代的作用。

北京政府时期湖南就是处在典型的社会危机重重、政府无心无力顾及民生的乱局当中。在这种危旦时刻,如果没有社会慈善救济组织程度不等的参与,湖南社会秩序势必会更混乱,民众生活会更加痛苦。可以说,北京政府时期危机的严重、政府对民生的不作为,使民间慈善救济力量有了发挥作用的更广空间,省内外又涌现出像熊希龄、聂云台、任福黎、饶伯师等一批中西慈善人士,他们四处奔波、献身慈善,从而使得民间慈善救济活动开展得多姿多彩,在特有条件下尽可能惠及灾民和弱势群体。北京政府时期的慈善救济对湖南近代政经社会进步及其慈善救济事业的整体发展都具有相当大的贡献,具体言之,表现在如下几个方面。

第一,就对湖南慈善救济发展史而言,北京政府时期是湖南慈善救济转型进步的关键期。在 20 世纪之前,总体来讲湖南属于传统社会元素保存比较完整的区域,自然社会慈善救济的内容方法没有太多改变。要说变化的缓慢启动则是从清末民初(1918年前)开始的,这与当时改革的大背景紧密相连,其表现主要体现在教会传教士所带来的西方慈善理念以及一些新型机构(如湖南省城慈善总公所)的成立。但湖南慈善救济事业最具地方特色,且获得长足发展则是在1918年到1927年这10年间。这期间湖南曾经历过长达6年的地方自治尝试,慈善救济成为重要的公共事务,官民绅商对此比较重视。很多过去没有过的做法此时得以出现,比如中西人士联合救灾且取得显著成效、省外慈善组织跨区域驰援湖南赈灾、湖南开始有了湖南义赈会和湖南华洋筹赈会等义赈组织且在灾赈中发挥关键性作用、赈灾方式方法有重要改变如筹款采运放赈出现专业化趋向(至少也是专人化趋向)、演剧助赈电影助赈游艺会筹款等筹款方式层出迭现、近代媒介对慈善发挥着不容忽视的重要作用,等等。正因为北京政府时期全国混乱的局势、中央政府权威式微,为各个地方慈善救济探索新路提供了机会。前述这些新做法经逐渐完善成熟,成为此后慈善救济的常态方式。尽管南京国民政府成立后政府在慈善救济方面的主导地位增强,但义赈力量依然还有较大的活动空间;而且民间过去创出的很多做法也被政府主导的救济机构所采纳。北京政府时期慈善救济方面的这些探索,放在整个历史发展来看就具有承上启下的关键性作用,因此这一时期在湖南慈善救济史上是值得浓墨重彩描绘的。

　　第二,就对政府的影响而言,北京政府时期湖南慈善救济弥补了政府力量之不逮。统治者为了巩固政权,都不希望社会失范至不可控的地步,尽管从内心它对民生改善、民众疾苦也许并不上心,但出于对权力的眷恋,也不能让民怨无休止的积聚,特别是灾害威胁到民众的生命安全时。中外过去的历史无数次雄辩地证明，很多政权最终垮台往往导源于政府未能及时妥善救灾。对中国古代灾荒史有过深入独到研究的邓云特先生就明确指出："我国历史上累次发生的农民起义，无论其范围大小，或时间的久暂，实无一不以荒年为背景，这实已成为历史的公例。"[23]而历史上很多封建王朝都最后葬送在因饥荒蔓延而引起的农民起义怒潮中。所以，世界上任何政府对大面积灾害都不敢掉以轻心。可是，政府赈济必须要有相应的条件，包括完善的救灾体系和救灾法律法规、充足的赈灾物资款项储备以及强有力的执行力。但这些条件在北京政府时期都不具备。而此时民间慈善救济力量的出现、壮大和积极作为就恰好填充了政府缺位或作为不足所留下的"真空"，代行政府救济的部分职能，一定程度上降低了民众对政府的愤懑，从而暂缓了民众与政府间的紧张关系，对维护政权起了一定作用。正因为如此，政府也给予慈善救济活动开展一些方便，比如对赈灾物资免厘、对办赈出色者予以嘉奖、派兵保护救济行为等，毕竟慈善救济越有成效，对政府的帮助就越大，当然政府对民间慈善救济力量的容忍是以估计其不对政府权威构成根本威胁为限度的。政府这种既求助又限制民间慈善力量的做法充分反映了政府面临的缺乏自信的无奈境况，当然也是"慈善之痛"[24]。

第三，就对社会的影响而言，北京政府时期湖南慈善救济是社会发展的"安全阀"，"是社会保护的最后一道防线。"[25]北京政府时期，如果就湖南自然灾害的烈度、频度和广度以及战事持续的时间来看是空前的。比如，自1914年至1926年间共140多个月，几乎年年有兵事，有兵事的月份累积达50多个月以上，约占所有月份总数的35%。[26]如仅靠政府偶尔象征性点缀式的赈济，那社会的混乱程度将倍增，人道灾难势必会更为严重，说不定社会秩序将完全崩溃。但结果这种更糟糕的局面没有出现，是与民间慈善救济须臾不可分的。"至民国时期，社会慈善事业的作用就空前突出，甚至起到了决定性的作用，使处于混乱不堪的民国社会从崩溃的边缘得以回复过来"。[27]慈善救济成为北京政府时期湖南社会滑向更乱局势的"刹车片"、是维系社会趋向稳定的"助推器"和"润滑剂"。"事实上，湖南社会虽然危机四伏，但还是维持了相对的平衡，慈善救济确实起到了疏理社会人际关系、调节贫富差距、稳定社会秩序的作用"。[28]而且，慈善救济维持社会秩序也非简单地让社会在原有框架和轨道中运行，而是缓慢地推进社会的变革，特别是政府必须重新审视对民间慈善力量的功能，重新定位政府与社会的关系，也使得人与人之间关系模式发生变化。在过去的中国，人与人之间的关系是以血缘关系的远近为纽带往外逐渐疏远的，社会关系以无数个同心圆叠加为主；而到了近代，随着社会分化加剧和社会流动加速，人与人的关系除了血缘作为纽带，业缘、趣缘等后天形成的因素逐渐成为人际关系的变量，社会关系也呈现出网状结构。民间慈善事业强化了现代人际关系，陌生人之间可以通过赈捐行为发生间接联系，地域的隔阂作用在淡化，通过捐助施善也更能让普通人看到自身的价值，也有助于社会的互助与团结。这些新的变化势必会成为社会变迁中的新因素，其长远作用不容忽视。

第四，对个人来说，慈善救济减轻了灾民的痛苦、教育了普通民众，有助于提升人的素质。慈善救济对个人的影响需从两个维度来说，一是对受赈灾民的影响，二是对非灾普通民众的影响。就对受赈灾民而言，慈善救济可以帮助其减轻痛苦、维持生计或延长生命，是对一个个鲜活生命的尊重，是人道主义的张扬。同时慈善救济对受赈灾民而言，又是一种充满爱意的集体记忆，历经灾荒的幸存者中经济宽裕、时间充足的那部分人也很可能成为日后社会慈善新的贡献者,毕竟恻隐之心和知恩图报之心人人都有。而对非灾普通民众来说,部分人积极参与慈善救济,慈善救济成为他们表达社会公民身份的重要平台;同时慈善救济机构通过媒体不断刊登募捐和致谢广告,营造了一种互爱互助、一方有难八方支援的氛围,这对于提升人们的爱心、发扬人道、改善社会风气有积极作用。除此以外,慈善救济机构开设贫民工艺厂、游民习艺所、妇女教养所等教养并重的设施,对改变部分人好吃懒做游手好闲的陋习、提高弱势群体自我救助能力、培植社会有技能的劳动者、间接推动现代经济发展大有裨益。

## 三、北京政府时期湖南慈善救济的主要缺憾

北京政府时期湖南慈善救济在湖南整个慈善救济史上具有重要地位,对弥补政府在民生方面职能不足乃至缺位、维护社会稳定、发扬人道主义精神、提高民众素质都起到了重要作用,因此,从慈善救济所发挥的社会功能来说,基本上算是成功的。而这种成功离不开政府与民间慈善力量两者彼此的两性互动合作、一批具有相当财力社会影响力的慈善家群体以及较多采用具有近代特色的慈善救济方法。这些好的东西在历史的过程中慢慢积淀下来,就成为中国慈善史中的优良传统,值得发扬光大,也给后来者以巨大的启迪作用。当然,作为转型期的湖南慈善救济,必然有许多值得检讨和改进的内容,这些内容主要离不开时空条件的限制以及办赈人士自身认知的局限。

第一,从防灾减灾意识看,缺乏长远规划,时有头痛医头脚痛医脚之感。一个社会运行过程中,肯定会发生一些突发事件,至于这些事件何时何地发生难以预测。但作为政府和社会必须要有应

对突发事件的意识和必要的准备,做到防患于未然,最好能有备无患,一旦突发事件发生就可以根据事前预案及时启动应急机制,将突其对社会造成的恐慌和破坏降到最低。这是一个成熟的政府和社会必须具有的意识和作为,要求必须有一整套防灾减灾、应对突发事件的方案,其中就包括相应的机构设置、人员配置、法律规章、安全教育等内容。

客观来讲,在北京政府时期,从中央到地方,也不能说这方面的准备一点没有,至少它设有管理灾赈的机构,也出台了一些法律规章。比如,1912年南京临时政府成立后就设立了内务部,其中就有民治司掌管"保息荒政及公益慈善事项"。临时政府存在时间很短,没来得及充分施政就为北京政府取代。北京政府时期,从中央的机构设置来看,主要沿袭旧制。1912年的《内务部官制》规定内务总长管理赈恤救济慈善及卫生等事项,并"监督所辖各官署及地方长官";内务部所设民政司依然职掌贫民赈恤、罹灾救济、贫民习艺所、盲哑收容所、疯癫收容所、育婴、恤嫠等慈善事项。另外,北京政府为应对频仍剧烈的灾害,专门设立赈务处,负责全国赈务。赈务处最初是在1920年为救济北方5省旱灾而设,初拟为临时机构,但此后连年灾患,该临时机构也就成了常设机构。1923年颁布的《赈务处暂行章程》对赈务处的内部机构设置、具体职能分工及彼此协调办事机制有明确规定;次年北京政府提升了赈务处的权限和规格,公布了《督办赈务公署组织条例》和《附设赈务委员会》。督办赈务公署分总务、赈务、稽查3处,主办全国官赈,负责所有灾区的赈济事宜。同时北京政府也出台了与慈善救济相关的法律法规,比如1915年颁布《堪报灾歉条例》就灾等及相应田赋蠲免成数、地方官员报灾责任程序做出规定。另外,还比如1914年颁行的《义赈奖劝章程》、1915年制定的《游民习艺所章程》、1920年发布的《赈灾公债条例》等,这些规章条例专门就有关事项做出规定,有助于规范相应行为。就湖南地方而言,因时局变动不居,与中央的关系时近时远,和慈善救济相关的机构设置数经变更,采用的法律规章以北京政府颁布的为主,偶尔也出台一些地方性文件。

但是,慈善救济相关机构设置和法律规章只有真正具备相应条件去落实和执行才有意义,否则就是徒有虚名。就实际来看,因政府财力不足且忙于政争战事,慈善救济机构所下发的命令、训令根本得不到执行,法律规章对政府在慈善救济方面责任的约束也无从谈起。因此,每有灾荒发生,政府照例是临时拼凑机构、挪用经费,给下级部门下发几个无关痛痒的要求救灾的通令,灾后也从不认真反省建构预防机制,从而使得社会抵御灾荒的能力更加弱化。民间慈善救济机构尽管认识到防灾减灾的重要,但却苦于经费严重不足而只能发出力不从心之感慨。正是政府对防灾减灾的不重视、民间慈善救济机构重视却无力,才使得北京政府时期湖南的慈善救济显得非常被动,一路跌撞,既让灾民深陷苦海呼救无望,又让真正慈善人士心急如焚、爱莫能助。看来,缺乏完整周到的长远规划和预先的准备是慈善救济不成熟固有表征。

第二,从办赈人员看,缺乏一支敬业奉献有专才的队伍。一位优秀的办赈慈善人士应该具有品德和才干两方面的条件,其中最重要的是品德。比如熊希龄、袁明翼、朱恩绂、任福黎、史春霆、谢国藻、袁家普等,他们位处真正慈善家行列,但这样的人实在是凤毛麟角。袁明翼曾任广西右江镇总兵,他"忠义性成,办事认真"[29];朱恩绂曾出任江苏藩司,"历代善门,殷实公正,热心义务"[30];任福黎曾任直隶省河间县第二路查赈委员长,在1917年协助熊希龄办理京畿水灾,担任子牙河水利工程委员会委员长。翌年主动要求回湘办赈,他说:"河工差事薪优,觅人易;赈务苦,我去"[31],于是被派回湘创设湖南义赈会。史春霆出身贫寒,深刻体会穷人疾苦,"所以他一生乐善好施,醉心慈善事业","当年长沙人都爱称史公为慈善家"[32]。但是慈善救济是一项系统工程,涉及面非常广,仅靠少数人是无济于事、难转乾坤的。我们在探讨查灾放赈机制时,已经提及到办赈人员中存在侵吞、挪用赈款的现象。1918年底有人以"全湘灾民"名义给熊希龄发"快邮代电",举报湖南义赈会的会计员在采购物品、订制寒衣时中饱私囊,请求"破情彻查,庶灾民恩惠实沾"[33];1921年11月,旅京湖南筹赈会致函省署,要求严办芷江、麻阳、龙山三县侵吞赈款人员,"以重赈款而儆贪劣"。旅京湖南筹赈会对侵吞赈款的行为严加痛斥,言"各该县官绅,竟将赈款任意吞蚀,置各该县人民生命于不顾,居心狼毒,言之发指。苟非严加惩办,何以慰沟壑之冤魂,上干天和,下丛鬼怨"[34]。熊希龄就此类现象产生的原因分析指出是办赈人士缺乏真正爱心所致,他说:"湘西各属赈抚事,仁慈尽力者固多,而办理疏略,未能实惠及民者亦所不免。皆由于其人慈善心少,又无宗教家舍身救人毅力。"[35]

　　第三,从社会心理看,传统的因果报应思想依然浓烈,迷信色彩浓厚。慈善救济的真正动力来自社会群体乐于奉献的基本信念,每种文化体系自古以来就有倡导慈善的元素,所谓"儒言恻隐,墨言兼爱,佛言慈悲,耶言救世,马言共存,博施济众,生死骨肉,是在仁者"[36]。这些传统文化中劝善去恶的价值取向在民间广为流布,成为社会慈善文化的基本内容。值得一提的是,佛教传入中国后,对中国慈善观念的改造是相当深刻的,普通民众将儒家的"仁爱"和佛家的"因果报应"混合在一起,成为民众从善的精神动力。可以说,传统的慈善理念是以祈福个人及家人今生来世平安幸福为核心的,是以"利我"为出发点的,是典型道德型的,慈善行为更多是偶然、个别和随机性的。而近代慈善理念更多以个人在社会中的权利义务为中心去考虑,以"利他"为导向,以人道主义为指向,从而让慈善行为会更广泛持续,更重视慈善救济的过程而非回报,也就是慈善本身就是目的。从北京政府时期整体的社会慈善心理看,绝大多数民众还是怀揣传统的积德行善、善有善报心理,地域远近以及人际关系疏密依然是影响其参与慈善积极性的重要因素。

同时,在灾荒降临时,指望靠迷信方法祈求上苍保佑的做法依然较为普遍。当旱魃肆虐时,在农村社区时常会举行杀牲祭天、求发甘霖的仪式;同样,水、虫等灾来临,也采取相似的方式请求上天宽恕。1924 年夏大水灾,省长赵恒惕亲自到湘江猴子石处祭江以求天晴。1925 年大旱,赵恒惕又仿照古代君王下罪己诏的做法,发出忏悔通电,列举自己的七大"罪状":军队统驭不严、赏罚失律;溃兵山匪肃清不力;吏治庞杂迄未澄清;库帑空虚、寅借卯粮,民力殆竭;教育重视不力;实业凋敝四民失业,预防灾荒不力;法权独立难保,司法失衡。[37]同年,永州很多地方大搞巫术救灾,比如抬菩萨求雨,"念经打醮","忏拜鬼神",关闭南门城,禁止屠宰,市民"斋戒"三天,家里焚香"顶礼",祈祷"天公"下降甘霖。[38]大灾面前,政府高官玩起了向上苍借雨求晴的迷信把戏,真可谓到了黔驴技穷的地步,社会战胜灾害的信心也就大打折扣了。

第四,从运行机制看,无论是慈善救济机构内部还是慈善救济机构之间、政府与民间慈善救济之间沟通协调不足,办事效率低。慈善救济的联动性强,国家、社会和个人都牵扯在内;慈善救济涉及的环节又特别多,筹款、查灾、采运、放赈等形成较完整的流程链;慈善救济的影响广,比如政权的存亡、社会的稳定、个人的安危。所以,慈善救济事杂面广,必需社会各环节的配合协作。但是在北京政府时期,政权的公共性不强、社会功能化不足、个人公民性不够,社会具有较明显的前现代特质。所以,当灾荒延扩之际,社会第一反应就是措手不及,接着是仓促上阵、误打误撞,没有清晰预期和成熟方案。工作中彼此间没有共同遵守的章法,互动的随机性强,重复劳动的现象严重,工作盲区多,因信任缺失屡起纷争,以致在放赈中边远地区时常被遗漏、赈灾款物因纷争难以及时发放到灾民手中且支配不合理,就是原本非常好的规划因彼此的扯皮成了牺牲品(以工代赈修筑潭宝路就是一例)。

## 四、北京政府时期湖南慈善救济的当代启示

历史是一本内容丰富的教材,成功经验可以继承发扬,失败教训可以警醒后人少犯或不犯同类错误,所以不能轻易丢弃。但实际情况却不是这样,后来人在许多问题上过于相信自己的智慧而不去汲取历史的养料,以致我们现在的许多议题和见解是在重复几十年前乃至更长时间以前的内容,这种充耳不闻、闭目不睹、自以为是的做法产生的结果只能是多走弯路和浪费资源。其实,只要真正向历史讨教,很多问题乃至悲剧是可以避免的。

目前我国慈善事业正处于恢复后逐渐爬坡的阶段,需要多方面的借鉴学习才能更稳健快速发展,当然没有资本和理由丢弃自己的历史。

北京政府时期湖南慈善救济可以说代表了我国中部经济落后、政治纷斗激烈、时局动荡、灾患频仍地区的一种状况,对当前尚刚刚起步的慈善事业发展有其重要的借鉴作用。归纳起来,北京政府时期湖南慈善救济的当代启示有如下数端:

第一,慈善救济事业发展的根本前提是生产力充分发展、社会

政通人和。对大多数普通民众来说，生活幸福是生命意义的重要内容，一切社会设施、物质和精神的实践行为都围绕此目的展开，慈善救济的目的也是为了提高人的生活质量，所以，它的宗旨和人生的追求有一致性。但是，人的幸福与多种因素有关，其中物质供给富足、社会秩序安宁和谐是最重要的前提。而慈善救济主要是面向因灾、病、贫所产生的弱势群体，帮助他们有尊严地生活和提高自我发展能力。因此，生产力充分发展以及政治稳定清廉、社会秩序安宁和谐，弱势群体规模就会缩小，从而可以使慈善救济的任务减轻，慈善救济资源可以更好地用于特定的受助者。同时，慈善救济也可以把重点从低水平救急转向提高改善整个社会的福利上来。

　　就北京政府时期湖南慈善救济来看，确实可谓民办慈善救济发展的"黄金时代"，有很多新的迹象出现，也大大促进了湖南慈善救济的近代化进程。但是，深入探究就会发现，慈善救济的大部分工作是接连不断救火式地急赈，因款少人多，惠及的人群只是凤毛麟角。就是这些极少数幸运的受助者也只不过领到了能维持短期低水平生计的款物。结果是，恐慌的局面依然如故，政府饱受批评、社会治安脆弱、慈善人士疲于奔命、灾民煎熬绝望，整个三湘处于一种焦躁、惶恐、无望的悲悯氛围中，这肯定是社会运行的最糟糕境况。这种局面出现的根本原因当然是湖南经济实力弱、战事不断、灾害迭至。退一步说，如果湖南经济实力较好，一旦灾患来临，省内的慈善资源也容易筹集动员，可以在较短时间内予以救助而使社会秩序平复。因此，从一个侧面看，评价慈善救济事业是否发达就好比是老庄学说中的无为而治，整个社会经济发达政治清明秩序井然生活祥和，慈善救济机构无用武之地，看似无为，其实那是其发展的最高境界。当然任何社会运行中都会有各种负面状况,慈善救济组织必须做到备而不用,而且这种准备应该是充分的、高效率的。

2008 年四川汶川大地震,中国面临着历史上突然产生的人数最多的灾民群体,如何抢救、安置成为对政府社会的重大考验。结果,并没有如人们担心的那样出现灾民潮,灾民基本生活有保障、能及时住进帐篷和活动板房,灾后也没有大的疫情发生,这都属于世界救灾史上非常了不起的成绩,它与我国社会主义制度集中力量办大事的优越性有密不可分的关系,但更重要的是我们经过改革开放 30 年的发展,已经具备了战胜这次地震灾害所必需的经济实力。

第二,社会强烈的慈善意识和浓厚的慈善氛围是保证慈善救济事业长盛不衰最根本的动力。慈善救济是社会公共事业,它的根本就是广泛聚集慈善资源,通过专门的慈善救济机构将其分配给需要救助的人群。这里就涉及是否有慈善资源可以动员,民众是否愿意配合捐献和当志愿者,慈善资源是否确实用在了被救助者身上,等等。其中关键环节之一就是民众乐于捐献,参与到慈善救济中来,这就必须提高民众的慈善意识,营造浓烈的人人参与慈善的氛围。所谓慈善意识,"是指人们在长期的社会环境中形成的对慈善的认识、判断、了解和感知能力以及由此带来的参与的积极性"[39],也即对慈善的概念、慈善的内容实质、慈善的基本运行机制、慈善的社会功能等有一定的认知,并以此来指导自己的慈善行为。理论指导实践。慈善意识是社会心理在涉及慈善部分的综合反应。慈善意识有传统的和现代的区别,传统的一般将慈善视为道德范畴,而现代的则除了依然坚持慈善的道德基础外,更强调慈善是社会分工之后所必需的社会存在,是社会事业,参与慈善是现代公民具有社会责任感的体现,也是公民基本素质的反映。民众慈善意识的培养就是要将上述基本内容给讲清楚,让其明白慈善的重要性,积极参与其中来。

前面已谈到,北京政府时期湖南社会对慈善的参与还算比较积极,除了政要商贾带头示范外,普通民众中间发生了许多积极捐献、参与慈善的感人故事。这些故事被慈善机构登报宣传后,对其他人有榜样作用。当时对群众进行慈善意识宣传的方法主要是:一是对先进慈善人士给予各种奖励;二是以通电、通告的形式将惨重的灾情说明白,以博得民众的同情;三是通过办游艺会、电影助赈、演剧助赈、上街游行等多种方式向民众宣传;四是一些报纸刊登社论、时评和读者来信等就慈善救济的相关议题进行讨论交流,营造慈善氛围。所以,尽管在北京政府时期湖南本土所筹款项只占少部分,但毕竟起到了宣传慈善、让民众知晓参与慈善的目的。当然,这并非是说当时的慈善意识培育就做得很好了,只是至少说明当时的办赈慈善人士已经对慈善意识的重要性有一定认知且采取了多种形式予以探索实践。

而我国当前的慈善意识言是非常淡薄的,这既是慈善事业不发达的佐证,也是其主要原因之一。因为近代中国特殊的历史政治环境,造就了我们对人的认知更多从其阶级性方面加以界定,以致我们认为无阶级差别的慈善只是"伪善",是假慈善之名行剥削、压迫、侵略之实。1949 年后特别是在"文革"时期,更是无人敢提"慈善"二字。改革开放特别是自 1994 年中华慈善总会成立始,中国人才重新谈论慈善,进入 21 世纪后,政府、媒体和民间才坦然面对慈善、探讨研究和参与慈善。近代以来慈善在中国的曲折经历本身就足以从历史角度说明为什么当前我国的慈善意识淡薄。就当前我国慈善意识淡薄的具体原因来说,主要有这么几点:第一,"仇富心理"和"藏富意识"的双重作用,使我国慈善事业缺乏"第一行动集团"的积极引领,慈善意识难以培育;第二,"由近及远、由亲及疏"的慈善原则,阻碍我国慈善意识的形成;第三,慈善参与者的素质和对慈善宣传教育的有限性,影响着慈善意识的发展。[40]而要培育慈善意识,重点在于财富主要拥有者和青少年的慈善教育,因为前者占据大部分物质财富,是慈善的"第一行动集团",后者是未来慈善的生力军。培育慈善的方法一在政府通过法律行政手段对突出的慈善机构和人士予以奖励;二在充分调动媒体关注报道慈善的积极性;三在慈善组织提高自身的公信力和突出的成效;四在在国民教育体系中增设慈善文化方面的课程;五在加强对慈善相关问题的研究和慈善历史资源的挖掘。

第三,政府应该有正确恰当的作为,扮演好法规制定和慈善监管的角色,也就是做好服务工作。政府、企业、社会和个人都与慈善救济事业的发展状况有关,如何恰当处理好与社会的关系至关重要,政府不该也不能包办慈善救济工作,但它在慈善救济中有着不可小觑的作用,它的作用主要体现在颁布完善与慈善救济相关的法律规章和对慈善救济机构的行为加以监管。慈善救济中重要的内容之一就是打假,防止赈款被骗和民众爱心被贪利之徒利用。因为一旦有假冒慈善救济组织利用人们善心骗取钱财的事件发生,钱财损失是其次的,更主要是让很多人从此在慈善前却步,毕竟他们的爱心被耍弄了。而要净化空气,让真正的慈善救济机构可资信赖,就必须把好入口关,注意日常的监管。同时,政府还必须给予慈善救济机构以税收的减免和优惠,毕竟慈善救济机构为社会提供了公共品,替政府分担部分责任。

而在北京政府时期,湖南的政府表现是复杂的,一方面通过训令、通告的形式表达对慈善救济的保护,部分政要也以个人名义给某些慈善救济机构一定捐助以示倡导,对慈善救济机构请兵保护、电报免费和赈粮运输赈款汇寄免费等请求予以批准,这对慈善救济发展有正面影响。但另一方面,政府对慈善救济不予或给予很少财政预算,挤占慈善经费的事件时有发生,官兵随时侵驻慈善救济机构,政府打击土匪清除鸦片不力等则严重阻碍了慈善救济事业的发展。所以,不能简单说政府对当时的慈善救济完全没有支持,只能说它的许多支持只有象征性,即使有部分实质内容也往往被它的负面行为所抵消。政府转嫁救灾责任甚至干扰破坏慈善救济的做法绝对是不应该的。政府的不恰当作为让北京政府时期湖南慈善事业发展留下许多缺憾。

当前我国政府在慈善救济事业发展中,一是要充分认识到救济灾患政府有主要责任,民间慈善救济力量的参与是对政府救济工作的补充和支持而不是争权抢风头;二是政府不能包办慈善救济工作,也不能将慈善救济机构视为自己的附属物;三是要给予慈善救济机构提供各种可能的便利;四是依照相关法律法规对慈善救济机构的业务在不干预其具体运行的前提下加强外部监管。总之,只有政府充分认识到自身在慈善救济中的作为空间并严格自律才能对当前我国慈善救济事业起到促进作用。

第四,民间社会应该成为慈善救济事业的主体。按西方的理解,从本质上看,慈善救济对政府而言属于职责范围的分内之事;对民间社会来说才是基于自愿、非营利的慈善救济。当然在我国传统社会因特殊国情,政府与社会的分际是模糊的,诸多事务由政府主导。但是既然我国已经实行社会主义市场经济和发展社会主义民主,那么诞生于西方市场经济和民主政治大背景下的对慈善相关问题的学术论述也就有一定的借鉴意义,毕竟西方的市场经济和民主法治已经比较成熟,慈善理论也形成一套较完整的体系。

在我国实行市场经济、朝着"小政府、大社会"方向发展、公民社会逐步成长的条件下,应该让民间社会成为慈善救济事业的主体。政府不宜主持募捐赈灾,毕竟政府赈灾的款项已经包含在纳税人所缴纳的税款中,赈灾只是政府的职责行为,它不应再来挤占民间的慈善资源;同时,政府属科层体制,审批手续烦琐,对灾患的反应速度相对比较慢;再者,政府具有浓厚的政治色彩,而慈善救济是非政治的,非政治的内容交由政治机构办理,难免让人产生各种联想;最后,因政府官僚主义作风依然存在,办理慈善的专业知识不足所以社会对赈款被政府支配使用不放心。正是政府办慈善救济的诸多不便,民间力量则成为了慈善救济的应然主体。民间力量办理慈善救济有它明显优势,比如一般从事慈善救济的人乐于奉献、助人为乐,有良好的道德品质和人格魅力;慈善救济机构有完整的组织结构、办事流程和组织章程,社会民众对其有较明确的预期;民间慈善救济机构受到政府监管、组织内部监督和舆论监督等多重监督,款物的运用相对比较透明公开;民间慈善机构数量众多、分布广泛并拥有大批志愿者,这便于筹款、施赈;最后,民间慈善救济机构内部结构相对简单,且具开放性,易于对灾情做出及时灵活应对。所以,我国慈善救济未来的发展是民间力量应当唱主角。

民间力量主导办理慈善救济在北京政府时期的湖南就有较成功的验证。首先是政府看到了义赈的力量,公开承认自己无暇也无力顾及频繁的灾赈,呼吁欢迎民间慈善力量的参与,所以每当灾荒发生,省署及相关部门都会邀请绅商商讨救灾之策,组织绅商主办政府监督的救灾组织。其次,灾民也明知政府救灾不力,所以一有灾荒发生,就干脆直接向湖南义赈会、湖南华洋筹赈会等民间慈善救济机构求援。最后,民间慈善救济机构也确实在灾荒急救和日常慈善中也发挥了主导作用。不过,北京政府时期湖南民间慈善力量的活跃也是特殊时代造成的畸形繁荣,是政府无力而严重不作为不得不让民间担纲的无奈之举,因此并非慈善救济事业之福,在和平的常态社会难具普适性。如果说在混乱不堪、政府慈善救济无能的情况下,民间力量是被推促匆忙上马,无需事先业绩佐证的话,那么到了政府职能如常发挥且较强势的时期,民间慈善力量要被社会认可就必须搞好自身建设,靠自己努力做出成绩,才能取信于社会,这是因为如果慈善组织自身素质不高,能力不强,即使有良好的外部发展环境也难以发挥民众所期待的作用。

民间慈善救济组织的建设涉及多重内容,首先慈善人士要充分认识到慈善救济不单纯是道德行为,更是现代社会分工细化、竞争激烈后必然的社会产物,扮演着极为重要的社会角色。其次,要切实加强赈款使用的公开透明,让社会民众对慈善机构充分信任,切实增强慈善机构的公信力。再次,通过多种形式进行慈善意识宣传教育,多方努力拓宽赈款的来源,夯实慈善救济的经济基础。又次,切实提高慈善人士和志愿者的道德素质和专业技能,树立良好形象,提高办事效率。最后,要有意识地自觉接受来自政府和社会各方面的监督,做好组织的公关工作,为自我发展创设良好外部环境。

第五,大众传媒在慈善救济中应该有更多恰当的承担。北京政府时期,大众传媒的当然主角是报刊。比如,长沙《大公报》在当时湖南的慈善救济中,无论是灾患情况报道、募捐广告刊登还是慈善救济方法商讨等方面都比较积极,以自己的独特形式为湖南慈善救济事业发展做出了重要贡献。《大公报》倾力关注、报道和呼吁,主要动力在其社会责任心。

当代社会大众传媒的主角多元化,报纸、电视、网络俨然成三足之势,它们已经影响到人们生活的方方面面,人们获取、处理各种信息也已成为生活的重要内容。发达的大众传媒对大多数人的思维习惯有强大的导向作用,大众传媒让资讯的交流更快速便捷,使人们对"世界""时间"有了新的理解,而且通过大众传媒的互动,人际交流的双向性增强,使草根社会对平等、民主、自由有了切身感受和体验的机会。因此,在当前时代,不重视大众传媒的影响是无法想象的。

就大众传媒对慈善救济的影响来讲是广而深的,即为慈善救济营造一种氛围,媒体本身也是慈善救济事业的重要一环。大众传媒最重要的作用在资讯的发布,让灾患信息为民众周知;利用大众传媒覆盖面广、形式多样的特点,筹捐募款的吁请号召可以更好调动民众捐献热情;同时媒体对慈善救济过程也发挥了关键的舆论监督作用,使慈善人士和机构不敢大意马虎;最后,大众传媒还成为政府、专家和普通民众探讨慈善救济更好发展方法途径的中介。既然对慈善救济有多方位深远影响,那么媒体自身就应有更大的自觉,承担起应尽义务。媒体可以在如下几个方面加强努力更好服务于慈善救济事业:第一,强化责任意识,在媒体资源的分配上,不完全以经济效益为导向,给社会事业发展预留足够资源。第二,提高媒体采编人员的社会公德和职业道德,及时客观地对慈善救济活动宣传报道。第三,在大众传媒设立专区,就慈善救济相关专题展开讨论商榷,从而深化慈善理论的认知。

第六,尽量避免政治干预慈善,积极引进国际慈善资源,加强慈善救济的国际合作,共同推进世界人道主义事业进步。任何制度下的国家都可能有灾有难,灾难降临不是制度优劣的体征。因此,灾难一旦发生,不必掩盖封锁消息,而应及时公布以便降低民众不必要的猜疑和恐慌。在现代社会,撇开政治不谈,世界上每一个生命都具有同等价值,一样值得珍惜。可以说,灾荒发生无法避免,但如因政治介入错失救助的最佳时机而造成灾民更大痛苦则令人扼腕和遗憾。

　　客观来讲,目前我国的慈善救济资源,这其中包括慈善救济资金物资和慈善救济的理论和方法,都还处在相对落后状态。而我国是个大国,历来灾患不断,引进国际慈善资源可以提升我国慈善救济水平,尽可能减少灾民的痛苦。

　　从经验来看,加强中西慈善救济方面的合作可以取得显著成效。北京政府时期在熊希龄建议下合组的湖南华洋筹赈会成为数年内慈善救济中的顶梁柱,通过湖南华洋筹赈会的努力,从北京政府那里争取到了多笔宝贵的赈款,而且西人和欧美慈善机构也给予一定的援助,这对当时引颈渴盼救助的灾民来说无疑是巨大的好消息。同时许多西人传教士为当时湖南的慈善救济无偿地四处奔波赢得了中国人对他们的尊敬,给中国从事慈善救济事业的人树立了榜样。2008 年的四川赈灾,中国政府及时发布消息,引起国际社会的广泛关注,世界多个国家地区包括华人华侨在内的诸多人士踊跃捐款;多个国家的救护队、医疗队及大批志愿者的到来和努力工作,挽救了许多条生命,减轻了幸存者的痛苦,协助了灾后重建,演奏了人类共同面对灾难的动人乐章、生动诠释了爱心无国界的崇高命题;中国政府接受、欢迎外国的救援也充分展示了中国人更加开放、自信的心态,对提升中国政府和中国人民的国际形象起到了很大的加分作用。

## 注　释

1　26　28　参见张少利:《民国前期湖南慈善事业研究(1912—1937)》(湖南师范大学 2008 届硕士学位论文),第 174—187、63、194 页。

2　内政部编:《内政年鉴》第一册,上海:商务印书馆 1936 年版,第(B)411 页。

3　张玉法:《民国初年的社会救济(1912—1937)——山东地区的个案研究》,见《中华民国史专题论文集》（第二届讨论会），台北：国史馆 1993 年印行。转引自武艳敏：
《五十年来民国救灾史研究的回顾与展望》，《郑州大学学报（哲学社会科学版）》
2007 年第 3 期。

4　《发行慈善日报》，长沙《大公报》1925 年 10 月 17 日。

5　《致上海卢护军使等电》（民国七年四月二十八日），见熊希龄著：《熊希龄先生遗
稿》（第 3 卷），上海：上海书店出版社，第 3012 页。

6　《上海沈敦和来电》（民国七年十一月十二日到），见熊希龄著：《熊希龄先生遗稿》
（第 4 卷），上海：上海书店出版社，第 3331 页。

7　参见《上海济生会来电》（民国七年十二月七日到），见熊希龄著：《熊希龄先生遗
稿》（第 4 卷），上海：上海书店出版社，第 3377 页。

8　《上海慈善家筹募湘灾之踊跃》，长沙《大公报》1926 年 5 月 23 日。

9　《纪旅粤湖南水灾筹赈会》，长沙《大公报》1924 年 8 月 6 日。

10　《聂云台论救济湘灾书》，长沙《大公报》1924 年 7 月 30 日。

11　《徐佛苏笔下的赈灾办法》，长沙《大公报》1924 年 8 月 6 日。

12　《表扬小吴门外同心码头劳工之善举》，长沙《大公报》1921 年 5 月 10 日。

13　参见《学联会发起组织救灾会》，长沙《大公报》1926 年 1 月 28 日。

14　《各界助赈之热心》，长沙《大公报》1921 年 6 月 13 日。

15　参见《罗旅长可风》，长沙《大公报》1921 年 6 月 16 日。

16　《坤伶亦发起水灾救济团》，长沙《大公报》1924 年 7 月 9 日。

17　参见《和平新戏社演戏助赈之收获》，长沙《大公报》1924 年 7 月 27 日。

18　《湖南义赈会报告书》，长沙《大公报》1918 年 10 月 14 日至 26 日。

19　《筹赈会之重要会议》，长沙《大公报》1922 年 7 月 5 日。

20　《麻阳灾情之惨恶》，长沙《大公报》1922 年 3 月 1 日。

21　谢国藻：《二十年来之湖南赈务》，见《大公报廿周年纪念特刊》，藏湖南图书馆。

22　李国林：《民国时期上海慈善组织研究（1912—1937 年）》（华东师范大学 2003 届
博士学位论文），第 171 页。

23　邓云特著：《中国救荒史》，上海：上海书店出版社 1984 年版，第 105 页。

24　万方：《慈善之痛：国家权力下的清代民间慈善事业——记"杭州善举联合体"》，
《书屋》2007 年第 1 期。

25　蔡勤禹著：《国家、社会与弱势群体——民国时期的社会救济（1927—1949）》，天

津：天津人民出版社 2003 年版，第 241 页。

27　曾桂林：《清末民初的慈善事业与社会变迁（1895—1928）——以长江中下游地区为中心》（湖南师范大学 2002 届硕士学位论文），第 24 页。

29　《致长沙汤将军沈巡按使电》（民国五年三月二十四日），见熊希龄著：《熊希龄先生遗稿》（第 2 卷），上海：上海书店出版社 1998 年版，第 1735 页。

30　《致旅居各省湖南同乡会》（民国七年三月三十日到），见熊希龄著：《熊希龄先生遗稿》（第 3 卷），上海：上海书店出版社 1998 年版，第 2919—2920 页。

31　任昌华：《先父任福黎先生追思录》，《望城文史》第 4 辑，1988 年版。

32　史庭华：《史春霆事略》，《长沙县文史资料》第 6 辑，1988 年版。

33　《长沙全湘灾民来快邮代电》（民国七年十二月二十一日到），见熊希龄著：《熊希龄先生遗稿》（第 4 卷），上海：上海书店出版社 1998 年版，第 3410 页。

34　《旅京湘绅请追办吞赈官绅》，长沙《大公报》1921 年 11 月 11 日。

35　《致辰州张道尹电》（民国五年九月十七日），见熊希龄著：《熊希龄先生遗稿》（第 3 卷），上海：上海书店出版社 1998 年版，第 2008—2009 页。

36　《浏阳救灾会请求救济》，长沙《大公报》1921 年 12 月 17 日。

37　《赵省长因天灾发出忏悔通电》，长沙《大公报》1925 年 7 月 10 日。

38　参见祝家耀：《民国十四年大旱惨状》，《永州文史资料》第 3 辑，1991 年版。

39　何兰萍：《关于当前发展慈善事业的几点思考》，《社会科学》2005 年第 8 期。

40　参见熊小红、刘斌：《论我国慈善意识淡薄的原因及其对策》，《中国市场》2006 年第 9 期。

图书在版编目（CIP）数据

民国北京政府时期湖南慈善救济事业研究 / 向常水著．
– 北京：人民出版社，2015
（中国慈善研究丛书 / 周秋光主编）
ISBN 978–7–01–015259–2

Ⅰ.①民… Ⅱ.①向… Ⅲ.①慈善事业 – 研究 – 湖南省 – 民国
②社会救济 – 研究 – 湖南省 – 民国 Ⅳ.① D693.66

中国版本图书馆 CIP 数据核字（2015）第 220551 号

# 民国北京政府时期湖南慈善救济事业研究

MINGUO BEIJINGZHENGFU SHIQI HUNANCISHAJIUJISHIYE YANJIU

丛书主编：周秋光
丛书策划：张秀平
作　者：向常水
责任编辑：关　宏　张秀平
封面设计：徐　晖

人民出版社 出版发行
地　　址：北京市东城区隆福寺街 99 号金隆基大厦
邮政编码：100706　http://www.peoplepress.net
经　　销：新华书店总店北京发行所经销
印刷装订：北京昌平百善印刷厂
出版日期：2015 年 9 月第 1 版　2015 年 9 月第 1 次印刷
开　　本：880 毫米 × 1230 毫米　1/32
印　　张：15.75
字　　数：400 千字
书　　号：ISBN 978–7–01–015259–2
定　　价：45.00 元